신학전문 도서시리즈 9

사도행전

이승호 지음

한국장로교출판사

● 신학전문도서시리즈 집필위원 소개 ●

Ⅰ. 모세오경(창세기 – 신명기) / 최인기
Ⅱ. 역사서 Ⅰ(여호수아 – 열왕기하) / 강성열
Ⅲ. 역사서 Ⅱ(역대상 – 에스더) / 민경진
Ⅳ. 시가서(욥기 – 아가) / 오택현
Ⅴ. 대예언서(이사야 – 다니엘) / 배정훈
Ⅵ. 소예언서(호세아 – 말라기) / 김태훈
Ⅶ. 공관복음 / 김형동
Ⅷ. 요한복음 / 최흥진
Ⅸ. 사도행전 / 이승호
Ⅹ. 바울서신 / 장흥길
ⅩⅠ. 옥중서신 / 배현주
ⅩⅡ. 목회서신 / 최동환
ⅩⅢ. 일반서신 / 김창선
ⅩⅣ. 요한계시록 / 이 달

신학전문도서시리즈를 내면서

우리가 맞이한 21세기는 인류가 지금까지 경험한 어떤 세기보다도 급변하는 격동의 세기이다. 이같이 급변하는 시대를 맞이한 우리는 새로운 패러다임의 변화(Paradigm shift)에 직면해 있다. 이러한 변화는 어떤 한 부분이 아닌 전체적이고 총제적인 변화를 뜻한다. 즉, 인류가 지금까지 지향해 온 목표, 삶의 가치와 의미 등 모든 것의 변화를 뜻한다. 이는 자연과학의 영역을 비롯하여 모든 영역에서 나타나는 현상이다.

이 같은 변화는 우리 그리스도인에게도 마찬가지이다. 따라서 우리 역시 이 변화에 능동적으로 대처해야 한다. 그래야만 기독교의 정체성(Identity)을 지킴과 동시에 그리스도교의 진리됨의 적합성(Relevance)을 오늘의 시대에 선포할 수 있기 때문이다.

우리는 이미 선교 2세기를 힘차게 지향해 가는 한국교회를 위하여 "신학연구도서시리즈"를 출간하기로 하고, 편찬위원회를 구성하여 많은 분들의 수고와 헌신을 통하여 18권의 책을 출판하였다. 이 같은 결실은 1991년부터 시작하여 오랜 시간을 거쳐 얻은 것이었다. "신학연구도서시리즈"는 신학대학교와 성서신학원에서 교재로 그리고 평신도 교육을 위한 참고도서로 사용함으로써 한국교회의 신학적 기초를 든든히 세움과 동시에 성숙한 교회를 세워 가는 데 크게 기여하였다.

현재 우리 총회 산하에는 7개의 신학교육 기관과 32개의 지역별 성서신학원이 설립되어 있으며, 숭실대학교를 비롯해서 11개의 기독교대학들이 있어 기독교교육의 사명을 충실히 감당하고 있다. 이러한 교육기관들을 위하여 신학연구도서편찬위원회는 "신학연구도서시리즈" 출판에만 머무르지 않고, 더 나아가 신·구약성경을 심층적으로 이해하고 살펴볼 수 있도록 하기 위하여 각 권 또는 각 분야별로 출판하기로 계획을 세우고 오랫동안 숙의해 왔다. 그리고 마침내 한국교회를 대표하는 성서 신학 분야의 신학자와 목회자들을 집필자로 선정하여 책을 펴내게 되었다.

우리가 확신하는 바는 "신학전문도서시리즈"의 출판을 통하여 "신학연구도서시리즈"가 한국교회에 크게 기여한 것같이 큰 기여가 있으리라는 것이다. 이미 앞에서도 언급한 바가 있었지만 집필자들은 성서 신학 각 분야의 대가들이기 때문이다.

바쁘신 가운데서도 한국교회와 신학의 발전을 위해 기꺼이 집필해 주신 집필자들에게 진심으로 감사를 드린다. 또한 이 시리즈 개발에 적극적인 호응을 보내 주시고, 이 귀한 사역을 맡아 출판해 주신 한국장로교출판사 사장 박노원 목사님과 직원 여러분께 심심한 감사를 드린다.

2006년 1월 일

신학전문도서시리즈편찬위원회

공동대표 황승룡

이상운

차 례

머 리 말

사도행전은 신약성서의 복음서와 서신서의 중간에 위치하여, 예수의 죽음과 부활(주후 30년경) 이후 주후 60년대 초반까지의 초기 기독교의 발전과정을 다각적인 관점에서 보여 주는 유일한 역사서이다. 예수의 이야기만 해도 적어도 네 개의 복음서라고 하는 신뢰할 만한 기록이 우리에게 남아 있다. 그러나 교회의 시작에 관한 이야기를 들려주는 책은 사도행전이 유일하다. 사도행전이 없었다면, 아마도 우리는 교회의 시작과 초기 그리스도인들의 삶을 이해하지 못했을 것이다. 물론 사도행전보다 시기적으로 앞서 기록된 여러 개의 바울서신들이 존재한다. 그러나 이미 알려진 바와 같이 서신들은 모두가 상황서신이기 때문에 초기 기독교의 역사를 재구성하는 데는 많은 어려움이 있다. 오히려 사도행전의 진술들이 바울서신을 이해하기 위한 중요한 역사적 배경이 된다.

사도행전을 통해서만 우리는 복음이 예루살렘으로부터 로마 제국의 수도인 로마에 이르기까지 급속도로 확장되는 구체적인 경로를 확인할 수 있다. 사도행전을 통해서만 우리는 예수의 시대와 교회의 시대가 어떻게 연결되는지 구체적인 윤곽을 파악할 수 있다. 바로 이 점이 신약정경에서 사복음서와 바울서신을 이어 주는 사도행전의 역사적인 중요성이라고 할 수 있다.[1)]

기독교 역사이해를 위한 이러한 사도행전의 배타적인 중요성 외에도 사도행전은 또한 시대를 초월하여 교회의 본질과 정체성을 일깨워 주는 데 중요한 역할을 한 것이 사실이다. 사도행전은 예루살렘으로부터 로마로 확장되는 교회의 시작에 대한 기록을 담고 있다. 따라서 모든 시대의 교회들이 사도행전이 보여 주는 최초의 공동체의 모습에 근거해서 자신의 현재의 상황을 진단하고, 본래의 모습으로 돌아가기 위한 모델로 삼고자 하는 것이 놀랄 만한 일은 아니다. 물론 우리는 초기 교회를 이상적으로 본 나머지, 마치 초기 교회에는 아무런 결점이나 흠이 없었던 것 같이 해석해서는 안 된다.[2)] 그렇게 되면, 우리는 지금과 마찬가지로 그 당시에도 교회를 괴롭혔던 수많은 경쟁과 위선, 시기, 부도덕한 행실 등을 알아차리지 못하고 지나갈 것이기 때문이다. 사도행전은 오늘날의 그리스도인이나 교회의 생활을 위한 규범적인 모델을 제시하려고 기록된 책은 아니다. 그러나 "처음" 교회들이 후대의 교회들에 끼치는 영향력은 결코 과소평가될 수 없다. 사도행전이 제시하고 있는 초기 교회의 모습은 — 그것이 긍정적인 모습이든, 부정적인 모습이든 — 그 자체로 후대의 교회

---

1) 최근에 나온 한 신약개론서에서는 사도행전의 정경적 기능을 다음과 요약한다. 1) 사도행전은 예수와 초기 교회 사이의 다리 역할을 한다. 2) 정경에서 사도행전의 위치는 나머지 신약성서의 문서를 연구하는 데 어떤 신학적인 견해를 형성하게 한다. 3) 사도행전에 있는 내러티브의 연대기를 통해서 분명하게 언급된 사람, 사건, 장소 등의 윤곽을 그릴 수 있게 한다. P. J. 악트마이어, J. B. 그린, M. M. 톰슨 공저, 소기천, 윤철원, 이달 공역, 「현대적인 방법을 적용한 새로운 신약성서개론」 (서울 : 대한기독교서회, 2004), p. 301.

2) 많은 복음주의적 교회들이 소위 "초대교회로 돌아가기 운동"에 관심을 가진 나머지, 1세기 교회나 당시 그리스도인들의 경험을 무조건 회복해야 할 표준이나 추구해야 할 이상으로서 바라본다. 그러나 오늘날의 교회가 초기 교회의 모습을 닮아야 한다고 말할 때, 그것은 전체의 의미에서 그렇다는 것이지, 구체적인 사례까지 반드시 닮아야 한다는 의미는 아니다. 따라서 사도행전이 묘사하고 있는 초기 교회들이 오늘날의 교회를 위한 하나의 모델 역할을 하기 위해서는 무엇보다 사도행전의 교훈이 무엇인지에 대한 해석학적 정확성이 요청된다.

들을 위한 살아 있는 교훈이 된다. 따라서 오늘날에도 교회의 본질과 정체성을 정립하기 위해 사도행전에 대한 관심이 고조되고 있는 것도 그리 놀라운 일이 아니다. 이것은 사도행전이 지금도 여전히 선교는 물론이고, 실제적인 교회생활에도 많은 지침을 주고 있다는 방증이다. 이처럼 사도행전이 차지하는 역사적인 중요성과 실제적인 유용성은 더 이상 말할 필요가 없을 정도이다.

본 연구서는 한국장로교출판사의 신학전문도서시리즈 일환으로 빛을 보게 되었다. 영어권과 독일어권에서는 사도행전에 대한 연구가 활발하게 진행되고 있지만, 우리나라에서는 아직도 연구가 미비한 상황이다. 따라서 본 연구서는 사도행전에 대한 새로운 논의를 주창하거나, 복잡한 연구 경쟁에 뛰어들려는 의도로 기획된 것이 아니다. 다만 신학대학교와 성서신학원의 교재로, 그리고 평신도 교육을 위한 참고도서로 사용하기 위해 기술되었다. 가능한 한 사도행전의 역사적인 측면을 고려할 것이지만, 본문의 역사적 사실에 대한 확인보다는 전체의 문학적인 틀 안에서 본문이 말하고자 하는 신학적 메시지를 찾는 데 목표를 두고자 한다. 그렇기 때문에 한 절, 한 절 주석해 나가는 방식이 아니라, 본문을 단락별로 나누어 전체의 맥락과 본문의 전후 문맥을 염두에 두면서, 그 의미를 파악하고자 한다. 제1부와 제2부에서는 사도행전의 개론적인 문제들을 다루었고, 제3부에서는 사도행전의 본문을 단락별로 해석하였다. 마지막으로 제4부에서는 사도행전 전체 내용을 관통하는 주요한 신학적인 주제들을 제시하였다. 아무쪼록 본 연구서가 오늘날 신학교와 목회현장에서 유용하게 사용되어, 사도행전의 메시지를 바르게 이해하고 전달하는 데 조금이나마 기여하기를 바란다.

끝으로 신학전문도서시리즈를 기획하시고, 책을 출판하도록 허락해 주신 한국장로교출판사 사장 박노원 목사님과 기획·편집국장 채형욱 목사님께 감사드린다.

2008년 10월

봉회골에서 **이 승 호**

제 1 부

역사로서의 사도행전

1. 저자 문제

누가복음과 사도행전의 저자가 동일인물이라는 것에는 이견이 없지만, 그 저자가 누구인지는 아직도 분명하지 않다. 가장 큰 문제는 다른 복음서들과 마찬가지로 누가복음과 사도행전 어디에서도 저자의 이름을 밝히고 있지 않다는 점이다. 그러나 주후 2세기 이후로 누가문서의 저자가 바울의 동역자요, 의사인 누가라는 견해가 하나의 전통이 되어 왔다. 이러한 전통적 견해를 지지해 주는 가장 큰 근거는 교부들을 비롯한 초대 교회 기독교 저술가들의 오랜 증언이다.[1] 누가 저작성의 가장 오래된 전승은 주후 약 180년경에 기록된 리용의 이레니우스의 증언이다. 그의 증언은

1) 복음서와 사도행전의 저자에 대한 초대교회 교부들의 증언은 K. Aland, *SYNOPSIS QUATTUOR EVANGELIORUM*, Deutsche Bibelgesellschaft Stuttgart, 1982(12판), pp. 531-548에서 헬라어와 라틴어 원문으로 찾아볼 수 있다. 또한 헨첸이 "사도행전과 그 저자에 대한 고대 교회의 증언"을 그의 주석에서 유용하게 평가하고 있다. E. Haenchen, 이선희·박경미 공역, 「사도행전(1)」(서울 : 한국신학연구소, 1987), pp. 29-48.

주후 4세기 초반에 저술된 유세비우스(Eusebius)의 「교회사」(*hist. eccl.* V, 8, 3)에 다음과 같이 인용되어 있다. "바울의 동행자인 누가가 바울에 의해 선포된 복음을 기록했다"(Irenaeus, Adversus haereses, Ⅲ, 1, 1). 이레니우스가 바울의 동료 누가를 누가-행전의 저자로 간주하는 이유는 누가와 바울 간의 불가분의 관계 때문이었다. 신약성서에서 누가라는 이름이 나오는 곳은 빌레몬서 1 : 24과 골로새서 4 : 14, 디모데후서 4 : 11 모두 세 군데인데, 이 세 구절이 모두 선교사 바울과 밀접한 연관성을 가지고 있다. 이 구절들에 의하면, 누가는 의사이고 바울과 함께 감옥에도 갇힌 친밀한 동역자로 소개되고 있으며, 특히 디모데후서 4 : 11에 따르면, 바울의 생애 마지막까지 유일하게 함께 있었던 사람으로 묘사되고 있다. 이레니우스는 이 세 구절에서 바울의 동역자로 나오는 누가를 사도행전에 나오는 소위 "우리-단락"(We-Section)과 연관시킨다. 복음서와 마찬가지로 사도행전은 기본적으로 3인칭 관점으로 기술되는데, 세 부분, 즉 16 : 10~17(드로아에서 빌립보까지의 선교여행)과 20 : 5~21 : 18(빌립보에서 예루살렘으로의 선교여행), 그리고 27 : 1~28 : 16(예루살렘에서 로마로의 선교여행)만은 1인칭 복수로 바뀌어 나타난다. 이 부분을 흔히 "우리-단락"이라고 부르는데, 이레니우스는 이 부분을 저자가 직접 바울의 선교여행에 참여한 기록으로 간주한다. 그는 이 "우리-단락"을 누가복음의 서문(눅 1 : 2)에 나오는 "우리"와 연결시켜,[2] 누가-행전의 저자를 바울의 동료 누가로 추정한다(Adversus haereses, Ⅲ, 14, 1-4).[3]

---

2) 우리말 성경에는 '우리'라는 말이 빠져 있지만, 원문에는 "처음부터 목격자와 말씀의 일꾼 된 자들이 우리에게 전하여 준 대로"라고 표현되어 있다.

3) E. Haenchen, 「사도행전(1)」, pp. 39-40. 누가 저작성의 전통이 어떻게 생겨났는지에 대해서 많은 논란이 있지만, 대부분의 학자들은 사도행전의 저자가 바울의 로마 수감에 대해 알고 있고, 누가가 바울과 함께 수감했으며, 마지막까지 바울 곁에 남아 있었다고 하는 점이 가장 크게 작용했을 것이라고 추정한다. U. Schnelle, *Einleitung in das Neue Testament*(6판), UTB 1830 (Goettingen : Vandenhoeck & Ruprecht, 2007), p. 283. 캐드베리 역시 2세기 말에 정경에 들어갈 복음서는 반드시 사도성과 연관되어야 한다는 전제 하에, 바울이 수감된 동안에도 그의 동역자로 언급된 누가를 사도행전의 '우리'와 연관시킴으로써, 세 번째 복음서인 누가복

이러한 전승은 2세기 말경에 로마에서 기술된 것으로 추정되는 무라토리 경전(Canon Muratori)의 서문에서도 확인된다. 무라토리 정경은 누가복음에 대해서 다음과 같이 증언한다.[4] "누가에 의한 세 번째 복음서. 의사인 누가는 — 바울이 그를 학식 있는 자로 여겨 여행 중에 함께 데리고 다녔는데 — 그리스도께서 승천하신 후에 그것(누가복음)을 바울의 견해에 따라 자신의 이름으로 기록했다. 그러나 그도 마찬가지로 주님을 육으로 보지는 못했다. 따라서 그는 자신이 알고 있는 대로 (세례) 요한의 탄생부터 이야기를 시작하고 있다." 이처럼 교회의 오랜 전승인 이레니우스와 무라토리 정경은 누가-행전의 저자가 바울의 동행자(동역자)요, 의사인 누가라고 증언해 준다. 그 밖에도 터툴리안(Tertullian, Adv. Marcion., 4.2), 오리겐(Origen, Eusebius, H. E., 6.25), 유세비우스(Eusebius, H. E. Ⅲ, 4) 등 많은 후대의 교회 전승들이 이의 없이 누가의 저작성을 받아들이고 있다.[5]

이러한 전통적인 견해가 오랜 교회의 전통의 지지를 받고 있는 것은 사실이지만,[6] 고대 교부들의 증언 외에 다른 구체적인 증거들을 제시하지 못한다는 약점이 있다. 누가-행전의 저자가 바울의 동료 누가라고 하는

음의 저자도 이끌어 낼 수 있었을 것이라고 추측한다. W. G. Kuemmel, 박익수 역, 「신약정경개론」(서울 : 대한기독교출판사, 1990), p. 151에서 재인용.

4) H. Merkel, *Die Pluralitaet der Evangelien als theologisches und exegetisches Problem in der Alten Kirche*, TC Ⅲ(Bern, 1978), p. 11 재인용.

5) 유세비우스는 누가가 안디옥 출신이라는 정보를 추가하고 있다(H. E. Ⅲ, 4). "안디옥 출신으로 직업이 의사인 누가는 바울과 교제했고, 또한 다른 사도들과도 열심히 교제했다. 사도들로부터 영혼을 치료하는 증거들을 알게 되었고, 영감 속에서 두 권의 책을 지었다. 그 하나는 복음서로, 그가 확신하는 바에 따르면 전승에 따라 작업한 것이다. 그 전승들은 말씀의 첫 번째 증인이며, 봉사자들에게 전수된 것이었다. 그가 말하듯이, 누가는 그 전승들을 처음부터 추적한다. 다른 문서는 사도행전으로서, 그가 귀로 들은 것이 아니라 직접 체험한 것을 기록한 것이다." 김창선, 「한국교회를 위한 21세기 신약성서 해설」(서울 : 시유시, 2005), pp. 366-367에서 재인용.

6) 김경진은 "우리는 누가의 저작설을 부인하는 일부 학자들의 개인적인 견해보다는 성령의 철저한 감독 아래 보존되어 온 교회의 전통에 보다 큰 신뢰를 둘 수 있을 것"이라고 생각한다. 김경진, 「사도행전」(서울 : 대한기독교서회, 1999), p. 26.

고대 전승은 사도행전과 바울서신에 근거한 것이긴 하지만, 하나의 개연성 이상의 것은 아니다. 우선 주후 2세기 말이 되어서야 발견되는 이 증언들이 보다 오래된 정보에 근거하고 있는지의 여부가 불확실하다. 특히 주후 2세기 말은 교회가 정경의 권위를 부여하기 위해 다양한 문서들을 직접 또는 간접적으로 사도적 기원과 연결시키려고 한 시대에 해당된다. 또한 사도행전에 나오는 '우리' 중에 반드시 바울의 동역자 누가가 포함되어 있었다고 하는 명백한 증거가 없다.[7] 누가가 끝까지 바울 곁에 남아 있던 충실한 동역자라 할지라도, 사도행전의 저자가 그가 아닌, 다른 사람일 가능성도 얼마든지 존재한다. "우리-단락"이 저자가 자신이 기록한 글의 신뢰성을 높이기 위해 마련한 문학적 장치일 가능성도 완전히 배제할 수는 없다.[8] 따라서 고대 교부들의 전승 자체가 누가가 누가-행전의 저자라고 하는 결정적인 단서를 제공해 주는 것은 아니다.

누가문서에 의학적인 용어와 어휘가 많이 나온다는 점에 착안해 저자의 직업이 의사라고 주장한 호바트(Hobert)의 견해는 더 이상 지탱될 수 없다.[9] 일찍이 캐드베리(Cadbury)는 호바트가 순수한 의학적 표현이라고 주장했던 거의 모든 용어와 어휘들이 70인역, 요세푸스, 플루타크, 루시안 등의 글에서도 발견되고 있으며, 결국 누가-행전의 문체가 그 당시 다른 저자들의 문체에 비해서 의학적인 관심이 더 드러나고 있는 것이 아님을 설득력 있게 보여 주었다.[10] 따라서 누가 문서에 나타난 의학적인 표현들만을 근거로 해서 저자를 의사 누가로 단정하는 데는 어려움이

---

7) W. G. Kuemmel, 「신약정경개론」, p. 151.

8) 이런 맥락에서 로빈스(Robbins)는 당시의 그리스-로마 문헌에 나오는 배 여행에서 '우리'가 사용된 예를 보여 주고 있다. V. K. Robbins, "By Land and by Sea : The We-Passages and Ancient Sea Voyages", in : C. Talbert, *Perspectives on Luke-Acts*(Danville, Va. : Association of Baptist Professors of Religion, 1978), pp. 215-242.

9) H. J. Hobart, *The Medical Language of St. Luke*(Dublin : Hodges, Figgs and Co., 1882). 이 논의는 최근에도 계속된다. G. Marx, "Luke the Physician, Re-examined", Expository Times 91(1979-1980), pp. 168-172.

10) H. J. Cadbury, *Style and Literary Method of Luke,* HTS 6 (Cambridge : Harvard University Press, 1920), pp. 39-72.

있다.

그렇다면 고대 교회의 전승들은 누가-행전으로부터 얻을 수 있는 내용들과 어느 정도 일치하는가? 사도행전이 바울의 선교여행에 동참한 동행자였던 누가에 의해 기록되었다면, 그 누구보다도 바울과 그의 사상에 대해서 잘 알고 있었을 것임을 쉽게 예상할 수 있다. 그러나 문제는 그렇게 단순하지 않다. 전통적인 누가 저작성에 이의를 제기하는 사람들은 주로 사도행전과 바울서신에 나타나는 바울의 역사적, 신학적 불일치를 근거로 내세운다. 이러한 차이점들은 저자의 문제를 넘어서서 사도행전 전체의 역사성 문제와 결부되어 있다. 우선적으로 바울의 생애와 관련된 정보들이 문제가 된다. 첫째로 사도의 개념에 관한 것이다. 바울서신에 따르면, 바울은 언제 어디서나 자신의 사도직을 강조하고 있다. 그러나 사도행전에서는 바울에게 '사도'라는 칭호를 붙이지 않는다.[11] 사도행전에서는 사도라는 개념이 12제자에게만 적용된다. 둘째는 바울의 예루살렘 방문의 횟수에 관한 것이다. 사도행전에서는 바울이 소명을 받은 뒤에 다섯 번에 걸쳐 예루살렘을 방문한 것으로 보도하고 있는 반면에(행 9 : 23-26 ; 11 : 30 ; 15 : 1-29 ; 18 : 22 ; 21 : 17), 바울서신에 의하면 모두 세 번 올라간 것으로 기록되어 있다. 특히 예루살렘 사도회의가 사도행전에서는 바울의 세 번째 방문 때에 일어났는데, 갈라디아서 2 : 1~10에서는 두 번째 예루살렘 방문으로 나타난다. 셋째는 예루살렘 회의의 보도에 대한 차이이다. 사도행전(15장)에서는 소위 "사도훈령"(15 : 20)[12]이 예루살렘 회의의 중요한 결과로 제시되고 있는 반면에, 바울은 이에 대한 아무런 언급이 없고,[13] 다만 가난한 자들에 대한 헌금의 의무를 상기시킨

11) 바울은 사도행전 14 : 4과 14을 제외하고는 사도로 불리어지지 않는다. 거기에서도 예루살렘의 12사도와는 다른, 안디옥 교회로부터 파송된 의미에서의 사도로 불릴 뿐이다.

12) 사도훈령은 예루살렘 사도회의 때 이방인들을 그리스도인으로 받아들이기 위해 제시된 4가지 조항, 즉 우상제물, 음행, 목매어 죽인 것, 피 등을 멀리하라는 권면을 말한다.

13) 갈라디아서 2 : 6에서 바울은 이방인을 받아들이는 데 아무런 조건도 없었다고 주장한다.

다. 넷째로 사도행전에서는 바울이 위대한 이적 행위자요,[14] 언변이 뛰어난 연설가로 묘사되고 있는 반면에,[15] 서신에서는 사뭇 다르게 표현된다. 바울은 기적에 대해서 크게 평가하지 않고, 오히려 자신의 약한 것을 더 자랑하며(고후 12 : 9-10), 자신의 언변이 부족하다는 것을 인정하고 있다(고후 10 : 10). 이 밖에도 사도행전에 바울서신에 대한 언급이 전혀 없고, 바울이 힘썼던 가난한 자들을 위한 헌금에 대해서도 침묵하는 것은 이상한 일이다. 바울의 동료요, 동역자인 누가가 정말 누가-행전의 저자라면, 바울에 관해서 이렇게 다르게 보도할 수 있는지 의아스럽다. 또 하나의 중요한 문제는 사도행전에 나타난 바울의 신학과 서신에 나타난 신학이 서로 차이가 난다는 것이다. 필하우어(Vielhauer)는 누가의 바울(사도행전의 바울)과 "역사적 바울"(서신의 바울) 간의 신학적 차이를 네 가지 점에서 대조시킨다.[16] 첫째, 아레오바고 설교(행 17 : 22-31)의 근저에 깔려 있는 사상은 스토아 철학에 바탕을 둔 자연신학으로서, 죄와 은혜의 개념이 없으며, 바울의 핵심 주제인 십자가에 달린 그리스도의 복음(고전 1 : 22-24)이 결여되어 있다. 둘째, 역사적 바울은 율법에 대해 신랄하게 비판하였는데, 사도행전의 바울은 율법에 충실한 인물로 묘사된다(예를 들어, 나실인 서약〈21 : 18-28〉 ; 디모데의 할례〈16 : 3〉). 셋째, 사도행전에는 바울의 기독론에 관한 내용, 즉 그리스도의 선재 사상이나 그리스도의 십자가 사건의 구원론적 결과가 언급되지 않는다. 넷째로 사도행전에는 바울이 지닌 임박한 종말 사상이 현저하게 후퇴하고 있다.[17]

---

14) 행 13 : 6-12 ; 14 : 8-10 ; 19 : 12 ; 20 : 7-12 ; 28 : 3-6 참조.

15) 사도행전에 나오는 그의 연설들 참조(행 13 : 16-41 ; 14 : 15-17 ; 17 : 22-31 ; 22 : 1-21 ; 26 : 2-23 등). 특히 사도행전에서 바울은 루스드라의 사람들이 그를 제우스의 대변자인 헤르메스에 견줄 만큼 언변이 뛰어난 사람으로 묘사된다(14 : 12).

16) Ph. Vielhauer, "Zum Paulinismus der Apostelgeschichte", in : 같은 저자, *Aufsaetze zum Neuen Testament*, TB 31 (Muenchen, 1965), pp. 9-27. 필하우어는 다음과 같이 결론을 내린다 : "사도행전의 저자는 그의 기독론에 있어서는 바울 이전의 것이다. 그의 자연신학, 율법 이해, 그리고 종말론은 바울 이후의 것이다. 그에게 어떤 유일하게 특정한 바울적인 사상은 발견되지 않는다"(26).

17) H. Conzelmann, *Die Mitte der Zeit*(Tuebingen, 1954). 콘첼만도 사도행전의 저자가 종말의 지연을 구속사의 도식으로 옮겨 놓았다고 주장한다.

바울에 관한 기록(사도행전)과 바울 자신의 기록(바울서신) 사이에 드러나는 이러한 차이점들을 절대화할 수는 없지만, 사도행전의 저자를 바울의 동행자나 목격자로 간주하기에 망설이지 않을 수 없다.

물론 이러한 바울의 역사적, 신학적 차이들이 전통적인 누가의 저작성을 완전히 뒤집는 것은 아니다. 우선 사도행전과 바울서신 사이에 엄연히 존재하는 30년가량의 시간적 격차를 고려할 수 있다. 저자가 참여한 사건들과 자신의 집필 시기 간의 긴 시간 차이 때문에, 저자가 바울의 직접적인 사상보다는 저작 당시 그가 속한 헬라적 교회의 중간적 신학사상에 의존했을 가능성을 배제할 수 없다.[18] 이와 연관해서 누가가 바울과 항상 동행한 사람이 아니라, 어느 특정한 때에만 간헐적으로 동행한 동료일 수도 있다.[19] 이것이 사실이라면, 그가 왜 바울 초기의 사건에 대해 정확한 지식을 갖지 못했고, 바울의 서신과 그 안에 나타난 신학에 대해서 침묵하고 있는지 어느 정도 설명해 줄 수 있다. 또한 사도행전과 바울서신 각각의 기록동기와 목적도 고려되어야 한다. 사도행전이 예루살렘으로부터 로마로까지 복음의 진행과정에 초점이 맞추어져 있다면, 바울서신들은 특정한 교회의 특정한 필요에 따라 기록된 상황서신들이다. 따라서 누가가 바울에 대해서 더 많은 것을 알고 있었더라도, 그 모든 사건을 다 언급할 필요를 느끼지 않았을 수도 있다. 여기에 사도행전의 연설들이

18) M. Hengel, tr. by J. Bowden, *Acts and the History of Early Christianity* (Philadelphia : Fortress Press, 1980), pp. 66-67.

19) R. E. Brown, 김근수, 이은순 공역, 「신약개론」(서울 : 기독교문서선교회, 2003), pp. 468-470. 이 가정을 받아들인다면, "우리- 단락"을 토대로 바울과 저자의 관계를 다음과 같이 추론해 볼 수 있다. 저자는 바울의 제2차 선교여행 중 드로아에서 바울 일행과 합류하여(16 : 10) 빌립보에서 함께 활동한다. 그러나 바울이 빌립보를 떠난 후에도 저자는 빌립보에 계속 남아 있었다. 그러다가 바울이 제2차 선교를 마치고, 3차 선교여행의 말미에 마케도니아의 빌립보에 들렀을 때(20 : 1-2), 저자는 다시 바울과 합류한다(20 : 5-6). 그리고 예루살렘에 도착할 때까지 바울과 동행한다(20 : 18). 그 후 바울이 예루살렘과 가이사랴에 감금되어 있는 동안(약 2년), 저자가 바울 곁에 있었는지 확실하지는 않지만, 여하튼 바울이 가이사랴를 출발하여 로마에 도착하기까지 그와 동행했다(28 : 16). 바울의 로마 수감기간 동안 함께 있었는지 직접적인 언급은 없지만 가능성은 있다.

주로 비그리스도인들을 대상으로 하는 반면에, 바울서신은 철저하게 그리스도인들을 대상으로 한다는 점도 고려되어야 한다. 바울은 하나의 상황에 하나의 사상만을 가진 단순한 인간이 아니다. 그가 대단히 복잡한 인물이었을 것이라는 점을 감안한다면, 바울을 왜소한 어떤 논리적 체계로 환원시키는 일은 신중해야 한다. 몇 개의 고립된 텍스트로부터 모든 상황에서의 바울의 모든 사상을 펴내기에는 충분하지 않다.[20]

요약하면, 현재로서는 누가 문서의 저자가 바울의 동역자 누가라는 견해와 누가의 저작성을 부인하는 견해, 어느 한 쪽도 확실한 증거를 제시할 수 없다. 양쪽의 견해가 모두 하나의 개연적인 추정에 불과하기 때문이다. 교회전승들이 주장하고 있는 바와 같이 누가가 저자였다고 확신할 수 있는 방법도 없고, 그렇다고 다른 사람이라고 제안할 명백한 근거도 없다. "우리-단락"이 기술하는 선교여행에 누가가 바울과 함께 있었다는 것을 반박할 만한 명백한 근거도 없고, 누가가 교부들의 시선을 집중시킬 만큼 뛰어난 인물도 아니었다. 그렇다면, 오랜 교회의 전통을 뒤집을 만한 결정적인 증거가 없다는 의미에서 우리는 누가-행전의 저자를 누가라고 부르기로 한다. 그러나 사도행전의 저자 문제는 아직도 열려져 있는 문제이며, 다른 가능성이 완전히 배제되는 것은 아니다. 한국교회의 정서상, 저자 문제에 대해서 과민 반응을 보일 필요는 없다. 누가복음과 사도행전 본문 자체가 감추고 있는 문제에 대해 지나치게 반응하기 보다는, 오히려 사도행전 본문을 통해 저자가 어떤 인물이었는가를 살펴보는 것이 더 유익하리라고 본다. 최근에 진행되고 있는 문학비평이 실제저자보다 본문을 통해 재구성할 수 있는 내포저자(implied author)에 더 많은 관심을 기울이고 있는 것도 의미가 있다.

누가-행전을 통해 저자의 윤곽이 어느 정도 짐작될 수 있다. 확실하게 말할 수 있는 것은 그가 기독교 2~3세대에 속하는 이방인 그리스도인이라는 점이다.[21] 그는 팔레스타인의 지리를 잘 모르고(눅 17 : 11), 아멘

---

20) 유상현,「사도행전 연구」(서울 : 대한기독교서회, 1996), p. 21.

21) 이와 다르게 예르벨(Jervell)은 누가를 유대인 그리스도인으로 본다. J. Jervell,

(ἀμήν)이라는 말을 제외하고는 거의 유대적인 표현을 사용하지 않는다. 그는 유대의 제의 문제에 대해 별로 관심이 없고(막 7 : 1-23을 생략), 율법을 감당하지 못할 멍에로 파악한다(행 15 : 10). 이러한 율법에 대한 태도는 적어도 동시대의 유대인으로서는 생각하기 어려운 일이다. 복음서 저자들 중에서 그는 헬라어를 가장 잘 구사하며(비교적 풍부한 어휘력과 문어적 표현들), 고대 헬라 역사가들의 수사학적 기술과 헬라 문학과 사상에 대해서도 어느 정도의 지식이 있는 것으로 드러난다. 반면에 그는 구약으로부터 많은 영감과 영향을 받은 것이 분명하다. 그가 히브리어와 아람어를 알고 있었는지는 분명하지 않지만, 70인역은 분명히 알고 있었다. 그가 구약성경을 인용할 때는 70인역을 사용할 뿐만 아니라, 70인역의 문체도 자주 사용하고 있기 때문이다(문체의 칠십인 역화).[22] 이처럼 저자가 헬라 문화와 유대 문화에 익숙한 것을 감안하여 저자를 유대 개종자가 된 이방인이거나 혹은 하나님을 경외하는 이방인이라고 가정하는 사람도 있다.[23]

2. 저작 시기와 장소

사도행전의 저작 시기에 관해서도 확실한 증거가 없으므로, 단지 추측만이 가능하다.[24] 저작 시기를 결정하는 데 다음과 같은 지표들이 중요한

Die Apostelgeschichte(Goettingen : Vandenhoeck & Ruprecht, 1998), p. 84. 그는 사도행전의 유대적 성격을 다음과 같이 열거한다 : 이스라엘을 하나님의 백성으로 보는 사고, 이스라엘을 향한 언약과 관련된 구원론, 해박한 성서 지식, 모세율법을 교회에 합당한 것으로 보는 경향, 바울을 바리새인이며 유대 선교사로 묘사. 그러나 예르벨은 또한 그가 이방인으로 태어났다면, 헬라파 유대인 그리스도교에 뿌리를 둔, 하나님을 경외하는 자에 속했다고 추정한다.

22) E. Haenchen, 「사도행전(I)」, pp. 134-142.

23) R. E. Brown, 「신약개론」, p. 395.

24) C. J. Hemer, *The Book of Acts in the Setting of Hellenistic History* (Tuebingen : JCB Mohr, 1989), pp. 367-370. 헴머는 여기에서 저작 시기에 관한 다양한 가설들을 광범위하게 소개하고 있다.

역할을 한다. 첫째는 예루살렘의 멸망 시기이다. 누가복음 19 : 43(13 : 35 참조)과 21 : 24은 사후 예언(vaticinium ex eventu)으로서, 주후 70년에 일어난 예루살렘 함락을 전제하는 것으로 보인다. 둘째는 누가복음의 저작 시기이다. 누가복음이 마가복음을 자료로 사용한 것을 전제로 한다면, 그 저작 시기는 적어도 80년 이후로 추정할 수 있다.[25] 사도행전이 누가복음 이후에 기록되었다면, 그 저작 시기는 80년 이전이 될 가능성은 적다. 셋째는 사도행전 안에 주후 95년에 일어난 도미치안 황제의 박해에 대해 아무런 언급도 없다는 것이다.[26] 이상에서 볼 때, 누가복음의 저작 시기가 사도행전 저작 시기의 상한선이 된다면, 도미치안 황제의 박해 시기는 사도행전 저작 시기의 하한선이 된다. 그러므로 사도행전의 저작 시기를 80~90년 사이로 보는 것이 가장 설득력 있어 보인다.[27]

사도행전의 저작 장소에 관해서도 확실한 증거를 제시할 수 없다. 저작 장소로 안디옥, 가이사랴, 아가야, 보에티아, 에게 해 지역, 로마 등 여러 곳이 거론되고 있지만, 모두가 추축에 불과할 뿐이다. 다만, 복음의 확장에 대한 누가의 계획이 로마에서 그 절정을 이루고(1 : 8 ; 19 : 21 참조), 역시 로마에서 기록된 클레멘트1서 5 : 24과의 유사성을 들어 로마가 자주 거론되긴 하지만[28] 확실하지는 않다. 다만 확실하게 말할 수 있는 것은 기록 장소가 팔레스타인 바깥이라는 것뿐이다.

---

25) 이러한 연대 계산은 약 70년경에 기록된 것으로 보이는 마가복음의 저작 시기와 이 복음서가 누가복음의 자료로 사용되었을 만큼 어느 정도 널리 보급된 기간을 포함한 것이다.

26) 유상현, 「사도행전 연구」, pp. 33-34.

27) 물론 사도행전의 저작 시기를 보다 더 이른 시기로 보는 학자들도 있다. 사도행전이 바울의 순교를 언급하지 않고 있고, 바울의 편지를 모르고 있으며, 사도행전 본문 속에 유대 전쟁이 일어났음을 암시하는 구절이 없다는 근거로 사도행전의 저작 시기를 60년경으로 추정하는 견해들도 여전히 존재한다. R. B. Moberly, "When was Acts Planned and Shaped?", Evangelical Quarterly 65(1993), pp. 5-26. 그러나 이 견해는 누가복음의 서문(1 : 1-4)을 고려할 때, 그 가능성이 희박하다. 서문에 따르면, 누가복음 이전에 이미 예수 사건에 대한 '많은' 기록들이 있었다고 하는데, 60년경에는 아직 그런 문서들이 존재하지 않았을 것이기 때문이다.

28) U. Schnelle, *Einleitung in das Neue Testament*, p. 305.

3. 누가의 공동체

1) 서문과 수신 공동체

서문(눅 1 : 1–4 ; 행 1 : 1–2)에 따르면, 누가복음(1 : 1–4)과 사도행전(1 : 1–2)이 "데오빌로"(Θεόφιλος)라고 하는 인물에게 헌정되고 있다. 이 데오빌로가 가상의 인물이나 공동체를 의미한다는 주장도 있지만,[29] 저자가 "각하"(눅 1 : 3, κράτιστος)라는 칭호를 사용하는 것으로 보아 실재한 인물로 보는 것이 타당할 것이다.[30] 동일한 칭호가 총독 벨릭스(24 : 3)와 베스도(26 : 25)에게도 사용된 것을 보면, 그는 경제적으로 매우 부유하거나, 어느 정도 지위가 있는 고관이었을 가능성이 크다. 고대 세계에서는 귀족이나 부자들이 후원자가 되어 책의 출판과 반포를 재정적으로 지원해 주면, 저자는 그에 대한 보답으로 그 책을 후원자에게 헌정하는 것이 하나의 관례였다. 이러한 관례에 따라 누가는 누가복음과 사도행전을 기록한 후, 이 두 책을 데오빌로에게 헌정한 것으로 보인다. 그러나 누가가 데오빌로에게 이 책을 헌정한다고 해서 이 책이 한 사람만을 위해서 기록한 것으로 볼 필요는 없다. 고대 세계에서 헌정된 사람과 수신자가 반드시 일치하는 것은 아니기 때문이다.[31] 따라서 누가는 데오빌로 한 사람을 위해서 아니라, 그를 포함한 어떤 공동체를 염두에 두고 사도행전을 기록했을 것이다.

2) 이방인으로 구성된 공동체

누가가 염두에 둔 수신 공동체는 주로 이방인 그리스도인으로 구성된

29) 이런 견해는 '하나님을 사랑하는 자'라는 의미를 가진 '데오빌로'(Θεόφιλος)의 이름과 연관이 있다.

30) J. A. Fitzmyer, *The Acts of the Apostles*, The Anchor Bible 31(New York : Doubleday, 1998), p. 195.

31) E. Heanchen,「사도행전(1)」, p. 230.

공동체였던 것으로 보인다. 누가는 그리스-로마 역사 서술의 전통에 의존하고 있고(눅 1 : 1-4 ; 행 1 : 1-2), 이미 율법과 무관한 이방인 선교를 전제하고 있다(행 10장 ; 28 : 28 참조). 그리고 셈족 개념들을 피하거나(눅 22 : 40 ; 23 : 33) 헬라어로 보충한다. 예컨대, 랍오니(ῥαββουνί, 막 10 : 51) 대신에 퀴리에(κύριε, 눅 18 : 41)를, 랍비(ῥαββί, 막 9 : 5) 대신에 에피스타테스(ἐπιστάτης, 눅 9 : 33)를, 압바 호 파테르(ἀββα ὁ πατήρ, 막 14 : 36) 대신에 파테르(πατήρ, 눅 22 : 42)를, 카나나이오스(Καναναῖος, 막 3 : 18) 대신에 젤로테스(ζηλωτής, 눅 6 : 15)를 사용한다. 또한 유대적인 색채가 강하여, 더 이상 누가 공동체와 무관한 마가복음과 Q 자료의 본문들을 생략한다(막 7 : 1-23 ; 7 : 24-30 ; 7 : 31-37 ; 8 : 1-10 ; 8 : 11-13 ; 8 : 14-21 ; 8 : 22-26 ; 더 나아가 마 5 : 19a ; 5 : 21-48 ; 6 : 1-8, 16-18). 70인역의 일상적인 사용과 팔레스타인 지역을 유대(눅 1 : 5 ; 4 : 44 ; 6 : 17 ; 7 : 17 ; 23 : 5 ; 행 2 : 9 ; 10 : 37)로 지칭하는 것들도 누가가 팔레스타인 외부의 다수의 이방인 그리스도인 공동체를 위해 썼다는 것을 암시해 준다.[32]

그렇다면 누가가 유대 백성과 그들의 성경에 관심을 가졌으며, 신약성서의 하나님 백성, 즉 교회와 구약 성서의 하나님 백성 사이의 관계에도 지대한 관심을 보이고 있다는 것은 어떻게 이해해야 하는가? 이것들은 이미 유대교와 유대인에 대한 어느 정도의 이해와 경험이 전제되어야 하는데, 주로 이방인으로 구성된 공동체가 이 부분들을 어떻게 받아들일 수

---

32) U. Schnelle, *Einleitung in das Neue Testament*, 287. 그러나 최근에 공동체의 구성원 중에 유대인들도 적지 않게 포함되어 있었을 것이라고 생각하는 사람들이 있다. 특히 J. Jervell, "Retrospect and Prospect in Luke-Acts Interpretation," *Society of Biblical Literature* 1991 Seminar Papers, ed. by E. H. Lovering(Georgie : Schlars Press, 1991), pp. 383-404. 그에 따르면, 누가의 공동체는 주로 유대인들로 구성되었으며, 하나님을 두려워하는 자들 역시 회당과 연관이 있는 이방인들이기 때문에, 하나의 그룹으로 볼 수 있다고 주장한다. J. Jervell, 윤철원 역, 「사도행전 신학」(서울 : 한들출판사, 2000), pp. 42-50 ; idem., *Die Apostelgeschichte*(Goettingen : Vandenhoeck & Ruprecht, 1998), pp. 89-90.

있었을까? 당시의 학식 있는 이방인들 중에는 전래의 이방 종교에 실망한 나머지, 낯선 종교에 관심을 가지거나, 아예 개종하는 사람들이 적지 않았다. 그들 가운데 유대교의 유일신론, 높은 윤리의식 등의 내면적 모습이나 예배의식 등의 외형적 모습에 매혹된 이방인들이 있었다. 그들은 각 지역에 퍼져 있던 유대인의 회당예배에 정기적으로 참여하였는데, 두 부류로 구분할 수 있다.

한 부류는 이방인이었지만, 할례를 받고 법률상 유효하게 유대교로 넘어와서 율법을 모두 지킬 의무를 진 사람들로 개종자들이라고 부른다. 사도행전 2 : 10과 6 : 5에서는 각각 "유대교에 들어온 사람들" 또는 "유대교에 입교한 안디옥 사람"으로 번역되었는데, 원문에는 프로셀뤼토스(προσήλυτος), 즉 개종자로 표현되어 있다. 또 하나의 부류는 "하나님을 경외하는 자들"이라고 불리는 사람들로, 할례를 받지는 않았지만, 유대교의 회당예배에 참석하며, 부분적으로 율법을 지키는 이방인들이었다.[33) 아마도 최초의 그리스도인들이 된 이방인들은 이러한 개종자 또는 하나님을 경외하는 자들 가운데 속한 자들이 대부분이었을 것이다. 그렇다면, 누가의 공동체에 속한 이방인들 역시 주로 회당을 통하여 유대교와 유대인에 대한 사전 지식을 가지고 있었을 것으로 짐작할 수 있다.[34)]

3) 누가의 공동체가 직면한 문제들

누가의 공동체는 기독교 첫 세대와는 꽤 거리가 있는 2세대 혹은 3세대의 그리스도인들이었다. 따라서 그들이 처한 상황 역시 첫 세대의 상황과는 많이 달랐을 것이라고 짐작할 수 있다. 사도행전이 기록된 시기를 대략 80년대로 잡는다면, 이 시기는 예루살렘 성전의 몰락(70년)으로 유대교와 기독교인들 양편이 커다란 혼란을 겪었던 시대였다. 유대전쟁

---

33) 사도행전에 나오는 개종자와 하나님을 경외하는 자들에 대한 논의는 유상현, 「바울의 제1차 선교여행」(서울 : 대한기독교서회, 2002), pp. 97-117 참조.

34) 유상현, 「사도행전 연구」, pp. 30-31.

(66-70)의 패망 이후, 성전의 문은 닫히고 산헤드린은 폐지된다. 성전이 유대교의 근본을 형성하는 기구였기에, 예루살렘 성전의 붕괴는 유대교의 종교적, 정치적 상황에 심각한 영향을 끼쳤다. 이에 유대교는 성전 중심에서 율법 중심의 종교로 탈바꿈하며, 나름대로의 정체성을 확보하기 위해 내외적인 정비를 하기 시작했다.[35)]

안으로는 유대교 자체 내에 있는 분열을 없애고, 구약정경을 확립하며, 절기양식을 통일하였다. 또한 회당예배의식을 단일화하고, 랍비직을 강화하며, 유대 전승을 성문화하는 등의 작업에 몰두하였다. 밖으로는 이교주의와 그리스도교의 영향력을 차단하기 위해 노력하였다. 이런 급격한 상황 변화를 통해 그동안 유대교의 우산 속에 보호되던 그리스도인들과 유대교 회당과의 결별이 가속화되었고, 이는 결국 유대교에 대하여 기독교의 정체성을 정립하게 만드는 결과를 초래하였다. 특히 누가의 공동체가 주로 이방인으로 구성된 공동체였다면, 더더욱 자신들의 근거(뿌리)와 현재의 사명, 그리고 미래의 방향성 등의 문제에 대한 적절한 대답이 필요했을 것이다.

이와 함께 재림의 지연도 누가의 공동체가 안고 있는 중요한 문제 중의 하나였을 것이다. 처음 그리스도인들이 가졌던 임박한 재림의 기대는 오늘날의 우리가 생각하는 것보다 훨씬 더 중대한 문제였음에 틀림없다. 따라서 종말의 문제가 누가가 누가-행전을 기록한 궁극적인 목적은 아닐지라도, 재림의 지연에 대한 설명이 필요했을 것이다. 또한 누가의 공동체에 국가와 교회와의 관계 역시 중요한 변수였다. 유대 국가를 짓밟은 로마의 엄청난 권력이 위세를 더해 가게 되고, 선교활동이 증가하면서 제국의 권력과 기독교인 간에 접촉이 늘어나게 되자, 기독교인들은 제국에 대한 입장을 정리해야만 했다. 과연 로마 제국은 교회의 미래를 위해 어떤 의미를 가지는가? 하나님의 나라와 현실의 국가는 반드시 대립하는

35) 이러한 유대교의 개혁 작업은 팔레스타인의 해변가 얌니아에서 랍비 요하난 벤 자카이(Yohanan ben Zakkai)에 의해서 주도되었다. 김경희 외, 「신약성서개론」 (서울 : 대한기독교서회, 2002), pp. 227-228.

그룹이어야 하는가? 교회가 로마 제국이라고 하는 거대한 환경 안에서 복음을 전하기 위해서는 국가와의 불필요한 오해나 마찰은 피하는 것이 유리하였을 것이다. 무엇보다 아직 소수에 불과한 공동체에게 거대한 국가와의 갈등은 공동체의 생존과도 관련된 중요한 문제였다.

누가복음과 사도행전의 중요한 특징 중의 하나인 가난하고 소외된 자들에 대한 관심 역시 누가의 공동체의 상황과 무관하지 않다. 1세기 말무렵에 명망 있는 자들과 부유한 자들이 누가의 공동체에 속해 있었던 것 같다(행 17 : 4 ; 18 : 8 참조). 시간이 지남에 따라 사랑의 열정이 많이 식어져서, 공동체 안에 있는 부유한 자들은 독선적이고 탐욕스러웠으며(눅 12 : 13-15 ; 16 : 14-15), 가난한 사람들을 업신여겼다(눅 18 : 9). 심지어는 부를 추구하는 그들의 노력 때문에 신앙마저 저버릴 위험에 빠져 있었다(눅 8 : 14 ; 9 : 25). 따라서 누가 공동체 내에서의 빈부의 문제는 누가가 대답해야 할 중대한 문제 중의 하나였을 것이다. 이 밖에도 누가의 공동체 안에는 거짓 교사들에 대항하여 정통 신앙을 보호하는 일 역시 중요한 과제 중의 하나였던 것으로 보인다(행 20 : 29-30 ; 또한 딤전 1 : 3-7 ; 딤후 1 : 13-14 참조).

4. 사도행전의 저작 동기와 목적

사도행전의 저작 동기로 다양한 견해들이 제안되고 있다.[36] 이것은 사도행전이 그만큼 매우 복합적인 성격의 책이라는 사실을 알려 준다. 최근의 연구에서는 사도행전이 한 가지 목적만 위해서가 아니라 다수의 목적을 염두에 두고 기록되었다는 견해가 지배적이다.

1960년대 이후의 사도행전의 연구사를 포괄적으로 제시하고 있는 가스끄(Gasque)는 그의 책을 다음과 같은 결론으로 마무리한다 : “만약 우리

---

36) R. F. O' Toole, “Why did Luke Write Acts?(Lk-Acts),” *BTB* 7(1977), pp. 66-76 ; R. Maddox, *The Purpose of Luke-Acts*(Edinburgh : T. & T. Clark, 1982).

의 연구에서 배운 것이 있다면, 그것은 제3복음서와 사도행전 해석의 열쇠가 되는 유일한 목적이나 신학적 개념을 식별해 내기란 불가능하다는 사실이다".[37] 포엘(Powell)은 사도행전의 저작 목적에 관한 다양한 견해들을 다음과 같이 6가지 범주로 묶어 소개한다 : 1) 화합을 위한 목적, 2) 논쟁을 위한 목적, 3) 변증적인 목적, 4) 전도를 위한 목적, 5) 목회적인 목적, 6) 신학적인 목적.[38] 또한 유상현도 사도행전의 저작 목적을 1) 구속사적인 측면, 2) 선교와 교화의 측면, 3) 신학적 측면, 4) 호교론적인 측면에서 다양하게 조명하고 있다.[39]

하나의 작품이 반드시 하나의 의도나 목적에 의해 저술되었다고 볼 필요는 없다. 누가가 글을 쓰게 된 동기는 여러 가지 다양한 관심과 고려가 복합적으로 작용한 결과였을 것이다. 이러한 누가의 다양한 관심은 우선적으로 수신 공동체의 상황과 밀접하게 연관된다. 초기 교회의 역사를 서술하는 누가의 가장 큰 관심은 과거를 위한 것이 아니라 과거를 통해 현재를 진단하고, 미래의 바람직한 공동체를 이루려는 데 있기 때문이다.[40]

---

37) W. W. Gasque, 권성수 · 정광욱 공역, 「사도행전 비평사」(서울 : 엠마오, 1997), p. 427.

38) M. A. Powell, 이운연 역, 「사도행전 신학」(서울 : 기독교문서선교회, 1991), pp. 26-38. 저작 목적에 대한 연구 후에, 포웰이 내린 결론은 의미가 있다 : "어떤 이야기든 쉽게 하나의 추상적인 관념이나 하나의 특별한 목적으로 정리할 수 있다면 썩 훌륭한 이야기라고 할 수 없다. 그러므로 우리는 사도행전을 한 가지 요소만을 가진 책으로 격을 낮추지 않도록 주의해야 한다. 오히려 우리는 이 책을 있는 그대로 읽어야만 한다. 생명체 자체가 그러하듯이 복잡하고도 풍성한, 그리고 다양하고도 신비한 이야기로 말이다"(38).

39) 유상현,「사도행전 연구」, pp. 162-197.

40) 문제는 누가의 저작 의도를 밝히는 방법론이다. 누가는 자신의 두 작품에서 저술 의도를 명시적으로 밝히지 않기 때문이다. 사도행전 저자의 서술을 지배하고 있는 신학사상을 규명하기 위해 방법론적으로 확실하게 사용할 수 있는 것은 오직 요약과 연설뿐이라는 큄멜의 지적은 고려할 만하다(W. G. Kuemmel, 「신약정경개론」, p. 173). 그런 연후에 이야기 서술의 전개구조가 암시하고 있는 바를 검토해야 할 것이다. 매독스는 슈나이더가 제안한 네 개의 질문을 상기시킨다. 1) 서문에서 말하고 있는 저술 목표는 무엇인가? 2) 작품 가운데 어떠한 세부 사항이 저자의 목표를 밝히는 데 도움을 줄 수 있는가? 3) 작품이 다루고 있는 중요한 주제는 무엇인

1) 신학적 정체성의 확립

앞에서 언급한 것처럼, 누가와 누가의 공동체가 처한 상황은 역사적으로나 신학적으로 기독교의 정체성이 근본적으로 혼란을 겪는 시기였다. 예루살렘의 멸망 — 이는 곧 이스라엘의 실패를 의미한다. — 은 기독교인들에게도 새로운 신학적 사고의 필요성과 유대교에 대한 기독교의 정체성 확립이라는 과제를 안겨 주었다. 이러한 정체성 확립을 위해 지나간 과거의 사건들을 신학적으로 재해석하고, 자신의 신앙과 관련하여 스스로의 위상을 정립하는 일은 누가의 공동체를 위해서도 매우 긴요한 일이 아닐 수 없었다. 특히 누가 공동체의 기본 문제는 제3의 그룹으로서의 기독교 신학적 정체성과 연관된다. 안디옥에서 예수의 제자들이 처음으로 "그리스도인"으로 불리어졌다는 것은 기독교가 더 이상 유대교의 한 종파나 이방 종교의 한 분파가 아닌, 제3의 그룹이 되었음을 시사하고 있다(행 11 : 26).[41]

기독교가 더 이상 유대교이거나 이교도의 한 종파가 아니라면, 이제 기독교는 무엇이 되어야 하는가? 이 물음은 전에 회당에 참여했던, "개종자"들이나 "하나님을 두려워하는 자들" 출신의 이방인 그리스도인들에게는 훨씬 더 심각한 문제였다. 유대인들이 그리스도인의 메시야를 거부하는 상황에서, 교회가 유대인의 메시야를 자신들의 주로 고백한다면, 교회는 어떻게 적법한 정체성을 주장할 수 있겠는가? 교회가 유대교의 핵심 요소인 토라와 할례를 거부하면서도 어떻게 하나님의 참된 이스라엘이라고 주장할 수 있겠는가? 즉, 교회가 모종교로부터 분리된 상태에서 어떻게 유대인의 성경에 기록된 약속들을 자신의 것으로 받아들이고, 하나님과 아브라함의 언약이 그리스도 안에서 성취되었다고 주장할 수 있겠는

가? 4) 저자의 목표는 작품의 문학적 유형에 의해 조명될 수 있는가? R. Maddox, *The Purpose of Luke-Acts*, p. 20.

41) '그리스도인'이란 용어는 신약에서 세 번 나오는데, 사도행전에 두 번(11 : 26 ; 26 : 28), 베드로전서에 한 번(4 : 16) 등장한다.

가? 더욱이 이러한 질문들은 구속사의 우선권을 지닌 유대인들의 대부분이 복음을 거부하고, 이방인 선교가 이미 본격화된 누가 공동체의 상황에서는 더욱 더 절실한 문제였을 것이다.

누가가 이스라엘과 교회의 연속성을 강조하는 것도 바로 이런 공동체의 상황과 연관이 있다(구약성경의 잦은 인용, 예루살렘의 강조, 열두 사도의 강조 등). 양자의 연속성은 곧 하나님의 구속사의 연속성을 의미한다. 이러한 연속성은 바울의 재판에 관한 긴 단락(21-28장)에서 잘 드러난다. 여기에서 누가는 기독교가 유대교의 폐지가 아니라 유대교의 성취이라는 것을 입증하려고 한다. 유대인들이 복음을 거부하는 것은 그들의 무지와 사악한 우둔함 때문이다(28 : 26-27). 이에 반해 이스라엘의 전통에 확고히 서 있는 사람은 바울이다(23 : 6 ; 24 : 14 ; 25 : 8 ; 26 : 1-8). 오히려 하나님의 대변자이며 메시야인 예수를 거부하고, 십자가에 못 박도록 이끈 장본인은 유대인들이었다(2 : 40 ; 3 : 17 ; 13 : 27 ; 17 : 30 ; 눅 23 : 34 참고).

그래서 복음은 이제 이방인들에게로 간다. 교회야말로 참된 하나님의 백성이며, 참된 이스라엘이다. 누가가 유대교의 중심지인 예루살렘에서 시작한 복음이 결국 이방세계의 중심지인 로마로 나아가는 것이 하나님의 목적임을 강조하는 것도 이런 연유 때문이다. 전 세계에 복음이 전해지는 것이 하나님의 본래 목적이었다(눅 24 : 46-47). 그렇다면, 주로 이방인으로 구성된 누가의 공동체가 예수님을 받아들인 것은 결코 우연이 아니며, 비정상적인 일도 아니다. 오히려 그것은 하나님의 본래 계획에 속한 것이었다. 이방인들이 예수님을 직접 보지 못했던 사람들에 의해 믿음을 가지게 되었을지라도 염려할 필요가 없다. 그들이 받은 복음은 예수 사건의 '목격자와 일꾼'에게로까지 거슬러 올라가기 때문이다.

그러므로 누가 자신이 처음부터 밝힌 바와 같이 누가-행전의 우선적인 목적은 동료 기독교인들에게 확신을 주기 위함이었다(눅 1 : 4). 역사서술로서의 누가의 내러티브는 이스라엘의 성서로부터 예수의 탄생, 생애, 죽음과 부활, 그리고 성령을 통해 성장하는 기독교 공동체까지의 연속적인 노정을 묘사한다. 이런 방식으로 누가는 그리스도교 공동체에게 고대 이스라엘과의 연속성, 하나님의 목적과의 일치성, 하나님의 백성이라는 정체성을 제공한다. 그래서 누가는 자신의 청중들에게 그들은 누구이고, 제자도 안에서 그들이 어떻게 신앙의 본질을 지탱하며 살 수 있는지를 가르친다.[42)]

2) 하나님의 신실성 강조

지나간 시대에 사도행전 연구에 지대한 영향을 끼쳤던 콘첼만(Conzelmann)은 누가가 복음서와 사도행전을 기록한 주된 동기가 그리스도 재림의 지연이라고 하는 신학적인 문제 때문이었다고 주장한다.[43)] 초기의 그리스도인들은 그리스도가 곧 재림하실 것이라는 기대 속에 살았는데, 그 일이 일어나지 않자 큰 혼란과 위기를 맞이했다. 이러한 재림 지연의 위기에 봉착하여, 누가가 종말의 문제를 구속사의 신학으로 바꾸어 놓았다는 것이다. 콘첼만에 따르면, 누가는 곧 세상 끝 날이 올 것이라는 기대를 포기하게 하고, 구속사의 세 시대, 즉 율법과 예언자의 시대(이스라엘 시대) – 예수의 시대 – 교회의 시대라는 도식을 설정함으로써 새 시대의 새로운 비전을 제시하였다. 예수의 시대가 시대의 중심이며, 모든 역사의 핵심이다. 이스라엘 시대가 중심 시대 앞에 있듯이 교회의 시대가 그 뒤를 따른다. 따라서 누가 문서는 이 교회의 시대가 어떻게 시작되었는지 설명해 주고, 그 시대 동안 그리스도인의 신앙과 삶이 어떠했는지 그 윤곽을 그려 주기 위해 기록되었다는 것이다. 그 결과 누가의 주된 관심은 현재 교회와 유대교 및 로마 제국 사이의 관계설정이었고, 이 때문에 누가가 호교론적인 설명에 집중하게 되었다는 것이 콘첼만의 주장

---

42) P. J. 악트마이어 & J. B. 그린 & M. M. 톰슨, 「새로운 신약성서개론」(서울 : 대한기독교서회, 2004), p. 188.

43) H. Conzelmann, *Die Mitte der Zeit. Studien zur Theologie des Lukas* (Tuebingen, 1954).

이다.

콘첼만의 견해는 한동안 큰 영향을 끼쳤지만, 지금은 거의 받아들여지지 않는다.[44] 특히 최근의 학자들은 누가 문서가 세 시기에 대해 말하는 것이 아니라, 두 시기에 관해서만 말하고 있다고 생각한다. 콘첼만이 세 시기의 근거로 삼았던 핵심 구절인 누가복음 16 : 16은 세례 요한까지의 시대와 세례 요한 이후의 시대, 이렇게 두 시대에 관해서만 이야기하고 있다. 이 구절에 의하면 세례 요한의 등장이 약속의 시대와 성취의 시대를 구분하는 전환점을 이룬다. 그렇다면, 누가는 하나님의 구속사를 세 시기로 구분하는 것이 아니라, 예언의 시대 이후에 오는 성취의 시대(구원의 시대)를 예수 시대와 교회 시대로 구분하고 있음이 확실하다.[45] 이 구분은 누가복음과 사도행전의 구분과 일치하며, 누가가 승천에 관하여 두 번, 즉, 한 번은 예수 역사의 끝에, 그리고 다른 한 번은 교회사의 시초에 이야기하고 있는 것도 설명해 준다. 따라서 누가의 구속사는 예수 이전과 이후, 즉 약속과 성취의 이분법적 구조로 되어 있다고 말할 수 있다.

이러한 약속과 성취의 구조는 하나님의 약속은 반드시 이루어진다는 하나님의 신실성을 강조함으로써, 누가의 공동체를 격려하고, 용기를 주는 데 매우 중요한 역할을 한다고 할 수 있다. 즉, 하나님의 그 약속이 예수의 강림과 선교하는 교회 바로 여기에서 열매를 맺으며, 이스라엘에 대한 하나님의 목적이 예수의 강림과 선교하는 교회 바로 여기에서 실현된다. 따라서 누가의 저작 목적은 누가의 공동체의 신앙을 강화하고, 그들의 길을 인도하려는 목회적인 차원에 더 큰 비중이 있다고 할 수 있다. 즉, 누가는 누가의 공동체에 하나님의 구속 목적에 대한 확신을 가지고, 하나님의 구원계획 안에서 하나님의 백성으로서, 증인으로서 신실하게 참여하라고 요청하기 위해 사도행전을 기록하고 있다.

---

44) W. W. Gasque, "A Fruitful Field : Recent Study of the Acts of the Apostles," Int 42(1988), pp. 117-131.

45) 유상현, 「사도행전 연구」, pp. 171-174.

3) 교회의 일치 추구

19세기 바우어(Baur) 이후로 누가의 저작 동기가 베드로를 중심으로 하는 유대인 그리스도인들과 바울을 중심으로 하는 이방인 그리스도인들 간의 일치와 화합을 위한 것이라는 주장이 있어 왔다. 물론 바우어의 해석이 1세기 기독교의 상황을 너무 단순하게 보았다는 약점은 있지만, 교회의 하나 됨이 누가의 의도 중의 하나라는 점은 여전히 인정되고 있다. 누가는 예루살렘 교회를 묘사할 때, 사랑으로 하나 되는 매우 이상적인 공동체로 표현하고 있다. 물론 문제와 갈등이 전혀 없는 것은 아니지만, 처음 기독교 공동체는 재산까지도 공유하는 사랑의 공동체임이 강조되고 있다. 이것은 누가의 공동체 안에 부자와 가난한 자들 간의 갈등이 있었음을 고려할 때 더욱 의미가 있다. 그리스도의 몸인 공동체 안에서 모든 성도들은 하나이다. 더 나아가 누가는 계속해서 유대인 그리스도인들과 이방인 그리스도인들 간의 일치를 강조한다. 복음이 예루살렘을 넘어 사마리아로 확장될 때에도 베드로와 요한을 파송하여 하나의 공동체임을 확인할 뿐만 아니라 안디옥 교회가 설립된 이후에도 바나바를 파송하여 하나의 공동체임을 강조한다. 15장에 나오는 예루살렘 사도회의는 이러한 교회 일치의 절정에 속한다. 이방인의 선교를 주도하는 바울 역시 계속해서 예루살렘 교회와의 연속성을 강조한다. 바울에게는 미지의 세계에 대한 선교활동만큼이나 교회의 일치와 연합이 중요하였다.

이러한 교회의 일치와 화합이 강조되는 결정적인 이유는 에베소 장로들 앞에서 행한 바울의 고별설교 안에 잘 나타나 있다(20 : 18-35). 바울은 이 설교를 통해 교회의 과거를 회상하고, 현재를 진단하며, 미래를 전망하는 한 사람의 목회자로서 에베소 교회의 지도자들뿐만 아니라 다음 세대의 지도자들에게도 호소한다. 특히 바울의 미래적 전망은 반 이단적 권면에 초점이 맞추어져 있다(20 : 28-31). 이단의 위협은 이중적이다. 하나는 외부로부터 교회 안으로 침투해 들어오는 “사나운 이리들”(=거짓 교사들)(29절)의 위협이고, 다른 하나는 교회 내부에서 복음을 왜곡시키는 거짓 지도자들로부터 오는 위협이다(30절). 이러한 거짓 교사들의 이단에 맞설 수 있는 유일한 무기는 교회가 하나 되어 바울에게서 배운 훈계를 기억하여 지키는 것이다(31절). 여기에서 이단에 대한 위협에서 벗어나기 위해 교회의 일치와 정통의 연속성이라는 주제가 강조된다.[46)]

누가의 저작 시기인 1세기 말에는 교회가 이미 지중해 지역의 도처에 존재하고 있다. 세상 속에 있는 교회는 이제 안팎으로 몰려오는 박해와 이단의 위협에서 자신을 지키며, 정체성을 유지해야 한다. 이를 위해 교회의 일치와 화합은 가장 기본적인 것이며, 이단들에게 대처할 수 있는 가장 강력한 무기가 될 수 있다. 특히 이 설교가 그리스도인들을 대상으로 하는 유일한 설교이며, 바울이 자유로운 선교활동을 마감하는 유언과도 같은, 마지막 설교임을 감안한다면 교회의 일치의 주제는 매우 중요한 의미가 있다고 할 수 있다.

4) 호교론적 동기

누가의 저작 동기가 호교론적인 특성을 지니고 있다는 점은 많이 지적되었다.[47)] 누가가 사도행전에서 얼마나 호교론적인 요소를 강조하고 있는지 찾는 것은 어렵지 않다. 총독 빌라도가 예수의 결백을 세 번이나 선언한 것처럼(눅 23 : 4, 14, 22), 총독 베스도와 아그립바 왕이 유대인

46) 롤로프(Roloff)는 바울의 고별설교에 대해서 이렇게 논평한다 : "고별설교의 삶의 정황(Sitz im Leben)은 역사적으로 어떤 단체나 그룹이 자신에게 맡겨진 유산(전통)을 성찰하는 자리이다. 관심의 초점은 과거의 중요한 인물에 대한 개인적 운명이 아니라, 그의 행위에 대한 역사적인 결과에 있다. 후대의 세대는 자신들이 얼마나 과거의 유산(전통)에 의존하고 있는지 깨닫고, 자신의 미래를 위해 이 유산(전통)을 보존할 수 있을 때, 그 자신의 역사적 위치를 이해하기 시작한다". Roloff, *Die Apostelgeschichte*, NTD 5 (Goettingen : Vandenhoeck & Ruprecht, 1981), p. 302.

47) 유상현, 「사도행전 연구」, pp. 202-220. 이런 의미에서 누가는 주후 2세기에 절정을 이룬 변증 문학의 시작을 보여 준다. 순교자 져스틴은 그리스도인들이 평화와 선한 질서의 관점에서 제국의 가장 좋은 동맹이라고 주장하고(Apol. I, 11 : 1-12 : 1), 터틀리안은 기독교를 제국의 영혼으로 승격시킨다(Apol. 1 : 25-33).

의 고발로부터 바울의 무죄를 선언한다(25 : 25 ; 26 : 32). 에베소 시의 서기장은 로마 당국이 공정한 사법적 정의의 집행자임을 암시해 주고 있다 (19 : 37-38). 아가야의 총독 갈리오는 바울에 대한 유대인들의 고발을 듣기조차 거부한다(18 : 12-15). 그리고 로마의 천부장과 그의 군대는 바울로 인해 예루살렘에서 소동이 일어났을 때, 오히려 유대인으로부터 바울의 안전을 보장해 준다(21 : 31-32). 또다른 백부장은 바울이 로마로 가던 도중 몰타 섬 근처에서 난파하였을 때 병사들에게 바울을 죽이는 것을 허락하지 않는다(27 : 43). 로마 관리들에 대한 이러한 우호적인 성향은 그리스도인의 무죄를 강조하고, 기독교가 정치적으로 위험하거나 혁명적인 성격의 종교가 아님을 변증하려는 누가의 의도를 보여 준다.

유대전쟁에서 승리한 로마 제국의 위상은 더욱 높아 갔고, 기독교의 선교활동이 활발해지면서, 누가의 공동체 안에서도 제국과 교회의 관계가 매우 중요한 문제로 떠올랐을 것이다. 실제로 누가 당시에 로마 사회에 의한 기독교의 비방과 배척, 그리고 박해의 위협이 실제로 있었다는 사실을 잊어서는 안 된다. 특히 이러한 위험들은 교회가 더 이상 유대교의 한 당파로 고려되지 않았기 때문에 훨씬 더 민감했을 것이다. 이것은 유대교가 후에 합법적인 종교(religio lictia : 로마법 아래서 보호된 종교)로 정의되어 누렸던 보호를 교회가 더 이상 누리지 못한다는 것을 의미한다. 그리스도인들은 로마인들이 특별하게 관리하려 했던 불법종교의 위험에 놓이게 된 것이다. 따라서 누가의 친로마적 태도는 교회를 로마 국가에 의한 박해와 불법, 사회적 추방의 위협으로부터 보호하려는 의도에서 비롯된 것이라고 할 수 있다.[48] 그러나 이와 달리 사도행전에는 로마인에 대한 비우호적 해석의 여지가 있는 부분들도 발견할 수 있는 것도 사실이다. 예를 들어, 데살로니가의 관원들은 고소 내용이 거짓이었음에도 불구하고 보석금을 요구하고(17 : 1-10), 총독 벨릭스는 바울이 죄가

48) 누가가 로마인들에 의해 처형된 바울의 결말에 대해 침묵하는 이유도 이러한 호교론적인 동기와 연관된 것은 아닐까?

없음을 알고도 뇌물을 바라며 바울을 감금한다(24 : 26-27).

이러한 현상은 한편으로 누가의 저술이 로마 당국에 대한 호교론과 전혀 무관하다고 할 수도 없는 반면에, 다른 한편으로는 그렇다고 해서 호교론의 의도가 사도행전 전체를 일관적으로 지배하고 있는 주된 동기로 볼 수도 없게 한다. 특히 사도행전의 주 대상이 로마의 관료들이 아니라 그리스도인임을 고려할 때, 이러한 호교론적 동기가 과연 얼마나 효과적이었을까도 생각해 볼 수 있다. 이러한 이유 때문에 와라스케이(Walaskay)는 누가의 변증이 로마를 위한 것이 아니라 오히려 교회를 위한 것이라고 주장한다.[49] 즉, 그리스도인들이 제국을 긍정적으로 보고, 착한 시민이 되도록 격려하는 것이 누가의 의도였다는 것이다. 누가가 어느 쪽으로의 변증을 더 강하게 의도했는지 결정하기는 쉽지 않다. 그러나 누가가 사도행전을 통해 교회와 국가 간의 관계가 개선될 것이라는 희망을 가지고 있었던 것은 분명하다.

5) 선교적 동기

사도행전의 주요 동기가 복음 전파, 즉 선교에 있다는 견해도 있다. 즉, 누가가 사도행전을 저술한 일차적인 목표가 교양을 갖춘 독자들로 하여금 기독교 신앙을 받아들이도록 하는 데 있다는 것이다. 누가가 자신의 작품을 데오빌로에게 헌정하는 것을 보면, 그것이 기독교의 테두리 안에 한정된다기보다 좀더 폭넓은 청중을 겨냥했다는 사실을 배제할 수 없다. 그러나 누가가 기록한 두 편의 작품이 어떤 특정한 문제를 다루기 위해서나 교회가 당면한 모종의 어려움을 해결하기 위해서 저술된 것이 아니라 선교라는 교회의 항구적 목표를 돕기 위해 쓰여진 것이라는 견해는 지나친 면이 없지 않다. 사도행전이 비기독교인들의 독자층을 염두에 두었을 가능성을 완전히 배제할 수는 없지만, 선교가 주된 목적이었을

49) P. Walaskay, *And So We Came to Rome : The Political Perspective of ST. Luke*(Cambridge : Cambridge University Press, 1983).

가능성은 희박하다. 그러한 견해들은 사도행전의 구체적 상황을 고려하고 있지 않기 때문이다.

요약하면, 누가가 글을 쓰게 된 동기는 여러 가지 다양한 관심과 고려가 복합적으로 작용한 결과였으리라 추정하는 것이 합리적이다. 그러나 앞에서 제시한 동기들은 서로 분리된 것이 아니라, 상호간에 긴밀하게 연관되어 있다. 누가에게는 우선적으로 교회 공동체 내부의 동기, 즉 누가의 공동체를 향한 교육과 목회적인 목적이 중요했을 것이고, 다음으로는 기독교를 외부 세계에 긍정적인 모습으로 묘사함으로써, 호교적인 목적 및 선교적인 효과도 기대했을 것이다.

5. 사도행전의 역사성 문제

1) 역사가와 신학자로서의 누가

우닉(van Unnik)은 최근 신약학계에서 사도행전이 누가복음과 함께 "폭풍의 한 중심"에 서 있다고 평가한다.[50] 이 첨예한 논쟁의 중심에 사도행전의 역사적 가치에 대한 물음이 놓여 있다.[51] 18세기 말이 되기까지 사도행전의 역사성에 대해서 의심하는 사람은 거의 없었다. 사도행전은 바울의 동역자이며, 의사인 누가가 기록한 사도들의 역사요, 신뢰할 만한

50) W. C. van Unnik, "Luke-Acts, A Storm Center in Contemporary Scholarship," in : *Studies in Luke-Acts*, Essays Presented in honour of Paul Schubert (Philadelphia : Fortress Press, 1980), pp. 15-32.

51) 사도행전의 역사성에 관한 다양한 연구들을 보려면, 다음과 같은 연구사를 참조하라. E. Haenchen, 「사도행전(1)」, pp. 49-100 ; W. W. Gasque, 「사도행전 비평사」. 전자가 역사회의론의 입장에서 사도행전의 연구사를 정리하고 있다면, 후자는 비교적 온건한 입장에서 연구사를 전개하고 있다. 좀더 간결한 연구사를 위해서는 포웰(Powell)의 책(「사도행전 신학」, pp. 133-156)도 유용하다.

초기 기독교의 역사서로 간주되었다. 즉, 역사가로서의 누가가 강조되던 시기였다. 그러나 19세기 이후에 신약성서에 대한 역사-비평적 연구가 본격적으로 진행되면서, 상황은 크게 달라졌다. 저자 및 자료 문제와 결부되어서 역사가 누가보다는 오히려 신학자 누가의 모습이 부각되기 시작하였다. 신학자로서의 누가의 위상을 발견한 것은 다행스런 일이지만, 문제는 누가가 신학적인 목적을 위하여 역사를 변조하고, 왜곡시켰는가 하는 점이었다. 즉, 누가가 예수와 초기 기독교의 모습을 역사적으로 기록하고 있는 것인가? 아니면, 어떤 특정한 목적을 위하여 기존의 전승과 자료들을 역사화하고 있는 것인가의 문제가 논쟁의 핵심이 되었다.

2차 세계 대전 이후 사도행전에 편집비평이 적용되기 시작하면서, 일군의 독일 학자들을 중심으로 역사적 자료로서의 사도행전의 가치를 거의 인정하지 않는 역사적 회의주의가 한 시대를 풍미했다. 특히 디벨리우스(Dibelius), 콘첼만(Conzelmann), 필하우어(Vielhauer), 헨첸(Haenchen) 등은 — 다소간의 차이는 있지만, — 사도행전의 역사적 신빙성을 매우 회의적으로 평가하며, 사도행전의 대부분이 실제의 역사적 서술이기보다는 저자가 가진 문학적 창작력의 소산이라고 주장한다.[52] 그들에 따르면, 누가가 역사적 신빙성을 희생시키면서까지 그의 신학적 관심사를 추구했다는 것이다. 이런 관점에서 보면, 사도행전의 내용은 초기 기독교의 역사가 아닌, 오로지 저자의 신학과 저자가 속해 있는 공동체의 상황만을 반영하고 있는 것이다. 물론 이러한 역사적 회의론에 반박하여, 여전히 역사가 누가에 대해 변호하는 사람들도 있다. 예컨대, 램세이(Ramsey)나 브루스(Bruce) 같은 학자들은 여전히 사도행전의 역사적 신빙성에 대해서 거의 의심하지 않는다.[53]

그러나 가장 최근의 연구 경향은 점점 더 신학자 누가와 역사가 누가 사이의 균형을 유지하는 데 중점을 두고 있는 것으로 보인다.[54] 이러한

52) E. Haenchen, 「사도행전(1)」, pp. 78-100 ; W. W. Gasque, 「사도행전 비평사」, pp. 285-346.

53) W. W. Gasque, 「사도행전 비평사」, pp. 199-207, 356-366.

연구 경향의 배후에는 역사가 누가와 신학자 누가를 더 이상 배타적으로 볼 필요가 없다는 단순하지만 매우 의미 있는 원칙이 있다. "역사가 누가와 신학자 누가는 양립될 수 없는가?", "역사와 신학(케리그마)은 함께 갈 수 없는가?" 이러한 질문에 대해 오늘날의 대부분의 학자들은 긍정적으로 대답한다.[55] 사도행전의 신학적인 의도와 목적이 중요한 것은 사실

---

54) W. W. Gasque, 「사도행전 비평사」, pp. 347-419. 유상현은 최근의 연구경향을 다음과 같이 요약한다 : "이 문제(사도행전의 역사적 성격과 가치에 대한 문제)에 관한 논자들 가운데는 사도행전의 역사적 신빙성을 그야말로 지나칠 정도로 찬양하여 거기 경도에 마지않는 사람들이 있는가 하면, 또다른 연구자들은 사도행전을 더도 덜도 않은 순전한 문학작품으로 간주하며, 그 내용이라는 것이 다만 저자의 문학적 상상력의 소산일 뿐이라는 매우 분방한 견해를 가진 사람들도 있다. …… 이러한 극단적인 역사성 이해의 두 입장이 양 끝에 포진하고 있는 가운데 이들 양자 사이에 넓게 펼쳐진 논의의 공간 위에서, 대부분의 학자들은 사도행전의 역사적 성격과 가치의 문제를 더듬고, 그것을 밝히려고 노력한다". 유상현, 「사도행전 연구」, pp. 35-36.

55) 마샬(Marshall)은 그의 책의 제목을 통해서 누가가 두 가지 호칭을 다 가질 자격이 있음을 보여 준다. I. H. Marshall, *Luke : Historian and Theologian*(Grand Rapids : Zondervan, 1970)=번역서, 이한수 역, 「누가행전」(서울 : 엠마오, 1994). 그는 이 책에서 누가가 역사가이면서 신학자였으며, 사실상 이 두 측면은 서로를 필요로 한다는 자신의 입장을 다음과 같이 정리한다 : "누가는 역사가이면서도 신학자이다(20). …… 우리의 요점은 누가의 기본적인 관심이 역사에 있었다는 것이 아니다. 우리가 누가의 역사적 관심을 언급하는 것은 누가가 단지 과거의 사실들을 있는 그대로 기록하는 데 만족해했다거나, 또는 그가 초대교회의 설교에서 표현된 신학적 사실들을 취해다가 역사라는 허울을 입혀 재구성시켰다는 의미에서 한 것은 아니다. 이 두 입장 가운데 어떤 것도 누가가 실제로 하고 있던 일을 정확하게 진술한 것이라 할 수 없다. 오히려 누가는 신학자로서 예수와 초대교회에 관한 그의 메시지가 신뢰할 만한 역사에 기초해야 한다는 데 관심을 두었다는 것을 뜻할 뿐이다. 그의 신학은 그가 최선의 능력을 다해 평가했던 전승에 기초하고 있었다. 그는 자신의 신학에 봉사하도록 그의 역사를 사용하였다(21). …… 누가가 바로 신학자였기 때문에 그는 역사가이지 않을 수 없었던 것이다. 그의 신학적 견해가 그로 하여금 역사를 쓰도록 만들었다(77). …… 우리의 관심은 만일 누가가 신학자라면 그는 신뢰할 만한 역사가일 수는 없다는 거짓된 가정을 비판하고, 대신 누가가 신뢰할 만한 역사가이며, 동시에 훌륭한 신학자라고 주장하는 것이었다(113)". 최근에 헹엘(Hengel)도 신약성서 학자들이 역사와 케리그마를 상호 배타적인 관계로 보고, 이들을 선택의 문제로 처리한 것은 잘못된 것이라고 보고, 누가를 가리켜 "역사서술가로서의 신학자" 혹은 "그리스도교 최초의 신학적 역사가"라고 부른다. M. Hengel, 전경연 역, 「고대의 역사기술과 사도행전」(서울 : 대한기독교서회, 1993), p. 56 ; M. Hengel, *Zur urchristlichen Geschichtsschreibung*

이지만,[56] 그렇다고 사도행전의 역사적인 가치를 간과할 수 없다는 입장이다. 예를 들면, 헹엘(Hengel)이나 바레트(Barret), 롤로프(Roloff) 등은 사도행전에 역사적으로 신뢰할 만한, 많은 옛 전승들이 포함되어 있음을 설득력 있게 제시하고 있다.[57]

누가가 단지 초기 기독교 전승의 수집가나 전수자가 아니라 나름대로의 독특하고, 분명한 의도를 가진 신학자라는 점은 부인될 수 없다. 그러나 사도행전의 저자가 그의 독특한 신학적 의도에서 사도행전을 서술하였다고 하더라도, 그가 사용한 모든 자료의 역사성이 부인되는 것은 아니다. 이것은 사도행전이 저자의 독특한 신학적 의도를 지니고 있다 할지라도, 실제 발생한 제반 역사적 사건들을 기본 자료로 하고 있다는 것을 의미한다. 누가는 신학적 목적을 위해 역사서술이라는 장르를 사용한다. 그러므로 역사냐 신학이냐의 양자택일의 논쟁은 더 이상 의미가 없고, 오히려 사도행전이 지니고 있는 역사적 성격과 가치의 범위가 문제가 된다. 어떤 의미에서 사도행전이 역사서인가?

물론 사도행전의 역사성을 현대 역사해석의 기준으로 평가하는 것은 무리가 있다. 누가는 오늘날의 역사가처럼, 자신이 사용한 자료를 객관적으로 검증하지 않았고, 자료와의 비평적 거리를 유지하지도 않았다. 그러므로 사도행전을 하나의 역사서로 이해할 때, 그것은 우선적으로 고대의 역사서술의 관점에서 그렇다는 의미이다. 따라서 사도행전의 역사적 성격을 적절하게 다루기 위해서는 먼저 누가 당대의 역사서술의 관점에서 평가해야 하고, 그런 다음에 초기 기독교의 역사자료로서 사도행전의 역사적 가치를 검증해야 한다.[58]

(Stuttgart, 1984), p. 61.

56) 신학자로서의 누가의 발견은 최근의 사도행전 연구의 공적 중의 하나이며, 누가의 신학적인 의도와 목적에 대한 탐구는 지속적으로 진행될 것이다.

57) U. Schnelle, *Einleitung in das Neue Testament*, pp. 319-320.

58) M. A. Powell, 「사도행전 연구」, pp. 133-134.

2) 고대 역사가로서의 누가

누가는 당대의 역사편찬의 양대 산맥이라고 할 수 있는 헬라와 유대의 문학 전통에 서 있다. 먼저 누가는 서문과 연설 및 드라마틱한 서술 방식 등을 통해 헬라의 역사서술 전통을 따르고 있다. 복음서 저자들 가운데 누가만이 서문(눅 1 : 1-4 ; 행 1 : 1-2)의 형식을 갖추고 있다. 서문은 고대의 역사서술에 있어서 널리 일반화된 관행이었다. 고대의 역사가들은 서문을 통하여 주로 자신이 기록할 책의 성격과 의도를 밝히고, 그리고 헌정의 글을 바친다. 누가-행전의 서문은 헬라의 영향을 받은 유대인 역사가 요세푸스의 *Against Apion* 1, 2권의 서문과 비교될 수 있다. 요세푸스는 그의 글을 시작하기 전에 서문에서 다음과 같이 밝힌다.

> "에바브로디도(Epaphroditus) 각하, 저는 졸저 유대 고대사에서 유대 민족이 매우 오랜 기원을 가지고 있고, 원래부터 나름대로의 독특한 단일 민족으로 존재해 왔음을 밝혔습니다. 하지만 상당히 많은 사람들이…… 제가 쓴 우리의 고대사에서 이러한 설명을 신뢰하지 않는 것을 보았기 때문에, 저는 다음과 같은 점을 위해서 이 책을 쓰고자 합니다. 즉, 악의와 고의적인 거짓말을 퍼뜨리는 사람을 드러내고, 무지한 사람들의 오해를 바로 잡음은 물론 우리 민족의 고대성에 관련된 진실을 알기 원하는 모든 사람들에게 알려 주기 위해서 말입니다"(Ag. Ap. 1.1(1=1 : 1-3)).

> "에바브로디도 각하, 이 작품의 제1권에서 저는 우리 민족의 고대성을 증명했습니다. …… 이제부터 저는 우리를 반대하려고 글을 쓴 현존하는 작가들을 논박하려고 합니다"(Ag. Ap. 2.1(=2 : 1-2).

누가의 서문은 요세푸스의 서문과 매우 유사하다. 그러나 사도행전도 포함하는 누가복음의 서문(눅 1 : 1-4)은 신뢰할 만한 역사가로서의 누가의 면모를 보다 더 구체적으로 보여 준다. 첫째로 누가는 인물이 아니라, 역사적 사건에 관심을 둔다 : "우리 가운데 일어난 일들(πρᾶγματα : 사건들)에 관하여"(1 : 1). 이 사건들은 역사가가 하나의 역사를 기록할 때 사용하는 대상을 의미한다. 그리고 '이야기'(διήγησις)는 이미 일어난 사건이나 일어날 수 있는 사건에 대한 설명적인 기술로서, 고대의 역사가들이 사용하는 일종의 전문 역사편찬 용어이다.[59] 이것은 누가가 지나간 사건들에 관한 이야기, 즉 일종의 역사 서사문(Narrative)을 기록하려는 의도가 있음을 암시해 준다. 둘째는 누가가 책을 쓰는 태도 또는 서술 방식이다. "목격자들", "정확하게", "순서대로"(1 : 3)라는 용어들은 누가가 자기 앞에 주어진 자료들을 신중하게 조사하여 가능한 한 정확하게 기록하려고 하였다는 점을 보여 준다.[60] 셋째는 누가가 책을 기록하는 목적이다. 누가는 데오빌로에게 그가 이미 알고 있는 것을 확증하기 위해 글을 쓴다(1 : 4). 이미 알고 있는 것이 확실한 사실임을 증명하기 위해서 누가가 자료의 선택과 신빙성에 관심을 가졌을 것임을 짐작할 수 있다. 이상에서 볼 때, 누가는 가능한 한 자신의 한계 내에서 정확하게 기록하려고 노력했음을 알 수 있다.

또한 누가가 당대의 역사적 전통을 따르고 있다는 것은 연설을 통해서도 알 수 있다. 일찍이 캐드베리와 디벨리우스는 연설을 통하여 누가가 헬라의 역사전통을 따르고 있음을 지적했다. 헬라 역사가들의 목적이 다양하지만, 공통이 되는 중요한 목적은 독자들을 즐겁게 하거나 흥미를 끄는 것이었다. 이를 위해서 연설이나 편지, 요약 등의 다양한 수사학적 기술들이 도입되었다. 수사학적인 목적을 위해 내러티브의 중요한 지점마다 연설을 첨부하여 자신들의 사상을 제시하는 것이 고대 역사가들의 전형적인 관례였다. 누가 역시 이러한 관례를 따르고 있는 것은 분명하다. 그러나 그가 모든 연설들을 자유롭게 창작했다는 견해는 받아들이기 어렵다. 물론 고대의 역사가들 중에는 흥미를 위해 연설들을 자유롭게 구성한 사람들도 있었지만, 그것이 보편적인 현상은 아니었다.[61] 주전 5세기경에

59) 유상현, 「사도행전 연구」, pp. 48-49.
60) I. H. Marshall, 「누가행전」, pp. 53-58.
61) W. W. Gasque, 「사도행전 비평사」, pp. 315-319 ; I. H. Marshall, 「누가행전」,

활동한 고대 그리스의 역사가 투키디데스(Thucydides)는 자신이 연설문을 작성하는 데 얼마나 신중을 기했는지에 대해 다음과 같이 밝히고 있다.

> "이 책에 있는 여러 연설들에 대해서, 그것들이 전쟁 중이나 전에 만들어졌든, 연설되었던 것들을 내가 직접 들었던 연설과 다른 사람이 나에게 전해 준 연설 모두 완전하게 기억하기는 힘들었다. 그래서 나는 각 화자들이 실제 그 말들을 표현하고 있듯이 그들의 입에 그 상황에 적절한 감정을 이입시켰다. 그러나 내가 할 수 있는 한 근접하게 실제로 그들이 말한 것의 일반적인 취지를 전하려고 노력하였다"(Thucydides, *History of the Peloponnesian War*, 1, 22, 1).

또한 주전 2세기경의 헬라 역사가 폴리비우스(Polybius) 역시 연설을 마음대로 작성하는 역사가들을 비난하고, 역사가는 어떤 연설의 개요를 말할 때 원연설의 실제 어휘에 충실해야 한다는 점을 강조했다.[62] 주후 2세기의 역사가 사모사타의 루시안(Lucian of Samosata)도 그의 논문 "역사를 기록하는 방법"(How to Write History)에서 역사가의 유일한 임무는 일어난 사실 그대로를 이야기하는 것이고, 역사가들의 강조점은 상상이 아니라 사실에 있으며, 바로 이것 때문에 역사가의 일이 수사학자의 일과는 근본적으로 다르다고 주장한다(39-50). 이처럼 당시의 모든 역사가들이 수사학적인 목적을 위해 연설을 마음대로 꾸며 내는 일에 동조한 것은 아니다. 다만 대부분의 고대 역사가들은 문학적인 측면과 역사적인 측면을 균형 있게 다루려고 노력하였다. 그들은 자신의 청중들에게 흥미와 교훈을 주어야 한다고 생각했다. 그렇기 때문에 역사서술적인 문서라도 미적인 감각이 떨어져서는 안 되었다. 누가 역시 이러한 의도로 역사를 진술하는 내러티브에 연설을 포함시키는데, 그것은 각 연설의 정확한 내용을 재현하기 위해서가 아니라, 과거의 연설사건을

pp. 85-86.

62) W. W. Gasque, 「사도행전 비평사」, p. 317 재인용.

독자들에게 살아 있는 생생한 기록으로 전달하기 위함이다. 그가 다양한 선교활동과 여러 기적들, 파선과 모험 이야기, 드라마틱한 일화 등을 눈에 보이듯 생생한 이미지 그림으로 표현하는 것도 이런 연유이다.[63] 즉, 과거의 사건을 이야기를 통해 독자의 의식 속에서 현재화될 수 있도록 만든 것이 누가의 문학적 능력이다. 그렇지만, 그러한 문학적인 기교가 저자의 역사적 관심을 배제하지는 않는다. 아마도 누가는 그에게 유용한 여러 전승자료들을 근간으로 연설들을 구성하였을 것이다.

다른 한편으로 누가는 역사적 사건의 계시적 의미에 관심이 있었던 유대의 역사 서술 전통에 서 있다. 이 유대의 전통에 따르면, 과거의 모든 사건들이 종교적인 관점에서 해석된다. 승리와 패배는 결국 하나님이 개입하심의 결과이다. 이러한 구약과 유대의 역사 서술 관습에 따라, 누가는 예수의 이야기와 초기 교회의 이야기를 하나님의 본래의 목적이라는 관점 하에 제시하고 있다. 따라서 사도행전에는 헬라의 역사 기록과 구약의 역사 중에서 최선의 것이 담겨 있다. 누가가 역사 서술의 기술과 방법에 대해서는 헬라 전통을 따랐다면, 역사 서술의 동기와 목적에 있어서는 구약성경의 전통 위에 서 있었다고 할 수 있다.

3) 사도행전의 역사적 가치

누가가 고대 역사서술의 전통에 속해 있다고 해서, 사도행전의 역사적 신빙성 문제가 해결되는 것은 아니다. 최근 논의가 역사적 정보보다 신학적 교훈에 비중을 두는 것은 분명하지만, 사도행전의 역사적 진실성에 관한 물음은 여전히 중요한 문제로 남아 있다. 사도행전은 초기 교회의 역사를 재구성하는 자료로서 얼마나 신뢰할 수 있는가? 앞에서 언급한 것처럼, 지난 세기에 많은 학자들이 이런 본질적인 질문에 대해 회의적으로 답변한 것이 사실이다. 그들이 문제 삼는 것은 연대기적이고, 지리적인

63) 유상현, 「사도행전 연구」, pp. 94-112.

부정확에서부터 신학적인 차이까지 광범위한 스펙트럼을 형성하고 있다. 예컨대, 사도행전 5장에 나오는 드다의 반란 사건(주후 44-46년경)과 갈릴리 사람 유다의 반란 사건(주후 6-7년경)의 연대기적 순서가 바뀌었을 뿐만 아니라, 드다 사건은 가말리엘의 연대로 추정되는 주후 35~37년에는 아직 일어나지도 않은 사건이었다는 지적이다. 또한 고넬료가 백부장으로 있었다는 '이달리야대'(행 10 : 1)의 존재 여부에 관한 역사성에 대해서도 많은 논란이 있다. 그러나 사도행전의 역사성을 의심하는 가장 중요한 근거들로는 주로 사도행전과 바울서신 사이에 일치하지 않는 부분들이다. 바울에 관한 사도행전의 묘사와 바울이 직접 기록한 묘사 간에 상당한 불일치가 발견된다는 것이다. 이런 시각은 누가가 자신의 신학적 목적을 위해 의도적으로 역사적 사실을 왜곡시켰다는 극단적인 역사 회의론으로까지 나아간다. 물론 사도행전에 나타난 이러한 부정확성과 바울서신과의 불일치들을 쉽게 설명할 수는 없다. 그러나 그렇다고 해서 누가가 아무런 역사적 근거 없이 모든 이야기들을 창작하거나 실제의 역사적 사실을 다르게 날조했다고 믿기는 어렵다. 이것은 원래의 목격자로부터 받은 말에 기초하여, 또 모든 것을 처음부터 자세히 살펴보고 체계적으로 순서에 따라 기사를 기록하겠다고 밝히는 서문에도 위배될 뿐만 아니라(눅 1 : 1-3), 아직도 사도들에 대한 기억이 생생하게 남아 있었을 저작시기를 고려한다면, 그러한 견해는 받아들이기 힘들다.

역사에 대한 개념은 세월과 함께 많은 변화를 겪어 왔다. 19세기 이후로 내려오던 '실제로 일어난 사건'에 대한 객관적인 서술로서의 역사이해는 옛 말이 된 지 오래이다. 역사는 선별된 자료와 그 자료에 대한 해석을 모두 포함한다. 역사가들은 '실제로 일어난 사건'에 관심이 있는 것이 아니라 기록된 많은 사건들 중에서 자신과 자신의 공동체가 중요하게 여기고, 서로 연관성이 있는 사건에 대해 관심이 있다.[64] 하물며 누가는 최근의 역사이해보다 훨씬 더 편하게 생각했던 시대의 인물이 아닌가?

---

64) P. J. 악트마이어 & J. B. 그린 & M. M. 톰슨, 「새로운 신약성서개론」, p. 302.

따라서 사도행전을 통해 얼마나 과거를 정확하게 재구성할 수 있는가의 물음은 더 이상 주된 질문이 아니다. 과거의 사건에 대한 역사는 이미 역사가의 해석과 긴밀하게 연관되어 있기 때문이다. 따라서 우리가 사도행전을 연구하는 데 관심을 두어야 할 부분은 어떤 사건의 실상이 아니라, 그 사건의 의미이다. 즉, "과거가 무엇을 의미하는가?"의 질문이 역사적 정확성의 문제보다 우선되는 질문이 된다. 이러한 의미에서 누가의 작품을 바라보는 가장 중요한 관점은 입증의 영역 밖에 놓여 있다고 할 수 있다. 이 관점은 자신이 기록한 모든 사건들이 신적인 통찰력을 보여 준다는 누가의 역사관이다. 즉, 초기 기독교의 사건들은 하나님(성령)의 인도에 따라 발생한 것이며, 본래의 하나님의 구원목적을 표현한다는 누가의 관점이다. 그러므로 누가는 교회의 역사를 케리그마적인 방법으로 서술한다.

이러한 누가의 역사관을 고려한다면, 사도행전에서 나오는 내용들이 신약성서 전체의 증거와 대체적으로 일치한다는 점이 인정될 수 있다. 즉, 전체 신약성서가 강조하고 있는 것처럼, 사도행전도 나사렛 예수와 부활하시고 승천하신 주를 동일시하며, 예수의 메시지와 초기 교회의 메시지 사이에 연속성을 인정하고, 초기 기독교의 모습을 통해 복음이 어떻게 농촌에서 도시 지역으로, 그리고 유대 지역에서 이방 지역으로 점진적으로 뿌리내리고 성장했는지를 보여 준다.

최근의 사회학적 연구들은 사도행전을 통해 에게 해 지역의 도시들의 지리, 법, 정치, 행정에 관련된 문제들에서 역사성을 확인할 수 있는 것이 많다는 것을 인정한다.[65] 또한 누가가 사도행전에 이야기되고 있는 내용들의 직접적인 목격자가 아니며, 자료를 매우 선택적이고 요약적으로 사용하고 있다는 점을 감안한다면, 그의 책에 대한 역사적 정확성에 대해 그리 인색할 필요는 없을 것이다.[66] 연대기적으로 볼 때, 1~8장에서 대략 3년의 기간에 일어난 사건들이 다루어지고 있는 반면에, 9~28장까지는

65) M. A. Powell, 「사도행전 신학」, pp. 142-154.
66) R. E. Brown, 「신약개론」, p. 464.

대략 25년간의 사건들이 펼쳐지고 있다. 또한 지리적으로 볼 때도, 예루살렘에서 로마에 이르는 직접적인 노정 이외에 다른 지리적인 확장에 대해서는 전혀 언급하지 않는다. 예컨대, 일루리곤이나 동쪽인 메소포타미아, 그리고 남쪽의 애굽의 교회에 대해서는 전혀 언급하지 않는다. 누가는 베드로나 바울 이외의 다른 인물들이나 교회의 조직이나 형태에 대해서도 거의 관심이 없다.

이러한 과감한 선택의 원리는 사도행전이 객관적인 역사를 기록하기보다는 오히려 신학적 목적을 가진 책이라는 것을 다시 한번 시사해 준다. 사도행전의 역사적 가치에 대한 문제는 사도행전의 자료에 대한 비판의 문제와 분리하여 생각할 수 없다. 문제는 누가가 자신의 자료들을 철저하게 용해하여 자신의 글로 소화해 냈기 때문에, 그 원형을 뽑아내기가 어렵다는 것이다. 그러나 확실하게 말할 수 있는 것은 누가가 자기 마음대로 사건들의 내용을 창작해 낸 것이 아니라 역사적 핵이 있어 "그 핵을 중심으로 저자의 상상력이 씨줄날줄을 그으므로" 신학적 역사가 구성되었다는 것이다.[67]

67) 유상현, 「사도행전 연구」, p. 64.

제 2 부

문학으로서의 사도행전

1. 사도행전의 제목

"사도행전"이라는 제목은 주후 2세기 중반 이후에 붙여진 이름으로 보인다. 그 이유는 다음과 같다. 첫째로, '사도들의 행적들'(Πράξεις Ἀποστόλων)이란 명칭이 이레니우스(Irenaeus, adv. haer. Ⅲ, 13, 3)나 클레멘스(Clemens of Alexandria, strom. V, 82, 4), 터툴리안(Tertullian, bapt. 10, 4) 등 주로 2세기에 활동한 교부들의 글들에서 비로소 발견된다는 것이다.[1] 둘째로, 그 책의 제목들이 다양하게 나타난다는 것이다. 예컨대, 이레니우스의 경우에는 "Lucae de apostolis testificatio"(누가의 사도들에 대한 증언)으로, 터툴리안의 경우에는 "commentarius Lucae"(누가의 주석)으로, 무라토리 정경에서는 "모든 사도들의 행적들"(acta

1) Netstle-Aland의 *Novum Testamentum Graece* 27판의 본문 비평장치를 보면, "사도들의 행적들"(Πράξεις Ἀποστόλων)이라는 제목 외에도 다양한 제목들이 증언된다. 그러나 신뢰할 만한 사본들(시내산 사본과 바티칸 사본 등)의 지지를 받고 있는 Πράξεις Ἀποστόλων라는 명칭이 가장 오래되고 권위 있는 제목인 것으로 추정된다.

omnium apostolorum)이란 명칭으로 각각 다르게 불린다.[2] 셋째로, "사도행전"이란 제목이 과연 책의 전체 내용을 적절하게 표현하고 있는지도 문제가 된다. 실제로 사도행전은 모든 사도들의 생애나 활동을 전달하는 일에 별로 관심이 없다. 베드로 외에는 다른 사도들의 행적에 대한 기록이 없다. 또한 요한의 형제 야고보 외에는 그 누구의 최후에 대해서도 언급하지 않는다(행 12 : 2). 오히려 책의 절반 이상이 이방인의 선교사 바울에게 집중되어 있다. 이렇게 볼 때, 사도행전이라는 명칭이 본래의 본문에는 없었지만, 신약의 정경화 과정에서 누가의 첫 번째 책(행 1 : 1), 즉 누가복음과 구분하기 위해 자연스럽게 붙여진 것으로 보인다. 아마도 이 헬라어 제목 Πράξεις Ἀποστόλων을 터툴리안과 키프리안(Cyprian)이 라틴어 Acta Apostolorum으로 번역하였고, 이 제목이 영어 성경의 The Acts of the Apostles와 우리말의 '사도행전'으로 번역되었을 것이다.[3]

2. 사도행전의 문학 장르

전통적으로 사도행전은 신약성서에서 유일하게 역사서로 분류되는 책이다. 사도행전은 복음서와 서신서의 중간에서 예수 부활 이후의 초기 기독교의 역사를 알려 주는 귀중한 문헌으로 평가된다. 그러나 여기에서 조심해야 할 것은 역사서라고 해서 객관적인 자료의 선택과 평가를 요구하는 오늘날의 역사책을 연상해서는 안 된다는 점이다. 한 저자의 작품이 그 저자가 속한 저술환경과 단절될 수 없다는 사실이 고려된다면, 사도행전의 문학 장르는 우선적으로 그레코-로만 세계의 고대 문학 장르의 관점에서 이해해야 할 것이다.

고대세계에는 오늘날과 같이 각각의 문학 장르들이 독자적인 고유성을 확보하지 않았기 때문에 장르 간에 서로 형식적인 유사성을 가진다. 사도

---

2) W. G. Kuemmel, 「신약정경개론」, p. 162.

3) R. Pesch, *Die Apostelgeschichte(Apg 1-12)*, EKK V/I (Zuerich : Benziger /Neurirchener Verlag, 1986), pp. 22-23.

행전 역시 고대 그레코-로만 세계에 유행하던 세 가지 주요 내러티브의 형태, 즉 역사, 전기, 소설과 비교될 수 있다. 최근의 연구에서는 사도행전이 이러한 고대의 문학 장르들과 특정한 면에서는 유사성을 가지지만, 어느 하나의 장르와 정확히 일치하지 않는 독특한 형태의 문학작품이라는 점을 받아들인다.[4)]

사도행전에서도 전기적인 요소들을 발견할 수 있는 것은 사실이다. 예컨대, 3세기 초에 기록된 디오게네스 라에르티우스(Diogenes Laertius)의 "저명한 철학자들의 생애와 사상"은 적어도 사도행전과 매우 유사한 형식을 보여 준다. 그 책에는 먼저 어떤 철학자의 생애가 나오고, 이어서 그 인물이 창시한 공동체의 이야기가 나오며, 마지막으로 그의 제자들이 전하는 그 학파의 교리들이 요약된다. 사도행전은 이 책의 끝에 나오는 두 부분과 유사하다.[5)] 그러나 그렇다고 해서 사도행전을 고대의 전기문으로 규정하기는 어렵다.[6)] 사도행전에도 특정한 몇몇 인물들에게 관심을 보이고 있기는 하지만, 그 인물들의 성격 묘사라든지 개인적인 특성, 그들의 최후 등 전기를 구성할 수 있는 기본적인 정보들이 거의 빠져 있기 때문이다.[7)] 가장 많이 등장하는 바울의 경우에도 이방인 선교

---

4) 사도행전의 문학 장르에 대한 다양한 연구를 간략하게 살펴보기 위해서는 M. A. Powell, 「사도행전 신학」, pp. 20-26 ; 유상현, 「사도행전 연구」, pp. 37-44 (45-66) 참조.

5) 이 책의 앞부분은 누가복음과 유사하다고 할 수 있다.

6) 대표적인 예로 탈버트(Talbert)는 사복음서 전체가 전기에 속할 뿐만 아니라 누가-행전도 역사라는 장르와는 무관한 전기에 해당된다고 주장한다 : Ch. H. Talbert, *What is a Gospel? The Genre of the Canonical Gospels*(Philadelphia : Fortress Press, 1977) ; 동일 저자, *Literary Patterns, Theological Themes, and the Genre of Luke-Acts*, SBLMS 20(Missoula : Scholars Press, 1974).

7) 사도행전을 고대 전기와는 조금 다른 행전 문학(Πράξεις-literature)의 일종으로 보는 사람들도 있다. 박응천, 「세계를 향한 복음 : 설교를 위한 사도행전 연구」(서울 : 한국성서학연구소, 1997), pp. 7-8 ; D. Wenham/ S. Walton 공저, 박대영 역, 「복음서와 사도행전」(서울 : 성서유니온선교회, 2007), pp. 82, 435. 행전문학은 고대문학에 있어서 주로 영웅들의 두드러진 행적들을 모아서 내러티브 형식으로 엮어 놓은 글인데, 주후 2세기에 아리안(Arrian)에 의해 기록된 알렉산더 대왕의 전투와 전쟁에 관한 책 「아나바시스」(*Anabasis*)에서 그 절정을 이루었다. 물론 행전 문학이 그들의 영웅적인 행위와 그 성취의 결과로 나타난 업적들에 대한 관심을

와 관련된 이야기 외에는 개인적인 정보를 거의 제공하지 않는다.

반면에 퍼보(Pervo)는 사도행전을 독자를 즐겁게 하기 위한 고대의 역사 소설로 분류한다.[8] 그의 책 제목(*Profit With Delight*)이 이미 암시하고 있듯이, 그는 사도행전에 나오는 파선 기사, 모험들, 극적인 일화들, 유머[9]와 아이러니 등을 강조하면서, 사도행전이 역사를 제공하기보다는 독자들에게 교훈과 함께 즐거움을 주기 위해 기록되었다고 주장한다. 그러나 사도행전에 청중들에게 교훈과 흥미를 끄는 고대의 소설적 요소들이 일부 포함되어 있다고 해서 사도행전을 일종의 고대소설로 규정할 수는 없다. 고대의 역사 문헌 역시 청중들에게 흥미와 교훈을 주려고 하였을 뿐만 아니라[10] 사도행전 안에는 호기심을 일깨우는 이국적인 묘사나 애정 이야기 또는 다양한 모험담을 기록한 고대의 일반적 소설적 요소들이 거의 없기 때문이다.

사도행전은 탁월한 헬라적인 역사서술(Hellenistic Historiography)의 한 예라고 볼 수 있다.[11] 헬라의 역사는 단순히 기록을 보관하거나 과거의 연대를 기록해 두려고 쓴 것이 아니었다. 오히려 역사가는 사기를 진작시키고 즐기려는 — 좋은 독서감이 되게 하려는 — 목적과, 사실을 알리고 교훈을 주고, 때로는 변증을 하기 위한 다양한 목적들을 위해서 역사를 기록하였다. 이런 의미에서 고대의 역사문헌들이 전기의 흔적을 가짐과

가짐으로써, 출생에서 죽음까지의 일생을 그리는 전기문학보다는 사도행전의 문학 형태와 좀더 유사할 수는 있지만, 사도행전의 문학 장르를 행전문학과 직접적으로 연관시키기에는 무리가 있다. 사도행전의 주된 관심이 사도들이나 초기 교회의 탁월한 인물들의 전기나 행적을 전달하는 데 있지 않기 때문이다.

8) R. Pervo, *Profit With Delight. The Literary Genre of the Acts of the Apostles*(Philadelphia : Fortress, 1987).

9) 행 12 : 12-16 참조.

10) 예컨대, 주후 2세기의 사모사타의 루시안(Lucian of Samosata)은 "역사가는 자신의 청중에게 흥미와 교훈을 주어야 한다."고 권고하고 있다. D. Wenham/ S. Walton 공저, 「복음서와 사도행전」, p. 435에서 재인용.

11) 고대 헬라적 역사서술은 주전 460~400년경의 그리스 역사가 투키디데스(Thucy-dides)에 근원을 두며, 주전 300~주후 200년 사이의 헬레니즘 시대에 찬란히 꽃을 피웠던 역사 기록의 한 방식이었다.

동시에 소설적 장르의 특성들을 포함하고 있다는 것이 이상한 일은 아니다. 그러나 사도행전의 관심은 단순히 어떤 인물의 정보를 제공하거나 독자들을 즐겁게 해 주는 것 이상이었다. 사도행전이 그리고 있는 초기 교회에 관한 이야기의 배후에는 면면히 흐르고 있는 하나님의 행위가 있다. 모든 역사의 배후에서 하나님이 활동하신다는 사상은 구약의 역사관의 핵심이었다. 사도행전의 저자가 구약과 유대교의 역사 이야기에 매우 친숙했고, 그것으로부터 많은 영향을 받은 것이 분명하다.

사도행전이 이처럼 헬라의 역사편찬의 기술을 통해 초기 교회에 나타난 하나님의 행위를 기록했다는 점에서 그 형태는 매우 독특하다고 할 수 있다. 즉, 사도행전 역시 복음서들처럼 고대의 문학 장르와 정확히 일치하는 것이 없다는 점에서 새로운 영역을 구축하기 시작한 것으로 보아야 한다. 사도행전의 저자 이전에는 어느 누구도 예수의 부활과 승천 이후의 초기 교회의 이야기를 기록할 필요성을 느끼고, 실제로 기록한 사람이 없다. 이런 의미에서 사도행전은 최초의 기독교 역사서라고 할 수 있을 것이다.

이것은 결국 사도행전의 목적이 단순히 초기 교회의 역사를 객관적으로 기록하려는 데 있는 것이 아니라, 신학적인 차원에 우선적인 목적이 있다는 것을 말해 준다. 복음서가 예수의 생애를 신앙고백적인 관점에서 기술하고 있는 것처럼, 사도행전 역시 단순한 역사자료집이 아니라 신학적인 관점에서 본 초기 교회의 역사라는 것이다. 사도행전에서 우리는 교회의 초기 역사 속에서 어떻게 하나님의 뜻이 구현되어 가는가를 배우게 된다. 바꾸어 말하면 하나님의 목적이 어떻게 초기 교회의 역사를 통해 나타났는가를 알게 된다고 할 수 있다. 사람들은 나름대로 역사를 만들어 가지만, 역사의 주체는 하나님이시고, 역사란 하나님이 자신의 목적을 이루어 가시는 무대이다. 사도행전의 저자는 그 전체를 인간 세계에 일어나는 일로 말하면서도, 그 모두를 다시 하나님의 일로 보는 믿음의 시각을 가지고, 초기 교회의 역사를 써 내려가고 있는 것이다.

그러므로 사도행전을 읽거나 해석할 때, 바로 그러한 저자의 신학적인 관심사가 무엇인지에 주목하는 것이 중요하다. "어떤 일이 일어났는가?"와 같이 순전히 역사적인 차원을 넘어서서, 저자가 "왜, 어떤 목적으로 이 사건을 선택하여 이런 식으로 구성해 놓았는가?"라는 질문을 던져야 한다. 그렇다면 사도행전의 '무엇'(What)과 함께 '왜'(Why)라는 두 가지 질문이 해석자의 관심사가 되어야 할 것이다.

3. 누가복음과 사도행전의 관계

예나 지금이나 누가복음과 사도행전이 동일 저자의 작품이라고 하는 것은 논란의 여지가 없다. 그러나 누가복음과 사도행전을 하나의 커다란 통일성이 있는 작품으로 이해하려는 시도는 비교적 최근의 일이다. 1927년에 발간된 캐드버리(H. Cadbury)의 책 「누가-행전 이해하기」 이후로,[12] 누가복음과 사도행전을 동일 저자가 쓴 다른 두 개의 작품이 아니라, 두 권으로 된 하나의 책으로 인정하는 것이 일반적인 추세이다.[13] 신약정경에서는 누가복음과 사도행전이 요한복음에 의해 떨어져 있지만, 본래는 하나의 통일성을 지닌 책으로 함께 읽도록 의도되었다는 것이다. 한 권으로 의도된 책이 왜 두 권으로 분리되었는지 그 이유를 분명하게 밝힐 수는 없다. 그러나 책의 양이 너무 방대해서 하나의 두루마리에 다 들어갈 수 없으므로 두 권으로 만들어졌고, 정경화 과정에서 두 문서가 지금처럼 분리되었다는 견해가 가장 설득력이 있다. 그렇다면 예수의 이야기를 다루고 있는 누가복음이 전편이라면, 초기 교회의 이야기를 전하는 사도행전은 누가복음의 속편인 셈이다.[14] 누가는 처음부터 예수의 이야기로

12) H. J. Cadbury, *The Making of Luke-Acts*(London : SPCK, 1958). 이 책의 원본은 1927년에 출판되었다.

13) 가스끄(Gasque)는 최근의 사도행전에 관한 포괄적인 연구들을 소개하고, 평가한 그의 책에서 그동안 연구에서 얻은 첫 번째 소득을 "누가복음과 사도행전이 반드시 함께 생각해야 하는 한 책의 두 부분이라고 하는 사실에 대한 인식"이라고 지적하고 있다. W. W. Gasque, 「사도행전 비평사」, p. 426.

14) 이런 의미에서 포웰은 사도행전을 "누가의 두 번째 책"으로 부른다. M. A. Powell,

제한하지 않고, 예수로부터 시작된 교회가 어떻게 태동되고, 확장되었는지를 염두에 두고 누가복음과 사도행전을 기록한 것이다. 누가복음이 예수의 활동과 교훈을 다루고 있다면, 사도행전은 그의 제자들의 활동과 교훈을 다루고 있다. 따라서 최근의 연구에서 누가복음과 사도행전의 연관성을 고려하여, 두 권의 책을 '누가-행전'(Luke-Acts) 또는 '누가문서'라는 명칭으로 함께 이해하고자 하는 시도들이 전혀 낯설지 않다.[15]

누가복음과 사도행전의 통일성을 다음과 같이 몇 가지 측면에서 살펴볼 수 있다.

1) 구성상의 연관성

(1) 누가-행전은 신약성서에서 유일하게 본문과 구분되는 서문을 가지고 있다(눅 1 : 1-4 ; 행 1 : 1-2). (2) 누가-행전은 각각 데오빌로에 대한 헌정사로 시작되고 있다(눅 1 : 3 ; 행 1 : 1). (3) 사도행전 1 : 1에 나오는 "내가 먼저 쓴 글은" 누가복음을 가리킨다. (4) 누가복음의 마지막 부분(눅 24 : 44-53)과 사도행전의 첫 부분(행 1 : 4-11)의 내용이 서로 연결된다. (5) 누가복음에서 예수의 활동이 성령을 받는 것으로부터 시작되는 것처럼(눅 3 : 21-22 ; 4 : 14), 사도행전에서도 제자들의 활동이 오순절에 성령을 받는 것에서부터 시작(행 2 : 1-4)한다. (6) 누가복음에서 예수의 공생애 활동 전에 40일 동안의 준비기간(눅 4 : 1-2)이 있었던 것처럼, 사도행전에서도 제자들의 활동이 시작되기 전에 40일 동안의 준비기간(행 1 : 3)이 있었다. (7) 누가복음에서 예수의 공생애 활동이 이스라엘의 배척이라는 주제를 가진 예수의 설교로 시작되고 있는 것처럼(눅 4 : 16-30), 사도행전에서도 제자들의 활동이 이스라엘의 배척이라는 주제

「사도행전 신학」, p. 13 ; 나요섭, 「누가복음의 속편 사도행전」(서울 : 나눔사, 1994) 참조.

15) 본 책에서도 편의상 누가복음과 사도행전을 간략하게 "누가-행전"이라고 표현할 것이다.

를 가진 베드로의 설교로 시작(행 2 : 14-40)되고 있다. (8) 복음서에서는 예수의 교훈과 이적들이, 사도행전에서는 제자들의 교훈과 이적들이 논쟁, 불신, 배척을 야기하고 있다(눅 4 : 31-8 : 56 ; 행 3 : 1-12 : 17). (9) 누가-행전에는 예루살렘 여행이 소개되어 있다(눅 9 : 51-19 : 44 ; 행 19 : 21-21 : 17). (10) 누가복음의 전체 구조가 예수의 갈릴리 활동(4 : 14-9 : 50) — 갈릴리에서 예루살렘을 향한 여행(9 : 51-19 : 28) — 예수의 예루살렘 활동(19 : 29-23 : 49)으로 이어지는 것처럼, 사도행전은 전체적으로 제자들의 예루살렘에서의 전도(1 : 6-8 : 3) — 온 유대와 사마리아에서의 전도(8 : 4-11 : 18) — 땅 끝(로마)까지 전해지는 복음(11 : 19-28 : 31)으로 구성된다. 누가복음과 사도행전의 이러한 연속적인 구조를 통해 누가가 갈릴리에서 시작된 예수의 복음이 예루살렘을 거쳐 로마로 진행되는 개념을 처음부터 가지고 있었음을 알 수 있다.

2) 주요 인물상의 유사성

(1) 예수님과 베드로의 유사성

가) 예수가 요단 강에서 세례를 받고 성령 체험을 한 것처럼(눅 3 : 21), 베드로도 다른 제자들과 함께 오순절에 성령을 받았다(행 2 : 1-4).

나) 예수가 나사렛에서 설교함으로 공생애를 시작하신 것처럼(눅 2 : 1-4), 성령 받은 베드로도 예루살렘에서 설교함으로써 그의 공식적인 활동을 시작하였다(행 2 : 14-40).

다) 예수가 중풍병자를 고치신 것처럼(눅 5 : 17-26), 베드로도 룻다에서 중풍병자를 고쳤다(행 9 : 32-34).

라) 예수가 로마 백부장의 초청을 받은 일이 있었던 것처럼(눅 7 : 1-10), 베드로도 백부장 고넬료의 초청을 받았다(행 10장).

마) 예수가 나인 성 과부의 아들을 살리신 것처럼(눅 7 : 11-17), 베드로도 욥바의 과부 다비다를 살렸다(행 9 : 36-43).

바) 예수가 죄인과 창녀들을 사귀는 것 때문에 바리새인들에게 비난을

받은 것처럼(눅 7 : 36–50), 베드로도 이방인들과 접촉했다는 이유로 유대인 그리스도인들에게 비난을 받았다(행 11 : 1–18).

(2) 예수님과 스데반의 유사성

가) 예수가 산헤드린 앞에서 심문을 당한 것처럼(눅 22 : 66–67), 스데반도 백성과 장로들과 서기관들 앞에서 심문을 받았다(행 6 : 12).

나) 예수 앞에 거짓 증인들이 나와 증언한 것처럼(눅 23 : 2), 스데반도 재판받을 때에 거짓 증인들이 나와 증언했다(행 6 : 13).

다) 예수와 스데반 둘 다 종교지도자들의 선동으로 죽임을 당했다(눅 23 : 5 ; 행 6 : 11).

라) 예수가 운명하시기 직전에 "아버지여, 내 영혼을 아버지 손에 부탁하나이다"(눅 23 : 46) 하고 말씀하셨듯이 스데반도 "주 예수여 내 영혼을 받으시옵소서"라고 기도했다(행 7 : 59).

마) 예수가 운명하시기 전에 자기를 처형하는 자들에게 "아버지여 저희를 사하여 주옵소서 자기의 하는 것을 알지 못함이니이다"(눅 23 : 34)라고 기도한 것처럼, 스데반도 자기를 돌로 치는 사람들을 위해 "주여 이 죄를 저들에게 돌리지 마옵소서"(행 7 : 60)라고 기도했다.

(3) 예수님과 바울의 유사성

가) 예수가 70인 제자들을 파송하여 전도하게 하심으로 이방인의 선교에 관심을 가진 것처럼(눅 10 : 1–12), 바울은 다메섹 체험 이후의 전 생애를 이방인의 사도로 활동했다.

나) 예수가 계속해서 예루살렘에 대해 관심을 가진 것처럼(눅 9 : 31, 51 ; 12 : 50 ; 13 : 33 ; 18 : 31–33), 바울도 계속해서 예루살렘에 관심을 두고 있다(행 20 : 3, 22–24, 37–38 ; 21 : 4, 10–11, 13).

다) 예수가 산헤드린과 헤롯과 로마 총독 빌라도 앞에서 심문을 당한 것처럼(눅 22–23장), 바울도 산헤드린(22 : 30–23 : 10)과 헤롯 아그립바(23 : 13–26)와 로마 총독 벨릭스와 베스도(24 : 1–27 ; 25 : 1–12) 앞에서

심문을 받았다.

라) 예수가 빌라도에 의해서 세 번이나 무죄선언을 받은 것처럼(눅 23 : 4, 14, 22), 바울도 글라우디오 루시아(행 23 : 29), 베스도(25 : 25), 아그립바 왕(26 : 31)에 의해서 세 번 무죄선언을 받았다.

마) 예수는 유대인들에 의해서 "이 사람을 없이 하고 바라바를 우리에게 놓아 주소서"(눅 23 : 18)라는 공격을 받은 것처럼, 바울도 그와 같이 동일한 공격을 받았다(21 : 36).

바) 예수가 떡을 가지사 축사하시고 떼어 주신 것처럼(눅 22 : 19), 바울도 로마로 가는 여정 중에 떡을 들고 축사한 후에 떼어 주었다(행 27 : 35).

사도행전의 주요 인물들이 예수를 닮은 존재로 표현되고 있는 것은 결코 우연이 아니다. 이러한 인물상의 유사성은 크게 두 가지의 의미를 지닌다. 하나는 예수와 제자들 간의 연속성이다. 사도행전에서 제자(교회)들이 하는 모든 활동들은 예수의 사역을 계승하는 것 외에 다른 것이 아니라는 것이다. 예수와 제자들이 하나님의 구원 목적에 있어서 연속성, 또는 인과관계에 놓여 있다는 점이 부각된다. 다른 하나는 모범으로서의 예수상이다. 예수야말로 모든 그리스도인들이 따라야 할 모범이라는 점이다. 저자는 예수를 성공적으로 본받은 초대 교회의 신앙적 영웅들을 묘사함으로써, 기독교의 참된 신앙이란 예수를 본받는 것으로 제시하고 있다.

3) 신학적 연관성

(1) 성령의 역할에 대한 강조

누가복음과 사도행전에서 성령의 역할이 강조되고 있다는 것은 널리 인정되어 왔다.[16] 두 문서 간의 차이가 있다면, 누가복음에서는 성령이

16) 누가-행전에서 성령이 강조되고 있다는 것은 성령이라는 용어의 빈도수를 통해서도 알 수 있다. "영" 또는 "성령"이란 용어가 마가복음에서는 23번, 마태복음에서

예수의 사역과 깊이 관련되는 반면에, 사도행전에서는 오순절 성령강림 이후 모든 제자들과 교회의 활동에 주도적인 역할을 하고 있다는 점이다. 누가복음에서는 예수의 사역이 시작되기 전에 이미 성령이 예수와 그의 선구자인 세례 요한의 사역의 특성과 방향을 정해 준다. 세례 요한은 모태에서부터 성령이 충만하였고(1 : 15), 그의 부모 역시 성령으로 충만하였으며(1 : 41, 67), 예수의 모친 마리아에게도 성령이 임하였고(1 : 35), 예수 보기를 소원한 시므온 역시 성령의 인도함을 받았다(2 : 25-27). 그러나 누가복음에서 강조하고 있는 것은 예수가 바로 성령의 사람이라는 것이다. 세례 요한이 이미 예수의 사역을 성령과 불로 세례를 주는 것으로 밝히고 있다(3 : 16-17). 예수가 공생애를 시작하기 전 수세 시에 성령이 임하였고(3 : 22), 광야에서 40일 동안 훈련을 받은 것도 성령의 인도함을 통해서였다(4 : 1). 그는 성령의 능력으로 충만하여 갈릴리 전도를 시작하였으며(4 : 14), 나사렛 회당에서 취임 설교를 할 때에 메시야로서의 자신의 사역을 성령의 강림과 직접적으로 연관시켰다(4 : 18). 또한 그는 아버지가 구하는 자에게 성령을 주실 것이라고 가르쳤고(11 : 13), 성령을 모독하는 죄를 경고하였다(12 : 10). 고난 받을 때 성령이 제자들을 가르칠 것이라고 약속하였으며(12 : 12), 부활한 후에는 성령이 와서 제자들 위에 임할 것이라고 약속하였다(24 : 49). 이처럼 누가복음에서는 성령이 없이는 예수의 사역을 생각할 수 없을 정도로 양자가 긴밀하게 연결되어 있음을 알 수 있다.

사도행전에서도 처음부터 성령의 주도적인 역할이 강조된다. 오순절 성령강림 이후에 성령은 사도들과 교회들 안에서 활동하시며, 사도들과 제자들의 모든 활동에 능동적으로 관여하신다. 부활하신 주님의 선교명령은 성령의 강림과 함께 시작될 것인데(1 : 8), 결국 그 일을 위해 오순절에 성령이 강림하신다(2 : 1 이하). 두려워 떨던 사도들이 담대하게 하나님

는 17번, 요한복음에서는 21번 사용되고 있는 데 비해 누가복음에서는 38번, 사도행전에서는 69번이 사용되어 누가-행전 전체로 본다면, 무려 107번이나 사용되고 있다.

의 말씀을 전한 것도 성령으로 충만했기 때문이며(4 : 23-31), 아나니아와 삽비라 부부가 죽음을 당한 이유도 성령을 속인 죄로 밝혀진다(5 : 1-11). 성령이 충만한 스데반은 죽음 앞에서도 당당할 수 있었고(7 : 55), 사마리아인들이 그리스도인이 된 것도 성령과 연관된다(8 : 14-17). 빌립을 에디오피아의 내시에게로 인도하는 분도 성령이었으며(8 : 29), 고넬료와 그의 가족들이 이방인들로써 최초의 그리스도인이 된 것도 성령의 인도하심을 통해서였다(10 : 44-48). 안디옥 교회의 바나바와 바울은 성령의 부름을 받아 첫 번째 선교사가 되었고(13 : 1-3), 예루살렘 사도회의도 성령의 인도 하에 마무리 되었다(15 : 28). 성령이 바울의 활동을 도운 것은 물론이고(16 : 6-7), 바울의 사역의 방향을 결정하였으며(16 : 10), 그의 운명을 예고하기도 했다(20 : 22-23 ; 21 : 11). 이처럼 사도행전에 나타나는 교회의 모든 선교활동의 배후에서 성령이 주도적인 역할을 하고 있기 때문에, 사도행전을 "성령행전"이라고 부르는 것이 조금도 어색하지 않다.

예수의 사역의 중요한 단계들마다 깊숙이 개입한 성령이 예수의 부활 이후에는 제자들과 교회의 선교의 전 과정에 개입하는 것은 중요한 신학적 의미를 지닌다. 누가-행전에서 성령은 예수의 사역과 처음 교회들의 활동을 연결시켜 주는 중요한 다리 역할을 한다. 부활하신 예수는 성령을 통해 여전히 교회에 함께하신다. 따라서 예수를 진정 주님으로 섬기고, 새로운 선교 상황에서 성령의 이끄심을 받는 공동체는 여전히 예수와 연결성 속에 놓여 있다고 확신할 수 있다. 이런 의미에서 성령은 역사적 예수와 누가의 공동체를 연결시켜 주는 중요한 매개체가 되기도 한다. 성령이야말로 하나님의 구원 역사의 연속성을 보증해 주고, 누가복음과 사도행전의 내용을 연결해 주는 중요한 고리가 된다. 그러므로 페린(N. Perrin)이 누가복음을 "예수님을 통한 성령의 활동"으로, 사도행전을 "교회를 통한 성령의 활동"으로 이해하는 것도 일리가 있다.[17]

---

17) N. Perrin & D. Duling, 박익수 역, 「새로운 신약성서개론(하)」(서울 : 한국신학연구소, 1994), pp. 480-497.

(2) 구원보편주의

유대인들만이 아니라 모든 민족이 하나님의 구원의 대상이 되는 구원보편주의의 주제는 주로 사도행전에서 구체적으로 나타나지만, 이미 누가복음에서도 중요한 주제로 부각된다. 시므온이 아기 예수를 안고 부르는 찬송에는 주의 구원이 "만민"을 위해 마련된 것임을 예언하고 있고(2 : 30-31), 세례 요한 역시 "모든 육체가" 하나님의 구원을 볼 것을 예언하고 있다(3 : 6). 특히 예수는 당시 구원의 반열에서 제외된 부류로 여겨진 세리와 죄인들에게 특별한 관심을 보인다. 세리 레위를 제자로 부를 뿐만 아니라(5 : 27-32) 여리고의 세리장 삭개오를 "아브라함의 자손"(19 : 9)으로 인정하기도 한다. 그 이유는 "인자의 온 것은 잃어버린 자를 찾아 구원하려 함"이기 때문이다(19 : 10). 따라서 심판이나 보복보다는 은혜가 강조되고(4 : 19), 잃어버린 자들에 대한 회복과 죄용서의 메시지가 부각되는 것도 이러한 맥락에서 이해될 수 있다(특히 15장).

이러한 은혜와 구원의 보편성은 당시에 반(semi) 이방인으로 여겨지던 사마리아인들과 이방인들에게까지 확장되는 것을 볼 수 있다. 예수는 사마리아인들에게 직접적으로 복음을 전하지는 않지만, 사마리아인에 대해 매우 긍정적인 태도를 취한다(9 : 51-56 ; 10 : 25-37 ; 17 : 11-19). 사마리아인에 대한 이러한 긍정적인 태도는 자연스럽게 사도행전에서 사마리아인들에 대한 선교로 이어진다. 예수는 이방인들에 대해서도 직접적인 선교를 하지는 않지만, 유대인의 배척이 이방인에게 복음이 전해지는 계기가 될 것임을 암시하고 있다. 고향에서 배척당한 후에, 그는 이스라엘 땅에도 수많은 과부들이 있었지만, 선지자 엘리야가 시돈 땅에 있는 이방인 과부(사렙다)에게 보내졌고, 이스라엘에도 수많은 병자들이 있었지만, 선지자 엘리사가 단지 수리아 사람 나아만의 문둥병을 고쳤다는 사실을 예로 들어 이방인들이 하나님의 구원의 반열에 들 수 있음을 예고한다(4 : 25-27).

이러한 주제는 비유를 통해서도 계속되다가(14 : 15-24), 부활한 예수의 대위임령에서 그 절정에 도달한다. "또 그의 이름으로 죄사함을 얻게 하는 회개가 예루살렘으로부터 시작하여 모든 족속에게 전파될 것이 기록되었으니"(눅 24 : 47). 부활하신 주님의 이 말씀은 선교에 대한 누가의 이해를 대표하는 것으로서, 이방인 선교는 예수의 죽음 및 부활과 함께 이미 성경에 약속된 예언의 성취이다. 그것은 예수의 죽음과 부활 이후에야 가능하며, 예루살렘으로부터 시작될 것이다.

이처럼 누가복음에서 이미 예고된 구원보편주의는 사도행전에서 본격적으로 진행된다. 사도행전 1 : 8의 구조에 따라, 사도행전의 전반부에서는 베드로를 중심으로 주로 예루살렘에 있는 유대인들을 대상으로 복음이 전해지지만, 스데반의 순교 후에는 흩어진 헬라파 유대인들에 의해 사마리아와 유대 지역이 복음화된다. 그리고 안디옥에서 최초로 헬라인들에게도 복음이 증언된 후에는 바울을 중심으로 복음의 무대가 이방인 지역으로 옮겨진다. 이방인 선교에 대한 예루살렘 사도회의의 결정에 따라 바울의 선교여행을 통해 복음은 소아시아와 그리스, 그리고 로마 제국의 수도인 로마로까지 확장된다. 그러므로 전체적으로 누가복음에서 부각된 구원보편주의가 사도행전에서 그 열매를 맺고 있다고 할 수 있다.

(3) 가난하고 소외된 자들에 대한 관심

누가복음의 중요한 특징 중의 하나는 예수의 소외된 자들에 대한 인도주의적인 관심이다. 누가는 처음부터 이사야 61 : 1~2을 인용하여, 예수의 사역을 가난한 자들을 위한 관심과 긴밀하게 연결시킨다. "이는 가난한 자에게 복음을 전하게 하시려고 내게 기름을 부으시고, 나를 보내사, 포로된 자에게 자유를, 눈먼 자에게 다시 보게 함을 전파하며, 눌린 자를 자유케 하고, 주의 은혜의 해를 전파하게 하려 하심이라"(4 : 18–19). 가난한 자들에 대한 관심은 이미 마리아 찬가에서 분명하게 드러나며(1 : 53–54), 회개의 열매로서 구체적인 구제를 명령하는 세례 요한의 윤리적 교훈(3 : 11)을 통해서 구체화된다. 마태복음의 복 선언(5 : 1–12)과 달리 누가복음의 복 선언은 가난한 자, 주린 자, 우는 자, 핍박당하는 자들에 대한 4개의 복 선언과 함께 부요한 자, 배부른 자, 웃는 자, 칭찬 듣는 자들에 대한

4개의 화를 병행시킴으로써 가난한 자들에 대한 관심을 보다 더 강조하고 있다(6 : 22-26 ; 6 : 35 참조). 또한 다른 복음서에는 없는 비유들 — 예컨대, 혼인 잔치의 비유(14 : 7-14, 21)와 선한 사마리아인의 비유(10 : 30-37), 부자와 나사로의 비유(16 : 19-31) — 과 부자 관원 이야기(18 : 18-30) 및 삭개오 이야기(19 : 1-10) 등을 통해서도 올바른 재물의 사용과 구제의 주제가 부각되고 있다. 또한 누가복음의 예수는 사회적으로 소외된 세리와 죄인들과 교제하는 것을 거리끼지 않는다. 그는 "세리와 죄인의 친구"(7 : 34)로 불릴 만큼 그들과 가깝게 교제하였으며, 세리장 삭개오의 집에 유하는 등 그들과 식탁교제 하는 것을 전혀 문제 삼지 않는다(19 : 5 ; 5 : 29). 누가복음에서만 "바리새인과 세리"의 비유가 나오며, 세리가 바리새인보다 더 의롭다는 판정을 받았다고 전함으로써 세리를 옹호하기도 한다(18 : 14).

사도행전에서는 세리 및 죄인들에 대한 언급은 거의 없지만, 가난한 자들에 대한 관심은 분명하게 확인된다. 누가는 예루살렘 공동체에서 실행된 이상적인 재산 공동체의 예를 들고 있으며(2 : 43-47 ; 4 : 32-37), 처음 공동체가 사랑의 표현으로 가장 힘쓴 일 중의 하나가 구제행위(6 : 1-6)였음을 밝히고 있다. 또한 하나님의 은혜를 경험한 여제자 다비다(9 : 36)와 이방인 고넬료(10 : 2) 등이 구제에 힘썼다는 사실, 그리고 안디옥 교회가 기근과 흉년으로 어려움을 겪고 있는 예루살렘 교회를 위해서 구제금을 보낸 일(11 : 27-30) 등을 통해 가난한 자들에 대한 관심을 이어 가고 있다. 이 주제는 바울이 에베소 장로들에게 전한 고별설교에 나오는 주님의 말씀, "주는 것이 받는 것보다 복이 있다."는 선언에서 그 절정을 이룬다고 볼 수 있다(20 : 35). 이러한 연속성은 누가복음과 사도행전이 개인적인 구원뿐만 아니라 사회적인 복음에도 관심이 있었음을 잘 보여 준다.

(4) 여성들에 대한 관심

누가-행전이 남성 중심의 사회 속에서 여성들에 대해 각별한 관심을 보이고 있다는 것은 여러 면에서 확인된다. 특히 여인들은 교회 사역에 있어서 수동적이거나 소극적이지만은 않았고, 오히려 남자들과 동일하게 동등한 위치에서 적극적이고 능동적으로 활약을 한다. 누가복음에는 다른 어떤 복음서보다도 여성들이 많이 등장하며, 무엇보다도 남성의 이야기를 여성의 이야기와 나란히 함께 소개하는 표현방식이 사용된다 : 사가랴와 엘리사벳(1 : 10-20), 요셉과 마리아(26-38), 시므온과 안나(2 : 25-38), 나아만과 사렙다의 과부(4 : 26-27), 귀신들린 남자와 시몬의 장모(4 : 31-38), 백부장과 나인성의 과부(7 : 1-17), 겨자씨를 가진 남자와 누룩을 가진 여자(13 : 18-21), 한 마리 양을 잃어버린 남자와 한 드라크마를 잃어버린 여자(15 : 4-10), 잠 자다가 데려감을 당하고 혹은 버려둠을 당하는 두 남자와 맷돌질하다가 데려감을 당하는 두 여자(7 : 34-35), 불의한 재판관과 그에 호소하는 과부(18 : 1-8) 등. 이러한 남자와 여자의 평행구조는 사도행전에서도 계속된다 : 아나니아와 삽비라(행 5 : 1-11), 애니아와 다비다(행 9 : 32-42), 자주 장사 루디아와 빌립보의 간수(행 16 : 13-34). 디오누시오와 다마리(행 17 : 34) 등. 누가-행전의 저자는 이런 배열을 통해서 남자와 여자가 하나님 앞에서 함께, 그리고 나란히 서야 할 존재이며, 동일한 은사와 책임을 가진 존재임을 나타내려고 한 것으로 보인다.

이러한 평행 구조 외에도 누가복음에서는 예수의 탄생기사(1-2장)에서 이미 남편인 요셉에 비해 마리아의 역할과 비중이 훨씬 크게 등장한다.[18] 여성 제자들은 예수의 전도사역에도 남성 제자들처럼 적극적으로 참여하는데, 예수와 제자들이 물질의 염려 없이 전도에만 전념할 수 있도록 재정적인 도움을 준다(8 : 1-3). 1세기의 유대지방에서 여자들은 랍비들의 교육 대상이 되지 못한 것을 고려할 때, 여인이 남자들처럼 예수의

18) 이러한 현상은 마태복음의 탄생기사와 비교할 때 더 두드러진다. 마태복음에서는 남편인 요셉이 강조되어 요셉이 마리아보다 자주 등장하는 반면, 누가복음에서는 마리아가 강조되면서 마리아가 훨씬 더 많이 등장한다. 미태복음에서는 수태고지도 요셉에게 주어지는 반면(1 : 20-21), 누가복음에서는 마리아에게 직접 나타난다(1 : 30-31).

발 앞에서 직접 가르침을 받은 것도 평범한 일은 아니었다(10 : 38-42). 또한 여자들은 예수가 십자가에 달려 죽을 때 남자 제자들과 함께 그 현장을 지켜보기도 하였고(눅 23 : 49), 예수의 부활 후에는 오히려 남자들보다 더 주도적인 역할을 한 것으로 표현된다. 즉, 예수의 부활을 처음 목도한 것도 여인들이요(24 : 1-10, 22-24), 그 사실을 사도들에게 알린 것도 여인들이었다(24 : 9-11). 그러므로 누가복음이 "여성들을 위한 복음서"라는 별명을 가지게 된 것도 이해될 만하다.

이처럼 남자와 여자 사이에 어떤 차별도 두지 않는, 향상된 여성의 위치는 사도행전에서도 그대로 확인된다. 예수의 어머니 마리아를 비롯한 여자들이 사도들과 함께 처음 교회의 설립에 기여하고 있고(1 : 14), 여자들도 남자들과 동등하게 함께 성령을 받고(2 : 17-18), 함께 교회의 일원이 되며(5 : 14), 함께 핍박을 받고(8 : 3 ; 9 : 2), 선행의 모델로 제시되기도 한다(9 : 36-43). 특히 선행의 모델로 제시된 다비다를 지칭하는 "여제자"라는 호칭은 신약성서에서 여기에만 나온다(9 : 36). 유럽 최초의 교회로 알려진 빌립보 교회는 자주 장사 루디아의 집에서 시작되었으며, 아덴에서의 최초의 교인 중에는 관원 디오누시오와 함께 여성 신자인 다마리가 포함되었다(17 : 14). 바울의 동역자인 브리스길라와 아굴라 부부 중에서(18 : 2, 26 ; 롬 16 : 3 참조) 부인인 브리스길라가 아굴라보다 더 주도적인 역할을 한 것이 분명하다. 이름의 순서가 의미가 있고, 알렉산드리아 출신의 아볼로에게 하나님의 도를 가르친 사람도 바로 브리스길라였다.[19] 빌립의 딸들 역시 여선지자로서 남성과 동일하게 선지자의 영역에서 일하고 있다(21 : 9).

이러한 여성에 대한 누가의 관심은 당시의 문화와 사회에서 용납하고, 이해하기 힘든 매우 혁신적인 일이었다. 예수는 당대의 관습과 제도를 완전히 뒤엎는 체제 전복적인 태도를 취하진 않았지만, 그의 교훈과 가르침을 통해 여자들의 신분과 역할에 있어서 새로운 방향을 제시했고, 초기

19) 로마서 16 : 3에서 바울은 여성인 그에게 "동역자"라는 호칭을 붙인다.

교회는 그러한 예수의 가르침을 이어받아 여성의 고양된 위치를 부각시킨 것으로 보인다.

(5) 기도에 대한 강조

기도 역시 누가복음과 사도행전을 연결시켜 주는 매우 중요한 주제가 된다. 기도와 연관된 표현들이 무려 110번이나 나올 정도로, 누가-행전에는 기도의 중요성이 강조되어 있다. "기도의 복음서"라고도 불리는 누가복음의 경우 다른 복음서의 병행구와 비교해 보면, 기도에 대한 각별한 관심을 쉽게 발견할 수 있다. 특히 중요한 시기 때마다 기도하는 예수의 모습을 집중 조명함으로써, 예수를 기도하는 자의 본보기로 제시하고 있다 : 예수의 수세장면(막 1 : 9-11 ; 마 3 : 13-17 / 눅 3 : 21-22), 문둥병자 치유 사건(막 1 : 40-45 ; 마 8 : 1-4 / 눅 5 : 12-16), 열두 제자 선택(막 3 : 13-19 ; 마 10 : 1-4 / 눅 6 : 12-16), 베드로의 신앙고백(막 8 : 27-33 ; 마 16 : 13-23 / 눅 9 : 18-22), 변화산상에서의 예수(막 9 : 2-8 ; 마 17 : 1-8 / 눅 9 : 28-36), 주기도(마 6 : 9-13 / 눅 11 : 1-4), 베드로의 부인 예고(막 14 : 27-31 ; 마 26 : 31-35 / 눅 22 : 31-32), 십자가상의 예수(막 15 : 21-32 ; 마 27 : 32-44 / 눅 23 : 34, 46). 누가복음의 기도에 대한 관심은 기도와 관련된 비유들을 통해서도 잘 나타난다. 그중에서도 누가복음에만 나오는 "밤중에 찾아온 친구의 비유"(11 : 5-8)와 "과부와 재판관의 비유"(18 : 1-8), "바리새인과 세리의 기도 비유"(18 : 9-14) 등이 기도의 중요성을 밝혀 주고 있다고 할 수 있다.

이러한 기도에 대한 강조는 누가복음의 속편인 사도행전에서도 계속되어, 사도들을 비롯한 초기 교회의 제자들도 예수를 본받아 기도하는 사람들로 묘사된다. 기도는 초기 기독교의 예배와 삶에서 핵심적인 요소로 자리 잡고 있으며, 구원역사의 전개에 결정적인 역할을 한다. 최초의 공동체의 가장 중요한 표지 중의 하나는 "오로지 기도하기를 힘쓰는" 삶이었으며(2 : 42), 기도는 사도들의 말씀 섬기는 일과 나란히 등장할 정도로 핵심적인 요소로 자리 잡고 있다(6 : 3-4). 사도행전에 나오는 기도의 특성은 대체로 다음과 같이 요약될 수 있다. 첫째로 예수가 기도할 때 성령을 받은 것처럼(눅 3 : 21-22 ; 눅 11 : 13 참조), 기도는 구원사의 결정적인 순간에 하나님의 성령을 받게 되는 중요한 수단이 된다(1 : 14 ; 2 : 1-4 ; 4 : 31 ; 8 : 15-17 ; 10 : 30-48 등). 둘째로 기도는 예수를 본받아 기도하는 개인과 공동체에게 하나님의 인도와 간섭의 통로가 된다(1 : 24-25 ; 4 : 24-31 ; 7 : 59-60 ; 9 : 10-15, 40 ; 16 : 9, 16, 25 ; 20 : 36 ; 21 : 5 ; 22 : 17-21 ; 27 : 35 ; 28 : 8 등). 셋째로 기도는 성전과 같은 어떤 특정한 장소에 국한되지 않고, 다락방(1 : 13), 개인의 가정(10 : 36 이하, 12 : 12), 성문 밖 강가 기도처(16 : 13, 16), 감옥(16 : 25), 바닷가(21 : 5), 선박 위(27 : 35), 섬(28 : 8) 등 성령이 계시는 곳이면 어디에서든 일어난다. 이처럼 누가-행전의 저자는 예수의 사역과 초기 교회의 발전을 소개함에 있어서 기도의 역할을 중요하게 부각시키고 있다. 이것은 기도가 예수의 삶이나 초기 교회의 삶에서 결코 경시되어서는 안 될 중요한 요소임을 밝히며, 후대 교회가 진지하게 본받아야 할 신앙생활의 핵심 부분임을 제시하는 것이라고 할 수 있다.

이러한 누가복음과 사도행전의 구성과 인물과 신학 간의 통일성은 두 문서가 같은 저자에 의해 기록된 한 작품의 두 권, 즉 전편과 후편이라는 생각을 강하게 뒷받침해 준다. 저자는 누가복음에서 예수의 일생을 나름대로 묘사하고, 속편으로 성령강림 이후 교회가 어떻게 예수의 삶과 행위를 이어 가고 있는지를 기록하고 있다. 따라서 이 두 문서는 서로 분리해서 읽어야 할 것이 아니라, 연속적으로 읽을 때 보다 더 잘 이해될 수 있다. 즉, 저자가 누가복음과 사도행전을 합해서 하나의 거대한 통일된 작품으로 기록한 것이기 때문에, 사도행전을 올바로 이해하기 위해서는 누가-행전 전체 속에 흐르는 저자의 의도나 정신을 염두에 두고 읽어야 할 필요성이 있다는 것이다.

4. 사도행전의 본문

사도행전의 헬라어 본문에는 현저하게 다른 두 종류의 초기 사본들이 존재한다. 하나는 이른바 "알렉산드리아 사본"이고, 다른 하나는 "서방 사본"이다. 그런데 사도행전의 서방사본은 알렉산드리아 사본보다 약 8.5% 더 길 뿐만 아니라 문체와 언어가 더 세련되며, 내용이 더 분명하고, 정확하게 다듬어져 있다.[20] 적어도 이 두 사본 형태의 차이는 신학적으로 중요하다. 예컨대, 사도행전 15 : 20에 보면, 예루살렘 사도회의의 결과로 이방인들에게 4가지, 즉 "우상의 더러운 것과 음행과 목매어 죽인 것과 피를 멀리하라"는 사도훈령이 나온다. 그런데 알렉산드리아 사본에는 이 4개의 결정사항이 다 나오는 데 반하여, 서방사본에서는 "목매어 죽인 것"에 대한 금령이 빠지고, 그 대신에 황금율의 부정형, 즉 "네가 네게 하고 싶지 않은 일을 남에게도 하지 말라."는 명령이 나온다.[21] 결과적으로 알렉산드리아 사본의 경우에는 사도훈령이 전체적으로 제의적인 측면이 강한 반면에, 서방사본의 경우에는 윤리적인 측면이 부각된다.

문제는 이 서방사본이 어디에서 나왔는가 하는 점이다. 블라스(Blass)와 찬(Zahn)은 두 개의 사본 유형 모두가 누가에 의해 생겨났다고 주장한다.[22] 어떤 이유인지는 몰라도 누가는 초안을 기록했고, 후에 그것을 토대로 개정안을 마련했는데, 이것이 두 개의 주요 본문 유형이 있는 이유라는 것이다. 그러나 이 견해는 두 사본 간의 현저한 차이 때문에 받아들여지지 않고 있으며, 대부분의 학자들은 알렉산드리아 사본이 원본에 가깝고, 서방사본이 사도행전의 편집적인 개정을 거친 사본이라고 여긴다.[23] 그럼

20) 알렉산드리아 사본과 서방 사본의 차이점에 대해서는 헨첸, 「사도행전(1)」, pp. 100-116 참조.

21) U. Schnelle, *Eimleitung in das Neue Testament*(6판), pp. 308-309 ; M. A. Powell, 「사도행전 신학」, p. 41.

22) F. Blass, "Die zweifache Textueberlieferung in der Apostelgeschichte," *ThStK* 67(1984), pp. 86-119 ; T. Zahn, *Die Urausgabe der Apostelgeschichte des Lucas*, FGnKaL 9(Leipzig : Deichert, 1916), pp. 1-10.

에도 불구하고, 서방사본 역시 중요한 의미를 지닌다. 서방사본의 존재는 사도행전이 가장 초기에 어떻게 이해되었는지를 보여 줄 뿐만 아니라 몇몇 부분에서 서방사본이 원본에 가까운 양질의 독본을 간직하고 있기 때문이다. 그래서 메츠거(Metzger)는 그의 책 「신약 그리스어 본문주석」에서 대부분 알렉산드리아 사본을 선택하고 있지만, 경우에 따라 서방사본의 독법을 택할 때도 있다.[24]

5. 사도행전의 전승과 자료

1) 전승자료

누가복음이 마가복음과 Q, 그리고 나름대로의 전승들(특수자료)을 자료로 사용하였다는 점에 대해서는 거의 이견이 없다. 그러나 사도행전의 자료 사용에 대해서는 아직도 의견의 일치를 보지 못하고 있다. 초기 교회에 대한 다른 어떤 기록된 자료가 존재했다고 하는 확실한 증거가 없기 때문이다. 그럼에도 불구하고, 누가가 역사가의 관점에서 목격자와 증인들이 전하여 준 대로 예수의 이야기와 초기 교회의 이야기를 기록하였다면(눅 1 : 2-3), 누가복음의 경우처럼 사도행전에서도 나름대로 입수 가능한 전승들과 자료들을 사용했을 가능성을 배제할 수 없다.

사도행전의 자료에 대한 최근 연구의 출발점은 하르낙(Harnack)이 제시한 세 자료 이론이다.[25] 그에 따르면, 사도행전의 배후에는 다양한 지역

23) W. G. Kuemmel, 「신약정경개론」, p. 191.

24) B. M. Metzger, 장동수 역, 「신약 그리스어 본문 주석」(2판) (서울 : 대한성서공회 성경원문연구소, 2005), pp. 214-432. 메츠거의 책은 사도행전의 그리스어 본문을 선택하는 데 매우 유용하다. 이 책은 사도행전에서 각 구절에 대한 중요한 목록을 제시하고, 어느 사본이 가장 좋아 보이는지, 그리고 왜 그런지에 대한 번역 위원회의 선택 근거를 보여 준다.

25) A. Harnack, *The Acts of the Apostles*, NTS 3 (London : Williams & Norgate, 1909). 누가가 사도행전의 앞부분, 즉 1~12장에 걸쳐 아람어로 쓴 초기 문헌에 근거했다는 가설이 있었다. 이 부분에 나오는 헬라어가 현저하게 셈어적인 문체로

과 연관된 전승들이 존재하는데, 예루살렘-가이사랴에서 온 A자료(3 : 1-5, 16 ; 8 : 5-40 ; 9 : 32-11 : 18 ; 12 : 1-23)와 역사적으로 가치가 적은 B자료(2 : 1-47 ; 5 : 17-42), 그리고 안디옥 교회의 관점에서 기록된 C자료(6 : 1-8 : 4 ; 11 : 19-30 ; 12 : 25-15 : 35)가 그것이다. 하르낙의 견해는 많은 반론과 수정을 겪었지만, 6~15장의 근거가 되는 안디옥 자료의 가설은 지금도 여전히 폭넓게 받아들여지고 있다.[26] 그러나 안디옥 자료설의 가장 큰 단점은 언어적으로 입증될 수 없다는 것이다. 이 부분의 언어와 문체가 사도행전의 나머지 부분과 크게 다르지 않다. 따라서 어디까지가 자료이고, 어디까지가 누가의 편집인지 판단할 기준이 없기 때문에, 학자들마다 자료의 범위가 각기 다르게 결정된다. 그나마 가능성이 있는 것은 사도행전의 전반부에 예루살렘과 안디옥(가이사랴) 교회에서 전해진 개별 전승들이(구전전승) 사용되었을 것이라는 추정이다. 예컨대, 베드로에 관한 이야기(3 : 1-10 ; 9 : 32-35 ; 10 : 1-11, 18 ; 12 : 1-17), 빌립에 대한 이야기(8 : 4-40 ; 21 : 8-9), 맛디아의 선택과 유다의 죽음 이야기(1 : 15-26), 다양한 기적 이야기(3 : 1-10 ; 5 : 1-11 ; 9 : 36-42 ; 12 : 3-17 ; 14 : 8-18 ; 16 : 25-34), 사도들의 박해에 대한 이야기(4-5장 ; 6-7장 ; 12장), 예루살렘과 안디옥에서의 공동체의 삶에 대한 보고들(4 : 36, 37 ; 6 : 1-6 ; 11 : 20, 26), 이름 목록(1 : 13 ; 6 : 5 ; 13 : 1 ; 20 : 4)과 같은 다수의 개별 전승들이 누가에 의해 모아져서, 사도행전 구성의 주요한 토대가 되었을 것이다.[27] 이러한 전승들은 누가에 의해 손질되어, 전체 작품 안으로 통합되었다. 전승들의 유래가 확실하게 결정될 수는 없지만 누가는 교회의 전승, 인물들에 대한 일화, 선교사들의

되었기 때문이다. C. C. Torrey. *The Composition and Date of Acts*, HTS 1 (Cambridge : Harvard University Press, 1916). 그러나 오늘날 이 가설은 더 이상 지탱되지 못한다. 아람어 자료에 대한 구체적인 증거가 없을 뿐만 아니라 셈어적인 헬라어는 오히려 70인역을 의식적으로 따르기 위한 누가의 의도적인 구성에 속하기 때문이다. M. A. Powell,「사도행전 신학」, pp. 49-50.

26) W. G. Kuemmel,「신약정경개론」, pp. 178-179 ; U. Schnelle, *Einleitung in das Neue Testament*, p. 310.

27) U. Schnelle, *Einleitung in das Neue Testament*, p. 310.

보고에 기초하고 있다고 짐작할 수 있다. 누가가 그의 전승들과 자료들을 어떻게 구했는지는 확실하게 말할 수 없다. 아마도 그는 헬라적 역사가로서 그의 자료들을 여행하는 자들에게 묻고, 스스로 여행하고, 다양한 증인들에게 서신적 문의나 중개인에 의한 문의를 통하여 스스로 조달한 것으로 보인다.

2) 우리-단락

사도행전의 자료문제 중에서 더 많은 지지를 받고 있는 견해는 소위 "우리-단락"과 연관되어 있다. 이것은 3인칭 시점으로 진행되다가 아무 예고도 없이 갑작스럽게 1인칭 복수로 시작하고 끝나는 "우리-단락"(16 : 10-17 ; 20 : 5-21 : 18 ; 27 : 1-28 : 16)에서 저자가 문헌자료를 사용하고 있다는 견해이다. 저자 문제와도 연관된 "우리" 자료에 대한 최근의 논의는 다음과 같이 세 가지로 요약할 수 있다. (1) 누가는 바울의 동행자이며, 사도행전의 저자로서 여기에서 자기 자신의 경험을 기억을 통해서나, 직접 적어 둔 것을 기록하고 있다. (2) 우리-단락은 문서자료의 주요부분이다. 디벨리우스(Dibelius)에 따르면, 사도행전의 저자가 13~21장에서 일종의 "여행일지"(Itinerar)를 자료로 사용하고 있는데, 우리-단락이 바로 여기에 속한다는 것이다.[28] 누가가 이러한 기록을 가지고 있었다는 근거로 디벨리우스는 중요하지 않은 여행 지점들, 환대한 사람들, 선포활동, 선포의 성공 등에 대한 간략한 언급을 들고 있다(13 : 1-14 : 28 ; 15 : 35-21 : 18). 디벨리우스는 이 문서자료의 목적을 그 지역을 다시 방문할 것을 대비하여 길을 찾고, 환대해 준 사람들을 기억하고자 하는 실제적인 목적에서 찾는다. 디벨리우스는 "우리"라는 표현이 사도행전의 저자인 누가가 직접 기록한 것이며, 사도행전을 집필할 때 사용했다

28) M. Dibelius, "The Acts of the Apostles in the Setting of the History of Early Christian Literature," in *Studies in the Acts of the Apostles*(New York : Charles Scribner's Sons, 1956), pp. 92-206.

고 추정하지만, 최근에는 누가와 상관없이 하나의 여행일지가 있었다는 견해가 지배적이다. (3) 우리-단락은 전적으로 누가의 문학적 장치이다. 누가는 여기에서 고대문학의 항해 이야기에 사용된 문학 장치를 따르고 있다는 것이다. 거기에 보면, 자신의 글에 신뢰성을 더하기 위해 일인칭을 사용한 예들을 찾을 수 있다.[29] 이와 같이 누가도 "우리"를 통하여 자기 글의 권위를 더하기 위하여, 이 부분에서 의도적으로 선교여정에 대한 목격자라는 인상을 남겼다는 것이다. 이상의 세 견해는 각각 쉽게 설명될 수 없는 약점도 지니고 있다. (1)의 견해는 전통적인 저자문제와 연관된 문제는 제외시키더라도, 초기 선교역사의 결정적인 지점에서는 가만히 있던 누가가 왜 별로 중요하지 않는 부분에서만 유독 자신이 전승의 증인이요, 목격자임을 부각시키고 있는지 설명될 수 없다. (2)의 견해에 대한 주된 문제는 "우리"가 나오는 여러 지점에서 "우리"와 바울을 구분함으로써 마치 저자가 직접 말하는 것처럼 보인다는 것이다(16 : 16-17 ; 20 : 7-8 ; 21 : 1a, 10-14, 18 ; 27 : 1-2, 6). 또한 지금까지는 전승이나 자료들을 자기만의 스타일로 묘사한 저자가 왜 이 부분에서는 자료임을 분명히 드러내려고 했는지 설명할 수 없다. (3)의 견해에 대해서는 고대 작가들에게 3인칭에서 1인칭 복수로 변화하는 방식이 일관되게 발견되지 않는다는 점을 들 수 있다. 1인칭 복수 형태만이 아니라 1인칭 단수 형태도 나오며, 거의 1인칭으로 된 자서전적 특성을 지닌다.[30] 또한 우리-단락에는 항해기사가 아닌 것도 포함될 뿐만 아니라(16 : 12-17 ; 20 : 7-8 ; 21 : 8-18), 사도행전에는 1인칭이 아니라 3인칭으로 된 항해 기사도 나온다(13 : 4-5 ; 14 : 20-28 ; 18 : 18-23). 그러므로 누가가 "우리-단락"에서 하나의 자료를 사용했을 가능성은 충분히 있지만, "우리" 자료의 기원과 성격에 대해서는 아직까지 해결되지 않은 문제라고 할 수 있다.[31]

29) V. K. Robbins, "By Land and by Sea : The We-Passages and Ancient Sea Voyages," pp. 215-242.
30) U. Schnelle, *Einleitung in das Neue Testament*, pp. 312-315.
31) W. G. Kuemmel, 「신약정경개론」, p. 181.

3) 연 설

사도행전의 자료문제와 연관된 특정한 문제는 연설(설교)이다. 사도행전에는 베드로의 설교(1 : 16-22 ; 2 : 14-39 ; 3 : 12-26 ; 4 : 9-12, 19-20 ; 5 : 29-32 ; 10 : 34-43 ; 11 : 5-17 ; 15 : 7-11), 바울의 설교(13 : 16-41 ; 14 : 15-17 ; 17 : 22-31 ; 20 : 18-35 ; 22 : 1-21 ; 24 : 10-21 ; 26 : 2-27 ; 27 : 21-27 ; 28 : 17-20), 가말리엘의 연설(5 : 35-39), 스데반의 설교(7 : 2-53), 야고보의 설교(15 : 13-21), 데메드리오의 연설(19 : 25-27), 에베소 서기장의 연설(19 : 35-40), 변호사 더둘로의 연설(24 : 2-8), 총독 베스도의 연설(25 : 24-27) 등 24개 이상의 길고, 짧은 연설들이 등장한다. 이 연설들은 거의 사도행전 전체의 3분의 1에 해당할 만큼 큰 비중을 차지하고 있다. 대부분은 성도가 아닌 이들에게 전해진 것들이며, 듣는 이들로 하여금 예수를 믿게 하려는 복음 전도적 설교나 심문과 재판의 과정에서 자신을 변호하기 위한 연설로 구별할 수도 있다. 문제는 이 연설들의 기원에 관한 것이다. 이 연설들이 실제로 말해진 것들을 그대로 재현한 것이라면 아무 문제가 없을 것이다. 그러나 누가가 모든 화자들의 설교를 직접 들을 수는 없었을 것이고, 아마도 자료에 의존했을 가능성이 크다. 학자들 간의 차이는 과연 누가가 어느 정도나 신뢰할 만한 자료에 의존하였는가의 문제이다.[32] 한쪽 끝에는 누가가 연설의 원 자료들을 거의 가지고 있지 않았다는 것을 보여 주기 때문에, 이 연설들이 모두가 누가의 문학적 창작이라는 주장이 있는 반면에(캐드베리, 디벨리우스), 다른 한쪽 끝에는 누가가 바울이 연설하는 자리에 상당히 많은 부분 참석하였고, 그 밖의 것들도 구전이나 기록으로 된 원 자료들을 구할 수 있었다고 주장하는 학자(브루스)들도 있다.[33]

---

32) 전경연, 「원시기독교와 바울」(서울 : 대한기독교출판사, 1982), pp. 207-235.

33) 사도행전의 역사적 가치에 대해서 가장 긍정적인 시각으로 보는 학자 중의 한 사람인 브루스(Bruce)는 다음과 같이 주장한다 : "대체로 각각의 연설은 연설자와 청중과 그 연설이 행해진 상황에 적합하다. 그리고 이것은…… 이 연설들이 역사가가 꾸며 낸 이야기가 아니라 실제로 행해진 연설을 요약한 기사이며, 그렇기 때

20세기 초에 다드는 그의 고전적인 책 「사도적 설교와 그 발전」에서 사도행전에 나오는 설교들이 사도들이 선포한 복음의 내용을 담고 있는 가장 초기의 기록이라고 주장하였다.[34] 사도행전이 비록 늦게 저술되었지만, 이 설교들은 예루살렘의 초대 교회에서 나온 자료에 근거하고 있고, 따라서 사도들이 선포한 복음(케리그마)의 실제적인 내용을 보존하고 있다는 것이다. 그에 따르면, 사도들의 복음 선포는 다음과 같은 몇 가지 핵심 내용들을 담고 있다 : 1) 메시야에 대한 성경의 예언 성취 2) 예수의 지상사역과 수난, 부활 3) 복음의 증인(사도)들의 신뢰성 4) 예수의 주되심 5) 재림과 심판 6) 회개의 메시지.

그러나 최근의 많은 학자들은 그와 다르게 생각한다. 디벨리우스의 연구 이후로 누가의 연설들이 고대 역사서술의 기본 원칙을 따르고 있다는 점이 널리 인정된다. 그에 따르면, 이야기의 중요한 부분마다 연설문을 작성하여, 자신들의 관점을 제시하는 것이 고대 역사가들의 전형적인 관례인데, 사도행전의 연설들 역시 이러한 관례를 따른다는 것이다. 그는 연설문이 누가의 문학적 창작이라는 견해를 위해 두 가지 근거를 제시한다. 하나는 누가 말을 하느냐에 상관없이 대부분의 연설문의 문체와 형식, 그리고 신학적 강조점이 유사하다는 것이다. 이러한 특성은 선교설교에서 전형적으로 드러나는데(2 : 14-39 ; 3 : 12-26 ; 4 : 9-12 ; 5 : 29-32 ; 10 : 34-43 ; 13 : 16-41), 바울이 말하든, 베드로가 말하든 거의 동일한 형태와 구조를 따른다 : 1) 상황에 대한 설명과 구약성서 인용, 2) 예수의 사역과 죽음, 3) 죽은 자들로부터의 예수의 부활, 4) 회개 요청 등.

또 하나는 연설의 내용과 연설이 나오는 이야기 맥락이 서로 일치하지 않는다는 점이다. 이것에 대한 고전적인 예는 바울의 아레오바고 설교

문에 원시 기독교의 역사와 신학에 대한 귀중하고도 독자적인 자료라고 생각할 만한…… 훌륭한 근거를 제공해 준다." F. F. Bruce, *The Speeches in the Acts of the Apostles*(Tyndale Press, 1943), p. 27.

34) C. H. Dodd, *The Apostolic Preaching and Its Developments*(London : Hodder & Stoughton, 1936).

(17 : 22-31)이다. 바로 앞에서 우상이 가득한 아덴을 보고 격분하였던 바울이(16절) 연설을 할 때에는 오히려 수많은 우상들 때문에 아테네 시민들의 경건함을 칭찬한다(22절). 또한 에베소 장로들 앞에서 한 바울의 설교의 경우, 비난이나 공격을 받는 상황이 아니었음에도 불구하고, 자신과 자신의 사역을 변증하는 내용이 나오는 이유가 모호하다(17 : 20-21, 27, 33-34). 이러한 관찰을 토대로 디벨리우스는 이 연설들이 실제와는 상관없이, 누가가 고대 역사가의 원리에 상응하여 지어낸 문학적 소산이며, 누가의 신학을 반영할 뿐, 초기 그리스도인들의 견해와 신학을 반영하고 있지 않다는 결론에 도달하게 된다.

이 상반된 두 견해의 공통점은 사도행전에 나오는 연설문들이 저자의 문학적 기교의 산물이며, 그 안에 저자의 신학적 관심이 반영되어 있다는 점이다. 그러나 가장 큰 차이점은 그 연설들의 근저에 깔려 있는 역사성에 대한 판단 여부이다. 확실하게 말할 수 있는 것은 사도행전에 등장하는 연설들이 연사들의 정확한 역사기록물도 아니고, 고대의 문학적인 허구도 아니라는 것이다. 한편으로는 모든 연설들이 속기사의 펜으로 정확하게 재현된 화자들의 육성일 수는 없다. 연설들의 분량이 전체 내용이라고 보기에는 지나치게 짧다. 또한 연설들의 어휘와 문체, 그리고 연설의 구조나 내용(특히 선교설교의 경우) 역시 상호간에 유사성이 많다. 이것은 누가가 자기 앞에 있던 전승이나 자료들을 그대로 옮겨 놓은 것이 아니라 자신의 문학적인 기교로 새롭게 표현하고 있음을 보여 준다. 그러나 누가가 모든 연설들을 자기 맘대로 꾸며 냈을 가능성은 매우 희박하다. 즉, 누가의 문학적 기교와 문학적 창작은 엄연히 구분되어야 한다. 누가가 이미 서문에서 밝힌 것처럼, 그가 매우 주의 깊게 자료에 접근했을 것이라는 점을 의심할 필요는 없다.

선교설교들 간의 유사성이 존재하지만, 또한 차이점도 발견된다. 유대인들에게 전한 설교는 이방인들에게 전한 설교 및 그리스도인들에게 전한 설교와 차이를 보이고, 비시디아 안디옥에서 행한 바울의 설교에는 그의 이신칭의의 사상이 분명하게 드러나고 있다(13 : 19). 따라서 연설들의 문체와 어휘가 누가의 문학적 기교에서 나왔다 하더라도, 그 핵심 내용은 전승이나 자료를 기초로 하고 있다고 할 수 있다. 물론 전승자료를 구분하는 분명한 기준들이 없기 때문에 누가 이전의 자료들을 결정하는 데 어려움이 있다. 그러나 누가는 자신의 연설을 작성함에 있어서, 역사적으로 확증될 수 있는 주요 사건들을 근간으로 하여 자신의 문학적 상상력으로써 기술해 나간 것으로 보아야 한다.

그러나 연설의 기능과 역할은 이러한 문학적이고, 역사적 차원을 넘어선다. 누가는 연설을 통해 나름대로의 신학적인 의미를 부여한다. 누가는 이 연설들을 이야기 가운데 부수적으로 첨가시키기보다는 전체의 이야기와 밀접한 관련 속에 전개시키고 있다. 연설을 통해 특정한 사건의 의미가 설명되기도 하고, 연설을 통해 이야기가 더 진전되기도 하지만(7 : 2-53 ; 10 : 34-43), 연설의 기능은 전체적인 맥락에서 더 잘 이해된다. 연설은 정해진 역사를 재현하려는 것이 아니라, 독자들에게 "역사적 순간의 초역사적인 의미에 대한 통찰"을 제시해 준다.[35] 그 의미는 바로 하나님의 목적에 관한 것이다. 누가의 역사관에 의하면, 하나님의 목적과 연관이 없는 역사는 아무런 의미가 없다. 따라서 연설은 예수 그리스도를 통해서 성취하신 하나님의 목적을 제시해 주는 중요한 역할을 한다.

6. 사도행전의 구조

1) 인물 중심의 구분

베드로(2-12장)
바 울(13-28장)

35) U. Schnelle, *Einleitung in das Neue Testament*, p. 315.

2) 지리적인 구분(행 1 : 8의 구분에 따라)

예루살렘에서의 복음전파(1 : 15-8 : 3)
온 유대와 사마리아에서의 복음전파(8 : 4-11 : 18)
땅 끝까지의 복음전파(11 : 19-28 : 31)

3) 요약 보고에 따른 구분

사도행전을 읽다 보게 되면 6 : 7, 9 : 31, 12 : 24, 16 : 5, 19 : 20에서 내용을 간략하게 요약하는 진술들을 보게 된다. 이야기가 새로운 방향으로 전환할 때마다 그런 요약적인 진술들을 통해 잠시 이야기의 진행이 중단된다. 이러한 실마리를 근거로 사도행전을 여섯 개의 단락으로 구분할 수 있다.

예루살렘에 있는 최초의 교회에 대한 묘사(1 : 1-6 : 7)
유대와 갈릴리와 사마리아로 퍼져 가는 복음(6 : 8-9 : 31)
최초로 이방인에게 복음이 확장된 사실에 대한 묘사(9 : 32-12 : 24)
바울이 주도한 이방세계로의 첫 지리적인 확장에 대한 묘사(12 : 25-16 : 5)
서방의 이방 세계로 확장되어 그리스까지 이르는 과정에 대한 묘사(16 : 6-19 : 20)
바울과 복음이 로마에까지 이르게 한 사건들에 대한 묘사(19 : 21-28 : 30)

4) 구 조

서론(1 : 1-26)
예루살렘에서의 복음전파(2 : 1-6 : 7)
유대와 사마리아로 확장되는 복음(6 : 8-8 : 40)
이방선교의 준비(9 : 1-11 : 18)

안디옥 교회와 이방인 선교의 시작(11 : 19-15 : 35)
소아시아와 그리스에서의 바울의 복음전파(15 : 36-19 : 20)
예루살렘으로 가는 바울(19 : 21-21 : 17)
바울의 체포와 재판(21 : 28-26 : 32)
바울의 로마행과 결말(27 : 1-28 : 31)

7. 사도행전의 중심 주제

1) 사도행전은 복음이 베드로를 중심인물로 하는 예루살렘의 유대적 정황으로부터 바울을 중심인물로 하는 다분히 이방인 교회를 향해서, 그리고 구원사의 중심인 예루살렘으로부터 이방세계의 수도였던 로마라는 목표를 향해 계속적으로 진행되고 있는 사실을 강조하고 있다. 다시 말해서 예수 그리스도의 복음이 지리적으로는 예루살렘에서 땅 끝까지, 그리고 인종적으로는 유대인에게서 이방인에게로 확장되는 과정을 기술하려고 한다. 이것이 첫 번째 주제이다.

2) 그러나 사도행전은 이 모든 복음 확장의 주체가 인간이 아니라 교회 안에서 사도들을 통하여 일하시는 성령이라는 것을 분명히 한다. 성령의 강림으로 교회가 탄생되고, 성령의 능력으로 사도들이 복음을 전했으며, 그리스도를 믿고 세례를 받을 때 성령이 임하였다. 사도행전에 기록된 모든 사건들의 배후에는 언제나 성령의 활동이 암시되고 있다. 복음의 세계화! 이것이 바로 성령의 역사이기 때문에 그 어떠한 것도, 즉 산헤드린이나 회당의 반대도, 외부의 핍박이나 박해도, 내부의 분쟁이나 편협한 마음도, 감옥도, 음모도 그것을 막을 수 없다는 사실이 강조되고 있다. 이것이 둘째 목적이라고 할 수 있다. 즉, 복음의 확장은 아무도 막지 못하는 하나님의 뜻임을 보여 주고자 하는 것이다. 예컨대 박해가 오히려 복음이 이방인에게 가는 계기가 되고, 교회 간의 분열이 오히려 기독교의 확장을 불러오고, 바울의 죄인 됨이 오히려 제국의 수도인 로마에 복음이 확장되는 계기가 된다.

제 3 부

사도행전의 해석

1. 서론(1 : 1-26)

1) 서문(1 : 1–2)

앞에서 이미 언급한 것처럼, 누가 문서의 특징 중의 하나는 본문과 구분된 서문이 있다는 것이다. 이러한 종류의 서문은 고대 헬라 문헌에서는 흔한 문학양식이지만, 신약성서에서는 누가 문서에서만 발견된다. 누가복음과 사도행전이 하나의 통일적인 작품이라고 할 때, 전체 문서의 성격과 집필동기, 그리고 목적을 밝히고 있는 누가복음의 서문(1 : 1–4)은 사도행전의 경우에도 동일하게 적용될 수 있다. 따라서 전체 문서의 하위 서언(subprologue)[1]으로 볼 수 있는 사도행전의 서문이 누가복음의 서문과 내용을 이미 전제로 하고 있는 것은 이상한 일이 아니다. 누가는 사도행전의 서문을 통해 복음서가 헌정된 데오빌로를 다시 언급할 뿐만 아니

1) R. E. Brown, 「신약개론」, p. 411.

라 첫 번째 글인 누가복음의 내용을 요약함으로써 두 문서를 연결하고자 한다 : "데오빌로여! 나는 첫 번째 글에서 예수께서 성령을 통하여 자신이 선택하신 사도들에게 명령하신 후에 위로 올라가신 날까지 행하시고, 가르치시기를 시작하신 모든 것들에 관해서 기록했습니다"(사역). 누가에 따르면, 부활하신 예수의 마지막 명령(눅 24 : 44-49)과 승천(눅 24 : 50-53)이 누가복음과 사도행전의 시간적인 경계선이며, 누가복음의 전체 내용은 예수의 '행위'와 '가르침'이라는 두 단어로 요약될 수 있다. 부활과 승천을 통해 지상에서의 예수의 시대는 마감된다. 이제 사도행전이 서술할 시대는 새로운 시대이다. 그런데 이 두 시대를 연결하는 중요한 매개체는 성령과 사도들이다. 누가복음에서 예수의 모든 사역에 참여했던 성령이 이제 사도행전의 시대에도 주도적인 역할을 할 것이며, 예수가 선택한 사도들이 사도행전이 기록하는 선교 사역의 도구들이 될 것이다. 이런 의미에서 "시작하심"(1절)이라는 말은 의미 없는 단어가 아니라 매우 중요한 신학적 의미를 드러내 준다. 즉, 사도행전은 예수에 의해 시작된 행위와 가르침이 사도들 안에서 활동하는 동일한 성령을 통하여 계속되는 기록임을 시사해 주고 있는 것이다. 따라서 사도행전의 서문은 첫 번째 책인 누가복음의 내용에 대한 회상과 앞으로 전개될 사도행전 전체의 성격을 규명해 주고 있다.

2) 성령강림의 약속과 준비(1 : 3-26)

(1) 부활하신 주님의 지상 사역(1 : 3-5)

예수의 부활과 승천이 어떻게 누가복음과 사도행전의 교량 역할을 하는지 드러난다. 이 두 사건을 통해 누가는 성령의 도래를 준비시킨다. 누가만이 예수가 고난 받은 후에 사십 일 동안 많은 증거로 자신이 살아 있음을 보여 주었다고 선언한다. "많은 증거"라는 말과 함께 '사십 일'이라는 기간이 부활의 역사성과 확실성을 밝혀 주지만,[2] '40'이라는 숫자는 그 이상의 의미를 지닌다. '40'은 이스라엘이 40년 동안 광야에서 유리한 구약의 사건[3]과 예수가 공생애를 시작하기 전에 40일 동안 광야에서 시험 받은 사건(눅 4 : 1-13)을 회상시킨다. 두 경우 모두 일종의 준비 기간과 연관된다고 볼 수 있다. 전자가 이스라엘 백성이 약속의 땅으로 들어가기 전의 준비 기간이었다면, 후자는 예수가 공생애를 준비하는 기간이었다. 그렇다면 예수가 40일 동안 살아 있는 자신의 모습을 보여 준 것은 제자들로 하여금 예수의 부활을 증언하고, 하나님 나라의 복음을 전할 수 있도록 준비시키기 위함이었다. 따라서 예수의 부활로부터 승천까지의 '사십 일'이라는 기간은 부활의 확실성뿐만 아니라 제자들이 예수의 사역을 계승하기 위한 마지막 교육기간을 의미한다고 볼 수 있다. 예수의 부활과 승천 이후에 제자들이 담당해야 할 사역의 핵심은 부활의 증인으로서 부활을 선포하는 것이며, 예수의 지상적 삶의 핵심인 하나님 나라를 전하는 것이다. 누가에게 부활은 예수의 구속사역의 절정을 이루는 사건이다. 하나님의 능력에 의해 살아난 부활사건이야말로 인류에게 구원을 가져다주는 것이기에, 사도들에게 부여되는 가장 명예로운 칭호는 부활의 증인이다. 이후의 교회의 모든 선포가 사도들의 증언에 의존한다는 점에 바로 사도들의 역사적인 권위가 놓여 있다.

누가복음에서 하나님의 나라는 예수의 선포와 행위의 핵심이다. 예수가 공생애 기간 동안 전파한 것도 하나님의 나라였고(눅 4 : 43 ; 8 : 1 ; 막 1 : 14-15 참조), 제자들로 하여금 전하도록 명령하신 것도 하나님의 나라였다(눅 9 : 2). 그런데 여기에서 부활하신 예수가 가르친 것도 여전히 하나님의 나라이다. 또한 앞으로 예수의 사역을 계승할 전도자들의

2) τεκμήριον(증거)는 신약성서에서 여기에만 나오는 단어로서, 고대 수사학에서는 본래 회의주의자들에게 확신을 주거나 변증가의 권위를 확고히 해 주는 뚜렷한 증거를 가리킨다. 아마도 이 단어의 사용은 아직도 예수의 부활을 의심하는 사람들에게 부활의 확실성을 제공하기 위해 사용된 것으로 보인다. 또한 유대 전통에서 40일은 하나님이 정하신 어떤 기간의 만기를 나타내는 기간으로, 예수의 부활이 시간적으로 충분한 증거를 지니고 있다는 점을 말해 준다. 나요섭, 「누가복음의 속편 사도행전」, p. 23.

3) 구약에서 40일(년)이라는 기간은 자주 하나님의 일을 위해 백성들을 충분히 준비시키는 기간으로서 언급된다(출 24 : 12-18 ; 34 : 28 ; 왕상 19 : 8).

선포의 중심에도 역시 하나님의 나라가 있다(행 8 : 12 ; 14 : 22 ; 19 : 8 ; 20 : 25). 그리고 사도행전의 마지막은 로마에서 하나님의 나라를 전파하는 바울의 모습으로 끝난다(28 : 23, 31). 즉, "하나님의 나라"가 사도행전 전체 구조에서도 중요한 의미를 지닌다는 것을 알 수 있다. "하나님의 나라"라는 개념이 처음(1 : 3)과 끝(28 : 31)에서 하나의 인클루지오(inclusio)를 이루면서 중심 주제를 이룬다. 이처럼 누가복음에 이어서 사도행전에서도 하나님의 나라가 중심 주제로 나오는 것은 결코 우연이 아니다. 이것은 매우 중요한 의미를 지니는데, 바로 역사적 예수의 선포와 부활하신 그리스도의 선포와 사도들의 선포가 하나의 연속성이 있다는 것이다. 즉, 사도행전에서 전개되는 사도들과 교회의 행적은 예수의 선포와 사역의 계속 외에 다른 것이 아님을 분명하게 강조하고 있는 것이다. 이미 시작되었지만, 아직 완성되지 않은 그 나라를 바라보면서, 이 새로운 시대("교회의 시대")에 그들이 무엇을 해야 하는지는 사도행전 1 : 6~8에서 분명하게 제시될 것이다. 그들의 사역의 핵심에는 예수가 시작하신 하나님 나라의 선포와 확장이라는 과제가 놓여 있다.

이 일을 위해 부활하신 주님은 약속한 성령을 기다리라고 명령한다. 약속한 성령의 도래야말로 부활과 하나님 나라의 증인으로서의 사도들의 사역을 가능하게 하는 원동력이기 때문이다. "예루살렘을 떠나지 말고 …… 아버지의 약속하신 것을 기다리라"는 4절의 명령은 새로운 것이 아니라, 누가복음 24 : 47~49에 나온 말씀을 재정리한 것이다. "예루살렘을 떠나지 말라."는 명령은 마가복음과 마태복음의 갈릴리 전승(막 14 : 28 ; 16 : 7 ; 마 28 : 16)과 대비된 예루살렘 전승을 반영한다. 마가복음과 마태복음에서는 예수의 부활이 갈릴리에서 일어난 것으로 묘사되고 있는 반면에, 누가복음과 사도행전은 예루살렘에서 일어난 것으로 보도한다.[4] 또한 사도행전에서는 예루살렘이 성령강림의 장소이며, 세계 선

4) 요한복음에서는 예루살렘 전승(20장)과 갈릴리 전승(21장)을 둘 다 가지고 있다. 역사적으로 예수 부활의 현현 장소가 갈릴리냐 예루살렘이냐의 논쟁은 불필요한 것이다.

교의 출발점으로 부각된다. 이러한 예루살렘의 강조는 하나님의 구원역사 및 이스라엘과 교회의 연속성에 관심을 두는 누가문서의 특성 중 하나이다.[5)]

"아버지의 약속하신 것"(4절)은 성령을 말한다. 우리말 성경에는 생략되었지만, 5절은 ὅτι(왜냐하면)로 시작함으로써 4절에 대한 근거를 제시한다. 사도들은 세례 요한에 의해 약속된 바와 같이, 물세례가 아닌 성령으로 세례 받기를 기다려야만 한다(눅 3 : 16). 누가복음에 의하면, 성령은 이미 지상적 예수의 사역을 위해서도 결정적인 역할을 하였다(눅 3 : 21-22 ; 4 : 14, 18). 이제 예수의 사역을 계승할 제자들에게도 성령 세례는 반드시 필요하다. 성령이 예수의 사역과 제자들의 사역의 연속성을 보증해 준다. 성령의 도래는 세상의 마지막이 아니라 새로운 시대의 서곡이 될 것이다.

(2) 부활하신 주님의 선교명령(1 : 6-8)

승천의 때가 가까워지자, 부활하신 주님은 제자들 앞에서 마지막 선교명령을 내리신다. 사도행전 1 : 6~8은 부활하신 예수의 마지막 지상명령일 뿐만 아니라 앞으로 전개될 사도행전 전체의 주제와 구조를 결정한다. 여기에서는 마태복음 28 : 16~20과 달리 마지막 선교명령이 제자들의 질문(6절)에 예수가 답변하는 형식으로 되어 있다. 무엇보다 사도들이 가지는 역사적인 유일성과 교회적 권위가 강조된다 : "그들(사도들)이 모였을 때에".[6)] 지상의 예수가 친히 택하고(2절), 부활하신 주님을 목격한 사도들(3절)은 이제 승천의 목격자일 뿐만 아니라, 앞으로 전개될 초기 교회의 선교 역사에서 성령의 주된 도구가 될 사람들이다.

6절에 나오는 질문은 제자들의 오해를 드러내려는 데 우선적인 목적이

5) 유상현, 「사도행전 연구」, pp. 141-161 참조.

6) 헬라어 본문에 따르면, "그들이 함께 식사할 때에"로 번역하는 것이 더 낫다. συναλίζομαι는 "누구와 함께 (소금을) 먹다."는 의미를 지닌다. 예수의 식탁공동체는 부활 전이나(눅 5 : 29 ; 7 : 36 ; 11 : 37), 부활 후(눅 24 : 30-31, 41, 43 ; 행 10 : 41 참조)나 중요한 역할을 한다.

있는 것이 아니라 중요한 신학적 문제를 설명하기 위한 것이다 : "주여, 이제는(이때에) 주께서 이스라엘에 나라를 회복하시는 것입니까?"(사역) 이 질문은 비단 사도들만의 관심이 아니라, 1세기 그리스도인들의 대표적인 관심사를 반영하고 있다고 볼 수 있다. 우리말 성경에는 생략되었지만, 6절은 οὖν(그러므로)이라는 접속사로 앞의 단락과 연결되어 있다.[7]

앞 단락과의 연관성 속에서 볼 때, 사도들의 이 물음은 타당하다. 구약의 전통에서 성령의 강림은 이스라엘의 종말론적 회복과 긴밀하게 연결되어 있기 때문이다. 예언자들의 기대에 따르면, 성령의 오심은 종말의 시작을 의미하며(욜 2 : 28-32), 종말의 시작은 곧 이스라엘의 회복과 관련된다(사 32 : 14-20 ; 또한 렘 23 : 5-6 ; 겔 37 : 21-27 ; 단 7 : 27도 참조). 따라서 이 질문 안에는 원칙적으로 해명되어야 할 두 가지 중요한 관심사가 반영되어 있다.

첫째는 종말의 시기에 대한 문제이다. 임박한 종말사상을 가지고 있었던 1세기 그리스도인들에게 재림의 시기 문제는 매우 절박한 관심사였다. 예수의 부활 자체가 이미 하나의 종말 사건이었기에, 당시에 예수의 재림이 얼마 남지 않았다고 기대하는 것은 자연스런 일이었을 것이다. 재림이 지연되는 상황에서 "이제는"(ἐν τῷ χρόνῳ τούτῳ)이라는 부사적 표현은 이러한 당시의 임박한 종말에 대한 강한 기대를 드러내 준다. 그 말 속에는 지금까지는 지연되었지만 "이제야말로"라는 뉘앙스가 내포되어 있다. 그들은 지금이 종말이 아니라 새로운 시대의 서막임을 인식해야만 한다.

둘째는 구원의 보편성 문제이다 : (하나님의) 나라가 이스라엘의 회복에만 국한되는가? 부활하신 주님이 하나님 나라의 보편성에 대해서 가르쳤지만(눅 24 : 47 ; 행 1 : 3), 여전히 제자들의 관심은 '이스라엘'이라는 편협한 수준을 넘어서지 못한다. 회복한다(ἀποκαθίστημι)는 말이 "이전의 좋은 상태로 되돌린다"는 뜻이 있음을 고려한다면, 그 안에는 메시야에 의한 옛 다윗 왕조의 회복이라는 정치적인 의미가 내포되어 있다.[8] 따라

7) 사도행전에서 자주 사용되는 οὖν의 용례에 대해서는 E. Haenchen, 「사도행전(1)」, p. 241.

서 이 질문 속에는 아직도 정치적인 메시야상과 유대 편협주의를 극복하지 못한 사도들과 1세기의 그리스도인들의 모습이 간접적으로 반영되어 있다. 여기에서 처음으로 암시된 이방인 선교의 타당성에 대한 문제는 사도행전 전체에서 감지될 수 있으며, 처음 그리스도인들에게 이방인 선교가 얼마나 험난한 과정이었는지를 가늠케 해 준다.

그러나 이러한 오해들은 이어서 나오는 예수의 대답을 통해 바르게 교정된다. 예수의 대답(7-8절)은 주로 세 가지 방향으로 전개된다. 먼저 종말의 시기에 대해서 예수는 "때와 기한은 아버지께서 자기의 권한에 두셨으니, 너희의 알 바 아니요"(7절)라고 단호하게 선언한다.[9] 한 마디로 "이제는"이라고 하는 임박한 재림에 대한 당시의 종말관에 경종을 울리는 말이다. 종말의 시기에 관해서는 인간이 왈가불가할 문제가 아니라는 것이다. 그것은 전적으로 하나님께 속한 문제이다. 둘째로 예수의 재림이 기대되는 그 자리에 오히려 성령의 강림이 약속된다 : "오직 성령이 너희에게 임하시면". 즉, "예수가 그 나라를 회복하실 것인가?"라는 질문에 대해, 예수는 성령을 주시겠다는 약속으로 대답한다. 하나님의 나라는 즉각적으로 완성되는 것이 아니라 곧 성령이 임할 것이고, 그 성령은 교회를 세울 것이며, 그것은 역사의 종말이 아니라 새로운 역사의 시작이 될 것이라는 것이다. 셋째로 이스라엘의 구원이라는 편협한 질문에 대한 예수의 답변은 온 세상에 나가서 증인이 되라는 위탁의 말씀으로 주어진다. "예루살렘과 온 유대와 사마리아와 땅 끝까지 이르러 내 증인이 되리라"(8절). 하나님의 구원사의 지평은 온 세계를 포괄한다. 하나님이 의도하신 공동체는 이스라엘 백성으로만 구성되는 것이 아니라, 이제 예루살렘에서부터 땅 끝까지 이르는 모든 족속으로 이루어질 것이다. 또한 그 나라는 군인들이나 전쟁에 의해서가 아니라, 성령의 능력을 힘입은 증인

---

8) ἀποκαθίστημι라는 단어는 종말론적 용어로 사용되어(3 : 21 참조), 마지막 때에 하나님이 올바른 질서를 회복하신다는 의미를 지닌다 : "ἀποκαθίστημι, ἀποκατάστασις," *TWNT*, Bd. I, pp. 386-388 참조.

9) "너희의 알 바 아니요"라는 번역은 원문의 의미를 충분히 살리지 못한다. 오히려 종말의 때와 시기를 아는 것은 하나님의 일이지, 전혀 우리의 일이 아니라는 뜻이다.

들에 의해서 확장된다. 바로 이 일 때문에 성령이 도래해야 한다. "(증인이) 되리라"(ἔ σεσθε)는 말은 명령형이 아니라 미래 능동형으로 되어 있다. 이것은 명령이 내포되어 있기는 하지만, 증인 됨의 주체를 더 분명하게 제시해 준다. 성령이 (주체적으로) 제자들에게 올 것이며, 그들에게 능력을 줄 것이며, 예수의 증인이 되게 할 것이라는 약속의 의미가 더 부각된다. 증인이 된다는 것은 우리가 하나님을 위해 무엇인가를 한다는 것을 의미하는 것이 아니라, 하나님이 우리를 위해 하신 일을 보여 주는 것이다. 이것이 성령을 기다리라는 말(4절)이 증인이 되리라는 말(8절)보다 먼저 나온 이유이기도 하다. 이렇게 해서 사도행전의 중요한 특성 중의 하나인 성령과 증인됨(선교)의 밀접한 관계가 처음부터 드러난다.

"예루살렘으로부터 땅 끝까지"라고 하는 지리적인 계획은 세계를 향한 복음을 주제로 하고 있는 사도행전의 전체적인 구도를 결정한다. 실제로 사도행전은 예수 그리스도의 복음이 "예루살렘"(1-7장)과 "온 유대와 사마리아"(8-12장), "땅 끝"(13-28장)까지 전파되는 과정을 보여 준다. 물론 사도행전의 이야기는 로마에서 끝난다. 그러나 당시 로마는 땅 끝에 이르는 로마 제국의 중심지였다. 어떤 의미에서 "땅 끝"이라는 개념은 지리적인 의미를 넘어선다.[10] 그것은 모든 민족을 포함하고, 모든 국경을 가로지르는 선교를 의미한다(13 : 47 참조). 따라서 사도행전 1 : 8은 예수의 제자들에게 제공된 선교적인 윤곽이면서, 동시에 하나님의 목적에 대한 구체적인 표현이다. 하나님은 복음이 유대인과 이방인을 망라하여 모든 민족에게 전파되기를 원하신다. 그렇다면 누가 참된 제자인가? 성령의 능력을 힘입어 사도행전 1 : 8에서 제시된 하나님의 계획에 신실하게 동참하는 사람이다. 그들이 진정한 증인이다. 그렇다면, 사도행전 1 : 8은 제자들과 교회들이 지향해야 할 목표인 동시에 자신들의 본질을 평가해야 할

10) "땅 끝"이 정확히 어디를 가리키는지 확실하지 않다. 땅 끝을 로마로 보는 사람도 있고, 스페인이나 에티오피아로 보는 사람도 있다. 그러나 "땅 끝"이라는 표현은 구약의 여러 용례들을 통해 살펴볼 때, "전 세계" 또는 "모든 민족"을 뜻할 뿐, 어떤 특정한 지명을 염두에 둔 것은 아니라고 할 수 있다(사 8 : 9 ; 14 : 22 ; 48 : 20 ; 49 : 6 ; 62 : 11 ; 렘 10 : 13 ; 28 : 16 ; 32 : 32 등).

기준이 되기도 한다.[11] 이런 의미에서 사도행전의 나머지 부분은 사도행전 1 : 8의 구체적인 전개과정이라고 할 수 있다.

(3) 예수의 승천(1 : 9-11)

부활하신 주님은 지상에서의 마지막 말씀을 남기신 후에, 하늘로 올리어 가신다.[12] "저희 보는 데서"(9절)라는 말은 예수 승천의 역사성과 사실성을 강조하는 표현인 동시에 승천의 목격자로서의 사도들의 권위를 드러내 준다. "구름이 그를 그들의 눈으로부터 데리고 가 버렸다."(사역)는 말은 "예수가 구름을 타고 하늘로 올라갔다."라는 신화적인 표현과는 차이가 있다.[13] 누가는 부활 사건의 경우와 마찬가지로 승천의 사실만 언급할 뿐 이성으로 설명이 불가능한 구체적인 상황에 대해서는 말하지 않는다. 다만 그에게는 예수가 이 세상에 계시지 않고, 떠나가셨다는 사실이 중요하다. 예수가 떠나야 예수가 약속하신 성령이 오실 것이기 때문이다. 그러므로 하늘로 올라가시는 예수님을 막연히 쳐다보는 것은 제자들이

---

11) P. J. 악트마이어 외, 「새로운 신약성서개론」, pp. 305-306.

12) 신약성서에서 누가문서만이 예수의 승천에 관해서 언급한다(눅 24 : 50-53 ; 행 1 : 9-11). 그러나 누가복음과 사도행전의 승천기사는 약간의 차이가 있다. 첫째로 복음서에는 예수가 부활절 당일에 베다니 앞에서 승천한 것으로 보이는데, 사도행전에서는 40일 동안 지상에 더 머물다가 승천한 것으로 기록한다. 둘째로 복음서에서는 예수의 축복이 있으나 사도행전에는 없다. 셋째로 복음서에서는 승천 후에 성전에서 하나님을 찬송하는데, 사도행전에서는 예수의 승천 후에 예루살렘으로 돌아와 다락방에서 기도한다. 이러한 차이들은 모순이라기보다는 오히려 신학적인 강조점의 차이로 볼 수 있다. 누가복음에서는 9 : 51부터 시작하여 24 : 51까지 이르는 예수의 여정과 인격의 완성이 중요하다. 즉, 나사렛 예수는 하늘로 올라 천상의 영광스런 보좌에 앉으셨다(행 2 : 33 ; 5 : 31). 이런 의미에서 복음서에서는 예수의 부활과 승천이 하나의 중요한 짝을 이룬다. 부활은 승천을 예비해 주며, 승천은 부활을 입증해 준다. 예수와의 결별이 '축도'와 '경배'와 같이 인상적인 용어들을 통해 표현되는 것도 이런 이유에서 설명될 수 있다. 반면에 사도행전에서는 예수의 승천을 예수의 시대와 교회의 시대의 경계선으로 삼으려는 의도가 더 강한 것으로 보인다. 교회는 제자들로부터 비로소 시작된 것이 아니라 이미 예수가 부활과 승천 사이의 40일 동안 제자들을 가르친 사실에서 시작된다는 것이다.

13) E. Haenchen, 「사도행전(1)」, pp. 252-254.

해야 할 일 아니다 : "올라가실 때에 제자들이 자세히 하늘을 쳐다보고 있는데"(10절). 이 말은 사도들뿐만 아니라 당시의 임박한 종말사상을 가진 그리스도인들이 무작정 재림 예수만 기다리며 하늘만 쳐다보는 것에 대한 우회적인 표현으로도 볼 수 있다.[14] 제자들의 이러한 태도는 갑자기 나타난 흰 옷 입은 두 사람에 의해 제지당한다. "갈릴리 사람들아 어찌하여 하늘만 쳐다보며 서 있느냐"(사역). 이것은 누가복음의 빈 무덤 이야기에서 눈부신 옷을 입은 두 사람(천사)이 "어찌하여 산 자를 죽은 자 가운데서 찾느냐"고 질책하며, 부활의 소식을 전하는 장면을 연상시킨다(눅 24 : 4-7). 그 말은 결코 예수의 재림 자체를 부정하려는 것이 아니다. 다만 임박한 재림에 대한 기대를 수정해 주는 것이다. 예수는 제자들이 본 것과 동일한 방법으로 다시 오실 것이다(11절). 예수가 승천하신 장소인 감람산(12절)은 하나님이 최후의 심판 때 임하셔서 온 세상을 심판하실 왕권을 드러내실 곳이다(슥 14 : 4-21). 따라서 예수님이 가시는 모습 그대로 오실 것이라는 약속은 구약의 예언 사상과 상통한다. 그러나 그 일의 '언제'는 중요하지 않다. 다만 사도들은 하늘을 응시하는 대신에(=임박한 종말에 연연하지 않고), 이제 그들에게 주어진 현재의 일에 집중해야 한다(행 1 : 8).

이러한 의미에서 예수의 부활과 승천은 누가복음과 사도행전의 경계를 이룬다고 볼 수 있다. 복음서에서 예수의 부활과 승천은 이야기의 끝이지만, 사도행전에서는 시작을 의미한다. 예수의 승천은 성령의 오심을 전제한다. 그리고 성령의 강림은 하나님의 구원역사에 있어서 하나의 새로운 시대가 열리고 있음을 알리는 중요한 표지가 된다. 이전에는 예수가 성령을 통해 지상에서 일했다면, 이제는 승천하여 하늘 보좌에 앉은 그분이 성령을 통해 이 땅에서 일하신다. 그러므로 성령의 오심은 세상의 끝장이 아니라 새로운 역사의 시작, 즉 교회의 시대가 됨을 알리는 표지이다. 예수의 재림은 — 언제인지는 모르지만 — 교회의 시대 이후에 있을 것이

14) 박응천, 「세계를 향한 복음」, pp. 49-50.

다. 그 사이에 교회는 성령의 능력을 힘입어 온 세계에까지 그리스도의 증인이 되어야 할 현재의 사명에 충실해야 한다.

(4) 제자들의 준비(1 : 12-26)

감람산에서 예수의 승천을 목격한 열한 제자들은 이제 예수의 지시대로 예루살렘으로 돌아온다. 그리고 예수가 약속한 성령의 강림 전에 그들은 두 가지를 준비해야 한다. 하나는 약속하신 성령을 기다리며, 다락방에서 한 마음으로 기도에 힘쓰는 것이고(12-14절), 다른 하나는 예수를 배반한 가룟 유다의 죽음으로 공석이 된 사도의 자리를 채우는 것이다(15-26절).

먼저 다락방에서 성령의 강림을 기다리며, 간절히 기도하는 처음 공동체의 구성원이 소개된다. 예수의 열한 제자들의 목록과 예수를 따르던 여인들, 그리고 예수의 어머니 마리아를 비롯한 그의 형제들이 차례대로 나열된다. 아마도 이 명단은 15절에서 계산된 120여 명 가운데서 대표자에 속하는 인물들이었을 것이다. 누가복음 6 : 14~16에서 언급된 제자들의 이름이 예수를 배반한 유다를 제외하고 재차 나열된다.[15] 맨 앞에 나오는 베드로, 요한은 이후에 특별한 역할을 수행할 사람들이다(갈 2 : 9). 열 한 제자들 외에 여자들이 언급된다. 누가에게는 여성들의 역할이 중요한데(눅 8 : 1-3 ; 23 : 49 참조), 특히 예수의 모친이 중요하다(눅 1 : 26-2 : 52 참조). 이것은 누가복음에서도 예수를 섬기는 데 참여했던 여인들이 이후의 교회의 시대에서도 중요한 역할을 담당하게 될 것을 시사해 준다. 예수의 아우들 가운데서는 야고보가 권위적인 역할을 담당할 것이다(12 : 17 ; 15 : 13 ; 21 : 18 ; 고전 15 : 7 참조). 이처럼 처음 교회의 핵심이 되는 사람들의 목록은 누가복음과의 연속성을 나타내 준다. 열한 제자들은 예수의 공생애와 부활의 증인들이다. 여인들은 빈 무덤과 매장의

15) 누가복음의 명단과는 달리 사도행전에서 베드로, 요한, 야고보의 이름이 먼저 나오는 것을 볼 때, 이들이 제자들 가운데서 상대적으로 우월한 지위에 있었음을 반영한 것으로 보인다.

증인들이며(눅 23 : 55-24 : 10), 예수의 어머니 마리아는 예수의 탄생과 청년 시절의 증인이었다(눅 1-2장). 예수의 생애에 대한 주요한 증인들이 예수의 부활과 승천 이후에 설립된 교회의 주요 멤버들이 된 것이다. 다락방에 모인 사람들은 기도에 전념하였다. 성령의 강림은 그들의 간절한 기도에 대한 응답의 형태로 이루어진다.

사도의 보충은 열두 제자의 대표자이며, 대변인 격인 베드로의 주도하에 진행된다. 가룟 유다의 최후에 대한 기록은 마태복음 27 : 3~10과 여기에서만 나온다. 두 이야기의 공통점은 유다가 비교적 이른 시기에 끔찍한 모습으로 최후를 맞이하였다는 점과 그의 배반과 최후가 이미 성경에 기록된 예언의 성취라는 점이다 : “성령이 다윗의 입을 통하여 예언하신 성경이 이루어져야만 하였다”(16절, 사역). 더 나아가 베드로는 유다의 자리를 다른 사람으로 대체하는 것도 성경 예언의 성취로 본다(20절 ; 시 109 : 8). 이처럼 구원사의 주요한 사건들과 경험들을 구약의 예언과 밀접하게 연관시키는 방식은 앞으로 나올 수많은 선포들(연설)의 모범이 된다(2 : 16-39 ; 3 : 22-25 ; 4 : 11, 25-26 ; 13 : 32-41, 47 ; 15 : 15-18 ; 18 : 25-28). 누가에 의하면, 예수 사건은 모두 성경에 기록된 예언의 성취이다. 그리고 성령은 현재의 경험과 구약성경을 연결하는 결정적인 매개체가 된다.

사도를 보충하기 전에 기도하는 공동체의 모습은(24절) 누가복음에서 열두 사도를 임명하기 전에 밤새도록 기도하던 예수의 모습을 연상시킨다(눅 6 : 12-13). 기도에 대한 누가의 관심이 다시 한번 드러난다. 유다의 자리를 보충하는 일은 이미 구약에서 통용되었던 대로 제비뽑기를 통해 이루어진다(잠 16 : 33 ; 레 16 : 8-10 ; 대상 24 : 5-18, 31 ; 눅 1 : 9). 선출된 맛디아라는 인물은 개인적으로 의미를 지니지 못하며, 그 이후에 다시 언급되지도 않는다. 중요한 것은 열두 사도의 숫자가 채워졌다는 사실이다. 사도의 수가 열둘이라는 것은 상징적인 의미를 지닌다. 그 때문에 성령강림에 앞서서 열두 사도가 먼저 회복되어야 한다. ‘열둘’은 옛 이스라엘의 열두 지파를 대표한다. 예수가 이미 열두 제자들 선택함으로써 열두 지파의 민족, 즉 전체 이스라엘을 새롭게 하려는 의도를 보여 주었다. 이것은 마치 새 창조와 비슷하다. 왜냐하면 이스라엘 지파들 가운데 열 지파는 이미 수세기 전에 사라졌기 때문이다. 따라서 예수 안에서 새로워진 이스라엘의 이야기도 열둘보다 적은 숫자로 시작될 수는 없는 것이다. 그러나 이 '열두 사도'는 역사상 일회적인 것이지, 후대에 계승되어지는 직분이 아니다. 따라서 그들이 죽었을 때, 누군가가 그 자리를 다시 채우지는 않았다(행 12 : 2 참조).[16] 그러나 유다의 경우는 다르다. 그는 예수를 배반함 때문에 사도직을 박탈당하였기에, 그의 자리는 맛디아에 의해 대체되어야 했다.[17] 이러한 의미에서 유다의 탈락 이야기는 또한 후대의 다른 지도자들과 교인들에게 경고의 효과도 가져왔을 것이다.

여기에서 주목할 만한 것은 사도의 자격 요건이다. 누가가 제시하는 사도의 요건은 예수의 공생애 기간부터 승천하실 때까지 계속해서 함께하던 사람들이며, 그들의 사명은 예수의 부활을 증언하는 것이다(21-22절). 추천된 두 사람 요셉과 맛디아는 이 조건을 충족시킨 인물들로 보인다. 그러나 바울은 이런 기준에 적합하지 않기 때문에, 사도행전에서는 사도라는 칭호로 불리지 않는다.[18] 누가에 의하면, 부활의 증인은 곧 예수의 지상생활의 증인이어야 하며, 지상적 예수와의 연속성을 보증해 주어야 한다. 따라서 누가는 '사도'의 칭호를 12제자에게만 제한적으로 사용한다(행 6 : 13 참조). '열둘'이라는 숫자가 채워짐으로써, 사도들은 역사적 예수와 교회와의 연속성을 보존해 주는 주요한 위치를 차지한다. 열두 제자

16) 그들은 열두 제자이면서 또한 사도들이었다(고전 15 : 5-7). 열두 제자는 대체될 수 없는 종말론적인 인물로, 교회 행정 구조에 속하는 것이 아니다. 사도들(보다 광범위하게 열두 제자를 포함)이 공동체를 세우며, 양육시켰으며, 감독(교회 구조상의 인물)이 이러한 교회들의 돌봄 속에서 사도를 계승하였다.

17) 유다는 예수님이 약속하신 대로 이스라엘을 심판할 하늘의 열두 보좌 중 하나를 차지하지 못하였다(눅 22 : 30 ; 마 19 : 28).

18) 예외적으로 14 : 4과 14 : 14에서만, 바울은 바나바와 함께 '사도들'이란 칭호로 불리어진다. 그러나 이 호칭은 분명 12사도와는 다른 개념이며, 안디옥 교회의 전승에서 유래된 듯하다.

가 원래 예수님에 의해 선택되었던 것같이(요 15 : 16), 제비뽑기를 통하여 유다를 대신할 자를 선택함은 하나님의 뜻에 맡겨진다. 공동체는 기도와 사도의 보충으로 새로운 시대를 시작할 성령의 오심을 준비하고 있다.

2. 예루살렘에서의 복음 전파(2 : 1-6 : 7)

1) 성령의 강림과 교회의 탄생(2 : 1-47)

(1) 오순절의 성령강림(2 : 1-13)

세례 요한이 예고하고(눅 3 : 16), 부활하신 주님이 약속하신(눅 24 : 49 ; 행 1 : 5, 8) 성령이 유대인의 명절인 오순절에 강림한다. 예수의 떠남(승천)이 한 시대가 가고 새로운 시대가 열리고 있음을 상징한다면, 그러한 상징이 구체화되는 사건이 바로 오순절 사건이라고 할 수 있다. 오순절에 일어난 성령강림 사건은 하나님 자신의 임재를 드러내는 초월적 사건이기에 상징적인 언어로 표현될 수밖에 없다. 분명한 사실은 갈릴리 출신의 예수의 제자들과 그의 가족들이 오순절 축제 기간에 방언으로 말하는 기이한 사건을 통해 성령의 임재를 체험했다는 것이다. 이 오순절 사건 안에서 누가는 교회의 시작을 보며, 사도행전 1 : 8에서 언급된 세계 복음 전파의 출발점을 본다.

① 성령강림 사건의 경위(1-4절)

성령이 오순절에 강림하셨다는 것은 신학적으로 매우 중요한 의미를 지닌다.[19] 오순절(πεντηκοστή)은 이스라엘의 3대 명절 중의 하나로, 그

19) 단순히 "오순절이 되었을 때"가 아니라 원문을 직역하면, "오순절 날이 성취되었을 때에"(συμπληρόω)로 표현된다. 이러한 표현은 시간적이고, 연대적인 때가 아니라 하나님의 정하신 때를 의미한다(눅 9 : 51 ; 갈 4 : 4 ; 막 1 : 15). 교회사의 중요한 사건들은 역사의 우연으로 생겨나게 된 것이 아니라, 하나님의 구원사 속에 예정된 하나님의 특별하신 계획이 하나님의 정하신 때에 성취되고 실현되는 것이라는 누가의 신학이 반영되어 있다.

해 처음 익은 보리를 수확하여 그 한 단을 하나님께 드리는 맥추감사절이다(출 34 : 22 ; 신 16 : 10). 그러나 오순절은 유대인의 다른 축제절기와 마찬가지로 이러한 농업적인 의미와 함께 또 하나의 중요한 역사적인 의미를 지닌다. 구약에 보면, 이스라엘 백성이 출애굽해서 시내산에 도착한 것이 셋째 달(시반월, 양력 오월 중순경) 초하룻날이었다(출 19 : 1). 일찍이 유대의 랍비들은 출애굽기 19 : 1을 해석하면서, 이스라엘 백성이 시내산에 다다른 것이 출애굽한 지 50일째 되는 날로 간주하였고, 오순절을 시내산에서 하나님께 율법(언약)을 받은 기념일로 지키게 하였다. 유대인의 입장에서 오순절이 시내산 계약과 새로운 연결을 가지게 된 것은 역사적인 의미가 크다. 왜냐하면 시내산에서 율법을 받은 것은 이스라엘 백성이 야훼 하나님 앞에서 하나의 종교적인, 그리고 민족적인 공동체로 새롭게 태어난 것을 의미하기 때문이다. 즉, 오순절은 단순한 추수감사축제가 아니라 하나님의 백성으로서의 이스라엘의 새로운 시작을 기념하는 뜻 깊은 날이 된 것이다.

바로 여기에 오순절에 성령이 강림하신 신학적인 의미가 있다. 이 오순절에 성령이 오셨다는 것은 하나님과의 새로운 계약을 통해 교회라고 하는 새로운 공동체가 탄생한 날이며, 이러한 의미에서 오순절은 이제 기독교 교회의 역사가 시작된 출발점이 된다.[20] 오순절의 성령강림은 교회의 공식적인 시작을 뜻하며, 본격적인 교회의 시대가 개막됨을 알리는 것이다. 그러나 성령의 강림으로 시작된 교회 공동체는 이스라엘 백성만으로 구성되는 것이 아니라, 사도행전 1 : 8에서 약속된 것처럼, 유대인과 이방인 모두를 포괄하는 보편적인 공동체가 될 것이다.

오순절 성령강림의 사건은 개인적인 것이 아니라 집단적인 체험이었다 : "저희가 다 같이 한 곳에 모였더니"(1절). "저희"는 문맥상 1 : 15에 표현된 약 120여 명의 남녀 성도를 가리키며, 그들이 한 곳에 모인 곳은 이전에 모였던 다락방이라고 보는 것이 자연스럽다. 누가는 숫자에도

---

20) 박응천, 「세계를 향한 복음」, pp. 57-58.

꽤 많은 관심을 가진다. 120명이라는 숫자는 나중에 회심하고, 세례 받은 수가 삼천 명이라는 보도(2 : 41)와 대조를 이룬다. 성령강림의 간략한 배경설명 후에, 2~3절에서는 오순절에 일어난 사건 자체에 대해 기술한다. 오순절 사건의 첫 번째 현상은 "바람이 강하게 불어 닥치는 듯한 소리"가 들리고, "불같이 갈라지는 혀"가 보였다는 것이다. 바람과 불은 상징 언어로서, 구약의 의미에서 하나님의 임재를 상징하는 표현들이다(창 15 : 17 ; 출 3 : 2 ; 13 : 21-22 ; 19 : 16-19 ; 신 4 : 11-12, 33, 36 ; 겔 1 : 25-28 ; 단 7 : 9-14). 아마도 누가는 여기에서 하나님이 시내산에 나타나실 때의 현상을 염두에 두고 있는 것으로 보인다. 출애굽기 19 : 16~19에는 하나님의 임재하심이 천둥소리, 우레, 연기 등으로 표현되고 있는데, 사도행전에 나타나는 불과 바람은 그러한 이미지를 반영하고 있다.[21] 이러한 상징들은 오순절 사건이 청각과 시각을 아우르는 신비로운 사건이었음을 드러내고 있다. 또한 바람 같은 소리가 '온 집'을 채우는 반면에, 불 같은 혀가 그들 각자 한 사람 한 사람 위에 내려앉았다는 것을 보면, 오순절 사건이 그 자리에 있던 모든 사람이 동시에 체험할 수 있는 객관적인 사건이었으며, 동시에 각 사람에게 개별적으로 영향을 준 주관적인 사건이었음을 암시해 준다고 할 수 있다.

성령강림의 두 번째 현상은 방언이었다(4절). 성령으로 충만해진 성도들은 각각 성령이 시키시는 대로 방언이라는 신비한 언어로 말하기 시작한다. 방언의 주체는 성령이다. 2 : 4과 2 : 11에 나오는 방언(γλῶσσαι)이 3절에 나오는 혀(γλῶσσα)와 동일한 단어로 표현되고, 6절과 8절에서 "자기의 방언"(τη ἰδίᾳ διαλέκτῳ)과 동의어로 나오는 것을 보면, 사도행전 2장의 방언은 혀를 이용한 소리로서, 외국어로 들려진 것으로 보인다. 이 오순절 사건에서 가장 특색 있는 종교현상은 방언(4절)인데, 여기에서의 방언은 일반적인 방언 현상인 고린도전서 12~14장에 나오는 방언과 다르다. 언어 사건이라는 점에서는 공통점이 있지만, 내용적으로는 커다

---

21) 김득중, 「사도행전 연구」(서울 : 나단출판사, 1989), pp. 96-97.

란 차이를 보인다. 먼저 고린도전서의 방언은 사람이 알아들을 수 없는 것이 가장 큰 특징이다. 듣는 대상이 사람이 아니고, 하나님이기 때문에(고전 14 : 2), 통역이라고 하는 또다른 영적 은사를 필요로 한다. 그러나 사도행전 2장의 방언은 대상이 사람이며, 사람들이 알아들을 수 있었다는 것이 가장 큰 특징이다. 하나의 종교 현상으로서의 방언은 고린도전서에 나오는 방언을 의미한다. 아마도 사도행전의 방언은 그것과는 다른 하나님의 일회적이고, 특별하신 역사였던 것 같다. 그러나 고린도전서의 방언과 사도행전의 방언을 서로 배타적으로 볼 필요는 없다. 공통적인 뿌리는 동일하나, 사도행전의 방언은 통역의 기적까지 포함된 독특한 언어기적이었다.

② 성령강림 사건의 반응(5-13절)

갑자기 상황이 바뀌어 화제가 집 안으로부터 집 밖으로, 그리고 말하는 자들로부터 듣는 자들로 전환된다(5절). 집 외부에서 오순절 사건을 목격한 사람들이 나열된다. 아마도 이들은 팔레스타인에서 태어난 사람들이 아니라 외국에서 태어난 디아스포라 유대인들로서, 오순절 절기를 지키기 위해 예루살렘에 올라왔거나, 아니면 일시적으로 예루살렘에 정착한 사람들이었을 것이다. 중요한 것은 "천하 각국으로부터 온" 경건한 유대인들이 제자들의 방언 소리를 듣고 모여들었다는 점이다.[22] 이것은 하나님이 교회 역사의 첫 단계에서부터 세계를 향한 복음을 섭리 가운데 준비하고 계셨음을 암시해 준다. 이들의 반응은 한 마디로 신기하고 놀랍다는 것이었다. 그들은 제자들의 방언을 통해 "하나님의 큰 일"(11절)을 자기들의 모국어로 알아들을 수 있었기 때문이다. 이것이 얼마나 놀라운 일인지는 2 : 9~11에 열거된 나라들의 면면을 살펴보면 더 잘 알게 된다. 로마 제국의 동쪽 극단(바대인, 메대인, 엘림인)으로부터 로마의 전역을 총망라하는 민족들이 성령강림을 통한 새로운 언약 갱신의 현장을 체험

---

22) 헬라어 본문에는 "하늘 아래 모든 이방나라들로부터 온"이라고 표현하여, 보편적인 성격이 보다 더 분명하게 드러나 있다.

하고 있는 셈이다. 이러한 의미에서 오순절 사건의 목격자들(증인들)의 목록은 성령의 오심과 이방선교와의 긴밀한 연관성을 알려 준다.[23] 사도행전 1 : 8에서 이미 언급된 것처럼, 성령은 처음부터 선교와 긴밀하게 연결된다. 이것은 처음 교회가 세계선교를 위한 문을 열고 직접 나가기 전에, 이미 하나님께서 세계 각국으로부터 사람들을 미리 모으셔서 그들을 통하여 복음의 세계화를 준비하심을 보여 준다. 이처럼 누가는 세계를 향한 복음이 처음부터 하나님의 뜻이었고, 하나님께서 사람들보다 앞서서 그 일을 당신의 손으로 직접 이루어 가시기 시작하셨음을 보여 준다.

오순절 성령강림의 가장 특징적인 현상은 방언인데, 이 방언 사건은 성령을 통해 이루어질 공동체가 보편적인 공동체임을 말해 주고 있다. 바벨탑 사건 이후에 인간사회는 언어가 각각 달라져서 서로 의견이 갈리고 담이 생겨, 하나가 되어야 할 세계가 흩어지고, 깨어진 분열사회로 전락하고 말았다. 그런데 오순절 성령 역사의 첫 사건이 바로 언어소통이었다는 사실은 이러한 언어의 장벽이 무너졌다는 사실을 암시해 줌으로써, 성령을 통해 분열된 인류가 하나 되는 가능성을 제시하고 있다. 즉, 방언 사건은 인종적, 국가적, 언어적 장벽을 초월하는 성령 안에서의 새로운 연합을 상징한다. 성령의 역사는 인간을 분열시키는 것이 아니라 하나로 연합시키는 역사이다. 그러나 모든 사람들이 방언에 대해 긍정적인 반응을 보인 것은 아니었다. 방언을 알아듣지 못한 사람들은 저들이 새 술에 취했다고 조롱한다. 이러한 몰이해가 베드로의 첫 번째 설교를 예비하고 있다.

(2) 베드로의 오순절 설교(2 : 14–36)

사도를 보충할 때처럼(1 : 15), 여기에서도 베드로가 사도들의 대변인

---

23) 또한 이 목록은 초기 기독교 선교의 일부 지역, 아프리카나 로마 교회의 기원 등을 추측할 수 있는 자료를 제공한다.

으로 등장한다. 그는 성령으로 충만해서 거기에 모인 유대인들을 상대로 이스라엘 전체에게 말한다(22, 36절). 그는 오순절에 임한 성령의 의미를 설명해 주기 위해 구약성경을 인용한다. 이때에 인용된 구약의 본문들은 모두 기독론 중심(예수 중심)으로 해석된다. 오순절 사건과 예수 사건은 선지자들의 예언을 이루는 성취라는 것이다. 베드로의 첫 번째 설교(2 : 14-36)는 크게 두 부분으로 나눌 수 있다. 첫 번째 부분(2 : 14-21)은 요엘서의 예언을 인용하여 성령의 강림을 설명하는 부분이고, 두 번째 부분(2 : 22-36)은 예수에 대한 증거이다.

첫 번째 부분에서 베드로가 요엘 2 : 28~32을 인용하여 전하고자 했던 내용은 다음과 같이 세 가지로 요약될 수 있다. 첫째는 제자들의 방언은 술 취한 것이 아니라, 선지자 요엘이 예언한 종말에 일어날 표적의 성취라는 것이다. 둘째는 주의 영은 성별이나 연령이나 사회적 계층에 차별이 없이 "모든 육체"에게 부어 주시는 하나님의 종말론적인 선물이라는 것이다. 셋째는 종말에 큰 징조와 재앙이 있을 것인데, 그때에는 주의 이름을 불러야 구원을 얻는다는 것이다. 한 마디로 말하면, 제자들이 성령을 통해 방언을 하는 것은 종말이 이미 시작되었다는 의미이고, 따라서 사람들은 구원을 받기 위해 주의 이름을 불러야 한다는 것이다. 그런데 성령을 통한 이 새 시대의 가장 큰 특징은 구원의 보편성이다. 이스라엘 사람들만이 아니라 "모든 육체"(17절)가 "누구든지"(21절) 주의 이름을 부르는 자는 성령을 받고, 구원을 받을 수 있다. "주의 이름을 부르는 것"은 이제 그리스도인의 기본적인 고백 행위가 된다(롬 10 : 13 참조). 그리스도인이란 곧 주의 이름을 부른 사람들을 일컫기 때문이다(9 : 14, 21 ; 22 : 6 ; 고전 1 : 2 참조). 이처럼 오순절에 일어난 현재의 경험과 구약성경과의 연결은 하나님이 언약의 백성 이스라엘을 위해 하신 일과 하나님이 예수 안에서 행한 일 사이에 연속성이 있음을 반영해 준다.

그러나 오순절 사건의 의미를 가장 잘 이해하는 방법은 구약의 예언을 통해서가 아니라 신약의 성취를 통해서이며, 요엘을 통해서가 아니라 예수를 통해서이다. 그래서 베드로는 그의 설교의 두 번째 부분에서 예수에 대해 증언한다. 예수에 대한 베드로의 증거는 다음과 같이 간략하게 요약될 수 있다 : 큰 권능과 기사와 표적으로 요약된 나사렛 예수의 생애와 사역(22절), 하나님의 뜻에 의해 십자가에 못 박힌 예수의 죽음(23절), 다윗의 말(시 16 : 8 이하)을 인용하여 증언된 예수의 부활(24-32절), 그리고 시편 110 : 1을 인용하여 증언된 예수의 부활과 영광(33-36절). 핵심 내용은 너희들(유대인)이 십자가에 못 박은 예수(23절)를 하나님께서 다시 살리셨다는 것이다. 예수의 죽음과 부활 사건은 바로 오래전에 하나님이 계획하시고, 선지자들을 통하여 예언한 것이 온전히 성취된 사건이다. 이러한 예언의 성취를 언급하는 것은 예수의 제자들이 유대교와 다른 하나님을 믿는 것이 아니라 동일한 하나님을 믿고 있음을 전하고자 함이다. 예수에 대한 베드로의 결론은 다음과 같다 : "너희가 십자가에 못박은 이 예수를 하나님이 주와 그리스도가 되게 하셨느니라"(36절). 그러므로 부활의 "증인"(32절)으로서 베드로의 설교는 이 예수에 대한 증언 외에 다른 것이 아니다.

어떤 의미에서 기독론이 이처럼 선포의 중심을 이루는 것은 누가복음에서 이야기한 대로, 예수의 자신의 방식으로부터 어떤 변화가 일어났음을 말해 준다. 비록 천사와 하나님이 예수를 "메시야"로, "하나님의 아들"로 증언하였지만, 또 제자들이 그를 "그리스도"라고 불렀지만, 누가복음의 예수는 직접적으로 자신에 대해서 아무런 이야기도 하지 않았다. 그러나 베드로의 설교는 초기의 전도자들이 선포(케리그마)의 핵심을 예수님 자신에게로 이동시켰다는 사실을 보여 주고 있다. 마치 그들은 하나님 나라를 임재하게 한 예수에 대하여 먼저 말하지 아니하고서는 하나님 나라를 선포할 수 없는 것처럼, 예수 자신에게로 그 선포의 초점을 이동시켰다. 사도들은 처음부터 나사렛 예수가 바로 부활하신 그리스도라는 사실을 전하고 있는 것이다.

(3) 처음 기독교 공동체의 탄생(2 : 37-41)

성령으로 충만한 베드로의 설교에 대한 반응은 매우 뜨거웠다. 특히

36절에서 지적된 예리한 고발("너희가 십자가에 못 박은")은 지각 있는 유대인들의 양심을 찌르기에 충분하였다. 그러나 그러한 고발은 그 자체가 목적이 아니다. 그것은 오히려 구원의 필요성을 돋보이게 하는 어두운 배경일 따름이다. 자기의 불의를 깨닫고, 과감하게 돌아서는 사람들에게 그리스도는 더 이상 심판자가 아니라 구원자가 되신다. 그렇다면 구원과 성령을 받기 위하여 그들이 무엇을 해야 하는가?

베드로는 특별한 요구를 하고서야 비로소 약속을 준다 : "너희가 회개하여 각각 예수 그리스도의 이름으로 세례를 받고, 죄사함을 얻으라. 그리하면 성령을 선물로 받으리니"(38절). 베드로의 첫 번째 요구는 회개이다. 회개(μετάνοια)는 문자적으로 마음이나 뜻을 바꾸는 것을 의미하지만, 더 나아가 행위를 동반하는 삶의 변화를 포함한다. 즉, 회개란 죄의 통치로부터 하나님의 통치로의 전인격적인 돌이킴을 의미한다. 회개의 주제는 예수의 선구자인 세례 요한의 메시지(3 : 3), 예수의 설교(눅 13 : 3), 그리고 승천하기 직전 분부한 예수의 명령(눅 24 : 47), 그리고 사도의 첫 번째 설교에도 중요한 요소로 등장한다. 그러므로 회개의 요청은 예수의 공생애의 시작과 교회의 시작, 예수의 하나님 나라 선포의 첫 요구와 사도들의 선포의 첫 요구 사이에 연속성이 있음을 보여 준다. 회개의 요청은 누가복음과 사도행전에서 계속해서 강조하는 메시지의 핵심이다(눅 3 : 3 ; 13 : 3, 5 ; 24 : 47 ; 행 3 : 19 ; 8 : 22 ; 17 : 30 ; 20 : 21 ; 26 : 20).

베드로의 두 번째 요구는 죄용서를 받기 위해 세례를 받으라는 것이다. 여기에서 중요한 것은 "예수 그리스도의 이름으로"이다. 물론 죄용서는 예수의 능력으로 일어난다. 그러나 베드로는 사람들에게 예수를 주요, 그리스도로 받아들인다는 고백의 가시적인 증거로 세례를 요구한다. 그리스도인은 홀로 존재하지 않는다. 사람들은 세례를 통하여 그리스도와 한 몸을 이루며, 교회를 이루게 된다. 이런 의미에서 세례는 교회의 일원이 되는 입교식과 같다. 이제 세례를 통하여 들어온 하나님의 새로운 백성들을 통해 선교의 역사는 계속될 것이다.

회개와 함께 세례를 받은 사람들에게 비로소 죄용서와 성령이 약속된다. 오순절에 베드로와 사도들은 성령을 받았다. 이제 동일한 성령이 사도들의 복음을 들은 다른 사람들에게도 약속된다. 새로운 공동체 안에서 차별은 존재하지 않는다. 성령은 "모든" 믿는 자에게 주어질 것이다 : "이 약속은 너희와 너희 자녀와 모든 먼 데 사람(=이방인) 곧 주 우리 하나님이 얼마든지 부르시는 자들에게 하신 것이라"(39절). 이 말은 요엘의 예언을 통해 이미 언급된 보편주의적 관점의 또다른 표현일 뿐이다(2 : 17, 21). 하나님의 구원계획은 모든 이방인을 포함한다. 이방인들도 동일한 성령을 받는다는 것은 처음 이방인들이 세례 받을 때 입증될 것이다(행 10 : 44-48). 베드로의 권면은 "이 패역한 세대에서 구원을 받으라"는 말로 끝난다. 베드로의 설교는 놀라운 반응을 불러일으킨다. 이 날에 그의 요구대로 세례를 받은 사람들의 수가 3,000명이나 되었다고 전한다. 숫자에 대한 누가의 관심을 다시 한번 확인할 수 있다. 교회의 폭발적인 성장은 복음 전파가 하나님의 뜻임을 입증해 준다. "(신도의 수가 삼천이나) 더하더라(προσετέθησαν)"는 표현은 신적 수동형으로서 성도들의 수가 삼천이나 늘어난 것의 주체가 성령임을 보여 준다(47절 참조).

오순절의 성령강림 사건은 사도행전 1 : 8의 예언, 즉 성령이 오시면 예수의 증인이 될 것이라고 하는 예수님의 약속을 성취하는 출발점이다. 제자들의 변화가 놀랍다. 베드로의 확신은 성령을 통해 왔으며, 성령이 그를 강력하고도 역동적인 전도자로 만들었다. 오순절 성령강림의 결과로 생겨난 교회 공동체의 본질은 선교이었음을 알 수 있다.

(4) 처음 기독교 공동체의 생활(2 : 42-47)

오순절 사건을 통해 예루살렘에 최초의 기독교 공동체가 형성된 경위가 설명된 후에, 그들의 삶이 어떠했는지가 간략하게 서술된다. 선택적인 기억과 전승들 때문에 요약적인 기술만이 가능하다. 그러나 예수를 주와 그리스도로 믿는 사람들의 가치관과 삶이 어떻게 변화될 수 있고, 또 변화되어야 하는지를 보여 주기에는 충분하다. 성령을 통한 언어의 통일이 그들의 마음과 생활의 통일을 가져왔다. 누가는 재산과 소유에 대한 욕심을 버리고, 모든 것을 함께 나누는 이상적인 공동체를 제시해 준다.[24)]

최초의 기독교 공동체의 모습은 42절에 나오는 것처럼, 다음과 같이 4가지 특징적인 요소를 가지고 있다 : 사도의 가르침, 교제, 떡을 뗌(성만찬), 기도. 이러한 특징들은 후대의 모든 "교회의 표지"(nota ecclesiae)가 된다. 첫째는 배우는 공동체이다. 가장 먼저 사도들의 가르침이 나오는 것은 우연이 아니다. 사도들이 지상적 예수와 부활하신 그리스도의 목격자요 증인이라면, 그들의 가르침은 곧 예수의 가르침을 의미한다.[25)] 막 시작하는 신생교회에게 그들이 믿고, 섬기는 주님의 교훈을 배우는 것은 가장 우선적인 일이 아닐 수 없다.[26)] 사도들의 가르침이 진리임은 그들을 통해 나타난 기사와 표적들이 입증해 준다(43절). 예수의 기적이 하나님 나라의 선포에 대한 가시적인 징표인 것처럼, 사도들의 기적은 그들의 선포와 가르침이 하나님의 뜻에 부합된다는 점을 확인시켜 준다. 이런 기사와 표적에 대한 사람들의 반응은 두 가지인데, 하나는 두려움이고, 다른 하나는 찬미였다(3 : 9, 10 ; 5 : 5, 11 ; 8 : 13).

둘째는 사랑의 공동체이다. 세례를 통하여 그리스도의 몸으로 하나가 된 공동체가 서로 연합하고, 사랑하는 것은 당연한 일이다. 이러한 코이노니아(교제, 친교)는 — 2 : 44~45과 4 : 32~35에서도 나타나는 것처럼 — 성도 간의 재산 공유에서 그 절정을 이룬다 : "믿는 사람이 다 함께 있어 모든 물건을 서로 통용하고, 또 재산과 소유를 팔아 각 사람의 필요를 따라 나눠 주며"(44-45절). 이러한 재산 공유 공동체의 가장 큰 특징은 자발성이다. 가진 자가 자신의 전 재산이나 그 일부를 내놓는 것은 사도들

---

24) 초기 공동체의 삶에 대한 기록은 4 : 32~35과 5 : 12~16에서도 더 만날 수 있다.

25) 처음 (유대계) 그리스도인들에게 구약의 권위는 여전히 유효하였다. 그러나 예수는 본래 율법이 지니고 있는 뜻을 중요하게 여겼기에 율법을 수정하였으며, 기존의 율법에 대한 다른 해석을 내놓았다. 아마도 초기의 사도의 가르침은 이런 예수의 특별한 가르침에 집중되었을 것이다.

26) 오늘날 우리는 이러한 사도들의 가르침을 그들의 증언인 신약성서를 통해 들을 수 있다.

의 강요나 그리스도인으로서의 의무조항 때문이 아니었다. 그것은 성령의 감동에 따른 자발적인 헌신이었다. 공동체의 구성원 가운데 아무도 궁핍함을 당하지 않도록, 필요한 때마다 자신의 것을 스스로 내놓는 사랑의 표현이었다. 재산 공유의 정신은 "부가 예수의 기준을 받아들이는 데 방해가 된다."는 점을 계속적으로 강조하며(1 : 53 ; 6 : 24 ; 12 : 20-21 ; 16 : 22-23), 구제의 필요성을 역설하는 누가의 전체 신학과 일치할 뿐만 아니라 이 세상이 영원히 존재하는 것이 아니라는 종말사상과 일치하는 가치관이었다. 그리스도인들을 하나로 묶어 주는 이러한 코이노니아는 외부에 있는 사람들을 끌어들이는 가장 강력한 매력과 호소가 되었을 것이다.

셋째는 예배하는 공동체이다. 처음 기독교 공동체는 성전에 모이기를 힘쓰고, 집에서 만날 때마다 떡을 떼었다. "떡을 뗀다"는 말은 공동식사나 성만찬을 의미할 수 있다. 이 당시는 아직 성만찬 의식이 공동식사(애찬)의 테두리 안에서 이루어지고 있었던 것으로 보인다. 처음 그리스도인들이 예수의 모범을 따라 자주 식탁공동체로 모인 것은 이상한 일이 아니다. 성만찬과 함께 처음 공동체의 주요 예배 행위는 기도였다. 사도행전에는 공적으로나 사적으로 그리스도의 삶에 있어서 기도의 중요성을 강조하고 있다(1 : 14 ; 3 : 1 ; 6 : 4 ; 10 : 4, 31 ; 12 : 5 ; 16 : 13, 16). 서로를 위해 기도해 준다는 것은 코이노니아의 또다른 측면일 수 있다.

마지막으로 네 번째는 전도하는 공동체이다. 물론 본문에는 공동체의 구성원들이 적극적이고, 능동적으로 전도했다는 언급은 없다. 그러나 "주께서 구원받는 사람을 날마다 더하게 하신다"는 47절의 요약은 최초의 기독교 공동체의 삶과 무관하지 않다. 온 백성의 칭송은 이들의 경건한 삶과 사랑의 모습이 불신자들에게 끼친 가시적인 영향을 말해 준다(47절). 교회 구성원 전체의 삶과 생활방식은 이미 선교적인 차원을 지닌다. 성도들의 변화된 삶이야말로 외부 사람들을 교회로 이끌 수 있는 가장 매혹적인 수단임을 기억해야 할 것이다.

이러한 예루살렘 공동체의 특징적인 모습들은 유대교와의 연속성과 비연속성을 동시에 보여 준다 : "날마다 마음을 같이하여 성전에 모이기를 힘쓰고, 집에서 떡을 떼며, 기쁨과 순전한 마음으로 음식을 먹고, 하나님을 찬미하며"(46-47a절). 유대인 출신의 최초의 예루살렘 공동체는 예수를 믿는다고 해서 처음부터 모든 유대교의 유산과 결별한 것은 아니다. 그들은 기도하기 위하여 성전에 올라갔고(3 : 1 참조), 사도들의 가르침은 성전에서도 행해졌다(5 : 20-21, 25, 42).[27] 아마도 주후 70년에 예루살렘 성전이 파괴될 때까지 예수를 믿는 그리스도인들도 성전 예배에 규칙적으로 참여한 것으로 보인다. 예수를 믿는 유대인들도 성전에서는 겉으로는 동료 유대인들과 별로 차이가 없이 행동했을 것이다. 그러나 떡을 떼는 일, 즉 성만찬을 포함하는 공동식사는 개인 집에서 진행되었다. 이것은 믿지 않는 사람들을 배제한 기독교 공동체만의 독특한 코이노니아의 행위였다. 유대교와의 연속성과 비연속성(독특성)은 하나의 긴장관계를 이루어 사도행전 전체의 중요한 주제가 된다.

2) 베드로의 치유 이적과 설교(3 : 1-26)

(1) 베드로와 요한의 앉은뱅이 치유(3 : 1-10)

이 사건은 오순절 성령강림 이후, 사도들이 베푼 기적과 표적들(2 : 43) 가운데서 첫 번째로 언급되는 구체적인 사례이다. 예수의 치유 이적이 사도들을 통해서 계속 이어진다. 예수가 치유이적을 통해 자신의 공생애 사역을 시작하고, 그의 치유 능력을 본 사람들이 놀란 것처럼(눅 4 : 31-37), 여기서 사도들도 동일한 능력으로 주변 사람들의 동일한 반응을 이끌어 내는 것을 볼 수 있다(10절). 누가복음에서 예수가 중풍병자를 고친 후에 처음으로 유대 종교지도자들과 충돌한 것처럼(5 : 17-26), 사도행전에서도 베드로와 요한이 나면서부터 걷지 못하는 사람을 고친 후에 유대 종교 지도자들과 처음으로 충돌하게 된다. 그러나 여기에서는 부활

---

27) 사도들은 예수께서 성전에서 시작하신 일을 계승하고 있다(눅 19 : 47 ; 20 : 1, 21 ; 21 : 37-38).

하신 예수가 성령 안에서 그의 사도들을 통해 지금도 일하고 계신다는 사실이 중요하게 부각된다. 즉, 치유는 사도들 자신들의 능력이 아니라 하늘에 계신 예수 그리스도의 능력으로 이루어진다. 3장과 4장에서 '예수 그리스도의 이름'이 중요 단어로서 등장하는 것은 우연이 아니다(3 : 6, 16 ; 4 : 7, 10, 12, 18, 30). '예수 그리스도의 이름'이 치유와 구원의 능력이 된다.

베드로와 요한이 나면서부터 걷지 못하는 사람을 고친 이 이적 이야기(3 : 1-11)는 전형적인 배경-치유-결과(반응)의 구조로 되어 있다. 두 사도가 제9시(오후 3시)의 기도시간에 성전에 올라갔다는 것은 최초의 그리스도인들이 성전에서 규칙적으로 기도했다는 사실을 확인해 준다(2 : 46 참조).[28] 이 오후 기도는 성전에서 저녁 희생제사 때에 행해지는 것이었다(민 28 : 3-5). 베드로와 요한은 "미문"(아름다운 문)이라고 불리는 성전 문 옆에서 구걸하는 한 거지를 만난다.[29] 구걸은 고대 세계의 신체장애자들이 할 수 있는 유일한 생계수단이었다. 다른 사람의 도움이 없이는 하루도 살아갈 수 없는 그가 베드로와 요한에게 바란 것은 극히 물질적이고 일시적인 것이었다. 그러나 베드로와 요한이 그에게 준 것은 은과 금이 아니라 예수 그리스도의 이름이었다. 치유는 사도들의 능력이 아니라 이 '예수 그리스도의 이름'으로 이루어진다. 사람들이 오해하지 않도록 뒤이은 설교 중에 베드로는 이 사실을 분명하게 밝힌다(3 : 12-16 ; 4 : 7-12).

유대 전통에서 한 사람의 이름은 그 사람 자신을 의미한다. 따라서 나면서부터 걷지 못한 사람을 고친 것은 부활하신 예수 자신의 능력이었

28) 특히 성전에 "올라갔다"(ἀνέβαινον)는 표현이 계속적인 의미를 지닌 미완료형인 것을 주목하라.

29) 원문에 보면, "아름답다고 불려지는 성전 문 곁에"라고 표현되어 있다. 이 문은 고린도 양식의 황금으로 덮여진 것 때문에 미문이라고 불리어진 것으로 보이며, 다른 곳에서는 니카노르(Nicanor) 문이라 불린다. 이 문은 성전 뜰로 들어가기 위해 가장 많이 애용되는 입구로서 이방인의 뜰에서 여인의 뜰로 연결되는 곳에 위치했다. 이 문에 통행이 많았기에, 구걸하기에는 매우 적절한 장소였음에 틀림없다(김경진, 「사도행전」, pp. 111-112).

다. 그러나 믿음이 배제되는 것은 아니다(막 6 : 1-6 참조). 예수의 이름에 대한 믿음이 이름의 실체이신 부활하신 예수의 능력을 작용하게 한 것이다 : "그 이름을 믿음으로 그 이름이 너희 보고 아는 이 사람을 성하게 하였나니"(3 : 16). 그렇기 때문에 그 사람이 치유된 후에 가장 먼저 한 일은 성전에 들어가서 하나님을 찬미하는 것이었다. 그러나 그러한 믿음이 없는 군중들은 이것을 이해하지 못하고, 다만 놀랄 뿐이다(9-10절). 기적을 본 군중들의 놀람은 사도행전 2 : 43을 상기시켜 준다. 이러한 놀람은 이어서 나오는 베드로의 두 번째 설교를 예비해 준다.

(2) 솔로몬 행각에서의 베드로의 설교(3 : 11-26)

이 설교는 유대인들을 향한 베드로의 두 번째 설교이다. 오순절 사건에 대해 의아해하는 사람들에게 그 의미를 설명하기 위해 설교한 것처럼, 여기에서도 베드로는 앞에서 일어난 치유 이적의 의미를 설명해 준다. 첫 번째 설교와 마찬가지로 예수 사건이 구약 예언의 성취로서 해석된다. 따라서 베드로의 설교는 무리의 시선을 고침 받은 앉은뱅이와 사도들로부터 예수 그리스도께로 돌리게 하는 기능을 한다.

솔로몬의 행각은 성전 바깥뜰 동편 끝에 있는 회랑으로서,[30] 율법학자들이 자유롭게 강론했던 곳으로, 예수도 이곳에서 가르친 적이 있다(요 10 : 23). 예수의 뒤를 이어 수제자인 베드로가 이곳에서 담대하게 복음을 선포하는 것은 의미가 있다. 사도행전 5 : 12에 따르면, 이곳은 또한 그리스도인들이 모이던 장소로 활용되고 있었다.

베드로는 사람들의 놀람을 기회로 삼아 설교를 시작한다. "이스라엘 사람들아"라는 호칭을 통해 선택된 백성인 유대인들에게 예수를 소개하는 것이 그의 의도임을 보여 준다(2 : 22 참조). 따라서 예수를 구약의 조상들 및 예언자들과 연결시키려는 시도가 설교 전반에 걸쳐 나타난다. 아브라함과 이삭과 야곱 등 이스라엘의 조상들이 하나님의 종이었던 것처

30) 솔로몬의 행각은 지붕과 기둥만으로 된 방으로서, 이방인들도 들어갈 수 있었고, 종교적인 가르침을 주고 받을 때 쓰던 공간이었다(요 10 : 23).

럼(출 3 : 6, 15), 예수도 하나님의 종으로 표현된다. "아브라함과 이삭과 야곱의 하나님 곧 우리 조상의 하나님이 그 종(παῖδα) 예수를 영화롭게 하셨느니라"(13절).[31] 즉, 예수 사건의 배후에서 역사하는 분은 이스라엘의 하나님 외에 다른 분이 아니다. 아브라함과 이삭과 야곱과 함께하셨던 살아 계신 하나님이 예수와도 함께하셨다. 그러나 예수는 그들과 근본적으로 다르다. 하나님이 예수를 죽은 자 가운데서 살리심으로써, 그를 영화롭게 하셨기 때문이다. 베드로를 비롯한 사도들은 다만 부활하신 예수의 증인들일 뿐이다. 따라서 앉은뱅이가 걷게 된 것 역시 자신들의 '권능'이나 '경건'(12절) 때문이 아니라 하나님이 영화롭게 하신 예수의 능력 덕택이다. 그러나 예수의 능력은 인간의 믿음을 배제하는 것이 아니다. 예수를 믿는 믿음, 즉 예수를 통하여 오는 믿음이 없으면, 그 이름은 효능을 발휘하지 못한다. 구원은 믿음으로부터 온다는 누가의 주제가 다시 한번 확인된다.

문제는 유대인들이 그를 알아보지 못했다는 점에 있다. 베드로는 유대인들이 예수에게 행한 불의를 4중적으로 지적한다 : 그들은 예수를 넘겨주었고, 빌라도가 놓아 주기로 결의한 것을 거부하였으며,[32] 거룩하고 의로운 이를 거역하고[33] 도리어 살인한 사람을 놓아 주기를 요구하였고, 결국 생명의 주를 죽였다. 그러나 여기에서 이 모든 유대인들의 불의는 '무지'로 평가된다 : "형제들아 너희가 알지 못하여서 그리하였으며, 너희 관원들도 그리한 줄 아노라"(17절). 그러므로 그들에게 변화될 수 있는 기회가 제공된다. 그들이 이제 사도들의 선포를 듣고 회개하고 돌이키면, 구원을 받을 것이다. 그러나 그렇지 않으면 심판을 면할 수 없다. 왜냐하

31) 사 52 : 13 참조. 예수를 하나님의 '종'으로 표현한 기독론 논의에 대해서는 J. A. Fitzmyer, *The Acts of the Apostles*, The Anchor Bible 31 (New York etc : Doubleday, 1998), pp. 284-285 참조.

32) 마치 로마 당국은 하나도 잘못이 없고, 유대인들에게만 잘못이 있는 것처럼 비난한다. 누가의 변증적인 관심이 반영되어 있는가?

33) '거룩하고 의로운 자'라는 호칭은 유대교에서 메시야의 존칭이다(에녹서 38 : 2 ; 53 : 6 ; 눅 23 : 47 ; 행 7 : 52 참조).

면 구약에서부터 예언된 예수가 이미 오셨고, 예언된 대로 고난을 받았기 때문이다. 예수의 오심은 더 이상 유대인의 무지를 핑계할 수 없게 만든다. 예수가 하늘에서 돌아올 때까지는 아직은 회개의 시기이다. 그러나 예수가 다시 오실 때, 하나님이 선지자들을 통해 약속하신 모든 것(만물)이 회복될 것이다.

율법(모세)과 선지자(구약성경)는 이 일과 이 일을 성취한 예수를 미리 증언해 준다. 예수는 모세가 예언한 대로(신 18 : 15, 18), "모세와 같은 그 선지자"이므로, 그가 말하는 것은 무엇이든 들어야 한다.[34] 그의 말을 듣지 않는 자들은 선택된 백성에서 제외될 것이기 때문이다. 또한 사무엘를 비롯하여, 그 뒤를 이어 예언한 모든 예언자들도 이 날을 증언해 주었다. 아브라함에 대한 약속은 그의 "씨"(후손)를 통하여 나타난다(갈 3 : 16). "씨"는 단수로 그리스도를 의미하며, 예수 그리스도는 아브라함에게 약속된 대로 모든 백성에게 복을 가져다주시는 분이다. 이러한 목적을 위해 하나님은 예수를 살리시고, 맨 먼저 이스라엘에게 파송하셨다. 여기에서 사도들을 통해서 말씀하시는 분이 바로 부활하신 주님 자신이라는 사실이 드러난다. 구원사적으로 복음의 우선권은 유대인들에게 주어져 있다(롬 1 : 16). 그러나 사도행전의 이야기는 대부분의 유대인 지도자들과 유대인이 예수를 메시야로 받아들이지 않았다는 것을 증언해 준다.

3) 예루살렘 교회의 성장과 박해(4 : 1-6 : 7)

오순절에 성령이 강림하신 후에 예루살렘에 기독교 공동체가 탄생되었다. 그 공동체는 성령의 능력으로 부흥하기 시작한다. 그러나 그러한 부흥은 진공 상태 속에서 이루어진 것이 아니었다. 예루살렘 공동체 역시 내외적으로 다양한 문제에 직면하고 있었다. 외부적으로는 공회를 중심으로 유대 지도자들로부터 박해를 당하였고(4 : 1-22 ; 5 : 17-42), 내부

34) 대부분의 유대인들은 모세가 예언한 선지자를 여호수아로 여겼을 것이지만, 베드로는 이 선지자를 예수와 직접 연결시킨다.

적으로는 부정직의 행위(5 : 1-11)와 행정적인 문제(6 : 1-7)로 갈등을 겪게 되었다.

(1) 공회 앞에 선 베드로와 요한(4 : 1-22)

처음으로 사도들에 대한 박해가 언급된다. 베드로의 치유 이적과 그에 따른 설교는 남자의 수만 5,000여 명이 넘는 사람들이 주께로 돌아오는 놀라운 성공을 거두었지만, 동시에 유대인의 지도자들 — 특히 제사장들과 성전 맡은 자[35]와 사두개인 — 의 분노도 함께 일으켰다.

복음서에서와 달리 여기에서는 바리새인이 아니라 사두개인이 기독교 공동체의 주요한 반대자로 등장한다. 사두개인은 제사장 계급의 이익을 대변하는 분파로서, 성전을 관리하고 통제함으로써 강력한 영향력을 행사한 사람들이다. 정치적으로는 비교적 진보적이어서 로마인들과 결탁하여 귀족 계층을 형성하였지만, 종교적으로는 보수적이어서 모든 구전 전승을 거부하고, 모세 오경만 성서로 인정하였다. 그 결과 그들은 바리새인들과 달리 부활신앙을 거부한다. 따라서 사두개인들이 예루살렘 교회를 고운 시선으로 바라볼 수 없는 이유를 찾는 것은 어렵지 않다 : "백성을 가르침과 예수를 들어 죽은 자 가운데서 부활하는 도 전함을 싫어하여"(2절). 앞에서 이미 나온 것처럼, 사도들의 선포의 핵심은 예수의 부활이었다. 특히 예수가 부활했다는 선포는 곧 자기들이 메시야를 죽인 것을 의미하는 것이기에 더욱 용납할 수 없었다(5 : 28 참조). 예수 자신이 "부활이 없다고 말하는 사두개인들"의 반대에 부딪친 것처럼(눅 20 : 27-38), 이제는 그의 계승자인 사도들 역시 그들에 의해 방해를 받는다. 물론 그때나 지금이나 사두개인들의 박해는 종교적인 이유만은 아니었다. 그들은 하나님보다도 자신들의 기득권을 더 중요시 여기는 자들이었기에, 그것이 위협받는 것을 바라보고만 있을 수는 없었을 것이다. 이런 의미에서 사도들과 사두개인들과의 갈등은 이미 예고된 것이나 다름없었다.

35) 성전 맡은 자는 제사장 가문 중의 한 사람으로서, 서열은 대제사장 다음에 위치한다. 이 사람은 성전 경내의 질서를 유지하는 파수병들의 우두머리이다.

사두개인을 중심으로 한 유대의 종교지도자들은 베드로와 요한을 체포하여 옥에 가둔다. 날이 저물어 공회를 소집하기에는 너무 늦은 시간이었기 때문이다. 그러나 본문은 매우 대조적인 장면을 연출한다. 베드로와 요한은 잡혔지만, 그들의 설교를 듣고 믿게 된 사람들의 수는 더 늘어나 남자의 수가 약 5,000명이 되었다는 것이다(1-4절). 여기에서 사도행전의 중요한 주제 중 하나가 분명하게 드러난다. 사도행전은 온갖 박해와 장애물에도 불구하고 그리스도의 복음은 땅 끝까지 전파된다는 사실을 보여 주고자 한다. 앞으로도 사도행전은 박해가 어떻게 복음 전파의 촉진제가 되었는지를 계속해서 보여 줄 것이다.

백성의 장로들과 대제사장들,[36] 서기관들로 이루어진 산헤드린(공회)이 예수를 심문하기 위해 소집되었던 것처럼(눅 22 : 66), 이제는 사도들을 심문하기 위해 소집된다. 심문의 내용은 치유 자체가 아니라 치유의 권위에 대한 문제이다 : "너희가 무슨 권세와 뉘 이름으로 이 일을 행하였느냐"(7절). 결과적으로 베드로는 유대인들 앞에서 행한 증언(3 : 12-16)을 유대인 지도자들 앞에서 다시 한번 반복할 수 있는 기회를 얻게 된 셈이다. 공회의 질문에 대한 베드로의 대답은 매우 담대하고, 단호하다 : "너희와 모든 이스라엘 백성들은 알라 너희가 십자가에 못박고 하나님이 죽은 자 가운데서 살리신 나사렛 예수 그리스도의 이름으로 이 사람이 건강하게 되어 너희 앞에 섰느니라(10절). …… 다른 이로서는 구원을 얻을 수 없나니 천하 인간에 구원을 얻을 만한 다른 이름을 우리에게 주신 일이 없음이니라"(12절).

대답의 핵심은 오직 예수 안에만 구원이 있다는 것이다. 여기에서 두드

36) 대제사장이 복수로 나오는 것은 당시의 시대적 상황을 통해서 설명될 수 있다. 안나스는 주후 6~15년 동안 대제사장직을 맡았다. 그러나 로마에 의해 강제로 폐위되고, 그의 아들 엘르아살(Eleazar)이 그 직분을 계승하였다가, 예수 당시에는 안나스의 사위 가야바가 그 자리를 계승하였다(18-36년). 그러나 유대인들은 대제사장직을 종신직으로 간주하였기에, 백성들은 여전히 안나스를 대제사장이라고 부르며 존경하였고, 공회 내에서도 그의 권위를 인정한 것으로 보인다(눅 3 : 3 ; 요 18 : 13, 24, 28 ; 행 4 : 6 참조).

러지는 것은 사도들의 담대함이다. 공회 앞에서 전혀 위축되지 않고, 담대하게 예수의 죽으심과 부활을 전파하는 베드로의 배후에는 성령이 계신다 : "성령이 충만하여"(8절). 성령이 갈릴리 어부 출신의 사도들로 하여금 유대인의 권력을 대표하는 공회 앞에서 담대하게 복음을 전하는 자로 만든 것이다. 이로써 누가복음 12 : 11~12에 나오는 약속이 성취된다 : "사람이 너희를 회당과 정사 잡은 이와 권세 있는 이 앞에 끌고 가거든 어떻게 무엇으로 대답하며 무엇으로 말할 것을 염려치 말라. 마땅히 할 말을 성령이 곧 그때에 너희에게 가르치시리라".

베드로와 요한의 담대함에 당황한 공회는 다만 예수의 이름으로 말하지도 말고, 가르치지도 말라고 위협한다. 그러나 그들의 담대함은 19~20절에서 절정을 이룬다 : "하나님 앞에서 너희 말 듣는 것이 하나님 말씀 듣는 것보다 옳은가 판단하라. 우리는 보고 들은 것을 말하지 아니할 수 없다". 불과 얼마 전까지만 해도 제자들은 권력 앞에서 무력하게 도망했던 비겁한 사람들이었다. 특히 베드로는 대제사장의 집에서 예수를 세 번 부인한 장본인이었다. 그러나 이러한 제자들은 지금 죽음의 위협 앞에서도 담대하게 주님을 증거하고 있다. 이 놀라운 변화를 설명할 수 있는 것은 성령의 임재뿐이다. 사도행전 1 : 8에서 약속한 것처럼, 사도들은 예수의 증인으로서 자신들의 역할을 감당하고 있는 것이다. 성령을 통한 사도들의 담대함과 어찌할 바 모르는 공회의 무력함이 분명한 대조를 이룬다(16, 21-22절). 치유 받은 앉은뱅이의 나이(약 40세)는 기적의 위대함을 더욱 강조해 준다.

(2) 공동체의 기도와 응답(4 : 23-31)

사도들이 풀려난 후, 그들은 성도들에게 돌아가서 그들을 위협한 공회의 말을 전한다.[37] 온 성도는 그들의 위협에 대해 근심하기보다 한마음으로 기도한다. 먼저 기도의 대상이 나온다 : "대주재여(δέσποτα : 주님), 천

37) 그들이 모인 곳은 사도들이 이전에 기도했던 다락방이었을 것이다(1 : 13).

지와 바다와 그 가운데 만유를 지은 이시요"(24절). '주님'과 '창조주'라는 호칭은 박해도, 공동체의 운명도 역사의 주인이신 하나님 손에 달려 있다고 하는 신앙고백의 한 표현이다. 성도들의 담대함은 이처럼 하나님의 주권을 확신하는 데서 비롯된다.

기도의 내용은 설교와 마찬가지로 구약의 예언과 연결된다. 다윗의 말을 통해(시 2 : 1, 2) 말하고자 하는 골자는 지금 교회가 당하는 박해가 예수께서 이미 당하신 박해와 마찬가지로 이미 예언된 사실이라는 점이다. 결국 역사의 모든 것은 하나님의 뜻을 따라 이루어진다. 예수를 처형한 주도 세력(헤롯과 빌라도)도, 현재의 성도들을 위협하는 세력도 결국 하나님의 주권하에 있는 것이며, 따라서 그 어느 것도 하나님의 뜻을 방해할 수 없다.[38] 이에 기도의 핵심은 두 가지이다. 하나는 외부의 위협에도 불구하고, 담대하게 하나님의 말씀을 전할 수 있는 능력을 달라는 것이다. 반대자들의 위협으로부터의 보호가 아니라 위협에도 불구하고, 담대하게 복음을 전할 수 있는 능력을 구하는 것은 의미가 있다. 또 하나의 기도는 예수의 이름으로 병이 낫는 표적과 기사가 이루어지게 해 달라는 것이다. 하나님의 말씀을 전하는 것과 그 말씀이 진리임을 입증하는 표적과 기사는 긴밀하게 연결되어 있다. 2장에서는 오순절 사건과 베드로의 설교가, 3장에서는 앉은뱅이의 치유 사건과 베드로의 설교가 함께 병행되어 나오는 것도 이런 이유에서이다.

"모인 곳이 진동하더니"(31절)라는 말은 성령의 역사를 표현하는 것으로(행 2 : 1-4), 하나님이 그 기도를 들으셨다는 것을 의미한다. 기도의 결과는 모든 성도들이 성령 충만하여 고난 가운데서도 담대히 하나님의 말씀을 전할 각오를 새롭게 한 것이다.[39] 사도행전에서 성령의 역사와

38) 시편 2 : 1~2에서 언급된 "세상의 군왕"들을 대표하는 인물은 헤롯 안티파스이고, "관리"들을 대표하는 인물은 빌라도이다. 또한 "열방"(이방인들)은 로마 군병들을, "족속"(백성)들은 이스라엘 백성들이다. 여기에서 예수를 대적한 무리들이 총체적으로 열거된다.

39) 복음 선포는 일차적으로 사도들의 직무(4 : 33 ; 6 : 4)였지만, 전체 성도가 선교에 참여한 것으로 보인다.

복음 전파는 함께 간다.

(3) 초기 기독교 공동체의 공동생활(4 : 32-37)

갑자기 박해의 상황에서 화제가 다시 초기 기독교 공동체의 공동생활로 전환된다. 2 : 42~47에 이어 두 번째로 나오는 공동체의 코이노니아의 보고는 비록 외부의 박해로 인해 어렵고 힘들지라도, 초기의 성도들은 이에 동요하거나 굴복하지 않고, 한마음 한 뜻으로 서로 사랑하기를 더욱 힘썼다는 것을 보여 준다 : "믿는 무리가 한마음과 한 뜻이 되어 모든 물건을 서로 통용하고 제 재물을 조금이라도 제 것이라 하는 이가 하나도 없더라"(32절).

문맥상 32절과 34절의 중간에 33절이 나오는 것은 의미가 있다. 공동체의 삶과 예수의 부활 사이에는 긴밀한 연관성이 존재한다는 것이다. 부활하신 주님을 참으로 믿는 사람은 더 이상 이 세상의 재물에 대해 이기적일 수 없으며, 이렇게 살아가는 사람들을 통해 예수의 부활은 더욱 더 증언된다. "그중에 핍절한 사람이 없으니"(34절)라는 말은 신명기 15 : 4의 성취이며, 성도 간의 교제가 온전했다는 것을 보여 준다. 공동체의 성령 충만은 기도와 선포뿐만 아니라 공동체의 모든 삶에도 영향을 끼치고 있었던 것이다.

32~35절에 묘사된 재산 공유 공동체의 특징은 1) 사랑을 토대로 한 자발적인 나눔이라는 것, 2) 모든 사유재산을 공유한 것이 아니라 필요한 만큼만 공유했다는 것, 3) 재산을 교회에 바치는 것이 교회의 회원이 되기 위한 필수조건은 아니었다는 것 등이다. 특히 "밭과 집 있는 자는 팔아"(34절)라는 말은 모든 성도가 다 그 밭과 집을 판 것이 아니라 자원하는 사람만이 소유를 팔았다는 것을 의미한다. 따라서 초기 교회의 공동생활은 사랑을 토대로 한 자발적인 나눔의 표현이었으며, 이러한 일치와 교제의 모습은 다른 사람들을 공동체로 끌어들이는 가장 매력적인 동기 중의 하나가 되었을 것이다.

처음에 공동체의 재정을 관리한 사람들은 사도들이었던 것으로 보인

다 : "사도들의 발 앞에 두니라"(37절 ; 5 : 2 참조). 이 같은 언급은 6장에서 교회의 재정 관리를 위해 새로운 사역자들을 선출하는 이야기의 배경이 된다.

이어서 초기 교회의 재산 공동체의 모습에 대한 두 가지 구체적인 사례가 뒤따른다. 하나의 사례는 바나바의 예이다(36-37절). 여기에서 바울의 동역자 바나바가 처음으로 등장한다. 그는 앞으로 사도행전의 진행과정에서 중요한 역할을 할 사람이다(9 : 27 ; 11 : 22-26, 30 ; 13-15장). 자발적으로 밭을 팔아 교회에 바친 바나바의 모범적인 행동은 그 다음에 나오는 아나니아와 삽비라의 예(5 : 1-11)와 분명한 대조를 이룬다.

(4) 아나니아와 삽비라 사건(5 : 1-11)

앞에서 언급한 바나바 이야기가 예루살렘 공동체의 공동생활에 대한 긍정적인 모델이었다면, 아나니아와 삽비라 부부 이야기는 부정적인 모델이 된다. 누가는 이 두 이야기를 나란히 대조시킴으로써, '격려'와 '경고'라는 두 가지 목적을 이루고자 한다.

아나니아와 삽비라의 잘못은 적게 바쳤기 때문이 아니라 성령을 속였기 때문이다. 그래서 "성령을 속이고"(3절), "사람에게 거짓말 한 것이 아니요 하나님께로다"(4절), "주의 영을 시험하려"(9절)라는 표현이 반복해서 나온다. 땅을 팔든지, 팔지 않든지, 그리고 판값의 얼마를 바치는지 하는 것은 주인이 선택하기 나름이었다. 그러나 아나니아는 땅 판 값의 일부를 바치면서 전부라고 가장한 것으로 보인다(8절 참조). 그에게 바나바처럼 자기의 전 재산을 바쳤다고 하는 감명을 주려는 의도가 있었던 것은 아니었을까?(자기 명예 또는 허영심) 여하튼 이러한 부정직한 행위는 공동체만이 아니라 결국 성령(하나님)을 속인 것이다(눅 12 : 10).

그러한 행위는 사탄의 계략으로 간주된다(3절). 예수가 공생애를 시작하기 전에 사탄에게 시험을 받은 것처럼(눅 4 : 1-4), 또한 사단이 열두 제자 중의 하나인 가룟 유다의 마음속에 들어가 예수를 넘겨주게 한 것처럼(눅 22 : 3-4), 초기 교회 역시 사단의 유혹으로부터 면제되지 않았다.

사단이 이제는 예수를 믿는 사람 아나니아의 마음에 들어가 성령을 속이게 한 것이다. 정직이 성령의 행위라면 부정직은 사단의 행위이다. 사단은 언제나 가까운 곳에서 하나님의 계획을 방해하려고 한다. 예수는 사단의 시험을 이겨 냈지만, 유다와 아나니아는 사단의 시험에 굴복하고 말았다.

"그 값에서 얼마를 감추매"(2절)라는 말은 여호수아 7장에 나오는 아간의 행위를 연상하게 한다. 이스라엘 백성이 가나안 땅의 첫 관문인 여리고성을 통과하여 아이 성을 정복하는 과정에서 문제가 생겼다. 아간이 하나님께 바쳐야 할 물건을 자신을 위해 몰래 숨겨 두었기 때문이다. 이러한 부정이 제거되고 나서야 비로소 이스라엘 백성은 약속의 땅으로의 진행을 계속할 수 있었다. 따라서 아나니아 사건 역시 처음 발돋움하는 공동체의 불결함을 제거하는 하나님의 준엄한 심판을 보여 준다. 하나님의 심판은 그의 아내 삽비라에게도 유효하다. "그 땅 판 값이 이것뿐이냐"(8절)라는 베드로의 질문은 삽비라에게 진실을 말할 수 있는 마지막 기회를 주기 위한 것이었다. "너희가 어찌 함께 꾀하여 주의 영을 시험하려 하느냐"(9절)는 말은 삽비라가 그의 남편과 공범이라는 사실을 적나라하게 지적해 준다. 아나니아와 삽비라에 대한 하나님의 심판은 성도들 사이에 충격과 두려움을 주기에 충분했다(2 : 43). 이러한 두려움은 스스로 자기의 교회를 정화시키시는 하나님에 대한 경외심이다. 사도행전에서 처음으로 "온 교회"(에클레시아)라는 용어가 등장한다(11절).[40)]

(5) 사도들의 표적(5 : 12–16)

사도들의 표적과 기사에 대한 사례가 다시 등장한다. 처음 사례(3 :

---

40) 에클레시아(ἐκκλησία)는 70인역에서 하나님의 백성으로서의 이스라엘 회중 또는 집회라는 의미로 번역되었다(신 9 : 10 ; 수 8 : 35). 초기 그리스도인들은 그 용어를 새 이스라엘 혹은 참 이스라엘로서 자신들을 지칭하는 말로 사용하였다. 헬라 세계에서는 본래 '자유 시민들의 모임'을 가리켰으나, 신약성서에서는 예수 그리스도를 통해 하나님이 세상과 죄에서 불러내어 모아 두신 새로운 하나님의 백성을 의미한다. 사도행전에서는 지역의 회중(8 : 1 ; 11 : 22 ; 13 : 1)과 보편적 교회(20 : 28) 둘 다를 가리킨다.

1-10)에는 베드로와 요한 두 사도만 등장하지만, 여기에서는 모든 사도들이 가담한다. 솔로몬 행각이 그리스도인의 중요한 집회 장소가 된다. 성령의 능력을 힘입은 사도들은 예루살렘뿐만 아니라, 그 주변의 사람들 사이에서 여러 종류의 기적들을 행하여 병자들을 고치고, 귀신들을 축출한다. 이러한 사도들의 사역은 예수의 사역과 연속선상에 놓여 있다. 다르게 말하면, 하늘에 계신 예수가 그의 사도들을 통하여 지금도 자신의 일을 계속하고 있다. 그러므로 표적과 이적을 목격한 주변 사람들이 쉽사리 공동체의 모임에 끼지 못한 것도 이상할 것이 없다. 다른 사람들이 이들의 무리에 참여하지 않은 것은 적대감 때문이 아니라 종교적인 경외심 때문이었다. 이것은 뒤에 나오는 "그러나 백성이 그들을 칭찬하였다"(사역)라는 말에서도 확인된다. 그러한 경외심은 오히려 믿지 않는 사람들이 그리스도인 공동체에 들어오는 것을 용이하게 했다 : "믿고 주께로 나오는 자가 더 많으니 남녀의 큰 무리더라"(14절).

처음 공동체는 그들이 성령 안에서 사는 것이 무엇인지를 자신들의 삶을 통해서 발산하고 있었다. 그것은 매혹적이면서도, 동시에 경외심을 자아내는 그 어떤 것이었다. 그리하여 신도의 수가 불어나게 되었다. 교회의 모범적인(차별적인) 삶이 교회 성장에 얼마나 중요한 비중을 차지하는지 보여 준다. "남녀의 큰 무리"라는 표현은 여성에 대한 누가의 강조를 보여 준다. 여성이 남성과 나란히 믿는 성도로서 언급되고 있다. 사실상 여자들은 고대세계에서 인간적인 대접을 받지 못하였다. 그러나 누가는 당시의 시대정신과 달리 여자를 남자와 동등한 인격적인 존재로 남자와 동일한 위상을 가진 것으로 소개한다(8 : 3, 12 ; 9 : 2 ; 13 : 50 ; 16 : 1, 13-14 ; 17 : 4, 12, 34 ; 18 : 2 ; 21 : 5). 이처럼 여자를 남자와 동등하게 세우는 것은 예수의 부활과 성령강림으로 새로운 시대가 시작되었음을 알려 주는 중요한 징표이다.

모든 사도들이 표적과 기사에 참여하고 있지만, 여기에서도 그 중심에는 베드로가 서 있다. 사도들의 표적과 기적은 병자들이 베드로가 지나갈 때 혹 그림자라도 덮이기를 바랐다는 구절에서 절정을 이룬다(15절). 베드로의 사역은 "온 무리가 예수를 만지려고 힘쓰니, 이는 능력이 예수께로 나서 모든 사람을 낫게 함이러라"(눅 6 : 19)는 예수의 사역을 회상시키고, 또한 뒤에 나올 바울의 치유 사역에 대한 언급과도 긴밀하게 연결된다 : "심지어 사람들이 바울의 몸에서 손수건이나 앞치마를 가져다가 병든 사람에게 얹으면, 그 병이 떠나고 악귀도 나가더라"(행 19 : 12). 이로써 예수와 베드로와 바울로 이어지는 치유 사역의 연속성이 중요한 주제로 부각된다.

(6) 공회 앞에 선 사도들(5 : 17–42)

사도들의 이적에 관한 소문은 예루살렘뿐만 아니라, 그 주변에까지 퍼져 가고 있었다(16절). 대제사장과 사두개인들이 다시 개입하게 된 것은 사도들의 적극적인 활동 때문이었다. 앞에서 이미 그들은 베드로와 요한에게 예수 이름으로 말하지도 말고, 가르치지도 말라고 위협한 적이 있다(4 : 18 ; 5 : 28 참조). 그러나 그러한 위협에도 불구하고, 사도들이 더욱 담대하게 복음을 전하는 것을 보고 그들을 다시 잡아들인다. 그런데 이번에는 적대자들의 간섭 동기가 '시기심' 때문이었다고 언급된다. 보잘것없는 사람들에 의해 믿는 사람들이 더 늘어나는 성공에 대해 그들은 시기심이 끓어올랐을 것이다. 예수가 죄가 없었지만, 유대 종교지도자들의 시기심 때문에 로마 당국에 넘겨진 것처럼(막 15 : 10), 사도들 역시 적대자들의 시기심 때문에 박해를 받는다. 이러한 시기심의 주제는 앞으로 바울과 연관해서도 계속해서 나타날 것이다(13 : 45 ; 17 : 5).

첫 번째 투옥과 달리 이번에는 사도들이 기적적인 방법으로 감옥에서 풀려난다. 그들이 풀려난 목적이 주의 사자의 명령을 통해 알려진다 : "가서 성전에 서서 이 생명의 말씀을 다 백성에게 말하라"(20절). 기적의 우선적인 목적이 생명의 복음을 전파하는 데 있다. 사도들은 이 명령에 순종하여 성전에 들어가서 가르친다. 생명의 말씀을 가르치는 사도들의 모습(21, 25, 42절)과 예수의 이름으로 가르치지 말라는 유대 종교지도자들의 위협(28절, 40 ; 4 : 18 참조)이 극명하게 대조된다. 이러한 극명한 대립 가운데서 "사람보다 하나님을 순종하는 것이 마땅하니라"(29절)는 사도들의 대답이 중요하게 부각된다(4 : 19). 하나님의 명령은 어떠한 상황에서도 순종되어야 한다. 사도들의 행위는 보이는 사람보다 보이지 않는 하나님께 순종하는 그리스도인들의 모델이 된다.

예상치 못한 방법으로 — 성전 수비대의 최고 책임자인 성전 맡은 자의 당황함을 보라! — 풀려난 사도들이 성전에서 "생명의 말씀"을 전하자, 대제사장들을 비롯한 종교 지도자들이 사도들을 다시 체포하여 공회 앞에 세운다. 첫 번째 심문 때처럼, 이번에도 공회의 심문은 오히려 예수가 그리스도이심을 증언하는 기회가 된다. 공회의 대표자인 대제사장은 사도들이 말씀을 전파하는 것이 사람들을 선동하여 예수를 죽인 죄의 대가를 자신들에게 전가하려는 줄로 착각했다 : "너희가 너희 교를 예루살렘에 가득하게 하니 이 사람의 피를 우리에게로 돌리고자 함이로다"(28절). 물론 베드로의 설교 중에 예수를 죽인 책임을 유대인들과 그의 지도자들에게 돌린 적이 여러 번 나타난다(2 : 23 ; 3 : 13-15 ; 4 : 10-11 ; 마 27 : 25 참조). 그러나 그러한 지적이나 비난은 결코 유대인의 심판(벌)을 위함이 아니었다. 오히려 그들로 하여금 회개하여 죄사함을 얻게 하기 위한 일종의 부정적인 배경이었다. 베드로와 사도들의 대답이 이러한 사실을 분명하게 한다 : "하나님께서 너희들이 죽인 예수를 살리시고, 이분을 높이시어 자신의 오른쪽에 앉히시고, 임금과 구주로 삼으신 것은 이스라엘이 회개하고 죄사함을 주기 위함이었다"(30-31절, 사역). "임금"(ἀρχηγός)과 "구주"(σωτῆρ)라는 칭호는 서로 분리될 수 없는 그리스도의 직분을 나타낸다. 구주가 사람들을 죄로부터 구원하는 구원자를 의미한다면(눅 2 : 11) 임금은 죄와 사망에서 해방하고, 동시에 그들을 다스리는 영도자를 지칭한다. 그러므로 구원 받은 사람들은 이제 통치자인 예수에게 복종하는 삶을 살아야 한다(빌 2 : 10-11 참조). 사도들은 바로 이분의 증인들이며, 그들의 증언을 확증해 주는 분이 바로 성령이시다(32절). 다시금 예수의 증인으로서의 사도들의 특성이 분명하게 드러난다.

그러나 사도들의 이러한 답변은 유대 지도자들의 분노를 사기에 충분하였고, 그들은 사도들을 죽이려고 하였다. 순교의 위급한 상황에서 사도들을 구한 것은 뜻밖에도 가말리엘이라는 율법학자였다. 여기에 등장하는 가말리엘 1세는 유명한 율법학자 힐렐의 손자이며, 사도행전에서는 또한 바울의 스승으로 언급된다(22 : 3). 무엇보다 그가 죽은 사람들의 부활에 대해서 사두개인과는 다른 태도를 취하는 바리새인으로 소개되고 있다는 사실이 주목할 만하다. 그는 공회의원들에게 신중을 기할 것을 경고하면서 사도들을 놓아 주라고 충고한다. 하나님이 그들의 배후에 계시는지는 시간이 지나면 알게 될 것이라는 것이다.

실패한 두 가지 사례가 제시되는데, 그것은 지도자가 죽은 후에 그의 추종자들이 얼마나 빨리 흩어졌는지를 보여 준다. 여기에서 드다와 유다의 순서가 바뀌었다. 역사적으로 말하면, 유다가 먼저 등장했고, 그 다음에 드다가 출현했다. 주후 6년경에 시리아 총독 퀴리노가 정확한 과세를 위해 인구조사를 하였을 때, 갈릴리 사람 유다는 바리새파 출신의 사독의 지지 하에 예루살렘에서 봉기했다. 그러나 그는 총독에 의해 살해되었고, 그의 추종자들은 뿔뿔이 흩어졌다. 요세푸스는 유다 사건에서 열심당의 시작을 본다(유대고대사 18. 1-6). 반면에 드다는 주후 44~46년에 로마에 저항하는 운동을 하였다. 그는 자기를 따르는 사람들에게 그들이 요단강을 마른 땅으로 건너는 여호수아의 기적을 다시 일으키겠다고 약속했으나, 파두스 총독에 의해 죽임을 당했다(유대교회사 23.1.1).

왜 누가가 드다 사건을 유다 사건보다 앞에 언급했는지, 그 이유를 설명하기는 어렵다.[41] 그러나 여기에서 중요한 것은 역사에 대한 신학적인 의미이다. 이 두 메시야 운동의 사례에 비추어 볼 때, 예수로부터 시작

41) 역사성의 문제는 사도행전 본문의 신뢰성에 심각한 약점으로 작용한다. 요세푸스의 기록과 누가의 기록의 우선성의 문제인가? 갈릴리 사람 유다는 죽었지만, 그의 저항정신은 끝나지 않았다. 그의 두 아들 야곱과 시므온은 주후 46~48년 사이에 로마의 직접적인 통치에 반대하여 봉기하였는데, 로마의 총독 티베리우스 알렉산더에 의해 십자가에 처형되었다. 사도행전 5 : 36~37은 이들의 반란을 갈릴리 유다의 반란으로 보고 있기 때문에, 갈릴리 유다가 드다의 반란(44년 초)보다 연대기적으로 뒤에 온 것인가?

한 메시야 운동의 차별성이 분명하게 드러날 수 있기 때문이다. 그들 모두는 실패했지만, 이 그리스도인들의 복음 운동은 실패하지 않을 것이다. 그것이 하나님의 뜻이기 때문이다. 따라서 가말리엘의 요점은 이것이다. "이 사상과 이 소행이 사람에게로서 났으면, 무너질 것이요, 만일 하나님께로서 났으면, 너희가 저희를 무너뜨릴 수 없겠고, 도리어 하나님을 대적하는 자가 될까 하노라"(38-39절). 그의 발언은 중립적인 발언이었으나, 결과적으로 복음의 진보를 가져오게 되는 계기가 된다.

여기에서 흥미로운 사실은 예수의 주요한 적대자였던 바리새인이 사도행전에서는 적대자로 등장하지 않는다는 점이다. 이것은 예수가 예루살렘에서 박해 받을 때, 바리새인들이 언급되지 않는 누가복음의 보도와 일치한다(눅 20 : 19-20 ; 병행절인 막 12 : 13 ; 마 22 : 15과 비교). 앞에서도 사도들의 박해자들로 대제사장들과 사두개인들이 대표적으로 언급된 것처럼, 누가 문서에서는 예수의 죽음과 사도들의 박해의 책임이 바리새인에게 돌려지지 않는다. 뒤에서는 오히려 바리새인이 사도들의 변호자로 등장한다(23 : 9). 이러한 동기는 사도행전의 기록 상황과 연관되는 것으로 보인다. 주후 70년 이후 성전 멸망과 함께 제사장 계파인 사두개인은 역사 속에서 사라져 갔다. 그러나 80~90년대에 기록된 누가문서의 상황에서 바리새인들은 유대교의 주도권을 쥐고 있었다. 그런 상황에서 기독교와 바리새인과의 관계를 원활하게 하는 것은 로마인과의 원활한 관계만큼이나 중요했을 것임을 짐작할 수 있다.

바리새인 가말리엘의 조언은 성공적이었다. 비록 사도들이 채찍을 맞았지만, 무사히 풀려날 수 있었다. 여기에서 사도들이 처음으로 체벌을 당한 보도가 나온다. 채찍질이란 회당에서 행하는 태형 형벌로서, 최고로 40대에서 하나를 감한 수만큼 때릴 수 있다. 그러나 사도들은 예수의 이름을 위하여 고난을 당하는 것을 영광으로 여긴다. 그들은 채찍을 맞음으로 기쁨이 충만하게 되었으며, 자신들의 일에 더욱 더 확신을 가지게 되었다. 그들은 "사람보다 하나님을 순종하는 것이 마땅하니라"(29절)는 바로 그 말씀에 따라 행동했던 것이다. 42절의 요약은 바로 그러한 확신의

표출이다 : "저희가 날마다 성전에 있든지 집에 있든지 예수는 그리스도라 가르치기와 전도하기를 쉬지 아니하니라". 복음 전파는 하나님의 뜻이기에 어떤 장애물도 그것을 막을 수 없다.

(7) 일곱 지도자들의 선출(6 : 1-7)

이 부분은 사도행전의 첫 부분을 마무리하는 단락이며, 동시에 다음 부분으로 넘어가는 연결고리의 기능을 가진다. 6 : 7의 요약문에서 암시되어 있는 것처럼, 지금까지는 예루살렘에서의 복음 확장 과정이 서술되었다. 이제 6 : 8~8 : 40에서는 복음이 예루살렘을 넘어 온 유다와 사마리아에까지 이르는 과정이 나온다. 이런 맥락에서 6 : 1~7은 예루살렘이 근거지였던 교회가 처음으로 예루살렘 밖으로 확장된 배경을 제시하고자 한다.

"그때에"(1절)라는 말을 통해 이 단락은 바로 앞 단락과 연관된다. 앞 단락의 마지막 부분에서 사도들이 박해를 당하는 중에도 성전에 있든지, 집에 있든지 가르침과 전도를 쉬지 않았다고 보고하고 있는데(5 : 42), 그 결과로써 제자들이 더욱 많아지게 되었다는 것이다. 여기에서 제자들은 예수를 믿고 따르는 성도들을 가리킨다(6 : 2).[42] 제자는 '그리스도인'이라는 명칭이 생기기 전에 예루살렘의 성도들을 지칭하는 일반적인 명칭이었다(11 : 26). 그동안 최초의 기독교 공동체인 예루살렘 교회는 진공상태 속에서 발전한 것이 아니었다. '성장'과 '확장'이라는 순기능과 함께 역기능도 경험하였다. 외적으로는 유대 종교지도자들의 박해가 있었고, 내적으로는 아나니아와 삽비라의 예에서 볼 수 있듯이 코이노니아의 부정직한 행위도 있었다. 초기 교회는 늘 이상적인 모습으로만 나타나지 않았다. 오늘날의 교회와 마찬가지로 초기 교회 역시 좋은 일과 함께 나쁜 일도 있었다. 중요한 것은 그럼에도 불구하고 그것이 어떻게 극복되어지

42) 누가는 사도행전 전체에서 제자들을 언급하는데, 그가 말하는 제자란 지상적 예수의 열두 제자에 국한되는 것이 아니라 마태복음 28 : 19의 의미에서 믿음과 세례를 통하여 메시야이신 예수의 공동체에 들어온 모든 사람들을 가리킨다.

며, 어떻게 복음의 진전이 계속해서 진행되어지느냐 하는 점이다.

그런 가운데 여기에서 처음으로 교회 내부의 심각한 갈등 상황이 표출된다. 이러한 갈등은 예루살렘 교회 안에 존재했던 두 개의 집단을 통해서 일어났다. 예루살렘 교회에는 두 부류의 유대인들이 있었는데, 하나는 아람어 또는 히브리어를 말하는 "히브리파 유대인들"('Eβραῖοι)이요, 다른 하나는 헬라어를 말하는 "헬라파 유대인들"('Eλληνισται,)이었다.[43)]히브리파 유대인들은 본래 팔레스타인에 뿌리를 둔 유대인들로 사도들의 전도에 의해 그리스도인이 된 사람들이다. 반면에 헬라파 유대인들은 디아스포라 유대인들로 오랫동안 헬라 문명이 지배하던 이방 지역에서 살다가 예루살렘에 돌아와서 사도들의 전도로 그리스도인들이 된 사람들이다. 이 두 파가 예수를 믿고 하나의 공동체를 이루고 있었지만, 그 안에서도 여전히 언어-문화적이고, 신학적인 차이를 가지고 있었던 것으로 보인다.

두 그룹의 표면적인 갈등은 과부들에 대한 구제의 차별로 인해 발생되었다. 헬라파 유대 그리스도인 출신의 과부들이 매일의 구제(διακονία καθημερινή)[44)]에서 간과되어, 헬라파 유대인들이 히브리파 유대인들에

43) 이 두 용어의 해석사에 대해서는 E. Haenchen, 「사도행전(1)」, p. 401 참조. 당시 예루살렘에는 팔레스타인 토착민으로 아람어를 사용하는 유대인들이 있었고, 다른 한편으로 디아스포라 유대인 출신으로 팔레스타인에 정착하여 헬라어를 말하는 유대인들이 함께 거주하고 있었다. 외국에서 태어난 헬라파 유대인들 중에는 노년기가 되어 거룩한 도시 예루살렘으로 이주해 온 사람들이 많았던 것으로 보인다.

44) 당시 유대교에서는 두 종류의 빈자 구제가 있었다. 하나는 정기적인 구제책의 하나로 지역의 가난한 사람들은 매주 금요일마다 세 명의 빈민구호자로부터 14끼에 해당하는 돈을 받았다. 그 돈은 지역 거주민들 중 두 명의 빈민구호자에 의해 미리 상자 속에 모금된 것이었다. 또 하나는 일시적인 구제 방법으로 빈자들은 매일 사발에다 음식물을 받았다. 본문에서 말하는 구제 방법은 이 둘의 혼합 형태라고 할 수 있다. 전자의 경우처럼 지역의 빈자들인데, 구제 방법은 매일 구제받는 형태이기 때문이다. 따라서 그리스도인들은 유대교와 별도로 자신들의 빈민구호조직을 가지고 있었던 것으로 보인다(J. Jeremias, 「예수 시대의 예루살렘 : 신약성서 시대의 사회경제사 연구」(서울 : 한국신학연구소 번역실, 1988), pp. 172-180 ; E. Haenchen, 「사도행전(1)」, p. 403 참조).

게 불평(원망)했기 때문이다. 고향을 떠나 예루살렘에 이주해 온 헬라파 유대인들은 예루살렘 토박이와는 달리 상황이 좋지 않아, 그들이 죽게 되면 남은 과부들은 흔히 생계의 도움을 받을 길이 없었다. 그래서 이 과부들은 매일의 구제를 통해 겨우 생활했는데, 이들이 히브리파 유대인들에 의해 소홀히 대우 받은 것이다.[45)]

사도들은 이를 해결하기 위한 방책으로 일곱 지도자를 선택한다. 그러나 사도들의 탁월성은 문제 해결을 위해 독자적으로 행동하지 않았다는 점이다. 그들은 모든 제자(성도)들을 모아 공동으로 문제를 해결하였다(4 : 32 참조). 사도들은 제안하고, 결정은 성도들이 한다. 이러한 태도는 성도들을 존중히 여기는 것이며, 성도의 가치와 역할을 인정하는 것이다. 그러기에 사도들은 물러서야 할 때 물러설 줄 알았다. 처음에는 재산을 관리하고 분배하는 일도 사도들이 직접 담당했던 것으로 보인다(4 : 35, 37). 그러나 공동체의 규모가 커지자, 그들이 복음 선포와 사회적 봉사를 동시에 담당하기에는 무리였다. 사도들은 접대하는 일(=식탁을 섬기는 일, διακονεῖν τραπέζαις)이 자신들의 본분이 아님을 인정했다 : "우리가 하나님의 말씀을 제쳐 놓고, 공궤를 일삼는 것이 마땅치 아니하니"(2절).

---

45) 그러나 이 두 파의 갈등 원인이 실제로 과부의 구제 문제에만 국한되었는지는 미지수이다. 히브리파 사람들의 사고방식이 유대교의 유산과 전통(율법 준수와 이방인에 대한 배타성 등)을 고수하는 경향이 있었던 반면에, 디아스포라 유대인(헬라파 유대인)들은 율법과 성전에 대해 보다 더 융통성 있는 태도를 취했던 것 같다. 이것에 대한 증거가 바로 스데반의 순교와 설교이다. 헬라파 유대인이었던 스데반은 성전과 율법을 모독한다는 유대인들의 비난(6 : 13)에 대해 자신을 변증해야만 했다. 그의 설교 가운데 성전제사와 율법에 대한 강도 높은 비판이 나타난다(7 : 48-53). 바로 스데반의 이런 비판이 그와 예루살렘 공동체에 대하여 큰 박해를 불러일으켰고, 그 결과 그들이 유대와 사마리아 전역에 흩어지게 된다(8 : 1). 그렇다면, 예수를 믿어도 히브리파 유대 그리스도인들은 율법 준수와 이방인에 대한 배타적인 성향이 강한 유대 특수주의를 고수한 반면에, 헬라파 유대 그리스도인들은 보다 더 율법과 성전에 대해 자유로운 태도(구원보편주의)를 취한 것으로 보인다. 결국 이러한 갈등의 해소를 위해 후에 예루살렘 사도회의가 열려야만 했던 것이다. 그렇다면 히브리파 유대인들과 헬라파 유대인들의 갈등은 과부 구제 문제보다 더 심각한 신학적인 차이에서 비롯되었을 가능성이 크다. 초기 교회 안에서의 두 사상의 대립에 대해서는 박응천, 「세계를 향한 복음」, pp. 18-37 참조.

이 말은 말씀 사역과 식탁 봉사의 어떤 차별을 의미하는 것이 아니다. 말씀 사역이 더 중요하고, 식탁 봉사가 덜 중요하다는 의미가 아니다. 일 자체에는 차이가 없다. 다만 사역의 기능과 역할의 차이만 있을 뿐이다. 이것은 사도들이 말씀을 전하는 일도 하나의 "봉사"(섬김)로 표현하고 있는 점에서도 확인된다(4절 : 우리말 성경에는 "말씀 사역"으로 번역되었지만, 원문에는 식탁 봉사와 동일하게 "말씀 봉사"〈διακονίᾳ τοῦ λόγου〉로 표현되어 있다). 하나님의 말씀을 전하는 일도, 구제하는 일도 동일하게 디아코니아(봉사)이다. 따라서 사역의 중요성을 구별하는 것보다 사도들에게 더 중요한 문제는 공동체의 통일성을 유지하는 것이었다.

사도들은 자기들 대신 식탁 봉사를 담당할 일곱 명의 지도자들을 선택할 것을 제안한다.[46] 지도자가 되기 위한 조건이 제시된다. 외적으로는 "칭찬 받고"(μαρτυρουμένους=인정받을 만하고), 내적으로는 성령과 지혜가 충만한 사람들이다. 사도들은 자신들이 무엇을 해야 하는지 분명하게 인식하고 있었다 : "우리는 오로지 기도하는 일과 말씀 사역(=말씀의 봉사)에 힘쓰리라"(4절). 기도가 말씀 선포 앞에 등장한다. 기도가 없다면, 말씀 선포는 공허하며, 열매를 맺지 못할 것이기 때문이다. 기도가 말씀 선포와 나란히 병행될 만큼 기도의 중요성이 다시금 반복된다. 사도들의 견해는 모든 성도들에게 기쁨으로 받아들여지고, 성도들에 의해 "일곱"[47]이 선택된다 : 스데반, 빌립, 브로고로, 니가노르, 디몬, 바메나와 니골라. 그중에서 처음에 나오는 스데반에게만 "믿음과 성령이 충만한 사람"이라는 수식어가 붙는다. 이로써 앞으로 중요한 역할을 담당할 스데반의 중요성이 미리 언급된다. 선출된 일곱의 이름은 모두 헬라식 명칭이다. 따라서 이들은 대부분 디아스포라 유대인 출신임을 알 수 있으며, 마지막에 언급된 니골라는 안디옥 출신의 개종자(προσήλυτος)였다.[48] 즉, 처음

46) 왜 일곱 명의 지도자를 선출했을까? 아마도 이것은 유대의 제도와 연관되었을 것이다. 유대 공동체의 지도층은 대략 7명으로 구성된다. 이들은 흔히 "도시의 일곱"이라고 불리어졌다. E. Haenchen, 「사도행전(1)」, p. 405.

47) 원문에는 "집사"라는 명칭이 없다.

48) 개종자는 본래 이방인이었지만, 할례를 받고 율법준수의 서약과 함께 유대교로 개

교회는 히브리파 유대 그리스도인들의 지도자인 사도들이 맡아 문제가 생기자, 헬라파 유대 그리스도인 지도자를 세워 그들의 이익을 대변할 수 있도록 하였다. 그러나 사도들과 그들의 관계는 어디까지나 경쟁적인 관계가 아니라 보완적인 관계였다. 사도들은 그들을 위해 기도하고, 그들에게 안수했다.[49] 기도가 공동체의 선출을 하나님의 주권으로 인정하는 것이라면, 안수는 공동체 안에서 사도의 권위를 인정하는 행위이다.

적절한 역할 분담을 통해 문제는 해결되었다. 본래 사도들의 직무에 속했던 구제 용무(식탁 봉사)는 이제 다른 사람들에게 넘어갔다. 사도들과 교회의 지혜로운 결정을 통해 예루살렘 교회는 분열의 위기에서 벗어나, 코이노니아를 유지할 수 있었다. 이러한 갈등의 해결은 오히려 더 큰 성장과 부흥의 역사를 가져왔다. 7절의 요약문은 바로 앞 사건의 귀결이면서, 동시에 사도행전의 첫 번째 부분(2 : 1-6 : 7) 전체의 요약이기도 하다 : "하나님의 말씀이 점점 왕성하여 예루살렘에 있는 제자의 수가 더 심히 많아지고 허다한 제사장의 무리도 이 도(=πίστις/믿음)에 복종하니라". 교회의 갈등을 통해서도(에도 불구하고) 성령은 자신의 뜻을 이루신다. 이제 예루살렘에서 하나님의 말씀은 확장되고, 그 영향력은 심지어 제사장 계층에까지 미친다. 이로써 사도행전 1 : 8에서 언급한 선교의 첫 번째 단계, 즉 예루살렘에서의 복음 선포가 마무리된다.

흥미로운 것은 본문에는 우리가 흔히 말하는 '집사'라는 명칭이 등장하는 않는다는 점이다. 물론 '일곱'의 선출 동기가 식탁 봉사를 위한 것이었고, 집사를 의미하는 단어 '디아코노스'(διάκονος)가 봉사를 의미하는 '디아코니아'(διακονία)에서 나왔기 때문에, 이 사람들을 "일곱 집사"라고 부르는 것도 이해가 될 만하다. 그러나 문제는 본문에서 집사라는 명칭을 사용하지 않을 뿐만 아니라 이후에 이들의 행적이 구제문제에만 국한되었

종한 사람을 말한다. 교부시대 이후로, 니골라는 '니골라 당'의 창시자로 받아들여진다(Ireanius, Adv. haer. I 26, 3).

49) 아마도 초기 기독교는 유대교로부터 안수를 받아들인 것으로 보인다. 유대교에서는 이미 특별한 직책이나 특정한 임무를 위임할 때에 안수를 행하였다(민 27 : 18, 23 ; 민 8 : 10).

다는 기록이 전혀 나오지 않는다는 것이다. 오히려 일곱 중의 대표자인 스데반은 사도들과 똑같이 말씀을 전하다가 순교하고, 빌립은 사마리아 지역에 가서 복음을 선포하고(8 : 4, 5, 12, 40), 많은 표적과 능력을 행하며(8 : 6, 13), 심지어 세례를 주기도 한다(8 : 38). 또한 21 : 8에서 빌립이 다시 등장할 때도 집사가 아니라 전도자로 소개되는 것을 볼 수 있다. 따라서 누가는 이 부분에서 교회의 직제, 즉 집사의 기원을 말하려는 것이 아님을 알 수 있다. 누가는 오히려 예루살렘이 근거지였던 교회가 처음으로 예루살렘 밖으로 확장된 배경을 제시하고자 한다. 예루살렘 밖의 선교를 가져온 장본인들은 사도들이 아니라, 헬라어를 말하는 유대인 그리스도인들이었다. 그들을 통해 복음이 예루살렘을 넘어, 사마리아와 온 유대에, 그리고 땅 끝까지 이르게 되는 결과가 초래하게 되었다는 것이다(11 : 19).

3. 유대와 사마리아로 확장되는 복음(6 : 8-8 : 40)

사도행전의 두 번째 단락(6 : 8-8 : 40)에서는 1 : 8의 내용에 상응하여, 복음이 예루살렘의 장벽을 넘어서서 유대와 사마리아에까지 전파된 사실이 묘사된다. 앞에서 선출된 '일곱' 중의 하나인 스데반의 설교와 순교, 유대인들로부터의 박해, 그 결과로 인한 흩어진 교회의 선교 이야기가 나온다. 사마리아 선교는 '일곱' 중의 하나인 빌립이 중심적인 역할을 한다. 주목할 만한 것은 예루살렘 밖의 선교를 시작한 장본인들이 사도들이 아니라, 헬라어를 말하는 유대인 그리스도인들이라는 사실이다. 그들을 통해 복음이 사마리아와 온 유대에, 그리고 이방인들에게 전달되는 단초가 마련된다. 이런 의미에서 사도행전 전체 내용을 통해 볼 때, '헬라파' 유대인들이 유대인으로 구성된 예루살렘 교회와 이방인의 선교를 담당했던 바울 사이를 연결시켜 주는 징검다리 역할을 하고 있음을 알 수 있다.

1) 스데반의 설교와 순교(6 : 8-8 : 1a)

(1) 스데반의 사역(6 : 8-15)

먼저 일곱 지도자 중의 한 사람인 스데반의 활동이 매우 간략하게 소개된다. 그는 헬라파 유대 그리스도인들 중에서도 가장 탁월한 위치에 있었던 것으로 보인다. 그러나 스데반이 실제로 식탁 봉사를 했는지는 분명하게 나타나지 않는다. 오히려 그는 사도들처럼 "은혜와 권능이 충만하여" 큰 기사와 표적을 행하며(8절), "지혜와 성령"으로 복음에 관해 논증한다(10절). 지금까지 사도행전에서는 기사와 표적이 사도들에 의해서만 나타났는데, 이제 일곱 중의 하나인 스데반 역시 큰 기적과 능력을 행한다. 이것은 사도들에게 임한 성령의 역사가 스데반에게도 — 후에는 빌립에게도 — 함께하신다는 증거이다.

가장 먼저 스데반의 활동에 반감을 가지고 도전한 사람들은 헬라어를 말하는 유대인들이었다. 예루살렘에 돌아와 정착한 디아스포라 유대인들은 외국에서 같은 곳에서 함께 살았다는 소속감이나 나름대로의 동질성 때문에 자기들만의 고유한 회당을 가졌다. '리버디노'는 라틴어로 '자유의 몸이 된 사람들'이란 뜻인데, 아마도 이들은 주전 63년 폼페이우스에 의해 로마 군대의 포로가 되어 끌려갔다가 풀려나 자유인이 된 유대인 후손들의 집단인 것 같다.

스데반이 이들과 논쟁하였다는 것은 그의 활동이 무엇보다 디아스포라 유대인들을 대상으로 펼쳐졌음을 말해 준다. 그는 예루살렘 교회의 '헬라파 유대인' 지도자로서, 디아스포라 유대인들의 대표적인 대화와 변론의 상대자였던 것 같다. 그러나 그의 상대자들은 능히 말로써 스데반을 당해 낼 수 없었다. 이것은 누가복음 21 : 15의 성취라고 볼 수 있다 : "내가 너희의 모든 대적이 능히 대항하거나 변박할 수 없는 구재와 지혜를 너희에게 주리라". 그러자 그들은 스데반을 모함하고, 사람들을 매수하여 고발한다.

그들의 고발 내용은 스데반이 유대인들이 두 기둥처럼 떠받치고 있던 율법과 성전을 모독했다는 것이다 : 1) 이 사람이 모세(율법)와 하나님(성전)을 모독한다(11절). 2) 이 사람이 이 거룩한 곳과 율법을 거슬러 말한다(13절). 그에 대한 고발 내용에는 그가 섬기고 있는 나사렛 예수의 입장이 고스란히 녹아 있다 : "이 나사렛 예수가 이곳을 헐고 또 모세가 우리에게 전하여 준 규례를 고치겠다"고 말했다는 것이다(14절).[50] 이 고발이 좀 과장된 감이 있긴 하지만, 확실히 스데반을 비롯한 헬라파 유대 그리스도인들이 율법과 성전에 대한 예수의 비판적 입장을 받아들인 것이 분명하다. 그렇기 때문에 그들의 입장과 가르침은 예루살렘에 있던 디아스포라 유대인들의 분노를 사기에 충분하였다. 예루살렘에 정착한 디아스포라 유대인들의 대부분은 성전을 존중하는 마음에서, 그리고 충실한 율법 생활을 보장받기 위해서 예루살렘으로 귀환했을 것이기 때문이다. 결국 예수와 사도들의 뒤를 이어, 스데반 역시 공회 앞에 서게 된다. 스데반의 얼굴이 "천사의 얼굴과 같더라"는 표현은 하나님의 영이 스데반과 함께 있었다는 의미도 되지만, 스데반을 모함하고 있는 변론자들이 잘못되고, 스데반이 옳다는 사실도 암시하고 있다.

(2) 스데반의 설교(7 : 1–53)

변론자들의 고발은 스데반으로 하여금 복음을 변증할 수 있는 기회를 제공한다. 스데반의 설교(연설)는 사도행전에서 가장 길며, 가장 정교한 설교 중의 하나이다. 그의 설교의 상당 부분은 이스라엘의 구원 역사를 회상시키는 데 할애되고 있다. 그러나 그의 역사 설명은 매우 선택적인 특성을 지닌다. 그는 족장 아브라함으로부터 모세와 여호수아의 지휘 하에 이스라엘이 약속의 땅에 들어가기까지의 구원역사에 대하여 개괄한다. 이 역사개관을 통하여 스데반이 강조하고 있는 것은 이중적이다. 한편으로 스데반은 아브라함부터 시작하여 예수에게까지 뻗치는 하나님의 구원행위의 연속성을 강조한다. 그는 하나님이 어떻게 이스라엘을 선택

50) 막 14 : 58 ; 마 26 : 61 ; 막 2 : 23ff ; 3 : 2ff ; 7 : 14-15 ; 마 5 : 21-48 참조.

하셨고, 인도하셨고, 구원하셨는지 서술한다. 그러나 다른 한편으로 그 때마다 이스라엘이 어떻게 하나님의 뜻을 거역했는지를 적나라하게 폭로하고 있다. 예수의 죽음은 단지 이스라엘의 하나님에 대한 배척의 또 하나의 예일 뿐이다.

아브라함을 비롯한 족장들의 이야기(2-8절)는 주로 땅에 초점이 맞추어진다. 스데반은 아브라함이 하란에 있기 전 메소포타미아에 있던 때와 그가 고향과 친척을 떠나 하란에 머문 때, 그리고 지금 유대인들이 거하는 이 땅으로 이주한 때를 상기시킨다. 그러나 약속의 땅에 다시 정착하기까지는 다른 땅(애굽)에서 나그네가 되어 사백 년 동안 종살이를 해야만 했다. 이러한 땅과 땅으로의 이동("보일 땅"〈3〉-"이 땅"〈4〉-"다른 땅"〈6〉)은 이미 땅의 절대성을 거부한다.

아브라함과 그의 자손이 거주하는 땅은 가변적이었지만, 그들을 인도하시는 하나님은 언제나 불변하신다. 그러므로 땅이 중요한 것이 아니다. 땅이 중요하지 않다면, 성소가 서 있는 땅도 그렇게 중요한 것이 아니다. 거룩한 땅이 따로 있는 것이 아니라 하나님이 현존하시는 그곳이 바로 거룩한 땅이다. 그러므로 사람이 만들고, 봉헌한 장소에 시각이 사로잡혀 성소를 만들게 하신 하나님을 제한하는 것은 어리석은 일이다. 성전보다 중요한 것은 하나님이시기 때문이다. 스데반의 설교가 전체적으로 성전 논쟁과 관련이 있다는 것을 고려할 때, 그는 처음부터 하나님은 손으로 지은 곳에 계시지 않으며(48절), 이 땅은 단지 하나님의 발등상에 지나지 않다(49절)는 주장을 준비하고 있다.

스데반은 아브라함의 이야기로부터 족장들, 곧 이삭과 야곱과 열두 조상으로 이어가면서 자연스럽게 요셉의 이야기(9-16절)로 나아간다. 여기에서는 요셉과 요셉의 형제들이 극명하게 대조된다. 요셉의 형제들은 요셉을 시기하여, 애굽에 팔았지만, 요셉은 하나님의 함께하심으로 애굽을 다스리는 치리자가 되었다. 요셉의 형제들은 요셉을 가차 없이 버렸지만, 요셉은 기근으로 말미암아 큰 환란을 당한 형제들을 초청하여 환란을 면하게 해 주었다. 스데반은 요셉 형제들의 사악함과 요셉의 의로움을 극명하게 대조시킴으로써, 유대인들의 조상이 이미 하나님의 의로운 사람을 핍박한 악한 자들이었음을 고발하고 있다. 이러한 사례는 모세와 예수의 경우에도 계속해서 나타난다(25, 35, 39, 52절). 구약의 역사를 통해 스데반은 끊임없이 유대인이 하나님의 메시지와 그 선지자들을 배척했고, 결국 하나님께서 보내신 구원자 예수까지도 배척했음을 지적한다.

모세의 이야기(17-43절)는 스데반의 설교 중에서 가장 많은 부분을 차지한다. 스데반에 따르면, 모세의 등장은 결코 우연이 아니라 하나님의 계획이었다. "하나님이 아브라함에게 약속하신 때"(17절)는 7절의 내용을 가리킨다. 스데반은 모세의 일생을 40년씩 세 부분으로 나누어 설명한다(23, 30, 36절). 여기에서도 두드러지는 주제는 요셉의 형제들이 의인 요셉을 시기하고 배척한 것처럼, 이스라엘 백성이 모세를 통하여 구원하시고자 하는 하나님의 계획을 어떻게 거절했는가 하는 것이다. 왕궁생활에서 이스라엘 사람을 위하여 애굽 사람을 죽인 일과 서로 싸우는 이스라엘 사람들을 화해시키려는 모세의 행위가 동족들에게 오해되고, 배척된다 : "누가 너를 관원과 재판장으로 우리 위에 세웠느냐"(27절).

그러나 하나님은 거부당한 모세를 지도자로 세워 이스라엘 백성을 인도하신다(35절). 스데반은 "이 사람이"라는 표현을 사용하여 모세의 행적을 세 가지로 설명한다. 즉, 모세는 애굽과 홍해와 광야에서 사십 년 간 기사와 표적을 행하였고, 하나님께서 이스라엘 자손에게 자신과 같은 선지자(=예수)를 세우실 것을 예언하였으며, '광야 교회'에서 하나님의 살아 있는 말씀을 그들에게 전해 주었다(36-38절). 그러나 그에 대한 이스라엘의 반응은 불순종과 배척이었다. 그들은 애굽 땅을 그리워하며 "자기 손으로 만든" 송아지 우상을 만들어 하나님을 거역한다(41절). 하나님은 그런 이스라엘로부터 돌이키시어, 그들을 우상 섬기는 일에 내버려 두셨다. 스데반의 눈에는 이스라엘 백성들이 바벨론의 포로로 잡혀간 것은 이러한 우상숭배에 대한 하나님의 징벌이었다(42-43절).

스데반의 설교는 성막 및 성전과 연관된 마지막 단계에서 정점을 이룬다(44-50절). 여기에서는 스데반의 핵심 죄목으로 고발된 성전 모독의 문제가 직접적으로 변증된다(6 : 14). 스데반은 성막과 성전과 연관된 4명의 인물들을 소개하는데, 그들은 모세와 여호수아, 다윗과 솔로몬이다. 모세는 하나님의 명령을 따라 "저가 본 그 식대로"(44절) 증거의 장막을 만들었고, 여호수아는 이스라엘 백성이 이방인의 땅을 점령할 때 그 성막을 가지고 들어갔으며, 다윗은 성전을 지을 것을 간구하고, 준비하였지만, 정작 성전을 건축한 사람은 솔로몬이었다.

여기에서 스데반이 말하고자 한 의도를 두 가지로 요약할 수 있다. 첫째는 성막에서 성전으로의 발전과정이다. 이것은 하나님의 집이 가변적이라는 것을 의미한다. 그렇다면 불변하시는 하나님이 가변적인 공간에 묶여 있을 수 없다. 둘째는 성막과 성전을 만든 동기이다. 성막을 계시하신 분도 하나님이시고(44절), 성전을 은혜로 허락하신 분도 하나님이시다(46절). 그렇다면, 창조주 하나님이 인간이 만든 성막이나 성전에 매일 수 없다. 그러므로 스데반은 이사야 선지자의 말을 인용하여 하나님을 성전에 제한하는 것은 잘못된 일임을 역설한다(49 ; 사 66 : 1-2 인용). 왜냐하면 하나님은 손으로 지은 곳에 계시지 않기 때문이다(48절). 하나님을 인간이 만든 성전에 가두어 두는 것은 본래 하나님의 뜻이 아니었음이 예리하게 지적된다.

유대인들이 이교도의 이방신전에 대해서 이렇게 유사하게 비판한 적은 있다(행 17 : 24-25 참조). 그러나 예루살렘 성전에 대해 이러한 비판을 한다는 것은 이스라엘 내에서는 전대미문의 사건이었다.[51] 스데반이 이렇게 할 수 있었던 것은 메시야이신 예수 그리스도가 성전의 본래적 의미와 역할을 완성한 분이라는 확신이 있었기 때문이다(막 14 : 58 ; 요 2 : 18-22 ; 4 : 19-24 참조). 즉, 부활하신 주님과 그분이 값 주고 사신 교회야말로 참된 성전, 즉 말세에 하나님이 모으시는 공동체로 보았기 때문이다. 이런 의미에서 스데반의 설교 속에는 예수의 정신이 잘 반영되어

51) 새롭게 태동하고 있는 기독교 예배의 본질이 성소나 성전에 국한되지 않고, 하나님이 계시는 곳이면 어느 곳이든 예배의 장소가 될 수 있다는 사상은 바울의 아레오바고 설교(17 : 22-31)에서도 잘 드러나고 있다.

있다고 볼 수 있다.

스데반의 설교는 비교적 긴 역사 설명에 비해, 매우 간략한 현실 적용으로 마무리된다(51–53절). 구약의 역사를 통해 스데반은 당시 유대인들의 완악함을 다음과 같이 세 가지로 지적한다. 첫째는 성령을 거역한 자들이 바로 유대인들이라는 것이다(51절). "마음과 귀에 할례를 받지 못한 사람들아"라는 호칭은 참된 순종이 결핍된 형식적인 할례를 받은 유대인들을 의미한다.[52] 둘째는 유대인들이 큰 선지자 예수를 죽였다는 것이다(52절). 이스라엘 역사 전체를 관통하고 있는 하나님에 대한 거역의 정점은 하나님께서 보내신 의인, 즉 예수를 죽인 사건이다. 셋째로 유대인들이 천사가 전한 율법을 받고도 지키지 않았다는 것이다(53절).[53] 즉, 율법을 어긴 장본인 역시 유대인들이라는 것이다. 그들이 율법과 선지자들이 예언한 예수를 죽였기 때문이다. 이 말은 성전 모욕과 함께 스데반에 대한 고발 내용인 모세(율법) 모독에 대한 스데반의 답변이다(6 : 11). 예수와 스데반이 율법을 어긴 것이 아니라, 유대인들이 율법을 어겼다는 것이다(막 3 : 1–6 ; 7 : 1–23 ; 마 23 : 23–24). 전체적으로 스데반의 설교의 초점은 성전 건물을 절대시하는 유대인이 틀린 것이고, 율법을 어긴 것도 유대인들이지 자신이 아니라는 사실을 변증하는 내용이라고 할 수 있다.

그러나 스데반의 변증은 내용상 매우 신랄하지만, 유대인들을 모욕주거나 비난할 목적으로 행해진 것이 아니다. 다만 그들에게 마음 문을 열고 예수 그리스도를 받아들이라는 호소의 맥락에서 한 것이다. 그러나 유대인들의 반응은 부정적이고, 그의 설교의 결과는 치명적이었다.

(3) 스데반의 순교(7 : 54–8 : 1a)

유대인의 반응은 과격하였다. 처음엔 스데반의 설교를 듣고, 마음에

---

52) 마음의 할례에 대해서는 신 10 : 16 ; 30 : 6 ; 롬 2 : 28–29 참조.
53) 초기 유대교에 따르면, 모세는 율법을 시내산에서 천사들의 중재로 받았다고 여겼다(행 7 : 38). 이러한 견해는 아마도 하나님과 하나님의 선물의 거룩성을 강조하기 위함이었을 것이다(갈 3 : 19 ; 히 2 : 2).

찔려 저를 향하여 이를 갈았다(54절). 이것은 베드로의 설교를 들었던 유대인들의 반응과는 정반대의 반응이다(2 : 37). 그들은 마음이 찔려 회개한 것이 아니라 오히려 분노하였다. 설교가 반드시 긍정적인 결과만 낳는 것이 아니라는 것을 보여 준다. 스데반이 유대인의 강한 적대감에도 불구하고, 담대하게 설 수 있었던 이유는 성령으로 충만했기 때문이었다(55절).

유대인의 적대감이 극에 달하게 된 것은 스데반의 다음과 같은 말 때문이었다. “보라 하늘이 열리고 인자가 하나님 우편에 서신 것을 보노라”(56절). 그들이 죽인 나사렛 예수가 하나님의 우편에 서 있을 정도로 존귀해졌다는 말에 유대인들은 자제력을 모두 잃고 말았다 : “저희가 큰 소리를 지르며 귀를 막고 일심으로 그에게 달려들어”(57절). 유대인의 입장에서 그 말은 참람한 신성모독이었다. 그들의 분노가 얼마나 심했던지 곧바로 투석형이 집행되었을 정도였다. 스데반의 소송절차는 정식재판의 과정을 따르는 것으로 시작되었지만 — 즉 먼저 고발이 있고, 그 다음에 공회의 심문이 진행 — 결국에는 투석행위라는 불법으로 끝나고 만다.

당시 공회에는 사형권이 없었다는 사실을 고려할 때, 이러한 행위는 더욱 불공정한 것이었다. 그만큼 무리들이 스데반의 설교를 듣고 이성과 자제력을 잃었다는 것을 알 수 있다. 스데반은 예수가 예언한 대로 하나님의 오른편에 계시는 인자로서의 예수를 본다(눅 22 : 69). 다만 예수께서 하나님 우편에 앉아 계시지 않고, 서 계시다는 표현은 여기에만 나오는데, 그것은 예수가 하나님 앞에서 자기의 증인 스데반을 위하여 중재하고 계시다는 의미이거나 또는 승리와 안식의 상징으로 스데반과 같은 순교자를 격려하고 환영하기 위한 것이란 해석이 가능하다.

스데반의 순교 장면은 여러 면에서 예수의 죽음 장면과 유사하다. 즉, 두 이야기가 다 하나님의 우편에 계신 인자에 대하여 말하고 있고(눅 22 : 69 ; 행 7 : 56), 사형집행을 시행하는 자들에 대하여 용서의 기도를 한다(눅 23 : 34a ; 행 7 : 60). 또한 두 이야기가 다 죽으면서 자신의 영혼을 맡기는 모습을 그리고 있다(눅 23 : 46 ; 행 7 : 59). 베드로의 모습을 통하여 사도행전이 예수의 치유와 선포 사역과의 연속성을 보여 주고 있는 것처럼, 스데반의 모습을 통해 사도행전은 예수의 죽음과의 연속성을 보여 준다. 그리고 사도들이 예수의 영을 받아 사역을 계속해 나갔기 때문에 예수의 죽음이 끝이 아닌 것같이, 스데반의 죽음도 이것으로 끝이 아니다. 왜냐하면 사울이라는 청년이 그 현장에 있었기 때문이다.

비록 그는 여기에서 처음 등장하고, 스데반의 죽음을 당연하게 여겼지만(8 : 1), 하나님은 그를 사도들과 스데반의 사역을 계속해 나갈 증인으로 삼으신다. 사도행전에서 베드로와 스데반, 바울은 모두 예수의 모범을 따르는 인물들로 그려진다. 이처럼 초기 교회의 지도자들이 얼마나 예수를 본받는 사람들이었는지에 대해 보여 주는 것이 사도행전의 주요한 주제 중의 하나이다. 예수야말로 그리스도인들이 본받아야 할 유일한 모델이다.

2) 박해로 흩어지는 교회(8 : 1b-3)

스데반의 순교는 결코 헛되지 않았다! 성령은 오히려 스데반의 죽음으로 인한 교회의 박해를 복음 확장의 기회로 사용하신다. 스데반의 예루살렘 성전에 대한 비판은 헬라파 유대 그리스도인들이 이제 곧 유대 전역과 사마리아 선교를 시작하게 되는 상황과 잘 조화를 이룬다.[54] 복음이 예루살렘을 넘어 더 넓은 지역으로 확장될 수 있었던 것은 인간의 계획이 아니라 박해의 결과였다. 예루살렘 교회의 가장 탁월한 선포자 중 한 사람의 죽음이 그때까지 교회가 머물러 있던 경계선을 넘어 확장되는, 결정적인 밑거름이 된 것이다. 사도행전 1 : 8에 나타난 복음의 확장 구도는 이처럼 인간의 생각으로는 전혀 예상치 못한 방법으로 진행되었다.

성전과 율법에 대한 스데반의 강도 높은 비판은 그와 예루살렘 교회

---

54) 스데반의 설교가 사마리아 배경을 가지고 있는가? 이런 논쟁에 대해서는 전경연, 「원시기독교와 바울」, pp. 76-107 참조.

전체에 대하여 큰 박해를 초래했다. 그러자 박해를 받은 그리스도인들은 유대와 사마리아 전역으로 흩어진다(1절). 이 보도는 8 : 4부터 이어지는 빌립의 사마리아 선교의 배경을 미리 준비해 둔다. 흥미로운 것은 "사도 외에는"이라는 단서 조항이다. 일반적으로 어느 그룹에 박해를 가할 때는, 그 그룹의 머리 부분을 치는 것이 가장 효과적인 법이다. 그런데 전체 교회를 박해하면서, 예루살렘 교회의 최고 지도자들인 사도들을 남겨 두었다는 것은 쉽사리 이해가 되지 않는다. 아마도 박해는 모든 기독교인들에게 해당된 것이 아니라, 주로 스데반처럼 성전과 율법에 대하여 비판적인 입장을 취한 헬라파 유대 그리스도인들에게 가해진 것으로 보인다(6 : 1-7).

누가에게는 사도들이 박해에도 불구하고 예루살렘에 계속 머물러 있음으로써, 처음 기독교 공동체의 연속성이 유지된 것에 더 큰 관심이 있다. 그러나 사도행전 9 : 26~30에 의하면, 예루살렘에 있는 그리스도인들은 사도들만이 아니다. 회심 후 예루살렘을 방문한 사울과 관련하여 사도들 외에 제자들 및 형제들이 나온다. 그래서 예루살렘을 비롯한 온 유대와 갈릴리와 사마리아 교회의 평안함과 확장의 상태가 보고된다 : "그리하여 온 유대와 갈릴리와 사마리아 교회가 평안하여 든든히 서 가고 주를 경외함과 성령의 위로로 진행하여 수가 더 많아지니라"(9 : 31). 또한 사도행전 11 : 1에서도 "유대에 있는 사도들과 형제들이" 등장하여 예루살렘에서 베드로의 보고를 듣고 있다.

그러나 그에 반해, 사도행전 11 : 19에 보면 "때에 스데반의 일로 일어난 환난을 인하여 흩어진 자들이" 여전히 안디옥에 이르러 복음을 전하는 보도가 나온다. 이러한 정황으로 볼 때, 스데반의 순교와 함께 박해를 받은 사람들은 성전과 율법에 대해 비교적 개방적인 경향을 가진 디아스포라 출신의 헬라파 유대 그리스도인들이었고, 상대적으로 율법과 성전에 대해 보수적인 경향을 지녔던 사도들과 히브리파 유대 그리스도인들은 박해를 모면했을 가능성이 있다. 박해와 함께 흩어져서 유대와 사마리아에 가서 복음을 전한 사람들이 헬라파 유대 그리스도인들이었다는 것은 이어서 나오는 빌립 이야기에서도 확인할 수 있다. 예루살렘 밖의 선교를 가져온 장본인들은 사도들이 아니라 헬라어를 말하는 유대인 그리스도인들이었다.

경건한 사람들이 스데반을 장사하고 통곡한 반면에, 스데반의 죽음에 참여한 사울은 교회 박해의 주역이 된다. "잔멸할새"(λυμαίνομαι)란 말은 문자적으로는 야생동물의 파괴행위를 묘사하며, 미완료형으로 표현되어 있어서, 바울의 박해가 얼마나 살기등등했고 지속적으로 행해졌는지를 말해 준다(3절). 사울의 박해 대상이 남자와 여자였다는 것은 여자에 대한 누가의 관심을 다시 한번 표명해 준다. 교회의 구성원이었던 남자와 여자(5 : 14)가 이제는 함께 박해의 대상이 되고 있다는 것은 공동체 내에서의 남자와 여자의 동등성을 보여 준다. 이러한 사울의 박해는 9장에 나오는 바울 회심의 직접적인 배경이 된다.

3) 빌립의 선교활동(8 : 4-40)

(1) 빌립의 사마리아 선교(8 : 4-25)

박해로 흩어진 사람들이 두루 다니면서 복음의 말씀을 전했다(8 : 4)는 말은 복음에 대한 그들의 열정을 말해 준다. 졸지에 정든 집을 떠나 낯선 곳을 떠돌면서도 복음을 전한다는 것은 쉬운 일이 아니다. 그것은 그들의 가슴 속에 그리스도의 은혜의 복음이 늘 숨 쉬고 있었기에 가능한 일이었다. 어떻게 보면, 예수 때문에 모든 것을 잃은 그들의 복음 선포가 다른 사람들의 눈에는 어떻게 보였을까? 여하튼 그들의 선포는 세상의 그 무엇이 첨가되지 않은 가장 순수한 의미에서의 복음 선포였음이 틀림없다.

빌립은 예루살렘 교회의 헬라파 일곱 지도자들 중의 한 사람으로서, 흩어져 복음을 전한 증인의 한 모범으로 등장한다. 사마리아는 지방 이름이며, 동시에 도시 이름이기도 하다. 이스라엘은 크게 세 지방으로 구분되었는데, 북쪽에는 갈릴리, 남쪽에는 유대, 그리고 그 중간에 사마리아 지방이 있었다. 사마리아 성(=도시)은 사마리아 지방의 수도이며, 헤롯 대제가 세바스테로 개명한 곳이기도 하였다. 사마리아 성은 주전 722년 앗수르(앗시리아)에 정복되기 전까지 북왕국 이스라엘의 수도였다. 앗수르인들은 거기에 살던 많은 유대인들을 포로로 잡아가고, 그 자리에 외국인을 이주시킴으로써, 혼혈족이 되게 만들었다. 이 혼혈족이 바로 사마리아인으로 알려졌는데, 그들은 순수 혈통이 아니라는 이유 때문에 유대인들에게 갖은 멸시를 당하였다. 그 결과 두 민족 사이에는 극심한 미움과 증오가 자리 잡게 되었다. 그러나 나사렛 예수는 친히 사마리아로 들어갔을 뿐만 아니라(요 4장), 부활하신 후에는 제자들에게 이곳에서도 복음을 전하라고 분부했다(행 1 : 8).

헬라파 유대 그리스도인들 중의 한 사람인 빌립은 사마리아 사람들을 복음화시키는 일에 매우 적합한 인물이었다. 사마리아인들은 예루살렘 성전을 유일한 예배 장소로 받아들이지 않았고(요 4 : 21), 그들 대부분이 유대인의 혈통과 전통을 공유하였다. 따라서 그들에게는 이스라엘의 하나님에 대해 따로 설명해 줄 필요가 없었다. 그들에게는 다만 예수를 이스라엘의 메시야로 선포하는 것으로 충분하였다(5절).

빌립의 선포에도 베드로와 스데반의 경우처럼 표적이 뒤따른다. 성령이 빌립에게도 함께하신다는 증거이다. 그 결과 사마리아 시민들은 예루살렘의 대부분의 유대인들과 달리 한 마음으로 빌립의 말을 받아들인다. 많은 치유와 귀신 축출 사건으로 그 성에 큰 기쁨이 넘치는데, 이 기쁨은 사도행전에서 하나님이 베푸시는 구원의 응답으로 거듭해서 나타난다 (8 : 8, 39 ; 13 : 52 ; 15 : 3 ; 눅 2 : 10 참조).

빌립의 성공적인 사역은 마술사 시몬의 마음까지도 끌어들였다. 시몬은 사마리아 성에서 마술을 행하여 자칭 "큰 자"라 부르며(9절), 사마리아인들에 의해서도 "크다 일컫는 하나님의 능력"으로 일컬어지는 추앙 받는 인물이었다(10절). 고대 교회의 문헌에 보면, 마술사 시몬(Simon Magus)은 교회 최초의 이단자요, 영지주의의 창시자이며, 베드로의 대적자로 알려져 있다.[55] 사마리아 출신인 순교자 저스틴(Justin Martyr)은 이 시몬이 사마리아에서뿐만 아니라, 후에는 안디옥과 로마에서도 기독교에 막

대한 피해를 입혔다고 기록하고 있다.[56] 시몬의 추종자들인 시몬파(Simonians)가 3세기에도 활동하고 있었다고 전해지지만, 시몬의 정체성이 역사적으로 확실하지는 않다. 여기에서 중요한 것은 빌립을 통해 역사하는 성령의 능력이 시몬의 마술 능력보다 더 뛰어나다는 점이다.

빌립의 표적을 보고 많은 사람들이 따르자, 마술사 시몬도 회심하고 빌립을 따라다니게 되었다(13절). 당대의 유명한 마술사가 빌립의 기적을 보고 놀라고, 심지어 그의 추종자가 되었다는 사실은 빌립의 표적이 얼마나 대단한 능력이었는지를 드러내 준다. 그러나 마술사 시몬의 세례와 회심이 진정한 것이었는지는 불분명하다. 뒤에 나오는 베드로의 진술, 즉 "하나님 앞에서 네 마음이 바르지 못하니, 이 도에는 네가 관계도 없고, 분깃될 것도 없느니라"(21절)는 말은 그의 진정성을 의심하게 만든다. 빌립의 선포의 주제가 "하나님의 나라"와 "예수 그리스도의 이름"(12절)이었다는 것은 그 두 가지가 초기 기독교 복음 선포의 중심 주제였음을 말해 준다(2 : 21, 36, 38 ; 3 : 6 ; 4 : 12). 사마리아 사람들은 남녀가 다 세례를 받는 것으로 빌립의 선포에 반응한다(13절).

예루살렘에 있는 사도들은 사마리아의 선교 소식을 듣고, 베드로와 요한을 대표로 보낸다. 박해에 대해서는 더 이상 언급이 없다. 베드로와 요한의 파송은 사마리아 선교의 공적인 인준을 의미한다. 이것은 사마리아 교회도 전체 교회에 속한다는 의미에서 매우 중요한 일이었다. 예루살렘 교회의 우선권이 인정되어야 하지만, 동시에 교회의 통일성도 유지되어야 했다. 두 사도는 사마리아인들에게 성령을 중재해 주는 역할을 한다 : "그들이 내려가서 저희를 위하여 성령 받기를 기도하니 이는 아직 한 사람에게도 성령 내리신 일이 없고, 오직 주 예수의 이름으로 세례만 받을 뿐이러라. 이에 두 사도가 저희에게 안수하매 성령을 받는지라"(15-17절).

세례와 성령 받음이 분리해서 나타나는 것은 매우 특별한 경우이다(2 :

55) J. A. Fitzmyer, *The Acts of the Apostles*, pp. 403-404.
56) E. Haenchen, 「사도행전(1)」, p. 455.

38 ; 19 : 1-6 참조).[57] 신약성경에서 믿고, 세례를 받았으나 아직 성령을 받지 못했다고 하는 기록은 여기가 유일하다. 그렇지만 이 본문을 토대로 일반세례와 성령세례를 구분하려는 시도는 옳지 않다. 여기에는 선 중생-후 성령세례의 도식을 체계화할 만한 증거가 발견되지 않는다. 누가의 관점에서 사마리아 선교는 초기 기독교 선교 역사 중에서 매우 중요한 단계에 속한다. 성령은 교회가 더 이상 예루살렘이나 유대인들 사이에만 머무르지 않고, 그것을 넘어서기를 원한다.

사마리아는 지리적으로나 인종적으로 그것을 위한 첫 번째 관문과도 같은 지역이다. 복음의 첫 번째 지역적 확장인 사마리아 선교가 사도들의 계획이나 프로그램과 상관없이 헬라파 유대 그리스도인 중 한 사람에 의해 수행되었다. 그럼에도 불구하고 누가에게는 사마리아 선교가 신적 승인과 사도적 승인을 모두 받은 것임을 보여 주는 것이 필요했다. 다시 말해서 헬라파 유대 그리스도인의 선교 사역이 이단적인 운동이 아니라 성령의 뜻임을 보여 주는 가시적인 증거가 필요하였다. "이는 아직 한 사람에게도 성령 내리신 일이 없고"(16절)라는 말은 성령이 세례와 함께 와야 하지만, 이러한 성령의 내리심이 '아직' 오지 않았다는 의미이다.

오순절 날에 성령이 강림하실 때, 거기에 있던 모든 사람들이 성령을

---

57) 이러한 난제를 풀기 위해 여러 견해들이 제시되었다. 가톨릭 학자들은 여기에서 사도들의 안수에 초점을 맞춘다. 사도들의 안수는 세례와는 구별되는 의식이며, 사도들의 안수를 통해 사마리아의 신자들은 성령에 또다시 참여하였다고 본다. 이로써 세례 받은 자들은 완전한 그리스도인이 되었다고 한다. 따라서 안수가 세례를 보완하고 완전케 하는 것으로 본다. 오순절주의자들은 사마리아 사람들이 이미 중생했지만, 아직 성령세례를 받지 못했다고 본다. 그래서 이들이 17절에서 받은 성령은 중생을 일으키는 성령이 아니라, 그 후의 2차적인 체험, 즉 성령세례라고 본다. 따라서 이 본문을 오늘날 중생한 그리스도인들도 또다시 성령세례를 받도록 기도해야 한다는 주장의 근거로 삼는다. 종교개혁자 칼빈은 이들이 전에 이미 중생하였다고 보면서, 이들이 후에 성령을 받은 것은 성령의 특별한 선물들로 이해한다. 그는 사마리아의 신자들이 중생 때 받은 성령을 '양자의 영'이라고 부르며, 사도들의 기도로 받은 성령에 대해 성령의 특별한 은혜가 그들에게 부가되었다고 한다. 이것은 하나님께서 초기에 그리스도의 왕국을 장식하기 위해 수여한 것이라고 한다. 이 모든 견해들은 본문의 역사적, 문학적 맥락보다 오히려 교리적인 맥락을 더 중요시 한다는 데 문제가 있다.

받았다. 그들이 믿음이 없는 사람들(=세례를 받은 사람들)이 아니었지만, 부활하신 주님이 약속하신 성령을 받아야만 했다. 이것은 최초의 성령강림 사건이면서, 동시에 예루살렘에서의 성령강림이다. 그 후로 누구든지 성령은 예수 그리스도를 믿는 자들에게 주어졌다(행 2 : 38-39). 그러나 복음은 유대인들에게만이 아니라 반쪽 피가 섞인 사마리아인들에게도 전해졌다. 이것은 복음 확장의 커다란 전환점이기 때문에, 여기에서도 성령의 가시적인 강림이 요구된다. 이러한 의미에서 이 사건을 가리켜 '사마리아의 성령강림'이라고 말할 수 있다. 이와 유사한 일이 이방인인 고넬료의 경우에도 일어난다. 사도행전 10 : 44 이하에 보면, 고넬료 가정의 사람들도 예수 그리스도를 믿을 때에 이 성령을 받았는데, 이 사건을 '이방인의 성령강림'이라고 할 수 있다. 이러한 성령강림의 표현들은 그들이 받은 성령이 오순절 날 사도들과 예루살렘의 제자들이 경험한 성령과 동일한 성령임을 입증해 준다(행 15 : 8 ; 11 : 15). 사마리아의 신자들이 사도들의 기도와 안수로 말미암아 받은 성령은 예수께서 보내 주시겠다고 약속하셨으며, 그 약속대로 오순절 날에 오신 성령이다. 따라서 성령에 의한 방언은 그리스도의 복음이 예상치 못했던 사마리아인이나 이방인에게도 임했다는 가시적인 표현이지, 중생 이후에 다시 받아야 할 성령세례를 의미하는 것은 아니다. 이렇게 주장할 수 있는 근거를 몇 가지 들어보자. 첫째로, 베드로와 요한이 당도하기 전에 사마리아인들의 모습이 일반적인 기독교인의 경험과 다르지 않다는 것이다. 둘째로, 신약성경의 다른 곳에서와 마찬가지로 여기에서도 성령의 임재가 그리스도인의 삶의 핵심적인 요소였다(롬 8장 참조). 셋째로, 사도행전에서 성령의 임재는 능력을 의미하며(1 : 8 ; 6 : 8 ; 10 : 38), 그 임재는 어떤 가시적인 증거로 나타난다. 성령의 임재를 보여 주는 이러한 가시적이고 능력적인 현시가 두 사도를 통해 지금 사마리아에서 일어난 것이다.

마술사 시몬은 베드로와 요한의 능력을 돈으로 사려고 하였다 : "시몬이 사도들의 안수함으로 성령 받는 것을 보고 돈을 드려"(18절). 그는 성령을 받아야만 기적이 일어난다고 생각한 것 같다. 그러나 그의 잘못은 성령의 능력을 일종의 마술적 기술로 여긴 나머지, 돈으로 성령을 획득하고자 하였다는 것이다.[58] 이에 대하여 베드로는 성령은 인간이 마음대로 처분할 수 있는 존재가 아니라는 사실을 분명하게 밝힌다 : "네가 하나님의 선물을 돈 주고 살 줄로 생각하였으니"(20절). 성령의 능력은 요구되거나 돈으로 살 수 있는 것이 아니라 하나님의 은혜로 주어지는 것이다. 베드로의 책망은 준엄하다 : "이 도(=말씀)에는 네가 관계도 없고 분깃될 것도 없느니라"(21절). 이 말은 시몬의 동기가 불순하기 때문에(23절), 아마도 시몬을 공동체에서 공식적으로 축출한다는 의미일 것이다. 그러나 그 뒤의 말, 즉 "너의 이 악함을 회개하고, 주께 기도하라"(22절)는 말과 모순되지 않는다. 시몬이 베드로의 요구대로 행하는 한, 그는 다시 그 공동체에 받아들여질 수 있을 것이며, 하나님의 일의 분깃을 차지할 수 있을 것이기 때문이다. 24절에 나오는 시몬의 대답은 조금 애매하다 : "시몬이 대답하여 가로되 나를 위하여 주께 기도하여 말한 것이 하나도 내게 임하지 말게 하소서". 이 말로는 그가 회개할 준비가 되어 있는지의 여부는 미정인 채로 남아 있다. 예루살렘에 돌아가는 길에 베드로와 요한도 사마리아인들에게 복음을 전한다(25절).

(2) 빌립과 에디오피아 내시(8 : 26-40)

앞부분에서 사마리아 선교의 실례가 나왔다면, 여기에서는 유대 지역 선교의 실례가 나온다. 가사는 유대 지역에 속하는 땅으로서 사도행전 1 : 8의 예언이 계속해서 이루어지고 있음을 보여 준다. 에디오피아 내시의 사건과 10장에 나오는 이방인 고넬료의 회심 사건은 하나의 짝을 이룬다. 그것은 유대 지역 내에서의 이방인에 대한 개종을 다루고 있기 때문이다. 실제로 이방인의 선교는 사도행전 11장부터 등장하고 있지만, 하나님은 이미 유대 지역 내에서 이방인의 선교를 준비하고 계신다.

빌립은 사마리아에서의 선교를 성공적으로 마치고, 성령의 인도하심

58) 이 사건에 근거하여 중세 시대에 성직매매를 가리켜 '시모니'(Simony)라고 부르게 되었다.

에 따라 하나님이 예비하신 한 사람을 만나게 된다. 그는 에디오피아 여왕 간다게[59]의 국고를 맡은 일종의 재무장관 격이었다.[60] 여기서 말하는 에디오피아는 지금의 에티오피아가 아니라 나일 강 북쪽에 위치한 누비아 왕국(지금의 수단)을 가리킨다.[61] 이방인인 그가 예배를 드리기 위해 그 먼 지역으로부터 예루살렘을 방문했다는 사실은 그가 '개종자' 아니면, '하나님을 경외하는 자'(God-fearer)라고 짐작하게 한다. 그러나 율법에 의하면 내시는 이스라엘의 공동체에서 받아들여질 수 없었기에(신 23 : 1), 완전한 개종자라기보다는 하나님을 경외하는 자였을 가능성이 더 크다. 그는 예루살렘 성전을 방문하고, 돌아가는 길에 성경 읽기에 몰두하고 있었다. 그가 읽고 있던 부분은 이사야 53장으로, 이해하기 어려웠던 부분은 하나님의 종에 대한 예언자의 노래였다(사 53 : 7-8). 빌립은 이 고난의 종이 바로 그리스도이심을 설명해 주고, "복음"을 전한다(35절). 그리스도를 설명하기 위해 예언서를 설명해 주는 빌립의 모습은 제자들에게 성경을 해석해 주는 부활하신 주님의 모습을 연상케 해 준다(눅 24 : 27, 44-45).

예수의 복음을 듣고 받아들인 에디오피아의 내시는 빌립에게 세례를 요청한다. 37절은 없지만, 다른 사본에 의하면 다음과 같은 내시의 신앙 고백이 소개된다 : "그리고 빌립이 그에게 말하였다. 만약 네가 마음을 다하여 믿으면, 세례를 받을 수 있다. 그러자 그는 '나는 예수 그리스도가 하나님의 아들이심을 믿습니다.'라고 대답했다".

이 구절은 우리에게 알려진 가장 오래된 세례 고백문으로, 초기 기독교의 세례의식의 절차를 보여 준다. 즉, 신앙고백과 세례 사이의 긴밀한 관계가 명시된다. 내시는 세례를 통하여 기독교 공동체의 일원이 된다.

59) 사도행전은 에디오피아 여왕의 이름을 간다게로 제시하지만, 그것은 애굽의 왕 '바로'처럼, 고유 이름이 아니라 하나의 칭호였던 것으로 보인다.

60) '내시'(εὐνοῦχος)는 거세된 관리를 의미하며, 아마도 왕궁에서 여왕과 궁녀들을 상대해야 했기 때문에, 일부로 고자가 된 사람인 것으로 보인다.

61) 김경진, 「사도행전」, p. 212 ; J. A. Fitzmyer, *The Acts of the Apostles*, p. 412.

율법에 따르면, 거세된 자는 이스라엘 공동체에 들어오는 것이 배제되었지만, 빌립은 그가 세례를 통해 새 이스라엘 공동체로 들어오는 것을 허락한다(38절). 세례 받은 후의 내시의 기쁨이 이것을 입증해 준다(39절). 그는 이방인으로서 최초로 기독교 공동체에 받아들여진 사람이라 할 수 있다. 이 일은 이방인 선교 문제와 관련하여 교회가 결정을 내리기도 전에, 하나님과 성령이 개입하셔서 일으키신 상징적인 선례였다. 이러한 하나님의 선례를 통하여 미지의 영역이 새로운 선교 공간으로 확보되었다. 후에 교회의 선교활동이 점점 이 공간을 채우게 될 것이다.

성령께서 이 두 사람을 결정적인 순간에 만나도록 인도하셨듯이, 또한 성령이 이들을 다시 헤어지게 하신다. "주님의 영이 빌립을 데리고 가셨다"(39절, 사역). 빌립은 성령의 이끄심에 따라 계속해서 복음을 전한다. 아소도(=아스돗)는 가사의 북쪽 해안에 위치하고 있는데, 빌립은 거기로부터 북쪽으로 가서 연안지대의 여러 도시에 복음을 계속 전하다가 결국 가이사랴에 이르게 되었다(21 : 8). 아마도 룻다(9 : 32), 욥바(9 : 36), 가이사랴(21 : 8)에 세워진 교회들은 빌립의 사역에서 비롯되었을 가능성이 크다.

4. 이방선교의 준비(9 : 1-11 : 18)

앞 단락에서는 스데반의 순교 이후에 박해로 흩어진 헬라파 유대 그리스도인들이 예루살렘 경계를 넘어 사마리아와 유대 지역에서 선교하는 모습이 기술되었다. 사마리아와 유대 지역에서의 선교활동은 이방인 선교의 예비 단계에 속한다. 사마리아 선교가 유대인 선교와 이방인 선교 사이의 연결고리를 형성한다면, 에디오피아 내시의 회심은 이방인 선교의 서곡이라고 할 수 있다. 사도행전에서 이방인 선교가 시작되는 부분은 11 : 20~21인데, 이렇게 시작된 이방인 선교가 처음으로 조직적이며 적극적으로 전개되는 것은 13장부터이다.

이렇게 사도행전에서 이방인 선교가 시작되기 전에 두 가지 중요한 일이 일어나는데, 하나는 바울의 회심이고, 다른 하나는 베드로의 회심이다. 즉, 하나님께서는 바울의 회심을 통하여 이방인 선교의 가장 중요한 인물을 준비시키시는 동시에, 초기 교회의 대표적인 사도라고 할 수 있는 베드로의 회심을 통하여 이방인 선교에 대한 신학적인 바탕을 마련하신다. 따라서 바울의 회심은 베드로의 회심과 더불어 한 개인의 회심의 차원을 넘어서서, 그동안 유대인에게만 전해지던 복음이 이방인에게로도 넘어가는 중요한 계기를 이루는 사건이라고 할 수 있다.

1) 바울의 회심과 첫 활동(9 : 1-31)

(1) 바울의 회심(9 : 1-19)

바울의 회심의 중요성은 아무리 강조해도 지나치지 않다. 바울의 회심은 기독교의 전 역사를 통틀어 오순절 이후로 가장 중요한 사건이라고 해도 과언은 아니다. 매우 간결하게 초기 역사를 서술하는 누가가 바울의 회심을 무려 세 번씩이나 서술하고 있는 것을 보면(9 : 1-19 ; 22 : 3-21 ; 26 : 4-23), 그에게도 바울의 회심은 매우 중요한 사건임에 틀림없다. 그중에서도 9장에서는 바울의 회심이 역사적 보도의 형식으로 가장 길게 기록되어 있고, 나머지 두 부분은 바울이 유대인들(22장)과 아그립바 왕(26장) 앞에서 간증하는 형식으로 서술된다.

① 바울의 다메섹 체험(1-9절)

1~2절에서는 예수를 만나기 이전의 핍박자 사울의 모습이 나온다. 사울이란 이름은 이미 세 번에 걸쳐 나온 바 있다(7 : 58, 8 : 1, 8 : 3). 사울은 바울의 유다식 이름이고, 바울은 그가 로마 시민으로서 지니고 있던 둘째 이름이다. 그러므로 두 이름은 처음부터 바울이 가지고 있던 이름이었다. 사도행전에서는 13 : 9부터 바울이라는 이름이 나오기 시작하여, 그 이후에는 오로지 그 이름으로만 불린다. 이것은 사울에서 바울로의 이름 변경이 다메섹 회심과 직접적인 연관이 있는 것이 아니라, 그보다는 오히려

바울의 선교 대상과 연관되어 있다는 것을 시사해 준다. 이방 세계에 복음을 전하는 이방인의 사도로서, 유대식 이름보다는 로마적 이름이 그에게 더 적합했을 것이다.

바울의 핍박은 이미 사도행전 8 : 3에서 처음으로 언급된 바 있다. 여기에서는 바울의 핍박이 그 절정을 이루고 있다. "여전히 위협과 살기가 등등하여"(1절)라는 표현은 이전의 예루살렘 박해 이후에도 그리스도인들에 대한 그의 증오와 적의가 전혀 식지 않고 있다는 것을 말해 준다. 그는 예루살렘에서의 박해에 만족하지 않고, 다메섹으로 흩어진 그리스도인들까지 잡아서 끌고 오려고 대제사장에게 공문을 요청한다. 이 당시의 공식적인 대제사장은 가야바였을 것이다. 이러한 바울의 핍박의 모습은 바울 회심의 특성을 이해하는 중요한 배경이 된다. 바울이 어떻게 회심하였는가를 묻는다면, 오직 한 가지의 대답만이 가능하다. 그것은 하나님의 주권적인 행위였다. 하필이면 그리스도교 교회의 광적인 박해자가 가장 위대한 선교사가 되었다는 사실은 인간적으로는 거의 설명할 수 없는 하나의 경이적인 일이었기 때문이다. 이 드라마틱한 사건은 유대인의 영역을 넘어서서 이방세계로 뻗어 가야 할 선교 사역의 배후에 하나님 자신이 활동하신다는 사실을 각인시켜 준다(15절).

바울과 부활한 그리스도와의 만남은 갑자기 하늘에서 빛이 비추는 것으로부터 시작한다. 동일한 사건을 말하는 사도행전 26 : 13에는 이때가 정오였다고 한다. 그렇다면, 이 빛은 태양 빛보다 더 밝은 빛으로 '신의 현현'을 상징한다. 이 하나님의 강력한 빛은 바울을 소경으로 만들기에 충분하였다(8-9절). 소리가 들렸다는 말이 나오는데, 이것은 하나님의 신비가 인간에게 알려지는 계시의 도구이다 : "사울아 사울아 네가 어찌하여 나를 핍박하느냐"(4절). 여기서 주목할 점은 예수가 자신과 그리스도인들을 동일시하고 있다는 사실이다. 그리스도의 교회를 핍박하는 것은 곧 예수 자신을 핍박한 것과 같다는 것이다. 그러나 바울은 이 부분을 즉각적으로 이해하지 못한다. 자신이 핍박해 온 대상은 사람들이었지, 어떤 신적인 존재가 아니었기 때문이다. 그래서 사울은 오히려 이렇게 묻는다. "주여, 당신은 누구십니까?" 여기에서 "주여"라는 호칭은 아직 그리스도를 부르는 말이 아니라 상대방에 대한 공손한 호칭이라고 볼 수 있을 것이다. "나는 네가 핍박하는 예수다." 바울은 이제야 자신이 핍박한 대상이 바로 예수 자신이었음을 알게 된다. 즉, 자신은 교회를 핍박하였으나, 그것이 곧 교회의 배후에 계시는 예수를 핍박한 것임을 깨닫게 된 것이다. 이때 비로소 바울은 제자들과 교회의 배후에 계시는 살아 계신 그리스도를 인격적으로 만나게 되었고, 자기가 핍박하던 그리스도인들이 옳았고, 자신이 틀렸음을 깨달은 것이 틀림없다.

이것은 지금까지 기세등등하던 바울이 주님의 명령에 묵묵히 순종한 것을 통해서도 확인된다 : "네가 일어나 성으로 들어가라. 행할 것을 네게 이를 자가 있느니라"(6절). 사울의 일행은 소리만 듣고 아무것도 보지 못했다고 한다. 그러나 사울과 함께 있던 일행들도 사울이 들은 소리를 함께 들었다는 것은 이 사건이 사울의 주관적인 사건이 아니라, 거기에 있던 모든 사람들이 인식할 수 있는 객관적인 사건이었음을 암시해 준다. 바울과 그리스도의 첫 만남의 결과는 사울이 보지 못하게 되었다는 것과 그가 아무것도 먹지도 않고, 마시지도 않았다는 것이다. 보지 못하게 된 것이 자신의 의지와는 상관없는 신비체험의 결과라면, 그가 식음을 전폐했다는 것은 그의 의지적인 행동으로, 그의 회심과 내적인 변화를 표현한다(11절).

② 아나니아와 바울의 만남(10–19절)

바울의 다메섹 체험의 배후에 하나님의 섭리가 있었던 것처럼, 그 이후의 과정 역시 하나님 자신이 준비하신다. 준비된 제자인 아나니아와의 만남을 주선하시는 분도 하나님이시요(10–16절), 그를 통하여 바울에게 소명을 계시해 주시는 분도 하나님이시다(17–19절).

하나님은 환상을 통하여 바울과 아나니아의 만남을 예비하신다. "다메섹에 아나니아라 하는 제자가 있더니"(10절). 사도행전에서 제자라는 말은 그리스도인을 가리키는 관용어이다. 아나니아는 유대인 출신의 그리스도인(22 : 12)으로서, 다메섹 교회의 교인이었던 것 같다. 다메섹에 이미 기독교 공동체가 있었다는 것은 분명하지만, 그러나 그 공동체가 언제, 누구에 의해 세워졌는지는 확실하지 않다. 아마도 오순절 사건 당시 예루살렘에 왔던 사람들 중 회심한 사람들에 의해 복음이 전파된 것으로 추정된다(2 : 9-10). 이 환상은 회심 사건의 주체가 하나님이라는 사실을 다시 한번 시사해 준다.

'직가'(=곧은 길)라고 하는 거리는 다메섹의 동문에서 서문으로 이어지는 길고 곧은 거리를 의미하는데, 당시 흔했던 구불구불하던 거리들과 대조해서 붙여진 이름으로 보인다. 11절에서 바울의 고향이 길리기아 지방의 수도인 '다소'였음이 처음으로 밝혀진다. 다소는 당시에 중요한 상업 도시였으며, 헬레니즘 문화의 중심지로서 대학이 있었고, 스토아 철학이 성행한 곳으로 알려져 있다. 바울이 다소 출신이라는 사실은 그의 헬라적 배경을 알게 해 준다.

"저가 기도하는 중이라"는 말은 바울 회심의 진실성을 표현해 준다. 아나니아의 환상 중에 바울의 환상이 언급된다. "저가 아나니아라 하는 사람이 들어와서 자기에게 안수하여 다시 보게 하는 것을 보았느니라"(12절). 한 사람의 종을 만들기 위해 부지런히 일하시는 하나님의 모습이 연상된다. 아나니아의 주저함은 사울의 회심이 얼마나 믿기 어려운 사실이었는지 보여 준다. "이 사람에 대하여 내가 여러 사람에게 듣사온즉 그가 예루살렘에서 주의 성도에게 적지 않은 해를 끼쳤다 하더니"(13절). "주의 성도" 역시 그리스도인을 가리키는 호칭으로, "제자"(10절)나 "주의 이름을 부르는 자"(14절)와 다 같은 동의어이다.

9장에서는 바울의 소명이 아나니아를 통해 계시의 형태로 전달된다 : "가라 이 사람은 내 이름을 이방인과 임금들과 이스라엘 자손들 앞에 전하기 위하여 택한 나의 그릇이라. 그가 내 이름을 위하여 해를 얼마나 받아야 할 것을 내가 그에게 보이리라"(15-16절). 계시의 내용은 이 단락의 주제로서, 하나님께서 바울을 이방인 선교를 위한 도구로 사용하시기 위해 일찍부터 그를 선택하고 준비하셨다는 사실을 강조한다. 그리스도의 박해자가 그리스도의 선포자가 될 것이다. "택한 나의 그릇"이라는 은유는 하나님이 이미 선택하고, 준비하셨다는 사실을 강조하는 절대 주권을 표현해 준다. 그러나 바울의 여정은 순탄하지 않을 것이다. 이기가 막힌 하나님의 반전을 보라! 얼마 전까지만 해도 그리스도와 교회를 박해하던 사람이 이제는 그리스도의 이름을 전하기 위해 스스로 박해를 감수하는 사람으로 변화될 것이다.

환상을 통해 계시를 받은 아나니아는 주님의 말씀에 순종하여 바울을 만나게 된다. 아나니아는 사울을 "형제"로 부른다. "형제"라는 호칭은 그리스도인들 간의 호칭으로서, 바울이 그리스도교 공동체에 들어온 것을 환영한다는 의미이다. 교회의 대원수가 형제로서 환영을 받고 있다. "성령으로 충만하게"라는 말은 모든 회개의 최종적인 목표로서, 바울이 예수를 믿고 성령을 받았다는 사실을 말해 준다. 여기에서도 성령 받음과 세례가 긴밀하게 연결되어 있다. 아나니아의 안수를 받은 후에, 바울은 비늘 같은 것이 떨어져 나가면서 다시 보게 되고, 음식을 먹고 강건하여진다. 바울은 다메섹 사건을 통해 그동안 눈을 떴으나 보지 못했던 부분들을 이제 새로운 시각으로 보게 된다.[62]

다메섹 사건은 바울의 회심 사건이면서 동시에 소명사건이다.[63] 다메섹 사건은 그의 생애와 사상과 신학의 획기적인 전환점을 가져왔다는 의미에서 회심 사건이다(빌 3 : 4-11). 바리새인 중의 바리새인을 이방인의 사도로, 초기 기독교 공동체의 가장 잔인한 핍박자 중의 한 사람을 그것의

62) 바울서신에 나타난 바울의 다메섹 체험은 매우 간결하게 나타난다(갈 1 : 11-16 ; 고전 15 : 3-11 ; 고전 9 : 1-2 ; 고후 4 : 4-6 ; 빌 3 : 7-8). 바울이 전하는 다메섹 사건은 이야기의 형태를 취하지 않고, 당시의 상황에 대한 구체적인 설명이 없다. 즉, 개인적 회심보다는 오히려 자신이 전하는 복음의 기원과 사도직의 근거에 강조점이 주어진다. 주로 바울은 복음의 진정성과 신빙성을 옹호하고, 이방인을 위한 사도직의 본질을 변호하기 위해 다메섹 사건을 말한다. 아마도 바울서신의 수신자들은 이미 바울의 회심 이야기를 알고 있었을 것이다. 바울의 회심 이야기는 당시에도 이미 많은 사람들에게 놀라운 사건으로 회자된 것으로 보인다(갈 1 : 21-24).

63) 바울의 회심에 대한 연구는 전경연, 「원시기독교와 바울」, pp. 151-181 : 권오현, 「바울의 생애(상)」(서울 : 대한기독교서회, 1997), pp. 203-255 참조.

가장 중요한 전파자로, 그리고 저주 받아 죽어 마땅하다고 여긴 나사렛 예수를 자신의 전 삶의 중심으로 삼게 변화시킨 원동력은 무엇인가? 그것은 바로 부활하신 주님과의 만남이었다. 주님과의 만남을 통해 나사렛 예수에 대한 그의 인식과 율법에 대한 이해가 완전히 전환되었다.[64] 그는 예수가 하나님의 아들이고, 그리스도라는 것을 깨닫게 되었을 뿐만 아니라 더 이상 율법이 아니라 십자가에 달려 죽은 그리스도가 구원의 길임을 알게 되었다.

물론 이러한 그의 인식의 변화에는 그가 이전에 핍박했던 헬라파 유대 그리스도인들을 통해 접하게 된 초기 교회의 전승들도 중요한 역할을 했을 것이다. 상대방에 대해서 알지도 못하면서, 그렇게 잔인하게 핍박했을 리는 만무하기 때문이다. 분명한 것은 그리스도의 계시를 통하여 자신이 틀렸고, 그들이 옳았다는 사실을 깨닫게 된 것이다. 이런 의미에서 다메섹 사건은 바울의 메시야관과 율법관의 해석학적 패러다임의 변화를 가져온 결정적인 사건이라고 할 수 있다(갈 1 : 15-16). 동시에 다메섹 사건은 바울의 소명 사건이기도 하다. 다메섹 사건 이후로 그는 이방인의 사도로서의 자신의 정체성을 결코 잊어버린 적이 없다(갈 1 : 15-16 ; 2 : 8-9 ; 롬 1 : 5 ; 11 : 13). 그는 이방인의 사도로서 사고했고, 이방인의 사도로서 복음을 전했다.

(2) 바울의 처음 활동(9 : 20-31)

사도행전에 따르면, 바울은 회심 후에 바로 다메섹의 여러 회당에서 복음을 전한 것으로 나타난다. "즉시로"라는 말은 바울이 자신의 소명에 얼마나 충실했는지를 단적으로 보여 준다. 회당에서의 복음 전파는 그의 선교에 있어서 하나의 관례가 된다. 예수가 "하나님의 아들"이라는 칭호는 사도행전에서 여기에만 나온다. 이 호칭은 시편 2 : 7에서 유래한 것으로, 그 구절은 사도행전 13 : 33에서 인용된다. 다메섹에 있던 유대인들은

64) 다메섹 사건은 바울의 예수관만이 아니라 율법관까지 바꾸어 놓았다. J. D. G. Dunn, 박문재 역, 「바울신학」(서울 : 크리스챤 다이제스트, 2003), p. 480.

바울의 급격한 변화에 대하여 놀랐다. 선포의 내용보다 그의 변화된 삶 자체가 그들을 당황하게 만들었다. 이러한 유대인의 반응은 독자들에게 바울의 회심이 진실임을 입증해 주는 동시에, 또한 바울의 선포에 대한 그들의 반감도 알려 준다. 그의 변화된 삶과 함께 전해진 예수가 그리스도라는 선포의 위력은 지대했고, 그만큼 유대인들에게는 위협이 되었다.

사도행전 9 : 16의 예언대로, 바울에 대한 박해가 시작된다. 유대인들은 바울을 죽이려고 모의한다. 이러한 음모를 알게 된 바울은 제자들의 도움을 받아 광주리를 타고 다메섹 성벽을 넘어 도망한다(25절). "여러 날이 지나매"(23절)라는 말은 모호한 표현으로서, 사도행전의 보도와 바울서신 간의 긴장을 초래한다. 많은 학자들은 다메섹 체험에 대한 바울 자신의 증언(갈 1 : 15-19 ; 고후 11 : 32-33)과 비교하여, 이 기간을 바울이 다메섹 체험 이후에 아라비아로 갔다가 다시 다메섹으로 돌아온 기간으로 보며, 이 사건을 고린도후서 11 : 32~33에서 서술된 아레다 왕 치하에서의 바울의 박해 이야기와 연관시킨다.

갈라디아서 1 : 17~18에 따르면, 바울은 회심 후 곧바로 아라비아(당시의 나바테아 왕국)로 가서 선교하다가, 다시 다메섹으로 돌아온다. 그 후 삼 년 만에 비로소 예루살렘에 올라갔다고 바울은 고백한다. 그러므로 바울의 회심과 예루살렘 방문 사이에는 약 '삼 년'(첫 해와 마지막 해를 포함시키는 고대의 계산법을 고려해도 만 2년 이상)의 기간이 있었음을 알 수 있다. 고린도후서 11 : 32~33에는 아레다 왕의 수령이 바울을 잡으려고 했기 때문에, 제자들의 도움으로 광주리를 타고 다메섹 성으로부터 탈출하는 장면이 나온다. 박해의 주체가 사도행전에서는 유대인들로, 고린도후서에는 아레다 왕의 수령으로 기술되어 있지만, 이것은 큰 차이가 아니다. 이방인들의 박해의 배후에는 항상 유대인들의 선동이 깊이 관여되어 있기 때문이다(13 : 50 ; 14 : 5-6 : 19 ; 17 : 5-8 ; 18 : 12-16 ; 21 : 27-33). 누가는 실제적인 역사 전승을 매우 압축하고, 단순화시킨다.

그러나 사도행전의 보도와 바울의 증언이 공통적으로 밝혀 주고 있는 것은 바울이 회심 후 곧바로 다메섹과 아라비아에서 선교활동을 했고,

그 선교활동의 결과로 박해가 그에게 있었다는 것이다.[65] 이러한 바울의 초기 활동에 대해서 누가가 침묵하고 있는 것을 보면, 아마도 이 시기의 바울의 활동은 별로 결실을 맺지 못한 것으로 보인다. 바울 역시 그의 서신 어디에서도 이 지역에 세운 공동체에 대해서 언급하지 않는다.

가까스로 다메섹을 탈출한 바울은 예루살렘으로 올라간다. 이것은 바울의 첫 번째 예루살렘 방문이며, 갈라디아서 1 : 18에 의하면, 회심 후 삼 년 만의 일이었다. 한 사람의 평판을 바꾸기는 쉽지 않다. 회심 이전의 바울의 이미지와 행적이 너무도 부정적이었기 때문에, 예루살렘의 제자들이 그를 즉각적으로 받아들이기는 어려웠을 것이다. 이때 바울과 예루살렘의 사도들 간의 중재 역할을 하는 사람이 바나바이다(27절). 그는 이미 사도행전 4 : 36~37에 나왔던 인물이며, 후에 바울을 안디옥 교회로 데려오는 장본인이기도 하다. 누가에게는 바울과 예루살렘 사도들 간의 일치가 매우 중요하였다.[66]

바울 역시 스데반처럼 예루살렘에 있는 헬라파 유대인들(=헬라 말을

---

65) 다메섹 체험이 너무도 뜻밖의 사건이었기 때문에, 바울이 회심 후 약 3년간 (아라비아) 사막에 가서 운둔하며, 자신의 회심과 앞으로의 계획을 위해 깊은 명상의 시간을 가졌다는 오래된 견해가 있다. 그러나 그러한 견해는 본문상의 지지를 얻지 못하며, 오히려 후대의 수도원 운동의 사상이 투영된 것으로 보인다. 몇 가지 반론을 제시해 보면, 1) '아라비아'는 사막이 아니라 당시 나바테아 왕국을 의미한다. 이 왕국은 주전 85년부터 주후 106년까지 로마에 합병되기까지 존재했으며, 바울 당시 아레타스 4세(주전 9년-주후 40년)가 다메섹을 포함하여 그 지역을 다스렸다. 2) 고린도후서 11 : 32~33의 사건은 사도행전 9 : 23~25의 사건과 동일한 사건으로 간주된다. 3) 고린도후서 11 : 32~33에 나오는 바울의 증언에 따르면, 다메섹에서 아레다 왕의 고관이 그를 잡으려고 성을 지켰으나, 그는 광주리를 타고 탈출했다고 한다. 바울이 복음을 전하지 않고 은둔하여 명상만 했다면, 왜 박해를 받았겠는가? 4) 사도행전 9 : 20에 보면, 바울은 회심 이후 "즉시로" 다메섹 회당들에서 복음을 전한 것으로 서술되고, 갈라디아서 1 : 18에도 회심 후 즉시 아라비아로 간 것으로 기술하고 있다. 5) 분명한 소명 체험과 복음 전파에 대한 남다른 열정, 그리고 그의 임박한 종말에 대한 기대 등을 고려할 때, 바울이 그렇게 오랜 기간을 운둔과 묵상으로 보냈을 가능성은 희박하다.

66) 이와 달리 갈라디아서 1장에서 바울은 예루살렘 사도들과의 독립성을 강조한다. 이러한 차이는 모순이라기보다는 상황과 강조점의 차이라고 볼 수 있다. 갈라디아서에서는 바울이 갈라디아 교회에 들어온 유대주의자들과의 논쟁을 벌이는 과정에서 다른 사도들로부터 자신의 독립성을 부각시키는 것이 중요했다.

하는 유대인들)에게 복음을 전했다(29절). 그것은 자신의 배경과 무관하지 않다. 그 자신이 디아스포라 유대인이었고, 그의 회심 역시 헬라파 유대 그리스도인들과 연관이 있었기 때문이다. 다메섹에서처럼, 예루살렘의 유대인들도 바울에게 적대감을 보이자, 형제들이 바울을 가이사랴를 경유하여 고향인 다소로 보낸다(30절).[67] 31절에서 또 하나의 단락을 마무리하는 요약문이 나온다(6 : 7 참조). "그리하여 온 유대와 갈릴리와 사마리아 교회가 평안하여 든든히 서 가고, 주를 경외함과 성령의 위로로 진행하여 수가 더 많아지니라." 이 요약문은 복음이 예루살렘을 넘어 온 유대와 사마리아에까지 확장되었음을 보고한다. 가장 가혹한 박해자가 그리스도의 증언자가 된 다음에 교회는 평안을 얻게 된다. 박해에도 불구하고, 아니 박해를 통하여 교회는 든든히 서 가고 확장되었다.

1 : 8의 말씀 구도에 따르면, 이제 "땅 끝까지의 복음전파"라는 과제를 수행해야 할 단계에 도달했다. 이를 위해 성령은 이미 결정적인 한 인물, 즉 바울을 준비해 놓으셨다. 여기에서 사용된 "교회"(ἐκκλησία=단수에 유의)는 지역 교회가 아니라(5 : 11 ; 8 : 1, 3 ; 13 : 1 ; 14 : 23 등) 전체로서의 하나님의 교회를 지칭한다.[68] 즉 유대, 갈릴리와 사마리아 지역에 있는 모든 성도 전체를 가리킨다. 갈릴리 교회의 설립에 대해서 누가는 상세하게 보고하고 있지는 않지만, 부활절 이후에 복음의 고향이라고 할 수 있는 갈릴리에 교회가 세워졌을 가능성은 얼마든지 있다.

2) 룻다와 욥바에서의 베드로의 행적(9 : 32-43)

이 단락에서 베드로의 행적이라고 할 수 있는 몇 가지 사건이 서술된다. 교회가 평안하고 든든히 서 가는 가운데(31절), 베드로는 팔레스타인 서부

67) 갈라디아서 1 : 21~24을 보면, 바울은 다소에서 은둔하고 있었던 것이 아니라 길리기아와 수리아 지역을 중심으로 복음을 선포했다.

68) 에클레시아는 지역 교회도 가리키고, 전체 교회도 가리킨다. 우리말로는 구분이 안 되지만, 독일어 성경에서는 개별적인 지역 교회는 Gemeinde, 전체 교회는 Kirche로 구분해서 표현한다.

지방에 흩어져 있는 여러 기독교 공동체를 돌아보는 목회사역을 하고 있다. "사방으로 두루 행하다가"라는 말은 그가 주로 순회설교 사역에 종사하고 있음을 보여 준다. 이 지역의 교회들은 아마도 빌립의 활동으로 처음 세워졌을 것이다(8 : 39-40). 베드로의 목적은 복음을 전파하기 위한 것만이 아니라 성도들을 방문하여 그들을 가르치고, 격려하기 위한 것이었다. 그를 통해 여러 가지 기적들이 따른다. 그의 치유 기적을 통해 부활하신 주님이 자신의 능력을 입증하시며, 주위의 사람들을 회개와 믿음으로 부르신다(34, 40절). 룻다에서 팔 년 간 앓고 있던 중풍병자 애니아를 고친 사건은 예수의 중풍병자 치유를 연상시켜 준다(눅 5 : 18-25).

베드로의 표적을 보고 주께로 돌아온 사람들 중에는 사론 지방의 사람들도 있었는데(35절), 이 지방은 욥바에서 가이사랴로 이어지는 지중해 연안을 따라 50마일 정도 펼쳐진 비옥한 평원을 말한다. 그러나 여기에서는 지역 명칭이 아니라, 룻다 지방의 한 마을을 가리키는 것으로 보인다. 주께로 돌아온 사람들은 이방인이 아니고, 유대인들이었을 것이다.[69]

애니아의 치유 사건에 이어, 베드로는 욥바에서 '다비다'라고 하는 여제자를 살리는 기적을 행한다(36-43절). 다비다는 과부들의 후원자로 선행과 구제를 많이 하는 경건한 여인이었다. 주목할 만한 것은 그가 예수의 '여제자'(μαθήτρια)로 소개되고 있다는 것이다. 이 낱말은 신약성서 전체에서 오직 여기에만 나타난다. 고대 사회에서 업신여김을 받던 여인에 대한 누가의 관심이 다시 한번 드러난다. 한 남자의 이야기(애니아)에 한 여자의 이야기(다비다)를 옆에 나란히 등장시키는 누가의 특징도 반복된다. 이 모든 것은 하나님의 나라에서 남성과 여성의 차이는 더 이상 의미가 없다는 신학적 교훈을 제공한다. 다비다의 소생은 회당장 야이로의 딸을 치유하시는 예수의 모습을 연상시킨다(막 5 : 35-42 ; 구약으로는 왕상 17 : 17-24 ; 왕하 4 : 18-37 참조). 여기에서도 표적과 주위 사람들의 믿음의 반응이 긴밀하게 연결되어 나온다(42절).

---

69) E. Haenchen, 「사도행전(1)」, p. 499.

9장의 마지막 절에 나오는 "베드로가 욥바에 여러 날 있어 시몬이라 하는 피장의 집에서 유하니라"(43절)는 말은 다음 단락에 이어서 나오는 이방인 고넬료의 회심 사건의 도입부 역할을 한다. 피장이(=무두장이)는 죽은 짐승의 가죽을 다루는 직업이었기 때문에, 이 직업에 종사하는 사람들은 유대인들에 의해 멸시를 받았다. 그러나 베드로가 그러한 사람 집에서 머물렀다는 것은 유대인의 정결법과 편견을 거부하고, 새로운 질서에 편입되고 있음을 보여 주며, 그럼으로써 고넬료의 회심 사건을 예비해 준다.

3) 고넬료의 구원과 베드로의 회심(10 : 1–11 : 18)

(1) 고넬료의 구원(=베드로의 회심)(10 : 1–48)

로마의 백부장 고넬료의 구원 사건이 차지하는 중요성은 사도행전 10장 전체와 11장의 많은 부분을 할애하고 있다는 사실에서 이미 간파할 수 있다. 그러나 이 단락에서 고넬료의 구원만큼 베드로의 회심이 중요하다. 이방인 고넬료의 구원이 장차 전개될 이방인 선교의 초석이 되는 중요한 사건이라면, 하나님의 구원에는 어떤 인간적인 차별이 없으며, 유대인이나 이방인이나 편견 없이 구원하기를 원하신다는 것을 깨달은 베드로의 회심은 사도행전 전체에서 매우 중요한 의미를 가진다. 베드로의 회심은 곧 유대인 그리스도인들이 이방인 그리스도인들을 형제로 받아들이는데 결정적인 역할을 한다.

① 고넬료가 받은 계시(1–8절)

가이사랴는 욥바에서 약 50km 정도 떨어져 있는 도시로, 유대와 사마리아 지방을 관장하고 있는 총독의 주재지이며, 로마 군 수비대의 주둔지이다. 고넬료는 이 수비대의 백부장(=백인대장)이었다. 그 당시에 이방인들 가운데는 전래적 이방 종교에 환멸을 느끼고서 유대교의 회당예배에 참석한 친유대적인 이방인들을 흔히 만날 수 있었는데, 이들을 두 부류로 나눌 수 있다. 하나는 유대교로 완전히 개종하여 할례를 받고, 안식일

등 율법을 준수하는 자들이고, 다른 하나는 공식적으로 개종하지는 않았지만, 부분적으로 회당 공동체에 참여한 자들이다. 전자를 "개종자"라고 부르고, 후자는 "하나님을 경외하는 자"라고 부른다. 고넬료는 후자, 즉 '하나님을 경외하는 자'에 속한 사람들 중에 한 사람이었다. 그는 자신만이 아니라 온 가족이 하나님을 경외하며, 백성(=가이사랴에 있는 유대교 회당 공동체)을 많이 구제하고, 하나님께 항상 기도하는 자였다. 그래서 누가는 고넬료를 가리켜 "경건한 사람"이라고 부른다. 그러나 그는 아직 그리스도인은 아니었다. 이제 하나님은 그를 최초의 이방인 개종자로 삼을 계획을 추진하신다. 앞에서 언급한 베드로의 두 기적 이야기가 예수의 사역과 연관된 것처럼, 경건한 고넬료의 이야기 역시 예수의 백부장 이야기를 연상시킨다(눅 7 : 1-10).

고넬료가 환상(ὅραμα)을 본 시간은 제 구 시, 즉 오후 세 시경이었다. 이 시간은 예루살렘뿐만 아니라(3 : 1), 예루살렘 바깥에 사는 유대인들에게도 기도시간이었다. 이방인인 고넬료가 유대인의 기도시간을 규칙적으로 지킨 것을 보면, 그의 유대적 경건성을 확인할 수 있다. 여기에서도 기도가 하나님의 음성을 듣는 중요한 계기가 된다. 주의 천사가 환상 중에 하나님의 계시를 전달한다(눅 1 : 11, 26 참조). "네 기도와 구제가 하나님 앞에 상달하여 기억하신 바가 되었으니"(4절). 기도가 하나님과의 수직적인 관계라면, 구제는 이웃과의 수평적 관계를 말해 준다. 즉, 고넬료는 균형 잡힌 경건의 소유자였다. 이처럼 최초의 이방인 개종자는 하나님의 부르심에 잘 준비된 자였다. 고넬료가 본 환상의 핵심은 욥바에 있는 베드로를 청하라는 것이다. '욥바'라는 지명을 통하여 이 단락과 앞 단락(9 : 36-43)이 연결되고, 베드로라는 시몬과 피장 시몬이 구분된다. 바울과 아나니아의 만남 때처럼, 고넬료와 베드로의 만남을 주선하기 위해 사건의 배후에서 부지런히 일하고 계시는 하나님의 모습을 보여준다. 만남의 주체자는 하나님이시고, 고넬료는 하나님의 지시에 그대로 복종한다(7-8절).

② 베드로가 본 환상과 계시(9-16절)

베드로의 환상은 고넬료의 환상에 정확하게 상응한다. 베드로도 고넬료처럼 기도 중에 환상을 체험한다. 그가 "시장하여"라는 말은 환상의 내용을 미리 준비시킨다. 베드로는 하늘이 열리고 큰 보자기 같은 그릇이 네 귀퉁이가 끈에 매달려 땅으로 내려오는 것을 본다. "하늘이 열리며"라는 표현은 이 환상과 계시의 기원이 하나님이시라는 것을 상징한다. 그 안에는 온갖 짐승들, 즉 네 발 달린 짐승들과 땅에 기어 다니는 것들과 공중의 새들이 들어 있었다(창 1 : 24 ; 롬 1 : 23). "각색"이라는 말 속에는 유대법의 규정에 따라 정한 것과 부정한 것이 함께 섞여 있음을 암시한다. 시장기를 느끼고 있던 베드로에게 "잡아먹으라"는 음성이 들린다(13절). 보자기에 싸인 동물들을 먹으라고 하는 것은 근본적으로 유대교에 따른 음식에 관한 정결례를 따지지 말고 먹으라는 의미이다.

유대교의 음식법에 따르면(레 11장), 먹어야 할 음식과 먹지 말아야 할 음식이 정해져 있었다. 따라서 이러한 요구는 율법을 문자적으로 지키는 유대인들에게는 도저히 받아들여질 수 없는 요구였다. 베드로가 그 요구에 대해 강하게 부정하는 것은 근거가 있다 : "주여 그럴 수 없나이다. 속되고 깨끗지 아니한 물건을 내가 언제든지 먹지 아니하였삽나이다"(14절). 이 대답은 예수를 믿지만, 유대교의 전통을 고수하는 유대인으로서의 베드로의 모습을 보여 준다. 결과적으로 그는 자기가 속해 있는 종교적 전통과 선입견 때문에 하나님의 명령까지도 거절하는 어리석은 사람으로 드러난다.

15절에 나오는 두 번째 음성은 이러한 베드로의 어리석음에 대한 일침이다 : "하나님께서 깨끗케 하신 것을 네가 속되다 하지 말라". 성과 속의 구별을 없앤 분이 하나님이신데, 그것을 부정하다고 말하는 것은 어불성설이다. 이미 예수가 음식의 정결법을 과감하게 정정한 것처럼(막 7 : 15-23), 율법을 주신 하나님의 본래 뜻을 따르는 것이 더 중요하다. 율법의 조항보다 율법의 정신이 더 중요하다. 이런 일이 '세 번' 있었다는 것은 베드로의 저항이 얼마나 강했는지를 말해 준다. 한 사람이 자신의 전통과 잘못된 신념을 깨고 하나님의 뜻을 따르는 것이 얼마나 어려운 일인지를 단적으로 보여 준다. 베드로의 사고와 신학은 당시로서는 유대민족의 절대적인 신앙전통을 의미할 수도 있다. 그러나 인간의 전통이나 신학은 결코 진리 자체가 아니라 한시적 가치와 의미만을 가진다는 사실을 인정해야 한다. 그것을 망각하고 과거로부터 전수 받은 전통이나 신학을 절대화하게 되면, 오히려 하나님의 뜻을 거역할 위험에 빠질 수 있다. 그러므로 그리스도인은 자신의 기준으로 다른 사람을 판단하고 비판하기 전에, 자신의 확신과 주장까지도 하나님의 말씀에 비쳐 볼 수 있는 열린 자세가 필요하다.

여기에서 베드로가 경험한 환상 속의 부정한 짐승들은 이방인을 상징한다(10 : 28 참조). 유대인들은 이방인들을 그 자체로 부정한 사람들로 취급했고, 유대인이 이방인과 교제할 때마다 부정하게 된다고 생각했다. 그런데 하나님께서 베드로에게 이 부정한 짐승들을 "잡아먹으라"고 명령하시는 것은 이방인들을 배척하거나 피하지 말라는 의미를 지닌다. 실제로 유대인들의 이방인 선교에 있어서 가장 걸림돌이 되었던 것 중의 하나가 바로 음식 문제였다. 왜냐하면 그것이 유대인과 이방인의 교제를 방해했기 때문이다. 이러한 음식 문제가 초기 교회에 얼마나 큰 문제였는지는 안디옥 사건에서도 잘 드러난다(갈 2 : 11-14). 따라서 베드로의 거절은 여전히 베드로가 이방인에 대한 부정적인 견해를 견지하고 있음을 보여 주는 것이다. 그러나 하나님 스스로가 이러한 이방인들을 깨끗하게 하셨기 때문에, 베드로는 더 이상 이방인들과 접촉하는 것을 꺼려서는 안 되며, 이방인을 하나님이 구원하지 못할 열등한 백성으로 간주해서도 안 된다는 사실을 깨달아야 한다. 이 환상이 무엇을 의미하는지 베드로는 이방인 고넬료와의 만남을 통해 더 분명히 깨닫게 된다.

③ 이방인의 초청을 받는 베드로(17-23a절)

환상에서 깨어난 이후에도 베드로는 하나님이 보여 주신 환상의 의미로 인해서 당황하고 있었다(17절). 그때 고넬료가 보낸 사람들이 시몬의 집에 당도하였다. 베드로가 무엇을 행해야 할지 일러 주시는 분은 성령이시다 : "두 사람이[70] 너를 찾으니 일어나 내려가 의심치 말고 함께 가라. 내가 저희를 보내었느니라"(19-20절). 성령의 지시에 의해 베드로는 율법을 초월하여 이방인들을 집으로 영접한다. 이러한 이방인들과의 친밀한 접촉은 당시 유대인들에게는 획기적인 사건이 아닐 수 없다. 이처럼 하나님의 성령이 베드로의 당황과 거리낌을 극복하도록 도우시며, 15절의 가르침을 한 걸음씩, 한 걸음씩 행동으로 옮기도록 도우신다.

④ 고넬료와 베드로의 만남(23b-33절)

베드로는 고넬료가 보낸 사람들과 함께 가이사랴로 간다. 그는 자신이 왜 가야 하며, 그 결과가 어떠할지 아직 확실히 알지 못한다. 다만 성령의 지시에 순종할 뿐이다. 욥바 출신의 유대 그리스도인들 몇몇이 함께 가는데, 이들은 사도행전 11 : 12에서 증인의 역할을 한다(10 : 45 참조). 고넬료는 천사의 지시에 따라 자신의 친척과 친구들을 불러 모아, 베드로의 도착을 기다리고 있다(11 : 14). 이렇게 베드로의 말을 들을 청중들이 준비되고, 가이사랴 교회의 기초가 마련된다.

고넬료가 베드로 앞에 엎드리어 절한 것은 하나님의 메시지를 전달하는 하나님의 사자에 대한 나름대로의 예의였다. 그에게는 아직 하나님과 사람 사이의 경계를 혼동하는 이교적인 잔재가 남아 있던 것으로 보인다(14 : 8-18 ; 28 : 6). 후에 바울과 바나바가 루스드라에서 그랬던 것처럼, 베드로 역시 오해의 기회를 주지 않았다. 그는 자신이 예배를 받아야 할 대상이 아니라 동일한 피조물임을 분명이 자각하고 있었다. 베드로는 우선 거기 모인 사람들에게 분명히 밝히기를, 자기가 이 자리에 임석하는 것은 유대인에게 허용되지 않는 위법이라고 고백한다(28절). 그가 오긴 왔지만 그것은 오로지 하나님의 특별하신 지시에 따른 것임을 밝히고 있는 것이다. 이처럼 하나님의 주권적인 역사를 통해 유대인과 이방인

70) 유력한 사본에는 "세 사람"으로 기술된다.

사이에 놓여 있는 단단한 담이 서서히 무너지고 있다. 이것이 복음의 능력이다. 복음은 유대인과 이방인의 견고한 담을 허무는 능력이 있다. 결국 베드로는 고넬료의 환상 이야기를 듣고, 또 전개되는 상황을 보면서, 피장 시몬의 집에서 보았던 환상의 의미를 깨닫기 시작한다. 그리고 자신을 여기까지 인도하신 분이 하나님이심을 인정하고, 그분의 뜻에 따라 모인 사람들 앞에서 복음을 전한다. 그러나 청중들은 지금 하나님의 사도 베드로를 통해 "하나님" 앞에 서 있다(33절).

⑤ 베드로의 설교(34-43절)

베드로의 설교는 사도행전에서 이방인에게 하는 첫 번째 설교이다. 물론 이 설교는 바울이 루스드라와 더베(14 : 15-17), 그리고 아덴에서(17 : 22-31) 한 것처럼 순수한 이방인을 대상으로 한 것이 아니라, 회당에 참여하면서 어느 정도 구약에 대한 지식이 있고, 유대교에 관심이 있는 하나님을 경외하는 이방인들을 대상으로 한다. 설교는 원칙적으로 초기 교회의 근본적인 케리그마를 담고 있지만 이방인을 대상으로 하기 때문에 조금 차이가 있다. 이 설교는 크게 두 부분, 즉 서론 부분(34-36절)과 케리그마의 선포(37-43절)로 나눌 수 있다.

서론에서 베드로가 고넬료의 환상 보고에 근거하여 이방인을 포용하는 새로운 관점을 지니게 되었다는 것이 밝혀진다. 베드로는 하나님이 예수 그리스도를 통하여 이방인들에게도 역시 구원을 주고자 하신다는 것을 깨닫는다. 따라서 그의 설교의 핵심은 "하나님은 사람의 외모를 취하지 아니하시고"(34절)와 "만유의 주 되신 예수 그리스도"(36절)라는 표현 속에 다 들어 있다. 이 두 표현은 복음의 포용적 성격을 단적으로 보여준다. 하나님은 사람을 외모로 취하지 않으시는 분이기에 유대인이나 이방인을 가리지 않고, 각 나라 중 하나님을 경외하며, 의를 행하는 사람을 다 받으신다(35절).[71] 또한 예수 그리스도가 만유의 주, 즉 유대인과

71) 10 : 34~35은 종교다원주의에 대한 현대의 평가와 관련해 새로운 중요성을 지닌다. 이 말은 "익명의 그리스도론"과 관련하여 어떤 민족이나 종교를 가진 사람이라

이방인 모두의 주님이시기에 유대인과 이방인의 모든 차별은 무너진다. 하나님은 이제 유대인과 함께 이방인을 종말론적인 구원의 공동체로 받아들이고자 하신다. 그래서 이방인들에게도 화평의 복음이 전해진다(36절). 그 복음의 말씀은 처음에는 이스라엘 자손에게 전해진 것이었다. 그러나 이 구원의 소식은 마침내 모든 사람들에게 유효하다. 왜냐하면 예수 그리스도께서 만민의 주가 되셨기 때문이다.

서론에 이어서 베드로는 만민의 주가 되신 예수의 복음을 전한다(37-43절). 간단하지만, 이 설교 안에 초기 교회의 케리그마가 다 들어있다 : 예수의 지상에서의 사역, 예수의 죽음과 부활, 산 자와 죽은 자의 심판자로 오실 그리스도, 예수의 증인으로서의 사도들, 구약 예언("모든 선지자")의 성취, 믿는 사람들이 "다"(πάντα : 유대인과 이방인) 예수의 이름을 힘입어 죄사함을 받는다는 결론. 예수 사건들은 공공연히 일어났기에, 베드로는 청중들이 기본적으로 이미 알고 있음을 전제한다(26 : 26 참조) : "너희도 알거니와"(37절).[72] 따라서 베드로의 이 설교는 고넬료와 같이 회당에 출입함으로써 어느 정도 구약에 대한 이해와 예수 사건에 대해 전해 들었을 경건한 이방인들에게 적절했을 것이다. 주로 예수의 치유와 귀신축출 사건이 소개되는데, 이 모든 것들은 하나님이 함께하셨다는 증거이다 : "왜냐하면 하나님이 그(예수)와 함께하셨기 때문이다"(38절, 사역). 이 말은 복음서와 초기 교회가 왜 예수의 기적을 그렇게 강조했는지 밝혀 준다. "저희가 나무에 달아 죽였으나"라는 표현(39절)은 신명기 21 : 22의 말씀을 암시한다. 이 표현에는 유대인들의 지도층에 대한 비난이 반영되어 있다. 하나님이 예수를 "산 자와 죽은 자의 재판장"(42절)으로 삼으셨다는 말은 이미 회개의 요청을 전제한다.

도 그가 경건하고(하나님을 두려워하고), 정직한(의를 행하는) 사람이라면, 그로 인해 구원을 받는다는 사실을 의미하지 않는다. 사도행전의 맥락에서 보면, 예수를 믿거나 안 믿거나의 문제가 아니라, 인종과 사회적 계층에 상관없이 그렇다는 말이다. 하나님은 사람의 외모를 보지 않는다는 말 역시 이방인도 하나님의 구원에 예외가 될 수 없음을 강조해 준다.

72) 예수의 지상 사역을 "선한 일"(38절)로 표현한 것은 당시 '후원제도'(patronage)에 익숙한 이방인 청중들을 염두에 둔 것으로 보인다. 아마도 고넬료의 집에 모인 사람들은 고넬료의 후원을 받아 누리는 혜택을 입었을 것이다.

⑥ 이방인의 오순절(44-48절)

이 단락이 고넬료 이야기의 절정이라고 할 수 있다. 고넬료 회심의 주도권은 처음부터 하나님의 쥐고 계셨다. 베드로와 고넬료를 만나게 하시고, 베드로로 하여금 이방인도 구원에 참여할 수 있음을 깨닫게 하신 하나님께서 이제 말씀을 통하여 청중들로 하여금 믿음에 이르게 하시고, 그 결과로 성령을 선사하신다. 오순절에 성령이 유대인들에게 강림했듯이, 고넬료의 집에서도 베드로가 설교하는 도중에 이방인들에게 성령이 강림한다. 이 사건은 일명 '이방인의 성령강림'이라고 이름 붙일 수 있다.

이러한 성령강림은 하나님의 구원이 유대인만이 아니라, 이방인에게도 허락된다고 하는 분명한 증거가 된다. 물론 공식적인 인정은 뒤의 일이지만(행 15장), 이제 이방인들도 종말의 기독교 공동체에 들어올 수 있는 새로운 길이 열렸다. 베드로와 함께 있던 욥바 출신의 유대인 그리스도인들이 이 일에 대한 증인이 된다 : "할례 받은 신자들이 이방인들에게도 성령 부어 주심으로 인하여 놀라니"(45절). 여기에서 "……도"라는 말은 하나님의 구원계획의 새로운 장을 열어 준다(11 : 20 참조). 유대인의 생각으로는 이해될 수 없는 일이 하나님의 주도권에 의해 명백한 사실이 되어 버린 것이다. 베드로의 결론은 분명하다 : "이 사람들이 우리와 같이 성령을 받았으니"(10 : 47). 이방인의 성령강림은 오순절의 성령강림과 유사한 형태로 진행되었다. 즉, 그들이 방언을 말하며, 하나님을 높이 찬양하였다(46절). 여기에서도 방언은 복음의 세계화와 유대인과 이방인의 교제를 용이하게 하기 위한 특별한 은사였다(2 : 11 참조).

동일한 성령의 역사가 분명하기에, 그들에게 세례를 주어 기독교 공동체로 들어오게 하는 것이 더 이상 문제가 되지 않았다. 베드로는 그들에게 예수 그리스도의 이름으로 세례를 주라고 명한다. 세례가 기독교 공동체의 일원이 됨을 표현해 준다. 유대인과 이방인은 성령을 통하여 하나님 백성으로 결합되었다. 보통은 세례가 먼저 행해지고, 그 다음에 성령이 임하는데(2 : 38 ; 8 : 14-17 ; 19 : 5-6), 여기에서는 성령이 임하고, 추후로 세례가 행해진다. 이것은 세례와 성령 받음이 서로 분리된 것이 아니며, 선-중생과 후-성령세례의 도식이 근거가 없음을 재확인시켜 준다. 베드로가 그들의 요청에 따라 며칠을 더 묵었다는 말은 베드로 일행이 그들의 형제 됨을 온전히 받아들였다는 것을 말해 준다. 유대교의 정결규정이 더 이상 유대인들과 이방인들의 식탁교제를 방해하지 못한다.

이러한 의미에서 베드로의 회심은 한 종교에서 다른 종교로의 개종을 의미하는 것이 아니라, 유대인의 편파적인 구원이해로부터 이방인을 포함한 보편적인 구원이해로의 변화를 말한다. 즉, 하나님의 구원 역사의 새로운 지평을 깨닫게 된다는 의미에서의 회심이다. 따라서 바울의 회심과 함께 베드로의 회심은 유대특수주의에서 구원보편주의로 전환되는 초기 기독교 역사의 중요한 단계를 이룬다고 할 수 있다.

(2) 베드로의 예루살렘 교회에서의 변증(11 : 1-18)

엄격한 유대 그리스도인들은 이방인들과의 접촉을 고넬료 회심 이전의 베드로와 꼭 마찬가지로 위험스럽게 생각했다. 그들은 부정한 이방인들과 교제하는 것은 율법에 대한 중대한 위반으로 여겼다. 그래서 베드로는 예루살렘 교회에서 자신을 변호하고, 하나님의 뜻을 전달해야만 했다. 이제 베드로의 확신은 예루살렘 교회에서도 공식적으로 인정되어야 한다.

먼저 베드로가 고넬료의 회심 사건을 보고하게 된 동기가 나온다. 다른 사도들과 형제들이 이방인들도 하나님의 말씀을 받아들였다는 소식을 들었다. 그러나 그들의 질문은 고넬료의 회심에 관한 것이 아니라 유대인으로서의 율법 위반에 관한 문제였다 : "네가 무할례자의 집에 들어가 함께 먹었다"(3절). 이것은 초기 기독교 공동체에서 유대인으로서 유대인의 유산과 전통을 포기하고, 이방인을 받아들이는 것이 얼마나 어려운 일이었는지를 다시 한번 단적으로 보여 준다. 할례자는 유대인을 말하고, 무할례자는 이방인, 즉 비유대인을 총칭한다. 당시의 유대인들은 일반적으로 인류를 할례자와 무할례자로 나누며, 할례자에게만 하나님의 구원이 허락되었다고 여겼다. 물론 이방인들도 유대율법과 전승을 잘 지키기만 하면, 구원 받을 수 있다고 주장하는 그룹도 있었지만, 소수에 불과한 것으로 보인다. 따라서 예수 그리스도의 복음과 유대교의 전통(유산)과의 관계설정은 바울을 포함하여 1세기 기독교 공동체의 중요한 과제로 남아 있었다.

베드로의 변증은 대부분 10장에서 발생한 사건들의 내용을 요약하는 수준이다. 그는 자신의 모든 행동이 환상과 성령의 지시에 의한 것이었음을 강조한다. 또한 그가 독자적으로 행동한 것이 아니라 형제들과 함께 행동했다는 사실도 언급한다(12절). 14절 말씀은 고넬료의 환상(10 : 5, 32)을 보충해 준다. 베드로의 변증의 핵심은 이방인들도 우리와 동일한 성령을 받았다는 사실이다 : "내가 말을 시작할 때에 성령이 저희에게 임하시기를 처음 우리에게 하신 것과 같이 하는지라(15절) …… 그런즉 하나님이 우리가 주 예수 그리스도를 믿을 때에 주신 것과 같은 선물을 저희에게도 주셨으니"(17절). 그런데 이 모든 일의 주체는 하나님 자신이시다. 유대인과 이방인 간의 모든 장벽을 허무시고 아무런 차별도 하지 않으시는 분은 하나님 자신이시다. 그러므로 어느 누구도 그것을 막을 수 없다는 것이다. 예루살렘 교회의 반응은 긍정적이다. 비난과 반대의 목소리가 변하여, 하나님에 대한 찬양이 되었다 : "하나님께서 이방인에게도 생명 얻는 회개를 주셨도다"(18절). 하나님이 하시는 기이한 일에 인간이 할 수 있는 반응은 찬양뿐이다. 참된 회개란 인간이 마음대로 할 수 있는 것이 아니며, 새 생명의 수여 역시 인간의 영역이 아니다. 그런데 이방인들이 회개했다면, 그것은 하나님의 뜻이기에 받아들일 수 밖에 없다.

무엇보다 고넬료의 회심이 예루살렘 교회에서 공식적으로 인정되었다는 사실이 중요하다. 예루살렘에서 성령강림 이후에 유대인 선교를 시작한 것과 꼭 마찬가지로 이방인들에게 성령이 내리신 이후인 지금부터는 이방인 선교가 공식적으로 시작될 수 있다는 것이다. 그러나 사도행전 15장에서 살펴볼 것처럼, 이 문제가 완전히 해결된 것은 아니었다. 초기 교회에서 가장 큰 문제 중의 하나는 유대인과 이방인의 일치 문제였다.

5. 안디옥 교회와 이방선교의 시작(11 : 19-14 : 28)

1) 안디옥 교회의 설립(11 : 19-26)

이 단락은 예루살렘 교회와 더불어 초기 기독교 역사의 중심점을 이루는 안디옥 교회가 설립되는 과정을 밝혀 준다. 누가의 관심이 예루살렘 교회에서 안디옥 교회로 옮겨진다. 예루살렘 교회가 유대인들에게만 복음을 전한 반면에, 안디옥에서 비로소 이방인에게도 복음이 전해져서,[73] 최초로 유대인과 이방인으로 구성된 교회가 설립된다.

복음이 또한 이방인을 위한 것이라는 베드로의 증거를 교회가 받아들이자, 기독교는 이방인 지역으로 확대되어 갔다. 그것의 한 예로 안디옥 교회의 활동이 중점적으로 소개된다. 19절은 사도행전 8 : 4의 내용과 직접적으로 연관된다. "때에 스데반의 일로 일어난 환난을 인하여 흩어진 자들이 베니게와 구브로와 안디옥까지 이르러 도를 유대인에게만 전하는데"(19절). 베드로의 증거를 예루살렘 교회가 받아들인 그 즈음에 스데반의 박해로 예루살렘을 떠나 유대와 사마리아 지역으로 흩어진 사람들이 두루 다니며 복음을 전했는데(8 : 1, 4), 그중에는 이방인의 땅 베니게와 구브로와 안디옥까지 온 사람들이 있었다. 이들은 무명의 헬라파 유대 그리스도인들이었다. 흥미로운 것은 이 사람들이 유대인에게만 복음을 전했고, 아직 이방인 선교는 하지 않았다는 사실이다. 처음에는 예루살렘 교회와 마찬가지로, 헬라파 유대 그리스도인들도 유대인에게만 복음을 전했다. 물론 이것은 "유대인 먼저, 그 다음에 이방인"이라고 하는 구원사적 도식, 즉 복음이 유대인에게 먼저 제시되고, 배척된 이후에야 이방인에게로 간다는 사도행전의 도식이 강하게 반영되어 있기는 하지만(13 : 46 ; 18 : 6 ; 28 : 28), 처음에는 이방인 선교가 당연하거나 자연스런 일이 아

73) 고넬료의 회심은 능동적인 이방인 선교의 결과라고 하기보다는 이방인 선교의 가능성을 열어 주는 예외적 상황이다.

니었다는 역사적 사실을 시사해 준다.

그러나 곧 중요한 전환점이 일어난다. "그중에 구브로와 구레네 몇 사람이 안디옥에 이르러 헬라인에게도 말하여 주 예수를 전파하니"(20절). 구브로와 구레네 출신의 헬라파 유대 그리스도인들 중에 안디옥에서 처음으로 헬라인에게도(이방인들에게도) 예수의 복음을 전하는 사람들이 등장한다.[74] "주 예수를 전파하니"(εὐαγγελιζόμενοι τόν κύριον Ἰησοῦν)라는 말은 주 예수를 복음으로 전한다는 의미이다. 그 말은 안디옥에서 이미 이방인들에게 율법(할례)과 무관한 복음을 전했다는 것을 암시해 준다. 또한 이방 문화에 익숙한 헬라파 유대 그리스도인들은 안디옥의 문화적 배경에 적절하게 예수를 '메시야'라고 증언하지 않고, 오히려 이방인에게 친숙한 '주'(κύριος)라고 증언하였다.

안디옥은 로마 제국의 속령인 수리아(시리아) 주의 수도로서, 로마와 알렉산드리아 다음으로 로마 제국에서 세 번째로 큰 도시였다. 이 도시는 당시에 팔레스타인에서 소아시아, 그리스 반도 지역에 이르는 육로의 중요한 길목에 자리 잡고 있었던 지리적 요충지였다. 따라서 유대인들이 많이 살기는 했지만, 전반적으로 헬라 문화가 지배하는 이방 도시였다. 이곳에 세워진 안디옥 교회는 최초의 이방인 교회요, 이방인 선교의 전초 기지가 된다.

본격적인 이방인 선교가 바울 이전에 이미 무명의 헬라파 유대 그리스도인들에 의해 시작된다. 빌립의 사마리아 선교는 반(semi)-유대인을 대상으로 한 것이며, 베드로의 고넬료 개종은 베드로의 직접적인 선교의 결과라기보다는, 하나님 자신의 주도적인 선교라고 볼 수 있다. 그러므로

---

74) "헬라인에게도"('Ελληνισται)라는 말은 논란이 되어 온 표현이다. 헬라어를 말하는 유대인을 가리킬 수도 있고, 그저 헬라어를 말하는 사람을 의미할 수도 있다. 그러나 이 표현이 사도행전 11 : 19의 "유대인"이란 표현과 대조되고 있는 문맥을 보면 헬라인도 포함하는 단어로 볼 수 있다. 유대인이든, 헬라인이든, 로마인이든, 헬라 말을 썼던 모든 사람을 가리키는 단어였다는 메츠거(B. Metzger)의 견해를 따르면, 안디옥 교회의 성도는 헬라인, 유대인, 그리고 유대교로 개종한 이방인 등 다양한 유형의 사람들이었을 것이다. B. M. Metzger, 장동수 역, 「신약그리스어 본문 주석」(2판) (서울 : 대한성서공회 성경원문연구소, 2005), pp. 329-332.

누가에 따르면, 본격적인 이방인 선교는 안디옥에서부터 시작된다. "주의 손이 그들과 함께하시매"(21a절)라는 말은 하나님의 인정과 축복을 가리킨다. 이 말은 헬라파 유대 그리스도인들이 안디옥에서 처음으로 시작한 이방인 선교가 하나님의 뜻에 부합한다는 사실을 강조하는 동시에, 이방인 선교의 성공을 시사해 주고 있다 : "수다한 사람이 믿고 주께 돌아오더라"(21b절). 안디옥 교회는 기독교 역사상 처음으로 유대인과 이방인으로 구성된 교회였다.

사마리아 선교를 확인하기 위해 베드로와 요한이 파송된 것처럼(8 : 14), 예루살렘 교회는 안디옥 교회의 상황을 듣고 이번에는 바나바를 파송한다. 예루살렘 교회의 중요성이 강조되지만, 또한 선교와 함께 교회의 일치를 위하여 노력하는 초기 교회의 모습이 재차 반영되어 있다. 바나바는 새로운 상황을 처리하는 특별한 재능을 가진 사람이었다(4 : 36 ; 9 : 27). 그는 그 일을 하는데 사도들과 예루살렘 교회의 전적인 신임을 얻었고, 그의 재가에 의해 안디옥의 이방선교가 합법화된 것으로 보인다. 물론 이러한 이방인 선교의 정당성은 앞에서 언급한 베드로의 증거가 없었다면, 가능하지 않았을 것이다. 바나바가 안디옥에서 하나님의 은혜가 내린 것을 보고 기뻐하였다는 말은 많은 이방인들이 주께로 돌아오는 것이 하나님의 은혜인 것을 깨달았다는 의미이다(23절). 또한 그 말은 이방인들이 구원을 얻는 것이 율법 준수와 상관없이 하나님의 은혜로 되는 것임을 의미하고 있다고도 볼 수 있다. 바나바는 "착한 사람이요", 스데반처럼 "성령과 믿음이 충만한 자"(24절)였기에(6 : 5), 그를 통하여 상당한 무리가 주께 더해졌다(24절). 이것은 또한 바나바의 판단과 행동이 하나님께 인정받았다는 사실을 입증해 준다.

누가에 의하면, 바나바는 처음부터 바울에게 특별한 관심을 가졌다. 갓 회심한 바울을 예루살렘 교회에 소개한 사람도 바나바였다(9 : 26-28). 그리고 다소에 있는 바울을 안디옥으로 데려온 사람도 그였다. 이처럼 바나바를 매개로 바울은 예루살렘 교회와의 연관성을 확보하게 된다.[75] 두 사람은 일 년 간 안디옥 교회에 머물면서 많은 무리들을 가르쳤다. 조화로운 팀 목회의 효시이다.

가장 주목할 만한 일은 제자들이 안디옥에서 처음으로 그리스도인이라고 불려지게 되었다는 점이다 : "제자들이 안디옥에서 비로소 그리스도인이라 일컬음을 받게 되었더라"(26절). 예수 믿는 사람들은 지금까지 "제자"(6 : 1), "성도"(9 : 13), "형제들"(1 : 16 ; 9 : 30), "신자들"(10 : 45), "구원 받는 사람"(2 : 47), "도를 좇는 사람"(9 : 2) 등 다양한 용어로 불리어졌다. 그러나 안디옥에서 처음으로 그리스도인이라고 불리게 되었다는 것이다. 즉, 그리스도인들은 더 이상 그 도시의 유대인 내부의 집단이나 이방인들의 한 종파가 아니라, 유대인과 이방인으로 구성된 제3의 그룹으로 간주되었다는 것이다.

'그리스도인'(Ξριστιανός)이란 말은 '그리스도에 속한 사람' 또는 '그리스도를 따르는 추종자'라는 뜻으로, 믿지 않는 외부 사람들이 붙인 명칭으로 보인다(수동형에 유의). 이 이름이 처음에는 별로 좋은 취지로 사용된 것 같지는 않지만,[76] 처음 그리스도인들은 이 용어를 자신들을 지칭하는 영광스런 이름으로 변화시켰다(행 28 : 28 ; 벧전 4 : 16 참조). 누가가 이런 식으로 그리스도인의 정체성을 — 예루살렘 교회가 아니라 — 안디옥 교회와 연결시킨 것은 의미가 있다. 안디옥 교회의 시작은 초대교회사에서 대단히 중요한 새로운 시작이며, 초기 기독교가 진정한 의미에서의 자기 정체성을 부여받은 사건이다. 어떤 면에서 그러한가 하면 안디옥 교회가 이방인들에게도 복음을 전했다는 점이고, 또 그들이 이방인들에게 선교할 때 할례를 요구하지 않았다는 점이다. 여기에는 기독교 공동체가 율법과 할례로부터 자유로운 은혜의 복음을 유대인과 이방인의 구별 없이 선포할 때, 비로소 진정한 의미에서의 기독교가 될 수 있다는 신학적인 의도가 반영되어 있다.[77]

---

75) 예루살렘 교회와 바울의 연관성을 강조하는 것도 누가의 중요한 의도 중 하나이다.

76) 아마 '그리스도인'이라는 명칭은 우리나라에 복음이 처음 들어왔을 때, 예수 믿는 사람들을 가리켜서 '예수쟁이'로 부른 것과 일맥상통한다고 할 수 있다.

77) 초기 교회의 역사에서 안디옥 교회의 의의를 요약해 보면, 첫째는 본격적인 이방인 선교 수행으로 이방선교의 선교적 기틀을 마련했다는 것이고(최초의 선교사 파송),

2) 유대의 형제들을 위한 헌금(11 : 27-30)

안디옥 교회의 설립에 이어 안디옥 교회의 구제행위가 소개된다. 온 세계에 기근이 들 것이라는 선지자 아가보의 예언이 클라우디우스 황제(주후 41-54년) 때 성취된다. 사도행전에서 예언자의 역할은 이중적으로 나타난다. 하나는 하나님의 뜻을 사람들에게 전하며, 가르치는 것이고(15 : 32), 또 하나는 아가보처럼 미래를 예언하는 것이다. 선지자 아가보는 후에 바울의 투옥도 예언한다(21 : 10-11).

기근은 안디옥의 그리스도인들에게 유대의 가난한 신자들을 도울 수 있는 코이노니아의 기회를 제공한다. 유대 지방에 큰 기근(46-48절)이 있다는 소식을 들은 안디옥 교회는 유대에 있는 형제들을 돕기 위해 모금하기로 결의한다.[78] 이 직무의 수행을 위해 바나바와 사울이 선임된다. 이것은 일종의 구제행위로 간주될 수 있다. 초기 교회는 코이노니아의 공동체로 시작했다(2 : 44-45 ; 4 : 32, 34-35). 안디옥 교회는 그러한 코이노니아가 단지 지역 공동체의 틀에만 머문 것이 아니라 다른 지역도 포괄했다는 것을 보여 준다. 안디옥 교회의 구제금은 안디옥 교회가 모(母)교회를 도울 수 있을 만큼 성장했다는 것을 암시할 뿐만 아니라, 예수 안에서 유대인 그리스도인과 이방인 그리스도인의 하나 됨을 표현한다(롬 15 : 27).[79] 바나바와 사울은 구제금을 장로들에게 전달한다.[80] '장

둘째는 할례 없이 율법에서 해방된 복음을 전파함으로 이방선교의 신학적 기틀을 마련했다는 것이며, 셋째로 최초로 그리스도인의 정체성을 제시했다는 점이다.

78) 로마 제국의 시기에 전 세계적인 규모의 기근이 일어났다는 기록은 남아 있지 않지만, 클라우디우스 황제 때 여러 지역에서 흉작과 빈번한 기근이 발생했다는 기록은 있다. 특히 주후 46~48년 사이에 팔레스타인에 특별히 심한 기근이 들었다(E. Haenchen, 「사도행전(1)」, p. 543 ; J. A. Fitzmyer, *The Acts of the Apostles*, pp. 481-482 참조). 예레미아스(Jeremias) 역시 유대인들이 율법을 좇아 충실히 지켰던 안식년의 결과와 시기적으로 일치했기 때문에, 기근이 더욱 심했을 것이라고 추정한다(J. Jeremias, "Sabbatjahr und neutestamentliche Chronologie," ZNW 27(1928), pp. 98-103). 이 시기가 안디옥의 구제 행위의 역사적 배경이 된 것으로 보인다.

79) 김경진, 「사도행전」, pp. 267-270.

로'(πρεσβύτερος)라는 직책이 사도행전에서 처음으로 나온다(30절). 이 직책이 어떻게 생겨났는지에 대해서는 언급이 없지만, 아마도 성도들의 구제나 관리를 책임진 사람들로 여겨진다. 장로는 앞으로 사도들과 함께 초기 교회에서 하나의 중요한 역할을 수행한 지도자 그룹으로 부상한다 (15 : 2, 4, 6, 22-23 ; 16 : 4 ; 21 : 18).

3) 헤롯의 예루살렘 교회의 박해(12 : 1-19)

바나바와 사울이 구제금을 전달하기 위해 예루살렘을 방문할 즈음에 (12 : 25), 예루살렘에서는 큰 박해가 있었다. 이번 박해는 그리스도인들에 대한 최초의 정치적인 박해이다. 여기에 등장하는 헤롯 왕은 헤롯 아그립바 1세로(주후 41-44년), 아리스토불로스의 아들이자 헤롯 대제의 손자이다. 또한 세례 요한을 죽이고(마 14 : 3-12), 예수를 심문한 헤롯 안티파스의 사촌이기도 하다(눅 23 : 8-12). 헤롯 아그립바는 반(semi)-유대인이었으며, 로마 정부는 그를 왕으로 임명하여 팔레스타인 지방의 대부분, 즉 갈릴리, 베뢰아, 유대 및 사마리아 지방을 통치하게 했다(주후 41년). 이로써 헤롯 아그립바는 잠깐 동안이기는 하지만, 자기의 조부 헤롯 대제가 다스리던 영토를 다시 한번 자신의 손아귀 아래 두게 되었다. 그는 자기를 반대하는 유대 지도자들에게 환심을 사고, 자기의 위치를 공고히 하기 위해 그리스도인들을 핍박하였다. 헤롯 왕은 먼저 열두 사도 가운데 하나인 요한의 형제 야고보를 처형하였다.

당시에 왕에게는 사형집행권이 있었고, 칼로 죽이는 것(참수형)은 로마식의 처형방법이었다. "유대인들이 이 일을 기뻐하는 것을 보고"(3절),

80) 바울의 예루살렘 방문이 시기적으로 언제였는지는 논란이 많다. 전경연, 「원시기독교와 바울」, 189-192 ; E. Haenchen, 「사도행전(1)」, pp. 547-550 ; G. Strecker, "Die sogenannte zweite Jerusalemreise des Paulus(Act 11, 27-30)," ZNW 53(1962), pp. 67-77 ; J. Jeremias, "Sabbatjahr und neutestamentliche Chronologie," pp. 98-103 ; C. H. Talbert, "again : Paul's Visits to Jerusalem," NovT 9(1967), pp. 26-40.

그는 베드로까지 잡아 옥에 가둔다. 이전까지 누가는 유대 백성과 그들의 통치자들을 구분하는 경향이 있었지만, 여기에서는 헤롯 왕과 결탁한 유대인의 배척이 두드러진다(3, 11절). 이러한 유대인의 배척은 이제 복음이 이방인에게로 나아가는 중요한 동기를 제공한다. 베드로를 바로 처형하지 않고, 옥에 가둔 것은 그때가 무교절이었기 때문이다. 무교절은 유월절 행사(니산월 14일)에 연이어 한 주간 계속되는 축제기간을 말한다. 시기적으로 베드로의 투옥이 무교절과 연관되고, 왕이 백성을 염두에 두었다는 점(4절)은 동일하게 무교절 기간에 체포된 예수의 수난 장면을 연상시킨다(눅 22 : 1, 7). 헤롯의 계획은 베드로를 처형하려는 것이었지만, 교회는 베드로의 안전을 위해 간절하게 기도하고 있다(5절).

교회의 기도는 하나님의 기적에 결정적인 역할을 한다.[81] 베드로가 두 개의 쇠사슬에 묶여, 군인 두 사람의 틈에서 잠들어 있었다는 표현(6절)은 이 기적이 얼마나 놀라운 것인지를 보여 준다. 주의 사자(천사)가 나타나, 베드로를 기적적인 방법으로 옥에서 구출시킨다. 베드로의 출옥 과정은 첫 번째 유월절 상황과 유사하다(6-11, 출 12 : 1-14) : "그 전날 밤에 …… 급히 일어나라 …… 띠를 띠고, 신을 들메라 …… 겉옷을 입고 따라오라".

이런 의미에서 이 이야기의 핵심은 베드로의 탈옥이 아니라 하나님의 구원이다. 감옥에서의 탈출은 마치 베드로가 꿈을 꾸는 것처럼 일어난다. 주의 천사가 모든 일을 진행한다. 베드로는 단지 그의 명령대로 행할 뿐이다. 한참 후에야 베드로는 이 기적이 하나님의 특별한 간섭에 의한 것임을 분명히 깨닫게 된다(11절).

감옥에서 풀려난 베드로는 집회 장소로 가서 자신에게 일어난 일을 말하고, 다른 곳으로 떠나간다(19절). 흥미로운 것은 교인들의 반응이다. 그들은 베드로의 안전을 위해 기도했다. 그러나 정작 베드로가 풀려나왔을 때, 그들은 믿지 못한다. 그들은 문을 열어 준 '로데'라고 하는 여종의

---

81) "왜 야고보는 일찍 죽었고, 베드로는 기적적으로 구원 받았는가?"라는 질문은 하나님의 주권에 속하는 영역이다. 두 사람의 차이는 믿음의 차이가 아니라 사명의 차이이다.

말을 듣고, 그녀가 미쳤다고 생각했다. 그 만큼 이 기적이 놀라운 것이었음을 방증해 준다. 베드로는 "주께서 자기를 이끌어 옥에서 나오게 하던 일"을 설명한다(17절). 하나님의 주도권과 베드로의 수동성이 대조된다.

여기에서 주의 형제 야고보의 이름이 처음으로 언급된다(17절). 베드로의 떠남과 함께 야고보는 예루살렘 교회에서 으뜸 되는 지도자로 부상한다(15 : 13 ; 21 : 18 ; 갈 1 : 19 ; 2 : 9). 야고보는 엄격한 유대 그리스도교적 입장을 취했기 때문에 베드로 보다는 유대인의 공격에 비교적 자유로웠던 것으로 보인다. 베드로는 안전을 위해 예루살렘을 떠난다. 이 사건 이후로 베드로의 모습은 사도행전 15 : 7 이하에서 잠깐 나오고는 그 자취를 완전히 감추고 만다. 전승에 따르면, 그는 팔레스타인 바깥에 있는 교회들, 주로 유대 그리스도인 교회들을 돌보았다(고전 9 : 5 ; 갈 2 : 11). 그는 후에 로마에서도 활동을 하고, 거기에서 네로 황제의 박해하에 순교한 것으로 보인다.

헤롯과 결탁한 유대인의 박해와 베드로의 떠남은 사도행전에서 두 가지 점을 강조한다. 하나는 그리스도인들이 유대인들에게 배척당하고, 이제 이방인에게로 나아갈 때가 되었다는 것이고, 또 하나는 베드로의 떠남으로 이제 복음 확장의 초점이 이방인 선교에 주역을 담당하게 될 바울에게로 옮겨 가고 있다는 것이다.

4) 헤롯의 죽음(12 : 20-25)

이제 누가는 교회를 박해한 헤롯의 비참한 최후를 보도한다. 이유가 분명하지 않지만, 두로와 시돈 사람들이 헤롯의 노여움을 산 것 같다. 이들은 갈릴리 지역에서 나온 양식 — 기록에 의하면 갈릴리산 옥수수 — 에 의존하고 있었기 때문에, 원활한 식량공급을 위해 어떻게 하든 왕과 화해해야만 했다. 그래서 왕의 신하 블라스도의 중재에 의해 왕과의 화해가 이루어지자, 두로와 시돈의 사람들이 헤롯을 신으로 추앙한다(22절). 헤롯이 이를 받아들이자마자 그는 곧 하나님의 형벌을 받는다.

누가는 헤롯의 죽음을 이렇게 해석한다 : "헤롯이 영광을 하나님께로 돌리지 아니하는 고로 주의 사자가 곧 치니 충이 먹어 죽으니라"(23절). 반면에 유대 역사가 요세푸스는 헤롯의 최후를 이렇게 기록한다. 헤롯은 "자기 가슴에 찌르는 듯한 고통을 느꼈다. 그는 갑자기 온 몸에 느껴지는 통증 때문에 자기 배를 움켜쥐었다. …… 그들은 급히 그를 왕궁으로 옮겼다. …… 5일 동안 계속된 복부의 고통으로 인해 기진한 채 그는 그의 나이 44세로 그의 통치 7년 만에 이 세상을 떠났다."[82] 누가에게 중요한 사실은 헤롯이 "어떻게 죽었느냐?"보다 "왜 죽었느냐?" 하는 것이다. 헤롯은 교회를 핍박했고, 또 자신을 신으로 간주할 만큼 교만해서 하나님의 심판을 받았다. 헤롯은 야고보를 죽이고, 베드로를 잡아 가둠으로써 승리하는 것처럼 보였다. 그러나 베드로는 자유롭게 되고, 헤롯은 죽음으로써 그의 음모는 실패하고 만다. 결국 예루살렘의 기근과 박해 이야기는 하나님의 승리로 끝난다 : "하나님의 말씀은 흥왕하여 더하더라"(24절). 이 구절은 복음의 진행과 교회의 발전의 맥락에서 이방인의 선교가 시작되었음을 소개하는 3번째 요약문이다(6 : 7, 9 : 31 참조). 이 요약문은 헤롯으로 대표되는 박해도 복음의 확장에 아무런 장애물이 되지 못했음을 밝혀 준다. 복음의 적은 망하고, 하나님의 말씀은 승리한다는 사실이 강조된다.

"바나바와 사울이 부조의 일을 마치고 마가라 하는 요한을 데리고 예루살렘에서 돌아오니라"(25절)는 보고는 다시 사도행전 11 : 27~30과의 연관성을 보여 줌으로써 13장을 예비하는 역할을 한다. 특히 예루살렘 교회의 한 구성원인 마가라고 하는 요한이 안디옥에 함께 내려왔는데, 이 사람은 이후에 바나바와 바울의 선교여행에 동참하는 인물로 등장한다(13 : 5).[83]

---

82) 요세푸스(P. Josephus), 「유대 고대사」, 19.8.2. J. A. Fitzmyer, *The Acts of the Apostles*, p. 491에서 재인용.

83) 마가는 예루살렘 출신의 유대 그리스도인으로서, 바나바의 사촌(골 4 : 10, 개역성경에서는 생질로 번역)이자, 바울과 바나바의 동역자(행 12 : 25 ; 13 : 5, 13)였다가 나중에는 바나바의 동역자가 되었다(행 15 : 37-39). 빌레몬서 1 : 24와 골로새

5) 바울의 1차 선교여행(13 : 1-14 : 28)

사도행전의 내용은 13장을 분기점으로 크게 둘로 양분된다. 1 : 8이 밝히고 있는 대로, 그동안에는 복음이 예루살렘에서 유대와 사마리아로 전파되는 과정이 전개되었다면, 이제부터는 "땅 끝까지" 확장되는 과정을 서술한다. 이전까지는 열두 사도와 일곱 지도자들의 사역(특히 스데반과 빌립)을 기술했다면, 이제부터는 바울과 그의 동역자들의 이방인 선교에 초점이 맞추어진다. 지금까지는 예루살렘 교회가 선교의 중심지였다면, 이제부터는 안디옥 교회가 이방인 선교의 중심지로 등장한다. 이후에 전개되는 바울의 활동은 흔히 세 차례에 걸친 선교여행으로 구분한다.[84)]

(1) 안디옥 교회의 선교사 파송(13 : 1-3)

13장은 안디옥 교회가 바나바와 사울을 선교사로 파송하는 장면으로 시작한다. 예루살렘 교회에 사도들과 장로들이 지도층으로 있었다면, 안디옥 교회의 지도층에는 선지자와 교사들이 있었다. 선지자와 교사의 역할과 기능이 구체적으로 무엇인지는 명시되어 있지 않지만, 아마도 선지자란 종교적 카리스마를 행사하는 지도자요, 교사는 교의와 성서를 해석하고 가르치는 사람이라고 추정된다.[85)] 그러나 양자의 기능이 엄격하게 구분된 것 같지는 않다. 나열된 다섯 사람 가운데 누가 선지자이고,

---

서 4 : 10에는 다시 바울의 동역자이자 수행원으로(딤후 4 : 11 참조), 끝으로 베드로전서 5 : 13에서는 로마에 있는 베드로의 동역자로 등장한다. 고대 교회의 전승에 따르면, 마가는 마가복음의 저자로 여겨졌다.

84) 그러나 이러한 표현은 부정확한 것인데, 바울 자신은 물론이고, 누가 역시 바울의 선교여행을 이런 방식으로 부른 적이 없다. 실제로 첫 번째 선교여행만이 의도적인 여행의 성격을 띤다. 이는 이 여행이 안디옥에서 시작하여 안디옥으로 돌아오기 때문이다. 그러나 2차와 3차 선교여행의 경계가 모호하다(18 : 23). 그렇지만 여기에서는 편의상 1차, 2차, 3차 선교여행의 명칭을 그대로 사용하기로 한다.

85) 유상현, 「바울의 제1차 선교여행」(서울 : 대한기독교서회, 2002), pp. 26-23. 사도행전에서 선지자는 순회하는 여행자로 표현된다(행 11 : 27 ; 21 : 10). 이 점은 안디옥 교회의 외부지향적 선교 형태를 말해 주는가? 사도행전에서 교사라는 개념은 여기에서만 나온다.

누가 교사인지가 분명하지 않다. 더구나 후에 바나바와 바울은 "사도"라고 불린다(14 : 4, 14). 안디옥 교회의 지도자들 중에 처음에 바나바가 나오고, 맨 마지막에 사울이 나오며, 그 사이에 세 사람의 이름이 온다. 아마도 이런 순서는 교회 내에서 차지하는 위상과 연관이 있을 것이다. 주목할 만한 점은 나열된 지도자들이 매우 다양한 계층의 사람들이라는 것이다.

바나바는 예루살렘의 파송을 받고 안디옥에 내려온 사람으로, 교회에서 우위를 차지하는 지도자였다. '니게르'라 하는 시므온은 유대적 배경을 가진 사람으로, 니게르(흑인)라는 단어를 볼 때는 북아프리카 출신이었던 것으로 보인다.[86] '루기오'는 라틴어 이름으로, 리비아의 수도 구레네 출신이고(롬 16 : 21), '마나엔'은 예수 시대의 갈릴리의 분봉 왕 헤롯 안디파스의 젖동생으로 왕궁에서 자란 유대 귀족 출신이었다. 마지막으로 사울은 다소 출신의 유대인으로 교회를 박해하다가 회심한 사람이었다. 이러한 명단은 예루살렘 교회의 사도 명단(1 : 13)과 헬라파 유대 그리스도인의 일곱 지도자의 명단(6 : 5)을 연상하게 한다. 그들은 모두 다양한 인종과 다양한 배경의 사람들이었지만, 복음 전파에는 하나가 되었다.

선교사 파송의 주도적인 역할을 하는 분은 성령이다 : "주를 섬겨 금식할 때에 성령이 가라사대 내가 불러 시키는 일을 위하여 바나바와 사울을 따로 세우라 하시니"(2절). 성령이 예수의 공적 사역의 초기에 관여한 것처럼(눅 4 : 1), 안디옥 교회도 성령의 지도 아래 이방인 선교 사역을 시작한다. 이로써 성령을 매개로 한 예수의 사역과 교회의 사역의 연속성이 다시 한번 확인된다. 교회의 선교 사역은 결국 예수의 사역을 계승하는 것이다. 주를 '섬겨'(λειτουργεῖν)라는 말은 예배 행위를 의미한다. 여기에서는 기도 모임을 말하는 것으로 보인다. 신약성서에서 금식은 주로 기도와 관련되어 나온다(14 : 23 ; 고후 6 : 5 ; 11 : 27 ; 막 9 ; 29 ; 마 17 : 21). 금식은 이 세상의 영향력을 멀리하고, 하나님의 음성을 더 잘

86) 이 사람이 예수의 십자가를 대신 진 구레네 시몬(눅 23 : 26 ; 마 27 : 32)과 동일인일 가능성은 적다.

들을 수 있게 한다. 성령의 지시는 그들이 기도하고, 금식하는 상황에서 (선지자들을 통해) 내려졌다. 선교의 주도권은 성령이 쥐고 있지만, 그렇다고 인간의 선교에 대한 열망이 배제되지는 않는다. 이처럼 안디옥 교회는 처음부터 선교하는 교회로서의 면모를 지닌다.

성령은 이방인 선교의 사역을 위해 바나바와 바울을 따로 세우라고 지시한다. 안디옥 교회의 지도자들은 이 명령에 순종하여 즉시 두 사람을 안수하여 파송한다.[87] 여기에서 안수 행위는 성직과 같은 종신적인 직분의 임명이 아니라 — 바울의 1차 선교여행이라고 불리는 — 하나의 특정한 임무를 위탁하는 교회의 한시적인 임명을 의미한다. 여하튼 이는 초기 교회(공동체)의 최초의 선교사 파송이다. 안디옥 교회에서 비로소 선교활동이 교회로부터 출발하고, 교회에 의해 파송된 선교사들이 교회에 그 결과를 보고한다는 의미에서 교회적인 형태를 지니게 된다(14 : 26-27 참조). 이러한 의미에서 안디옥 교회는 그 자체로 만족하지 않고, 세계를 가슴에 품은 교회였다고 할 수 있다.

(2) 구브로에서의 전도(13 : 4-12)

바울의 첫 번째 선교여행은 바나바의 고향인 구브로에서 시작되었다. 이것도 성령의 계획이었다(4절). 교회에 의한 파송과 "성령의 보내심" 간의 모순은 존재하지 않는다. 안디옥 교회에 의해 파송되었지만, 종국적 파송의 주체는 성령이다. 누가는 바울과 바나바를 파송하신 분도 성령이시고, 그들의 발걸음을 인도하시는 분도 성령이심을 분명히 한다. 바나바의 조카 요한이 그들과 동행하였다. 예수가 주로 농촌 마을을 중심으로 하나님의 나라를 선포한 것과는 달리, 바울 일행은 처음부터 대도시 중심으로 복음을 선포하는 것이 특징이다. 여기에는 두 가지 요인이 작용했을 것이다. 하나는 바나바와 바울이 도시 출신이라서 헬라의 대도시에 익숙했다는 점이고, 다른 하나는 인구가 집중되어 있는 도시들을 대상으로

87) 선교사를 두 명 파송하는 것은 누가복음 10 : 1의 예수의 명령과 일치한다.

할 때 그만큼 파급 효과가 크다는 점이다.

구브로는 원로원 관할 지방으로, 바보에 거주하는 총독이 통치하는 지역이었다. 바나바와 바울은 먼저 유대인의 여러 회당에서 복음을 전했다. 회당선포는 앞으로 있을 바울의 모든 선교여행에서도 하나의 관례가 된다(14 : 1 ; 17 : 1-2, 10, 14 ; 18 : 4, 19, 26 ; 19 : 8). 한 낯선 지방에서 동족의 공동체가 모여 있는 회당으로 먼저 가는 것은 자연스런 일이었을 것이다. 그러나 신학적인 요인도 있다. 하나님의 구원역사에 있어서 유대인들은 여전히 복음을 들어야 할 첫 번째 수신자들이었다(9 : 20 ; 13 : 14-16 ; 14 ; 10 ; 16 : 13 ; 17 : 1-2, 10, 17 ; 18 : 4, 19-21, 26 ; 19 : 8 ; 28 : 17, 23 ; 롬 1 : 16 참조). 누가의 도식에 따르면, 유대인들의 거절이 분명할 때 비로소 바울은 이방인들에게 가서(13 : 44-47 ; 17 : 4-5 ; 18 : 6 ; 28 : 24-28), 그들을 중심으로 독자적인 교회를 설립한다(18 : 7 ; 19 : 9).

또 한 가지 주목해야 할 것은 당시 유대인 회당에는 유대인만 있었던 것이 아니고, 이방인들도 참여했다는 것이다. 당시 이방 세계에는 이방인이지만, 유대교에 관심을 가진 이방인들이 상당수 있었다. 이들 중에 이방인이었지만, 할례를 받고 법률상 유효하게 유대교로 입교해서 율법을 모두 지킬 의무를 진 사람들을 가리켜 "개종자"라고 부른다(행 2 : 10 ; 6 : 5 참조). 이들과 구별된 또 한 부류의 이방인들이 있었는데, 이들은 유대교로 완전히 개종은 하지 않았지만, 회당예배에 참여하고 모세 율법을 부분적으로 지키는 사람들이다. 이들을 가리켜 "하나님을 경외하는 자들"이라고 부른다(행 13 : 16 등). 회당에서 바울의 선포를 관심 있게 듣고, 그리스도인이 된 이방인들은 대부분 '하나님을 경외하는 자들'이었을 것으로 추정된다.

구브로에서 바울 일행은 선교사로서 첫 번째 테스트를 받게 된다. 그것은 구브로 섬의 총독 서기오 바울(주후 46-48)의 측근이었던 거짓 선지자 '바예수'와의 만남이었다. 당시 총독은 종종 개인적인 마술사(우리말 성경에는 박수로 번역)를 두었다. 이들은 초자연적인 지식과 능력으로 대중들의 호의와 금전을 획득하고자 했다. '바예수'가 바로 그런 사람이었던 것 같다. 바예수는 '구원의 아들'이라는 의미로, 유대인 출신의 마술사였다. '엘루마'는 마술사를 의미하는 헬라어 음역이다. 아마도 바예수는 총독 서기오 바울이 예수를 믿게 되면, 자신의 돈벌이 자리를 잃을까봐 바울 일행을 대적한 것으로 보인다. 이러한 적대 세력을 상대하여 바나바와 바울은 그리스도의 복음이 옳음을 입증해야만 했다.

주목할 만한 일은 9절에서 처음으로 사울이 바울이라고 불리게 된다는 것이다. 이제부터 사울은 사도행전에서 바울로 불린다. 이것은 회심에 따른 이름 변화라기보다는 오히려 선교 대상의 변화 때문인 것으로 보인다. 바울은 본래 디아스포라 유대인이었고, 로마 시민권자였기 때문에 '사울'이라는 유대식 이름과 '바울'이라는 로마식 이름을 함께 가지고 있었다. 그러나 이제 그의 선교여행이 이방 환경의 비유대적 대상으로 바뀜에 따라 이름도 바뀌어서 나온 것이다.

바울은 성령이 주시는 능력으로 그 마법사의 죄를 꿰뚫어보고, 그를 하나님의 심판에 붙인다. 그 마법사는 예수의 편에 속한 것이 아니라 악마의 편에 속한 자이다. 그는 결국 소경이 되는 벌을 받는다. 바울이 구브로에서 거짓 선지자요, 마술사인 바예수에게 승리한 사건은 베드로가 사마리아에서 마술사 시몬을 굴복시킨 사건과 병행을 이룬다. 바예수가 굴복하는 것을 보고, 총독은 복음을 받아들이게 된다(12절). 악한 세력과의 영적 전쟁에서 승리함으로써 바나바와 바울은 명실상부한 선교사로 인정을 받게 되었고, 그리하여 첫 번째 개종자로서 유력한 인사인 구브로의 총독 서기오 바울을 얻게 되었다.[88] 이러한 유력한 인사의 회심은 바울의 선교 사역에 큰 힘이 되었을 것이다. 서기오 바울의 회심은 베드로와 관련된 고넬료의 회심과 병행을 이룬다. 이로써 누가는 기독교가 사회의 하류계층만 아니라 상류계층에게도 신임을 얻은 것을 강조하고 있다.[89]

---

88) 누가는 서기오 바울의 회심 이야기를 이용하여 이방인의 사도인 바울의 이름을 깊이 각인시키려는 의도가 있었는가?

89) 고넬료의 회심과 함께, 이러한 상류층의 회심은 로마 정부에 기독교를 정치적으로

(3) 비시디아 안디옥에서의 전도(13 : 13-52)

① 요한의 귀환(13절)

바울과 그의 일행은 바보에서 배를 타고 밤빌리아의 수도인 버가로 갔다. 이제부터 바울이 선교활동에서 주도적인 위치를 차지하게 된다(이름의 순서를 보라!). (마가) 요한이 예루살렘으로 돌아간 이유는 분명하게 언급되어 있지 않다. 그러나 후에 바울이 요한의 동행 문제를 놓고 바나바와 갈라진 것을 보면(15 : 37-38), 좋은 이유로 떠나간 것이 아님은 확실하다. 요한이 떠난 이유에 대한 다양한 추측이 존재한다 : 향수병에 걸렸을 가능성, 질병에 걸렸을 가능성, 여행의 주도권이 바나바에서 바울로 옮겨진 것에 대한 불만, 선교여행의 고난과 위험을 견뎌 낼 수 없어서, 율법으로부터 자유로운 이방선교에 대한 확신 부족 등. 그중에서 마지막 요인이 유력하지만, 단지 추정만 가능할 뿐이다.

② 비시디아 안디옥 설교의 배경(14-15절)

바울 일행은 버가를 떠나 비시디아 안디옥으로 갔다. 비시디아는 지방 이름이고, 안디옥은 도시 이름으로서, 비시디아 지방에 있는 안디옥을 뜻한다. 이곳은 수리아 안디옥과는 다른 도시로, 알렉산더 대왕의 사후에 시리아의 통치자 안티오쿠스의 이름을 따서 명명한 도시이다. 교통과 상업의 요충지였기 때문에, 상당히 큰 유대인 공동체가 있었을 것이다. 바울 일행은 여기에서도 제일 먼저 회당에서 선포를 시작한다. 낯선 도시에서 유대인 회당은 복음 선포의 출발점으로 삼기에 적절했을 것이다. 당시 회당예배는 일반적으로 쉐마 선포(신 6 : 4)-특정한 기도(18개의 간구)-토라 낭독-토라를 설명하기 위한 선지자의 글 낭독-권면 순으로 행해졌다. 회당예배의 진행을 책임진 사람은 회당장이었다. 글을 아는 유대인 남자라면 누구나 성경을 해석할 수 있는 권한이 주어졌기 때문에

변증하기 위한 사도행전의 목적에 기여하는가?

(눅 4 : 16-21 참조), 바울과 바나바는 회당에서 유대인들에게 설교할 수 있는 열린 통로를 얻게 되었다. 회당에는 구약을 잘 아는 유대인들과 하나님을 경외하는 사람들이 모여 있었기 때문에 복음을 선포하기에 매우 적절한 장소였다. 그러나 유대인들 대부분은 예수를 약속된 메시야로 받아들이지 않았으므로, 선교사들이 예수를 메시야로 언급하자마자 그 통로가 닫히고, 회당은 물론이고 그 도시에서 쫓겨나기도 했다.

③ 바울의 회당 설교(16-43절)

바울은 회당에 모여 있는 이스라엘 사람들과 하나님을 경외하는 이방인들을 대상으로 복음을 선포한다(16, 26절). 이 설교는 사도행전에 나오는 바울의 첫 번째 공식 설교로서, 예수의 나사렛 취임설교와 베드로의 오순절 설교와 비견될 수 있다. 바울의 설교는 크게 세 부분으로 나눌 수 있는데, 먼저 설교의 서론으로 구약 역사를 개관하고(17-22절), 본론으로 예수의 죽음과 부활, 즉 복음서의 역사를 개관한 후(23-37절), 믿음으로 죄용서와 의롭다함을 얻는다는 선언으로 결론을 내린다(38-41절).

하나님의 백성의 역사가 예수 그리스도 안에서 성취되었다는 사실을 설명하기 위해 바울은 먼저 구약 역사의 근간이 되는 중요한 사건들을 간략하게 상기시킨다. 즉, 족장들을 통한 하나님의 이스라엘 선택, 출애굽 사건, 광야 40년 생활, 가나안 일곱 족속의 격퇴와 약 450여 년간의 유업 차지,[90] 사무엘 때까지의 사사시대 언급, 사울 왕의 옹립과 그의 40년 통치, 이새의 아들 다윗 왕 등의 내용이다. 설교를 시작하면서 구약의 역사를 개관하는 것은 화자와 청자와의 소통을 원활하게 하며, 사도행전 선교설교에서 반복되어 나오는 일종의 패턴이라고 할 수 있다(2장의 베드로 설교와 7장의 스데반 설교 참조).

바울은 구약을 개관하는 모든 문장의 주어를 "하나님"으로 표현함으로써, 모든 구원역사를 주관하시는 분이 하나님이심을 분명히 한다. 역사의

90) 450년이라는 기간은 애굽에서의 생활 400년에 광야생활 40년, 그리고 여호수아의 가나안 정복의 기간이 합쳐진 것으로 보인다.

주인이신 하나님의 섭리적 역사관은 다윗에게서 그 절정을 이루는데, 다윗은 '이스라엘을 위한 구주'이신 예수 그리스도의 예표가 된다. 하나님의 약속은 이 예수가 다윗의 씨로부터 나온다는 것이었다 : "하나님이 약속하신 대로 이 사람의 씨에서 이스라엘을 위하여 구주를 세우셨으니 곧 예수라"(23절). 따라서 예수야말로 역사의 초점이요, 역사를 주관하시는 하나님의 구원약속의 성취이다. 세례 요한은 이러한 약속과 성취, 옛 시대와 새 시대를 연결하는 징검다리 역할을 한다(눅 3 : 15-16). 그는 예수의 선구자로서 회개의 세례를 전파하였을 뿐만 아니라 그리스도를 증언하는 예언자의 기능을 담당한다(24-25절).[91] 그러나 바울 설교의 핵심은 예수를 통하여 유대인도, 또 하나님을 경외하는 이방인도 구원에 이르는 길이 열려지게 되었다는 것이다(26절). 그 구원의 유일한 근거는 예수의 죽음과 부활이다.

베드로의 설교와 마찬가지로 바울의 설교 역시 유대인의 악한 행위와 하나님의 구원행위를 대조시킨다(2 : 22-24 ; 3 : 13-15 ; 4 : 10 ; 5 : 30-31 ; 10 : 38-40). 여기에서도 예수의 죽음의 책임은 "예루살렘에 사는 자들과 저희 관원들"에게 돌려지고, 그것 역시 선지자들의 예언의 성취이다(27-29절). 30절부터 시작되는 부활의 증언 역시 예언과 성취의 관점에서 진행된다 : 하나님이 예수를 살리셨다(31절) ―그것은 조상들에 대한 약속의 성취이다(33-37절) ―우리는 그것을 선포한다(32절). 초점은 예수의 부활이 목격자들과 성서의 증거에 의해 확증된다는 것이다. 그러나 바울은 자신을 처음 부활의 증인 속에 포함시키지 않는다 : "저희가 이제 백성 앞에 그의 증인이라"(31절). 여기에서 "저희"는 사도들을 의미한다.

바울은 사도행전 9 : 1~9에서 부활하신 주님을 만났고, 서신에서도 그러한 경험을 말하고 있지만(고전 15 : 8 ; 갈 1 : 1, 15-16), 누가의 관점에 따르면 바울은 사도의 동아리에 들지 않는다(1 : 21-22 참조).[92] 누가에게

91) 여기에서 세례 요한의 이야기를 첨가시킨 것은 요한을 메시야로 여기는 청중들을 염두에 두고 있는 것인가?

는 예수와 지상생활도 함께 했던 열둘 만이 그의 부활에 대한 완전한 증인들이다. 따라서 바울은 사도들의 증언에 근거해서 예수의 부활에 대해 증언할 수 있다(32절). 이로써 예수와 사도들과 바울의 연속성이 확보된다. 바울은 부활을 증언하기 위해 세 개의 "조상들에게 주신 약속"을 인용한다. "너는 내 아들이라 오늘 너를 낳았다"(33절, 시 2 : 7)는 말은 부활을 통하여 예수가 영원하신 하나님의 아들로 인정되었다는 것을 의미한다(롬 1 : 4 ; 히 1 : 5). 예수가 부활하여 다시 썩지 않는 존재(죽지 않는)가 된 것은 이미 다윗에게 약속된 하나님의 은총이었고, 다윗뿐만 아니라 그처럼 예수를 믿는 자들에게도 주어진 약속이다(34절, 사 55 : 3 칠십인역).[93] "주의 거룩한 자로 썩음을 당하지 않게 하시리라"는 약속(35절, 시 16 : 10)은 다윗 자신에게는 성취되지 못했고, 오직 예수에게서만 성취되었기 때문이다(36-37절).[94]

마지막으로 예수의 죽음과 부활의 효과를 말한다. 모세의 율법이 아니라 오직 예수를 믿음으로 말미암아 죄사함과 의롭게 될 수 있는 길이 열렸다는 것이다. 여기에서 바울의 전매특허인 "믿음으로 말미암는 의"(39절)의 주제가 유일하게 나온다. 유대인뿐만 아니라 이방인들에게도 구원의 길이 열린 것이다. 그러나 예수의 죽음과 부활은 긍정적인 결과만 초래하는 것은 아니다. 하박국 1 : 5의 경고의 말씀처럼, 예수 그리스도를 받아들이지 않는 것은 결국 하나님의 구원을 거절하는 것이며, 결국 멸망의 심판을 받을 것이다(40-41절). 바울의 설교는 이신칭의의 주제가 부각된 것 외에는 베드로의 이전 설교와 매우 유사하다. 이것은 초기 교회의 두 주요 인물이었던 베드로와 바울의 메시지가 거의 다르지 않았음을 보여 준다.

---

92) 누가의 사도이해에 대해서는 유상현, 「바울의 제1차선교여행」, pp. 147-150 참조. 사도행전에서는 바울을 사도라고 칭하지 않는다(14 : 4, 14 예외).

93) 다윗과 예수의 긴밀한 연결은 예수가 다윗의 후손이며, 교회가 구속사적 연속성을 지닌다는 것을 드러내 준다.

94) 이 말은 베드로의 오순절 설교에서도 인용된 구절이다(2 : 27).

바울의 설교를 들은 청중들의 반응은 매우 고무적이었다. 많은 유대인과 유대교에 입교한 경건한 사람들이 바울의 말씀을 더 듣기를 간청하며, 바울과 바나바를 따르게 되었다(43절).

④ 유대인의 반대(44-52절)

그러나 바울의 설교의 반응이 늘 긍정적인 것만은 아니었다. 다음 안식일에 더 많은 사람들이 회당에 모여 바울의 선포를 들었지만, 유대인들의 비난과 배척이 있었다. 이 부분은 44~48절과 49~52절로 묶을 수 있는 두 개의 평행적 장면으로 구성되어 있는데, 두 장면에서 공통적으로 발견되는 특징은 첫째, 복음의 선포가 있었고, 둘째, 이로 인해 청중의 반응이 양분되었으며, 셋째, 말씀을 받아들이는 자들이 있는 반면에, 또한 유대인들의 배척이 있었다는 것이다. 유대인들의 배척의 중심에는 시기심이 있다(45절).[95] 그들은 율법과 상관없는 이신칭의의 복음이 유대교의 정체성을 흔들 뿐만 아니라, 그 결과로 회당 밖에 새로운 신앙공동체가 생겨날 것에 대해 우려한 것으로 보인다.

이 부분에서 가장 주목할 만한 구절은 46절이다 : "하나님의 말씀을 마땅히 먼저 너희에게 전할 것이로되 너희가 버리고 영생 얻음에 합당치 않은 자로 자처하기로 우리가 이방인에게로 향하노라". 복음이 유대인으로부터 왔고, 먼저 그들을 위한 것이었기 때문에, 바울은 먼저 유대인에게 복음을 전했다. 그러나 하나님의 구원계획 속에는 이방인도 포함되어 있다. 따라서 유대인들이 복음을 받아들이지 않고 배척한다면, 이제 복음은 이방인에게로 넘어가게 된다(18 : 6, 28 : 28). 바울은 본래 예수에게 해당되는 말씀(눅 2 : 32)을 자신들에게 내려진 주님의 명령으로 받아들인다 : "내가 너를 이방의 빛을 삼아 너로 땅 끝까지 구원하게 하리라"(47절). 그러므로 이방인 선교는 예수의 일을 계승하는 것이다. 복음에 대한 유대인의 비방과 대조적으로 이방인의 수용이 크게 부각된다. "이방인들이

95) 사도행전 5 : 17 참조.

듣고 기뻐하여 하나님의 말씀을 찬송하며"(48a절). 여기에서도 하나님의 주도적인 역할이 강조된다. "영생을 주시기로 작정된 자는 다 믿더라"(48b절). 하나님만이 영생을 수여할 수 있는 분이시다.

유대인들의 배척으로 바울과 바나바가 그 지역을 떠나게 되었으나 누가의 관점에서는 이러한 배척과 반대에도 불구하고 복음이 막힘없이 계속 전파되어 나갔음을 재확인하고 있다(49절). 유대인 회당에는 그 도시의 상류층 부인들도 참여하였다. 그들은 하나님을 경외하는 사람들이었고, 그곳의 유력한 지도자들의 부인들이었던 것으로 보인다. 유대인들은 그들을 사주해 바울과 바나바를 도시에서 쫓아내는 데 성공한다. 바울과 바나바가 발에 티끌을 떨어버린 행위는 유대인의 관습에 따르면, 관계의 단절과 자신들의 책임해제를 상징한다(눅 9 : 5 ; 10 : 11). "제자들은 기쁨과 성령이 충만하니라"(52절)는 말은 비시디아 안디옥에 유대인과 이방인으로 구성된 신앙공동체가 생겨났다는 사실을 암시해 준다.

(4) 이고니온에서의 전도(14 : 1–7)

유대인들에 의해 비시디아 안디옥에서 쫓겨난 바울과 바나바는 이고니온으로 가서 복음을 전한다. 이고니온은 비시디아 안디옥에서 약 140km 떨어진 루가오니아 지방의 수도로서 비옥한 농경 지역의 중심지였다. 이고니온에서의 활동과 반응은 비시디아 안디옥과 거의 유사하였다. 바울과 바나바는 유대인의 회당에 들어가 복음을 선포하였고, 이로 인해 청중이 두 갈래로 나뉜다. 복음을 들은 많은 유대인과 헬라인들(이들은 주로 회당예배에 참석했던 하나님을 경외하는 자들이었을 것이다.)이 복음을 받아들여 믿음을 가지게 된 반면에, 거역하는 유대인들은 또다시 바울과 바나바를 반대하고 배척한다. 예루살렘의 사도들이 말씀과 함께 표적과 기사를 행한 것과 같이 바울 일행에게도 동일한 일들이 일어난다(3절). 표적과 기사는 여기에서도 복음의 진리성을 확증해 주는 역할을 한다. 그러나 표적이 모든 사람들에게 유효한 것은 아니다. 표적과 진리의 말씀을 들은 사람들의 반응은 두 사도의 편과 유대인의 편으로 나뉜다(4절).

4절과 14절에서 유일하게 바울과 바나바에게 사도라는 명칭이 붙여진다.[96] 누가가 열두 사도 외에 다른 인물들에게 사도라는 명칭을 붙인 것은 이례적이다. 이러한 사도 개념은 누가의 사도 개념과 다르며(1 : 21-22), 바울 자신의 사도 개념과도 역시 구별된다. 아마도 이 개념은 누가가 사용한 자료에서 유래한 것으로, 12사도를 가리키는 것이 아니라 보다 더 넓은 의미에서 안디옥 교회로부터 파송된 사람을 가리킨다. 비시디아에서와 마찬가지로 이고니온에서도 바울과 바나바는 이방인들을 사주한 유대인들과 그들의 관리에 의해 배척을 받고, 그곳을 떠나 루스드라와 더베로 향한다. 사람들이 두 사람을 돌로 치려고 한 행동은 신성모독죄를 범한 자를 처형하는 유대식 방법이었다(7 : 59).

(5) 루스드라에서의 전도(14 : 8-20)

루스드라에서 바울은 태어나면서부터 앉은뱅이였던 사람을 고친다. 베드로가 예루살렘에서 나면서부터 앉은뱅이 된 자를 고쳐 준 것처럼, 바울도 나면서부터 앉은뱅이 된 사람을 치유한다. 예수의 치유 능력이 유대인들을 복음의 대상으로 삼은 베드로에게 전해진 것처럼, 이제는 이방인들을 대상으로 하는 바울에게 전해진 것이다.

바울의 치유 결과로 그곳의 주민들은 바나바와 바울을 쓰스와 허메, 즉 제우스와 헤르메스로 숭배하려는 해프닝이 벌어진다. 성 밖에 있던 제우스 신당의 제사장이 그들을 위해 제사를 지내려고 하였다.[97] 이에 바울과 바나바는 헤롯과는 달리 즉각적으로 자신들의 신성을 부인했다(14절). 옷을 찢는 것은 신성모독에 대한 놀람의 표현이다. 바울과 바나바는 이제야 그들의 눈앞에서 벌어지는 일이 무엇인지 깨닫게 되었다. 그리고 바울은 그것을 빌미로 기적이나 초자연적인 현상에만 의존하는

96) 우리말 성경에서 이 두 곳 외에 다른 곳에서도 바울과 바나바를 '사도'라고 칭하는 부분이 나오긴 하지만, 그것은 편의상 붙인 것이고, 헬라어 원문에는 나오지 않는다.

97) 무리가 루가오니아 방언으로 말하였기 때문에, 바울과 바나바는 진행되는 일을 곧바로 이해할 수 없었던 것으로 보인다. 제우스가 올림피아 신들의 우두머리 신이라면, 헤르메스는 제우스의 사자 또는 대변자 역할을 했다.

루스드라인들의 미신적인 신앙을 교정하기 위해 즉흥적인 설교를 한다(15-17절). 여기에서 바울은 회당에 모인 유대인이나 하나님을 경외하는 자들이 아니라 거리의 이방인들 앞에서 설교한다.[98] 따라서 이 설교는 순수하게 이방인 청중을 대상으로 한 최초의 설교이다.

설교의 대상이 다르기 때문에, 비시디아 안디옥에서의 설교와는 사뭇 분위기가 다르다. 바울은 구약을 인용하는 대신에 자연계시, 즉 우주의 섭리적 질서에 근거하여 설교를 시작하고, 마침내 그들이 섬기는 거짓 우상을 버리고 창조주 하나님께 돌아오도록 촉구하고 있다(살전 1 : 9-10 참조). 그래서 창조주 하나님, 살아 계신 하나님이 강조된다. 이러한 거짓 신들에게서 참된 하나님께로의 회개 촉구는 이방인을 대상으로 하는 전형적인 복음 설교가 된다(17 : 22-30). 하나님은 비유대인들이 자기의 방식대로 사는 것을 묵인하셨지만(16절), 그들에게 죄가 없는 것은 아니다(롬 1 : 18-32 ; 엡 2 : 11-12 참조). 그렇다고 하나님이 이방인들을 전적으로 외면하신 것도 아니다. 하나님은 창조의 선물(자연계시)로 언제나 그들에게도 관심을 보이셨다(17절).

결국 바울의 설교는 기적의 근원이 자기들이 아닌, 전능하신 하나님께 있음을 분명하게 보여 주었다. 물론 이 설교는 매우 부분적이지만, 이방인을 대상으로 하는 설교의 완전한 형태는 아덴의 아레오바고 설교(17 : 22-31)가 제공해 줄 것이다. 루스드라에서의 바울의 설교는 그다지 성공적이지 못했던 것 같다. 루스드라의 주민들이 안디옥과 이고니온에서 온 유대인들의 선동에 넘어가, 돌로 바울을 쳐서 거의 죽게 만들어 버렸기 때문이다(고후 11 : 25 ; 딤후 3 : 11 참조). 복음을 전하는 자들의 박해는 점점 더 일상적인 현실이 되고 있다. 그러나 20절의 "제자들"에 대한 언급은 루스드라에서도 신앙공동체가 형성되었다는 것을 말해 준다.[99]

98) 아마도 루스드라에는 회당이 없었던 것으로 보인다.
99) 여기에 디모데도 포함되어 있었을 것이다(딤후 3 : 10-11).

(6) 더베에서의 전도와 안디옥으로의 귀환(14 : 21-28)

더베는 1차 선교여행의 마지막 지점이다. 이 도시에서 복음을 전하여 성공을 거둔 후에 바울과 바나바는 갓 설립한 교회들을 귀로에 다시 한번 방문하여, 그들의 신앙을 굳건히 한다. 루스드라와 이고니온과 더베는 바울이 1차 선교여행 시 전도한 남쪽의 갈라디아 주에 속한다. 여기에서 주는 로마의 행정구역(Province)을 가리키는데, 북쪽의 앙카라 지역의 갈리디아 지방과는 구별된다.[100] 죽음의 위기에서 겨우 살아난 직후에 다시금 다른 도시로 가서 복음을 전하는 일이나, 이미 적대자들의 표적이 된 도시들을 곧바로 방문한다는 것은 위험한 일이었을 것이다. 그러나 그러한 지역을 다시 방문하는 일은 고난과 박해를 넘어서는 복음의 능력이 바울과 그의 일행을 지배하고 있었다는 확실한 증거이다 : "우리가 하나님의 나라에 들어가기 위해서는 반드시 많은 환난을 겪어야만 합니다(δεῖ)."(22절 ; 사역) 이처럼 바울은 설립된 신생교회를 그대로 방치하지 않았다. 그는 각 교회마다 장로들을 임명하여 교회를 돌보게 한다(23절). 예루살렘 교회가 일곱 지도자들을 임명한 것처럼, 바울은 이방 교회를 위해 장로들을 세운다.[101]

돌아오는 길에 바울은 버가에 들려 복음을 전하고,[102] 앗달리아 항구에서 배를 타고, 안디옥으로 돌아온다. 소위 1차 선교여행은 이 여행이 시작되었던 수리아 안디옥에서 끝나는 것으로 묘사된다. 1차 선교여행을 통해 바울은 아나니아를 통해 자신에게 주어진 사명을 감당하고 있다(9 : 15-16). 안디옥에 돌아온 바울 일행은 하나님이 어떻게 이방인의 문을 여셨는가를 교회 앞에서 보고했다. 바울의 선교는 매우 성공적이어서, 이방인 그리스도인의 수가 증가하게 되는 결과를 초래하였다.

바울의 1차 선교여행의 의의는 다음과 같이 몇 가지로 요약할 수 있다.

---

100) 갈라디아서가 어느 지역을 대상으로 기록되었는가 하는 것은 아직도 논란이 되고 있다.

101) 직책을 세울 때의 기도와 금식에 대해서는 사도행전 13 : 3을 참조.

102) 처음에는 버가에서 복음이 선포되지 않고, 그냥 지나쳤던 것으로 보인다(13 : 13-14).

1) 안디옥 교회 파송으로 바울과 바나바가 소위 팀-선교를 하였다. 2) 그들은 대도시를 중심으로 선교활동을 하였다. 3) 그들은 처음부터 율법과 상관없는 이방인 선교를 감행함으로써, 예루살렘 총회의 발단을 제공하였다.

6. 소아시아와 그리스에서의 바울의 복음 전파(15 : 1-19 : 41)

1) 예루살렘 사도회의(15 : 1-35)

사도행전 15장은 문학적으로나 신학적으로 사도행전의 중심에 위치하고 있다. 15장은 전체 28장으로 구성된 사도행전 전체의 중간에 위치하고 있을 뿐만 아니라, 이 장에서 기술되는 예루살렘 사도회의를 기점으로 하여 선교의 무대가 예루살렘에서 이방 지역으로 완전히 옮겨진다. 이런 의미에서 15장은 사도행전 전체 내용의 전환점 또는 분기점을 이루고 있다. 누가복음이 15장에서 잃어버린 양, 잃어버린 드라크마, 잃어버린 아들의 비유를 잃은 자를 찾는 복음서 주제의 한 정점으로 삼은 것같이, 사도행전 역시 전체 이야기의 중간에 이방인 선교의 주제를 다루는 예루살렘 사도회의를 배치하고 있다.

1차 선교여행의 성공으로 많은 이방인들이 교회로 들어오자, 그동안 수면 밑에 가라앉아 있던 문제가 물 위로 떠오르기 시작했다. 그것은 "이방 그리스도인들을 어떻게 받아들일 것인가?" 하는 문제였다. 이 문제는 유대 그리스도인들과 이방 그리스도인들의 실제적인 교제와도 관련되었다. 그동안 이방 그리스도인들이 소수를 차지했을 때에는 별로 문제가 되지 않았지만, 이제 그들의 숫자가 늘어나자 이 문제는 더 이상 미룰 수 없게 되었다. 이 문제를 해결하기 위해 예루살렘 교회의 대표자들과 안디옥 교회의 대표자들이 협상 테이블에 마주 앉았다. 이 회의는 기독교 역사상 최초의, 그리고 가장 중요한 에큐메니컬 회의로 간주될 수 있다.

(1) 사도회의의 발단(15 : 1–5)

사도행전 15 : 1에 의하면, 유대로부터(=예루살렘으로부터) 어떤 사람들이 안디옥 교회로 와서, 그곳에 있는 이방 그리스도인들에게 모세의 율법대로 할례를 받지 않으면 구원을 얻을 수 없다고 가르쳤다. 물론 유대 그리스도인들 전체가 그런 견해를 가진 것은 아니었다. 아마도 바리새파 출신의 그리스도인들(5절) 가운데 그러한 과격한 유대주의자들(할례당)이 있었던 것 같다. 그들은 기독교가 모든 유대적 전통을 폐기한 이방인 종교가 될 수도 있다는 우려를 표명한 것으로 보인다. 그러나 예수를 믿어도 할례를 받고, 율법을 지켜야 구원을 얻는다는 주장은 한마디로 이방 그리스도인들로 하여금 먼저 유대인 개종자가 되어야 한다는 의미를 담고 있다.

바울과 바나바의 입장에서 그러한 주장은 안디옥 교회의 구원보편적인 복음을 위태롭게 하는 것이며, 전체 교회의 통일성을 붕괴할 수 있는 것이었다. 그들과의 논쟁이 격렬해지자, 안디옥 교회는 바울과 바나바를 비롯하여 대표자 몇 사람을 예루살렘 교회로 보내서 이 문제를 논의하도록 하였다. 따라서 사도회의의 초점은 이방인들이 구원을 받을 수 있는지의 여부가 아니라, 이방 그리스도인들이 모세의 율법을 지켜야 하는지의 여부에 모아졌다. 이 문제의 시금석이 된 것이 바로 할례였다.

안디옥 교회의 파송을 받은 대표단은 육로를 통해 예루살렘으로 올라가는데, 도중에 베니게(=페니키아, 11 : 19)와 사마리아(8 : 4–25)에 있는 교회들을 방문한다. 이 교회들은 박해를 피해 흩어진 헬라파 유대 그리스도인들에 의해 세워진 것이다(8 : 1). 그들이 이방인들이 주께 돌아온 일에 대해 크게 기뻐했다는 보고(3절)는 이방인 선교가 대부분의 그리스도인들에게 환영을 받고 있고, 반대는 매우 소수에 의한 것이었음을 암시해준다. 이방인들에게 할례를 요구한 것은 전체 유대 그리스도인들의 견해가 아니라 소수의 열성적인 그룹의 견해였다. 안디옥의 대표단은 예루살렘 교회에서 전체 회중과 지도자 그룹(사도와 장로들)으로부터 환영을 받는다. 5절은 예루살렘에서 내려와 안디옥 교회에서 문제를 일으킨 사람들이 어떤 그룹에 속했는지를 구체적으로 설명해 준다. 즉, "바리새파 중에 믿는 어떤 사람들이" 이방인들에게도 할례를 행하고, 율법을 지키도록 해야 한다고 주장했다.

(2) 사도회의의 경과(15 : 6–21)

회의는 격렬했다. 많은 토론이 있은 후에, 베드로가 먼저 발언한다. 그는 그럴 만한 충분한 자격이 있었다. 그가 예루살렘 교회의 대표자였기 때문만이 아니라, 하나님이 그를 통하여 이방인 선교의 문을 열었기 때문이다(행 10–11장). 그는 이방인 고넬료와의 개인적인 경험을 토대로 하나님은 성령을 유대인에게와 이방인에게 똑같이 주셨고(8절), 유대인과 이방인 사이에 아무런 차별도 두지 않으셨다는 것을 분명히 한다(9절). 따라서 유대인들도 감당치 못한 율법의 멍에를 이방인에게 부과하는 것은 적절하지 않다는 것이다(10절).

"믿음으로 저희 마음을 깨끗이 하사"(9절)라는 말은 유대인과 이방인의 관계에서 핵심이 되는 문제가 정결 문제라는 것을 시사해 준다. 유대인의 관점에서 거룩한 하나님께 나아가기 위해서는 정결이 필요한데, 이러한 정결은 할례와 율법(특히 정결규정)의 지시에 따르는 삶을 통하여 이루어진다. 따라서 정결하지 않은 이방인들과 교제하는 행위가 그들에게는 가능하지 않았다. 그러나 고넬료와의 경험을 통해서 베드로가 새롭게 인식하게 된 것은 하나님이 종말의 교회에게 요구하시는 정결이 오직 예수 그리스도에 대한 믿음을 통하여 회복된다는 사실이다(7절). 따라서 계속해서 할례와 율법 준수를 조건으로 삼는다면, 그것은 하나님을 시험하는 것이고, 결국 하나님께 정면으로 도전하는 행위가 될 것이다(10절). 이처럼 베드로는 개인적인 경험을 통해 이방인에 대해 매우 자유로운 입장을 취한다. 구원은 전적으로 하나님의 은혜의 행위이지 인간 노력의 결과가 아니므로, 이방인을 제한 없이 받아들이자는 것이 그의 주된 입장이다 : "우리가 저희와 동일하게 주 예수의 은혜로 구원받는 줄을 믿노라"(11절).

베드로의 발언은 설득력이 있었다. 온 회중이 잠잠해졌다. 그 사이에 바나바와 바울은 하나님이 이방사람들 가운데 행하신 모든 표적과 기사에 대해 보고함으로써, 베드로의 견해를 지원한다. 표적과 기사는 하나님의 동의와 인증을 의미하기 때문에, 두 사람의 보고는 베드로의 발언을 정당화시켜 주었다. 바울과 바나바의 보고는 베드로의 설교와 야고보의 설교를 이어주는 징검다리 역할을 한다.

마지막으로 주의 형제 야고보가 베드로의 발언을 지지하며, 최종 결정을 내린다. 야고보가 예루살렘 사도회의를 마무리 짓는 역할을 한다는 것은 예루살렘 교회의 리더십이 베드로로부터 야고보로 넘어가고 있음을 보여 준다(갈 2 : 9 ; 갈 1 : 19 참조). 베드로가 개인적인 경험을 통하여 이방인의 구원을 확신했다면, 야고보는 성서를 인용함으로써 이방인의 영입을 정당화한다. 이러한 태도는 하나님의 말씀이 회의 결정에 최종적인 권위를 가지는 좋은 모델이 된다. 그는 고넬료의 구원에 동의를 표명한 후에, 아모스 9 : 11~12을 인용하여 이방인들도 하나님의 백성임을 강조한다(17절). 본래 이스라엘의 종말론적 영광의 회복(다윗의 무너진 장막의 회복)의 관점에서 기술된 아모스의 예언(다시 짓고 — 허물어진 것을 고치고 — 바로 세우는 행위)이 다윗의 자손 예수의 부활로 인한 새로운 구원, 즉 유대인과 이방인이 함께 참여하는 종말론적 구원의 신기원으로 재해석된다. 그러므로 야고보의 판단에 의하면, 율법(할례)이라는 장애물로 이방인이 하나님의 백성에 참여하는 것을 방해한다면, 그것은 이방인을 괴롭히는 것이며, 하나님의 구원계획에 어긋나는 일이었다(19절). 따라서 율법(할례)과 같은 다른 조건 없이 이방인을 받아들여야 한다는 것이 야고보의 결론이었다.[103)]

그러나 할례와 상관없이 이방인을 받아들인다는 결정으로 모든 문제가

103) 이로써 이방인 영입 문제에 관한 예루살렘 교회의 세 진영을 확인할 수 있다. 1) 보수적인 진영(바리새인 출신의 유대인 그리스도인), 2) 우호적인 진영(베드로 : 같은 성령의 사역 인정. 회개와 구원에 있어서 차별이 없고, 오직 하나님의 은혜로 구원), 3) 절충적인 진영(야고보 : 교회 내 보수적인 입장을 감안하여, 네 가지 부가적 조항 포함).

해결된 것은 아니었다. 이제 구체적으로 유대인 그리스도인들과 이방인 그리스도인들이 함께 교제할 수 있는 하나의 새로운 길이 모색되어야 한다. 대부분의 유대인 그리스도인들은 이방인 그리스도인들과의 식탁교제가 스스로를 부정하게 한다는 전통적인 편견에서 벗어나지 못했다. 그래서 야고보는 유대 그리스도인 측의 양심의 가책을 고려하여 일종의 절충안을 제시하는데, 그것은 이방 그리스도인들이 준수해야 할 네 가지 실제적인 지침들을 설정하는 것이다. 첫째는 우상의 더러운 것(이방 신들에게 제물로 바쳐진 고기를 먹는 일)을 피하고, 둘째는 음행(특히 근친간의 결혼)을 금하며, 셋째 목매어 죽인 것, 즉 유대교의 의식에 따라 도살되지 않는 짐승의 고기를 금하며, 넷째로 피, 즉 짐승의 피를 먹는 것을 금하라는 것이다. 이러한 사항들은 구원에 필수적인 조건들로 제시된 것이 아니라, 유대인과 이방인 그리스도인들 사이의 교제를 가능하게 하는 의식적인 (정결)조항들이라고 할 수 있다. 이 규정들은 모두 레위기 17~18장에 나오고 있으며, 예로부터 유대 땅에서 유대인들과 함께 살아가는 모든 비유대인들이 준수해야 하는 것이었다. 뿐만 아니라 이 규정들은 온 세계에 퍼져 있는 모든 유대인 회당에서 안식일마다 낭독되는 모세 율법의 내용 가운데 포함되어 있었다(21절). 따라서 이방인들은 그들에게 요구된 네 가지 지침들을 준수해야만 했다. 이런 의미에서 사도훈령은 유대인들의 전면적 율법 수용과 전면적 율법 폐기 사이에서 하나의 타협안 같은 성격을 지닌 것으로 볼 수 있다.

(3) 사도회의의 결의문(15 : 22-29)

야고보의 제안은 그대로 받아들여진다. 그래서 예루살렘 교회의 지도자들은 명망 있는 예루살렘 공동체의 대표자, 즉 바사바라 하는 유다와 실라를 택하여, 안디옥 교회의 대표자인 바울과 바나바와 함께 안디옥으로 보내기로 결의하였다. 그들 편으로 야고보가 제안한 사도회의의 결의문을 보내기로 한 것이다. 사도회의의 결의문은 다음과 같이 분해할 수 있다.

① 편지의 서두(23b절)

발신자는 사도와 장로들로 나타나는데, 사도들의 단일체제에서 주의 동생 야고보와 장로들의 집단체제로의 전환을 암시해 준다. 수신자는 안디옥과 수리아와 길리기아에 있는 이방인 그리스도인들이다. 안디옥은 수리아와 길리기아의 합병된 주의 중심도시였다. 따라서 이 사도 결의문은 안디옥뿐만 아니라 이방 그리스도인 모두에게 해당되는 것이었다(행 16 : 4 ; 21 : 25). "형제"라는 반복된 표현이 이미 유대 그리스도인들과 이방 그리스도인들의 하나 됨을 반영한다. 고대 서신의 일반적인 인사말인 '카이레인'(χαίρειν, 문안하노라)은 신약성서에서 사도행전 23 : 16과 야고보서 1 : 1에도 나온다.

② 편지의 본문(24-29절)

가) 문제의 발단(24절) : 예루살렘의 지도자들은 자신들의 입장이 문제를 일으킨 당사자들의 입장(15 : 1, 5, 24)과 다름을 분명하게 밝힌다. 그들은 예루살렘 교회의 공식적인 파송자가 아니라 개인적으로 자신들의 견해를 표명한 무리에 불과할 뿐이다.

나) 첫 번째 결의 내용(25-27절) : 사도회의의 첫 번째 결의사항은 대표단을 파송하는 것이었다. 물론 대표단의 파송 목적은 회의의 내용을 설명하고, 결의문을 전달하는 것이다 : "이 일(τὰ αὐτά)을 말로 전하리라"(27b절). 바울과 바나바는 "우리 주 예수 그리스도의 이름을 위하여 생명을 아끼지 아니하는" 사람들이라는 명예로운 칭호를 부여 받는다. 이러한 칭송은 안디옥 교회에서 소란을 피운 사람들이 잘못되었고, 바울과 바나바가 옳았다는 것을 인정하는 표현이기도 하다. 바울과 바나바 외에 예루살렘의 대표자로 유다와 실라가 파송된다. 실라는 바울의 동역자로서, 2차 선교에서 중요한 역할을 할 사람이다.

다) 두 번째 결의 내용(28-29a절) : 사도회의의 두 번째 결의사항은 야고보가 제안한 4개의 금령을 채택한 것이었다. 결의의 주체로 "성령과 우리"를 내세운 것은 이 결의가 교회의 지도자들이 만장일치로 결정한

사항이지만, 그 배후에는 성령이 주도하고 있음을 인정한다는 의미이다. "다음과 같이 반드시 필요한 것들 외에 더 이상 무거운 짐을 지우지 않기로 하였다"(28절, 사역)는 말은 사도행전 15 : 19~20의 내용을 상기시킨다. 따라서 회의의 발단이 되었던 할례의 문제가 구체적으로 언급되어 있지는 않지만, "구원에 있어서 반드시 할례가 문제가 되지 않으며, 따라서 이방인이 교회의 일원이 되기 위해 유대인이 될 필요가 없다."는 사실이 확인되었다. "반드시 필요한 것들"(28절)은 예루살렘 교회 측이 제안한 4개의 금령을 말한다. 그러나 이 금령은 구원을 얻기 위한 조건들이 아니라 유대 그리스도인과 이방 그리스도인 간의 코이노니아를 위해 필요한 최소한의 지침들이다. 따라서 사도훈령은 율법으로부터 자유로운 이방선교에 대한 최후의 승인을 의미하였다. "이것들을 잘 지키면, 여러분은 올바르게 행하는 것입니다"(29절, 사역).

③ 편지의 종결구(29b절)

사도 결의문은 당시의 관례대로 간략한 끝인사로 종결된다. "안녕히 계십시오"(ἔ ρρωσθϵ).

예루살렘 사도회의에 대한 기록은 사도행전 15장에만 나오는 것이 아니라 갈라디아서 2 : 1~10에도 나온다. 예루살렘 방문 횟수와 연관하여 두 기록이 서로 다른 사건을 보도하고 있다고 주장하는 학자들도 있지만,[104] 대부분의 주석가들은 갈라디아서 2 : 1~10에 나오는 바울의 증언과 사도행전 15장에 나오는 이야기가 동일한 사건을 다룬다는 점에서

---

104) 이런 견해의 주된 근거는 바울이 행한 예루살렘 방문의 횟수와 연관된다. 사도행전에는 다메섹 회심 이후에 바울의 예루살렘 방문이 모두 다섯 번에 걸쳐 행해진다(9 : 26-30 ; 11 : 27-30 ; 15 : 1-30 ; 18 : 22 ; 21장). 따라서 사도행전 15장의 예루살렘 사도회의는 바울에게 세 번째 예루살렘 방문이 된다. 그러나 갈라디아서에는 그 일이 두 번째 예루살렘 방문에 일어난 것으로 표현되어 있다. 두 문서를 조화하기 위하여 일부 학자들은 갈라디아서 2장의 예루살렘 방문을 사도행전 11 : 27~30에 기록된 구제방문과 연결시키려고 한다. 그러나 이러한 시도는 사도행전 15장과 갈라디아서 2장 사이에 나타나는 많은 유사성 때문에 지지될 수 없다. 유상현, 「바울의 제1차 선교여행」, pp. 257-263.

일치한다.[105] 먼저 두 이야기의 유사점들이 눈에 띈다. 안디옥에서 예루살렘으로 상경하였다는 점(지리적 관점), 바울과 바나바가 동시에 참여했다는 점(등장인물), 사도행전에서는 바리새파 출신의 유대인 그리스도인들이 갈라디아서에서는 "거짓 형제"로 표현되어 있지만, 일부 과격한 유대 그리스도인들이 이방인들에게 할례를 요구한 점(회의 동기), 할례 문제를 다루었다는 점(회의 주제), 토론과 논쟁이 치열했다는 점(회의 성격), 이방인의 수용이라는 합의가 도출되었다는 점(회의 결과) 등이 두 이야기가 동일한 사건을 대상으로 하고 있다는 데 긍정적으로 작용한다.

물론 차이점들도 있다. 갈라디아서에서는 바울의 참석 계기가 "계시"(갈 2 : 2)에 의한 것으로 독자성이 강조된 점, 헬라인 디도를 데려갔다는 점, 모임의 성격이 예루살렘 교회의 핵심 지도자들과의 사적인 회합의 인상을 준다는 점, 이방인 수용에 아무런 조건이 없고 선교 분할의 원칙이 정해진 점 등이 부각된 반면에, 사도행전에서는 사도훈령이 따로 정해졌고, 가난한 자들을 위한 모금에 대한 언급이 없다는 점 등이 눈에 띄는 차이점이라고 할 수 있다. 그러나 각각의 이야기의 상황 맥락을 고려한다면, 이러한 차이점들은 어느 정도 조화를 이룰 수 있다. 먼저 자기변증의 맥락에서 볼 때, 바울의 '계시'(하나님의 측면)와 '교회의 파송'(인간적인 측면)의 차이는 서로 배타적인 것이 아니다. 또한 바울이 디도를 데려갔다는 언급은 그의 신중한 태도를 엿보게 한다. 할례 문제가 주요한 의제로 등장한 회의에 할례 받지 않는 이방인을 본보기로 직접 데려가는 것은

105) 일반적으로 예루살렘 사도회의의 주역인 바울이 증언한 이야기가 2차 혹은 3차에 걸친 자료에 근거한 사도행전의 이야기보다 중요한 자료가 된다는 점이 인정된다. 그러나 바울 역시 자기변증의 맥락에서 갈라디아서를 기록했다는 것을 고려한다면, 그의 증언 역시 자신의 감정이나 이해 개입이 완전히 제거된 순수 객관적인 자료로 볼 수만은 없다. 따라서 두 이야기가 압도적으로 정확한 역사 보도는 아닐지라도, 최소한 같은 사건을 보도하고 있다는 점에서 두 본문을 비교 검증하는 것이 필요하다. 권오현, 「바울의 생애(상)」, pp. 407-462 ; C. K. Barrett, *A Critical and Exegetical Commentary on the Acts of the Apostles*, vol. Ⅱ (Edinburgh : T & T Clark, 1998), 697. 본문에 대한 연구사의 개괄은 E. Haenchen, 「사도행전(Ⅱ)」, pp. 103-126 ; 전경연, 「원시기독교와 바울」, pp. 134-150 참조.

그만큼 효과가 있었을 것이다. 또한 사적인 회합과 공적인 회합의 차이 역시 보도하는 사람의 입장에서 얼마든지 첨삭이 가능한 일이다.

가장 큰 차이는 회의 결과물인 사도훈령의 유무 차이라고 할 수 있다. 사도행전에는 사도회의 결과로 우상제물, 피, 목매어 죽인 것, 음행 등을 피하라는 사도훈령이 받아들여지고, 그 결의문이 이방인 교회로 보내진다. 그러나 바울은 사도훈령에 대해서는 아무런 언급이 없으며, 아무것도 더하지 않았고, 다만 예루살렘의 가난한 자를 돌보기 위해 모금을 결정하였다고 전한다. "사도훈령이 직접 예루살렘 사도회의에서 유래했는가?" 라는 역사적 논쟁은 미해결의 문제로 남아 있지만,[106] 적어도 사도행전과 갈라디아서를 통해 확인할 수 있는 것은 바울과 이방 교회들이 베드로와 야고보와의 코이노니아를 유지하였음을 보여 준다.

두 이야기를 토대로 사도회의의 의의를 다음과 같이 요약할 수 있다. 첫째로, 예루살렘 사도회의는 교회의 통일성을 유지한 교회사상 최초의 '에큐메니컬 회의'라고 간주할 수 있다.[107] 둘째로, 사도회의는 바울의 이

---

106) 많은 주석가들은 갈라디아서 2 : 6에 근거하여 사도훈령이 예루살렘 사도회에서 유래한 것이 아니라고 주장한다. 오히려 그것은 "안디옥 사건"(갈 2 : 11-14)으로 인해 유대인 그리스도인과 이방인 그리스도인들 사이의 코이노니아(교제)를 위해 바울의 협조 없이 나중에 결정되었다는 것이다(E. Haenchen, 「사도행전(Ⅱ)」, p. 121). 실제로 바울은 서신 어디에서도 사도훈령의 존재에 대한 어떤 암시도 주지 않는다. 바울이 그것을 알고 있었다면, 안디옥 사건에서 자신의 논리를 위해 그것을 인용했을 가능성이 충분히 있었다. 그러나 그것이 이 사도훈령의 역사성 자체를 부인하는 것은 아니다. 안디옥 사건을 고려할 때, 다음과 같이 추정할 수 있다. 바울과 바나바는 예루살렘 사도회의로부터 할례로부터 자유로운 복음을 인정받았다고 하는 기쁜 소식을 가지고 안디옥에 돌아온다. 그러나 논쟁은 발전하여 유대인과 이방인 간의 실제적인 코이노니아가 문제가 되었다. 바울은 할례와 마찬가지로 음식법에도 메일 필요가 없다고 주장한다. 처음에는 베드로도 자유로운 입장을 취하여 거리낌 없이 이방인과 식탁에 참여한다. 그러나 야고보가 보낸 사람들이 음식법에 관한 특별 규정들을 가지고 안디옥에 왔을 때, 베드로와 바나바는 야고보에 동의한다. 바울은 이러한 입장을 받아들일 수 없었다. 그에게는 음식법으로부터의 자유가 복음의 진리 문제(갈 2 : 14)라고 부를 정도로 매우 중요한 일이었다. 그러나 다른 사람들은 그것을 바울만큼 그렇게 중요하게 여기지 않은 것으로 보인다. 바울과 바나바의 갈등(행 15 : 36-41)도 마가 요한의 동행 문제만이 아니라, 이러한 신학적 입장의 차이에서 비롯된 것으로 보인다.

107) 보른캄(Bornkamm)은 예루살렘 사도회의가 한편으로는 예루살렘 모교회가 유대

방 선교와 구원보편주의를 최종적으로 인정한 회의였다. 이처럼 사도회의를 통하여 예루살렘의 유대 특수주의자들은 할례 문제를 양보하고, 안디옥의 구원보편주의자들은 부가적인 율법 조항을 양보함으로써 이방인 그리스도인과 율법의 문제가 합의되었다. 그러나 이것은 또한 일종의 교회·정치적 타협의 성격을 지니고 있어서, 이 문제가 완전히 해결된 것은 아니었다.[108]

(4) 안디옥 교회에 대한 보고(15 : 30–35)

사도회의의 결정이 내려진 후, 임명된 대표단은 편지를 가지고 안디옥 교회로 떠난다. 안디옥 교회는 할례가 이방인의 구원을 위해 필요한 조건이 아니라는 사도회의의 결의 사항을 기쁘게 받아들였다(31절). 이러한 긍정적인 반응은 회의 결과가 매우 성공적이었다는 사실을 확인해 준다. "유다와 실라가 선지자라"는 언급은 초기 교회의 선지자들의 주요 기능이 무엇인지 분명하게 드러내 준다. 그들은 "여러 말로 형제를 권면하여, 굳게" 한다(32절). 선지자는 앞날에 대한 예견의 기능도 가지고 있지만, 주로 말씀을 통해 공동체의 신앙을 강화시키는 역할을 하였다(13 : 1 참조). 두 사람은 회의 결과를 전한 후 다시 예루살렘으로 돌아갔고, 바울과 바나바는 안디옥에 머물면서 계속 주의 말씀을 가르치고 전했다.

2) 바울의 2차 선교여행(15 : 36–18 : 28)

(1) 바울과 바나바의 결별(15 : 36–41)

바울과 바나바의 결별은 인간적인 측면에서는 안타까운 일이지만, 이러한 헤어짐을 통해 이제 사도행전은 바울의 사역에 초점이 맞추어 진행

교의 한 종파로 낙인찍힐 위험성을 막았고, 다른 한편으로는 바울의 교회가 이방인의 신비종교로 와해되는 위험성을 방지했다고 주장한다. G. Bornkamm, 허혁 역, 「바울, 그의 생애와 사상」(서울 : 이화여자대학교 출판부, 1993), p. 81.

108) 이것을 가장 잘 보여 주는 예가 갈라디아서 2 : 11~14에 나오는 안디옥 사건이다.

된다. 누가는 두 사람의 결별이유가 1차 선교여행 때 동행했다가 도중에 하차했던 바나바의 조카 마가 요한의 동행 여부 문제로 설명한다. 그러나 많은 주석학자들은 역사적인 관점에서 그 배후에 두 사람의 신학적인 입장 차이가 있다고 본다.

이러한 입장의 차이는 "안디옥 사건"(갈 2 : 11-21)에서 나타난다. 베드로는 안디옥에서 야고보가 보낸 사람들이 올 때까지는 이방인 그리스도인들과의 식탁교제에 전혀 거리낌이 없었다. 그러나 그들이 도착했을 때, 슬그머니 그 자리를 피한다. 그러자 바나바와 다른 사람들도 베드로의 행위에 함께 동조한다. 이때 바울이 공중 앞에서 베드로의 위선적인 행동을 꾸짖는 사건이 일어난다. 바울의 입장에서 볼 때, 이 사건은 아무리 베드로지만, 그리스도 안에서 유대인과 이방인이 차이가 없다는 복음의 진리, 즉 베드로와 바울이 예루살렘에서 합의했던 결정을 분명히 어긴 것이다.

따라서 이 사건은 예루살렘 사도회의가 이론적으로는 합의가 이루어졌지만, 실제로는 더 오랜 시간을 필요로 하는 결정이었음을 시사해 준다. 아마도 이 사건을 계기로 바울은 바나바와 결별하고, 실라와 함께 독자적인 선교의 길을 나서게 된다. 실라는 바로 앞에서 나온 인물로 예루살렘 교회가 안디옥으로 파송했던 사람 중의 한 사람이었다(22절). 예루살렘에 돌아간 그가 언제 다시 안디옥으로 내려와서, 어떻게 바울과 동행하게 되었는지는 분명히 밝혀져 있지 않다.

2차 선교여행의 본래 목적은 1차 선교여행 시 복음을 전파했던 지역을 재방문하고, 믿음을 곤고히 하는 것이있다(36, 41절). 바나바는 마가를 데리고 구브로로 가고, 바나바와 결별한 바울은 실라와 함께 수리아와 길리기아를 방문한다. 사도행전에서 수리아와 길리기아 지역에 교회가 존재한다는 최초의 언급이다(9 : 30 ; 15 : 23). 바울은 그의 서신에서 수리아와 길리기아 지역에서의 장기간의 선교에 대해서 언급하지만(갈 1 : 21), 사도행전에서는 직접적으로 언급되지 않는다. 그러나 여기에서 바울이 수리아와 길리기아에 있는 교회를 방문하고 격려하고 있는 것을 보면, 그의 수리아와 길리기아에서의 활동이 이미 전제되어 있음을 알 수 있다.

(2) 디모데의 합류(16 : 1-5)

바울은 1차 선교여행의 역순으로 교회들을 방문한다. 더베와 루스드라에서 바울은 디모데를 만나 동역자로 삼는다. 이후에 디모데는 바울의 사역에서 결정적인 역할을 담당한다. 그는 바울이 가장 신뢰한 동역자로서 바울의 선교여행에 동참했고, 그의 이름은 고린도후서, 빌레몬서, 골로새서, 데살로니가전서와 후서에서 바울과 함께 등장하며, 디모데전서와 후서는 그에게 보내진 서신으로 간주된다. 아마도 디모데는 바울의 1차 선교여행 때에 그리스도인으로 개종한 것으로 보인다(고전 4 : 17 참조). 주변에서의 좋은 평판이 바울의 동역자로 손색이 없었다. 그의 모친은 유대인이었고, 부친은 헬라인이었다(딤후 1 : 5). 이러한 혼합 혼인으로 출생한 아이들은 모세의 율법상 유대인으로 여겨졌으며, 할례를 받아야만 했다. 바울은 유대인들을 고려해서 디모데에게 할례를 뒤늦게나마 시행한다(3절). 바울은 그들을 불필요하게 자극해서, 자신의 선교사역을 위험에 빠뜨리고 싶지 않았을 것이다(고전 9 : 20 ; 10 : 32-33). 그러나 디도의 경우는 달랐다. 디도는 비유대인 출신이었기에, 바울은 복음의 진리를 근거로 그의 할례를 허용하지 않았다(갈 2 : 1-5).

앞 장에서 결의된 사도훈령이 방문한 교회들에 전달된다(4절). 사도행전의 4번째 요약문이 나온다. "이에 여러 교회가 믿음이 더 굳어지고 수가 날마다 더하니라"(5절). 12 : 24의 요약문 이후부터 지금까지는 바울과 바나바가 주도한 이방세계로의 첫 지리적인 확장에 대한 이야기가 서술되었다면(12 : 25-16 : 5), 이제는 바울이 주도하는 유럽으로의 선교여행이 시작된다. 하나님이 주도하시는 교회의 성장은 질적인 측면(믿음)과 양적인 측면(수)을 다 포함한다.

(3) 드로아에서의 환상(16 : 6-10)

성령이 재차 바울 일행의 선교방향을 수정해 준다. 빌립의 내시 전도나 베드로의 고넬료 전도 등 사도행전에서는 성령이 환상을 통해 선교의 방향을 제시하는 방식에 친숙하다. 먼저 바울 일행은 아시아로 가려고 했으나 성령이 막았다. 아시아는 로마 제국의 행정 구역으로서, 바울은 아시아 주의 수도였던 에베소로 가려고 했던 것으로 보인다. 이에 바울 일행은 브루기아와 갈라디아 땅으로 가서 교회를 설립하고,[109] 무시아 앞에 이르러 비두니아로 가고자 했지만, 예수의 영이 허락하지 않았다. 분명한 이유가 언급되어 있지 않지만, 성령(6절), 예수의 영(7절)이 보다 더 원대한 계획을 위해서 바울 일행의 계획을 방해하신다. 그래서 그들은 아시아에서 선교할 수 없었고, 비두니아로 여행하려는 계획도 포기해야만 했다. 그때마다의 내적이고, 외적인 난관들은 성령이 주시는 지시로 이해할 수 있었다.

그들은 항구 도시 드로아에 가서야 마침내 하나님이 그들을 그리스, 즉 유럽으로 부르신다는 것을 알게 된다. 거기서 바울은 건너와서 도와주기를 바라는 마케도니아 사람의 환상을 본다. 바울은 그 환상을 하나님의 계시로 받아들인다 : "하나님이 저 사람들에게 복음을 전하라고 우리를 부르신 줄로 인정함이러라"(10절). 이 계시는 전혀 새로운 지역으로의 방향 전환을 의미한다. 바울은 성령의 인도하심에 따라 그에게 낯설고, 물설은 땅으로 향하게 된다. 성령이 세계 선교의 계획자이며, 주체자이기 때문에, 바울의 마케도니아 선교는 필연적인 일이었다. 10절에서 최초의 "우리-단락"이 시작되어 빌립보로 건너간 후에도 계속된다(18절까지). 이러한 "우리-단락"은 저자 혹은 목격자의 자료나 증언을 토대로 한 것으로 알려져 있다.

(4) 빌립보에서의 사역(16 : 11-40)

바울 일행은 드로아를 출발하여 사모드라게 섬과 항구 도시 네압볼리(지금의 카발라)를 거쳐 빌립보에 도착한다. 아마도 바울은 로마의 동서 지방을 관통하는 에그나티아 도로(Via Egnatia)를 통해서 여행했을 것이

109) 갈라디아서의 수신자는 바로 이 시기에 설립된 교회였던 것으로 보인다(북갈라디아설). 갈라디아와 브루기아에 교회가 설립되었다는 것은 사도행전 18 : 23을 통해서도 확인된다.

다. 당시 로마 제국의 속주였던 마케도니아 주의 수도는 데살로니가였다. 따라서 "마게도냐 지경 첫 성"이라는 표현은 빌립보가 지리적으로 첫 번째 도시라는 의미이거나 마케도니아에서 매우 중요한 도시 중의 하나였음을 말해 준다.

바울 일행은 익숙하지 않은 세계와 접하게 된다. 빌립보는 알렉산더 대왕의 아버지 빌립 2세의 이름을 따서 붙여진 도시로, 당시 로마의 식민지였다. 아우구스투스 황제는 거기에 로마의 퇴역군인들과 그들의 가족들을 거주시켰다. 그러나 별도의 회당에 대한 언급이 없는 것을 보면, 빌립보에는 유대인들이 거의 없었던 것으로 보인다. 단지 작은 집회처소(기도처)만이 강변의 노천에 있었던 것 같다(13절). 거기에는 물이 가까이 있어서 율법에 규정된 정결의식을 행하기에 적절하였다.

바울은 강가에서 기도하는 여인들을 만난다. 그중에서 주목할 만한 여인은 루디아였다. 루디아는 바울의 빌립보 선교의 처음(13-15절)과 마지막(40절)에 등장함으로써, 이야기 진행의 중요한 틀을 제공해 준다. 유럽의 첫 번째 개종자인 루디아는 고넬료처럼 하나님을 경외하는 이방인이었다(14절). 그녀는 소아시아 지방의 두아디라 출신이었는데, 두아디라는 당시 자색 직물로 유명한 도시였다. 호사품인 자색 옷감 장사는 돈벌이가 되는 직업이었고, 따라서 그녀는 매우 부유한 상인이었을 것으로 추정된다. 주께서 루디아의 마음을 여셨기 때문에, 그녀는 바울의 말을 주의 깊게 들었다. 그리하여 그 여자와 온 가정이 세례를 받았다. 고대의 대가족은 생활 공동체요, 생업 공동체일 뿐만 아니라 종교 공동체이기도 하였다. 아마도 바울 일행에게 집에 유하기를 간청한 것을 보면, 루디아는 저택을 지닌 유력한 독신 여성이었던 것으로 보인다. 루디아의 가정은 바울을 돕는 기독교 가정의 한 모델이 되고, 그녀의 집은 가정교회로서 유럽 선교의 첫 번째 거점이 된다(40절).

루디아의 집에 머무는 동안 바울 일행은 점치는 귀신 들린 여종 하나를 만난다. 이 점치는 여종의 능력은 상업적인 목적으로 그의 주인들에게 이용당했다. 이것은 당시 이방 종교에 널리 퍼져 있던 종교적 한 형태였다. 아이러니컬하게도 점치는 귀신의 여종은 바울 일행의 진면목을 간파하고 있다 : "이 사람들은 지극히 높은 하나님의 종으로 구원의 길을 너희에게 전하는 자라"(17절). 그러나 복음과 악령은 결코 혼합될 수 없다. 바울은 예수의 이름으로 귀신을 내쫓는다(3 : 6). 그 여종에게서 악령이 떠나가자, 그녀의 주인들의 이익도 끝나게 되었다. 그러자 여종의 주인들은 바울과 실라를 시장으로 끌고 가 관원들 앞에 세웠다. 그들의 고소는 본질에서 벗어나 로마의 생활 질서를 붕괴한다는 것이었다. 즉, 바울의 복음을 법적으로 인정될 수 없는 불법 종교로 고발한 것이다(20-21절).

당시 이방 세계에서 유대교는 법적으로 인정받았으나, 기독교는 아직 그렇지 못했다. 그래서 그들의 고발은 주효했다. 빌립보의 관리들은 바울과 그의 일행을 체포하여 옷을 벗기고, 매질을 가한다(살전 2 ; 2 ; 고전 11 : 25). 바울 일행은 가장 깊숙한 감옥에 갇혔으며(아마도 지하감옥), 게다가 착고(두 조각의 나무판에 구멍을 뚫어 죄수의 손목과 발목을 끼우게 되어 있는 형틀)까지 채워진다. 어떠한 범죄도 저지르지 않았지만, 바울과 실라는 가장 위험한 죄수로 분류된 것이다. 그럼에도 불구하고 바울과 실라는 밤에 죄수들이 듣는 가운데 기도하고, 하나님을 찬미한다. 그들의 기도와 찬양은 하나님의 기적으로 응답된다. 큰 지진이 일어나 감옥 문이 열리고, 착고가 풀려진다. 감옥 문이 기적적으로 열린 것은 베드로가 기적적으로 감옥에서 풀려난 장면을 생각나게 한다(12 : 1-10). 그러나 기적의 결과는 탈옥이 아니라 간수와 그 가정의 회심이었다. 감옥 문이 열리고, 죄수들의 착고가 모두 벗겨졌지만, 바울과 실라는 그 자리에 있었다. 자결하려고 했던 간수는 바울과 실라를 보고, 두려워 떨며 그 앞에 엎드린다. 아마도 감옥에서 발생한 사건으로 인해 그는 바울과 실라를 신의 사자들로 판단했던 것 같다(29절). 이방인의 관점에서 그는 신의 진노로부터 어떻게 구원받을 수 있는지를 묻는다(30절). 이때에 바울과 실라는 복음의 핵심을 일러 준다 : "주 예수를 믿으라 그리하면 너와 네 집이 구원을 얻으리라"(31절). 바울은 간수와 그의 가정에 주의 말씀을 전하고, 그들은 세례를 받음으로써 복음에 응답한다. 결국 바울의 투옥은 간수와 함께 그의 온 집안이 하나님을 믿게 되는 것으로 끝난다. 모든 것이 합력하여 선을 이루시는 하나님의 놀라운 손길이 드러나는 장면이다(롬 8 : 28).

바울의 빌립보 활동을 서술하는 마지막 부분에서 바울과 실라는 당국자들에게 로마 시민으로서 불법적으로 매질을 당하고 투옥되었음을 항의한다. 바울은 정식적인 사과와 공개적인 명예 회복을 요청한 것이다. 이후에도 바울은 복음의 진보를 위해 로마 시민권자임을 적절하게 이용한다(22 : 25-29, 25 : 9-12 참조). 출옥한 후, 바울 일행은 루디아의 집에서 형제들과 만나고 다음 길로 향한다. 루디아의 집은 이미 가정교회로서 든든히 서 있다. 빌립보 교회의 설립은 유럽에서의 복음의 시작을 의미한다.

(5) 데살로니가에서의 사역(17 : 1-9)

바울의 다음 선교지는 데살로니가였다. 바울은 에그나티아 도로를 통해 암비볼리와 아볼로니아를 거쳐 데살로니가에 도착했다.[110] 데살로니가는 마케도니아의 수도이며, 총독의 거주지이다. 이 거대한 도시에는 빌립보와 달리 커다란 유대 공동체와 회당이 있었다. 따라서 바울은 여기에서도 회당에서 먼저 복음을 선포한다. 회당에서 선포를 시작하는 것은 이미 관례가 되었다(2절). 바울은 회당에서 구약의 지식을 이미 가지고 있는 유대인들뿐만 아니라, 유대교에 관심을 가진 하나님을 경외하는 이방인들을 함께 만날 수 있었다.[111]

바울은 세 번의 안식일 동안 성경을 해석하고 강론한다. 가르침의 핵심은 예수 그리스도의 죽음과 부활이 (구약) 예언의 성취라는 것이다. 바울의 메시지를 들은 후에, 회당예배에 참석했던 소수의 유대인과 경건한 헬라인

---

110) 지금도 네압볼리, 빌립보, 데살로니가 등지에는 에그나티아 도로의 일부가 여전히 남아 있다. 에그나티아 도로는 이스탄불에서 로마로 이어지는 대로였다.

111) 바울이 한 도시에서 먼저 회당을 찾는 이유는 사회적인 측면도 작용했을 것이다. 당시 유대인의 회당은 예배 장소일 뿐만 아니라 여행객의 숙소나 직업을 알선해 주는 역할도 하고 있었다. 따라서 바울에게는 처음 방문하는 낯선 도시에서 복음을 선포하기 위해 회당에서 머무를 방을 구하는 일과 직업을 알선 받는 것도 중요한 일이었을 것이다.

들이 돌아왔고, 그중에서도 적지 않은 수의 귀부인들이 회심하게 되었다. 아마도 이 귀부인들은 그 도시의 유력한 지도자들의 부인들로 회당과 친밀한 관계를 맺고 있었던 것으로 보인다. 그러나 이 도시에서도 모든 일이 순조롭지만은 않았다. 바울의 영향력이 커지자, 이를 시기한 유대인들이 바울 대신 야손을 박해한다. 그들의 시기심은 유대교에 호감을 가지고 회당예배에 참석했던 하나님을 경외하는 사람들이 바울의 선포를 듣고 그리로 넘어가는 것에 대한 반감이었을 것이다(5 : 17 ; 13 : 45 참조).[112)]

야손은 바울의 선포를 통해 기독교 신앙을 가지게 되었고, 자신의 집을 집회 장소로 제공했던 것으로 보인다(5, 7절 참조). 유대인들은 불량배들을 동원하여 야손과 몇몇 형제들(=그리스도인들)을 잡아 그 도시의 관원들(πολιτάρχας)[113)]에게 끌고 갔다. 주목할 만한 것은 그들이 고소한 내용이다 : "천하를 어지럽게 하던 이 사람들이 여기도 이르매…… 이 사람들이 다 가이사의 명을 거역하여 말하되 다른 임금 곧 예수라 하는 이가 있다 하더이다"(6-7절). 유대인들의 고소는 종교적인 것이 아니라 정치적인 것이었다. 이러한 고발은 유대 지도층이 빌라도 앞에서 예수를 고소하던 내용과 흡사하다(눅 23 : 1-2). 정치적인 고발이 이방의 관리들에게 주효했던 것은 그때나 지금이나 여전하다(8절). 시 당국자들은 야손과 형제들에게 더 이상 평화를 해치는 일을 하지 못하도록 강요한 후, 보석금을 받고서야 풀어 준다.

(6) 베뢰아에서의 사역(17 : 10-15)

데살로니가에 있던 형제들이 밤을 이용하여 바울과 실리를 베뢰아로

112) 아마도 재정적으로나 정치적으로 중요했던 지지자들이 줄어든다는 것은 그들에게 심각한 손실을 초래한다고 여겨졌을 것이다.

113) 우리말 성경에 "읍장"으로 번역된 πολιτάρχας는 고대 헬라 문헌에서는 발견되지 않는다. 그러나 1835년에 데살로니가 근처에서 발견된 헬라 비문과 마케도니아 부근에서 발견된 비문에서 발견된다. 김경진, 「사도행전」, p. 360. 아마도 이들은 그 도시의 비로마인 시 당국자들을 의미했을 것이다. E. Haenchen, 「사도행전(Ⅱ)」, p. 170.

보낸다. “형제들”이라는 표현에는 데살로니가에 이미 기독교 공동체가 형성되었음을 암시해 준다. 베뢰아는 데살로니가에서 서남서 방향으로 약 100km 떨어진 곳으로, 중심 도로인 에그나티아 도로변에서 많이 떨어진 성읍이다. 바울 일행이 이런 외딴 곳으로 올 수밖에 없었던 것은 당시 상황의 급박감 때문이었을 것이다. 그러나 바울은 자신에게 주어진 열악한 상황을 복음 선포의 기회로 선용한다. 이미 그의 관례가 된 것처럼, 바울은 먼저 회당에 들어가 복음을 전한다.

누가는 베뢰아의 유대인들이 데살로니가의 사람들보다 더 고상하고, 예의 바르다고 평가한다(11절).[114] 그들이 바울의 말을 정중하고, 편견 없이 열려진 마음으로 경청했기 때문이다. 바울이 전한 설교의 내용이 언급되어 있지는 않지만, 베뢰아 사람들은 바울의 말을 성경을 통해서 상고하는(ἀνακρίνω) 그리스도인의 모범적인 열의를 보여 주었다(11절). 선교의 결과는 만족스러운 것이었다. 많은 사람들이 믿음을 가지게 되었고, 그중에는 헬라의 귀부인과 적지 않은 남자들도 끼어 있었다(12절). 사도행전 20 : 4에 베뢰아 출신 부로의 아들 소바더가 바울의 모금전달을 위한 동행자로 등장하고 있는 것을 보면, 이곳에 견실한 기독교 공동체가 세워진 것을 짐작할 수 있다. 그러나 베뢰아의 선교도 오래가지 못했다. 데살로니가에서 내려온 유대인들의 방해로 바울은 다시금 베뢰아의 형제들(=그리스도인들)의 도움으로 아덴으로 피해야만 했다. 실라와 디모데는 바울과 함께 아덴으로 가지 않고, 아직 데살로니가에 남아 있었다(15절).[115]

(7) 아덴에서의 사역(17 : 16-34)

바울의 마케도니아 지방의 사역이 끝나고, 이제부터 아가야 지방의

---

114) ‘신사적’이라고 번역된 헬라어 εὐγενής는 본래 ‘고상한’ 또는 ‘열려진’이라는 의미를 가진다.

115) 디모데는 곧 바로 아덴에 있는 바울에게 온 것으로 보인다. 데살로니가전서 3 : 1~6에 따르면, 바울은 아덴에서 디모데를 데살로니가로 보냈다. 고린도에서 비로소 바울은 실라와 디모데를 만난다(행 18 : 5).

사역이 시작된다. 아덴에서의 바울의 선교 결과는 다른 지역에 비해 그리 성공적이었던 것 같지는 않다(32-34절). 그러나 바울의 아덴 사역은 사도행전에서 매우 중대한 의미를 지닌다. 당시에 아덴은 로마의 지배하에 있었지만, 여전히 세계의 정신적-문화적 중심지였다. 이 중심지에서 바울이 저명한 철학자들의 틈에 끼어 당당하게 복음을 전했다는 사실은 누가에게는 로마 제국의 심장부인 로마에서의 선교와 더불어 매우 의미심장한 사건이 아닐 수 없다.

아덴에서의 바울 사역의 핵심은 아레오바고 설교이다. 이 설교는 이방인들을 향해 전해진 바울의 설교 가운데 가장 대표적인 것이며, 무엇보다 기독교의 자기정체성을 규정하는 중요한 설교가 아닐 수 없다. 이 부분은 설교를 중심으로 크게 세 단락으로 나눌 수 있다 : 가) 설교의 배경(16-21절), 나) 설교의 내용(22-31절), 다) 설교의 반응(32-34절).

① 설교의 배경(16-21절)

실라와 디모데가 자기에게 오기를 기다리는 동안 바울은 아덴을 두루 돌아볼 기회를 가진다. 그러나 그는 이 전통적인 도시의 화려한 외관과 건축물에 감명을 받기보다 오히려 우상으로 가득 찬 도시를 보며 분노하였다. 그것은 참된 신을 알지 못하고, 바르게 섬기지 못하는 아테네 시민들을 향한 거룩한 분노라고 할 수 있다. 이러한 신전과 우상들에 대한 그의 인상은 아레오바고 설교의 서론을 예비하는 역할을 한다(23절).

바울은 아덴에서도 관례에 따라 먼저 회당에 들어가 유대인과 하나님을 경외하는 사람들을 상대로 복음을 선한다. 그 이후에야 비로소 시장에서 만나게 되는 그 도시의 이방 시민들에게 향한다. 아마도 안식일에는 회당에서, 그리고 평일에는 시장 거리에서 복음을 전한 것으로 보인다. 많은 사람들이 모이는 시장 광장에서 바울은 당대의 헬라 철학을 대표하는 에피쿠로스 학파와 스토아 학파 사람들과 논쟁을 벌인다.[116] 그러나

116) 에피쿠로스 학파는 헬라 철학자 에피쿠로스(주전 342-270)에 의해 창시된 학파로서, 행복 혹은 쾌락을 삶의 최고의 선이요, 목적으로 여겼다. 그들은 창조를

범신론자들인 이들과의 논쟁은 그렇게 성공적이지 못했다. 일부는 바울을 '말쟁이'(σπερμολόγος),[117] 즉 '낯선 엉터리 사상을 퍼뜨리는 궤변가'로 폄하하였고, 또 일부는 새로운 예수(남성명사)와 그의 배우자 ἀνάστασια(부활 ; 여성명사)라는 이방신을 소개하는 일종의 범신론자로 간주한 것으로 보인다 : "왜냐하면 그가 예수와 부활을 전하였기 때문이다"(18b절, 사역)[118] 그러나 바울의 말은 그들의 지적 호기심을 자극하기에는 충분하였다. 아덴에 있는 모든 사람들은 무엇이나 새로운 것을 말하고 듣는 일로 세월을 보내는 사람들이었기 때문에(21절), 그들은 바울의 새로운 견해를 좀더 듣기 위하여 그를 아레오바고로 데려갔다(19-21절). 아레오바고는 '아레스의 언덕'이라는 의미로, 아고라(Agora)의 남쪽, 그리고 아크로폴리스(acropolis)의 서쪽에 위치한 회집 장소였다. 우레와 전쟁의 신 '아레스'가 거기에서 신들에게 재판을 받았다는 신화에 근거하여 그런 명칭이 붙여졌다. 이전에는 거기에서 아덴의 최상급심 재판이 열렸지만, 바울 당시에는 종교와 도덕의 영역에서만 권위를 행사한 것으로 보인다. 오늘날 아레오바고라고 전해지는 틈이 갈라진 거대한 바위 위에는 단지 소수의 사람들만을 위한 공간이 있기 때문에, 바울이 여기에서 설교한 것인지, 아니면 아레오바고라고 불리는 근처의 다른 곳에서 행했는지는 확실하지 않다. 그러나 바울이 아레오바고의 법정에서 설교한 것은 분명

부인하고, 생명의 발생이라든가 운명에 대해 부정적이었다. 그들에 따르면, 신은 인간의 삶에 관심이 없기 때문에 죽은 다음의 형벌을 두려워할 필요가 없다. 죽음은 사람을 구성하고 있는 원자들이 분해되는 것일 따름이라는 것이다. 따라서 이들은 사후의 심판이나 내세를 믿지 않았다. 이 학파의 사람들은 만족한 가운데 또한 좋은 교우 관계 가운데서 평화로운 삶을 추구했다. 또한 스토아 학파는 사람들이 자신의 욕망을 억누르며 자족하면서 자연과 조화를 이루며 살아야 한다고 가르쳤다. 그들은 금욕적이고, 범신론적이며, 에피쿠로스 학파와 같이 사후의 심판이나 내세를 부정하고 사물의 영원성을 믿는다. 그러므로 이 두 철학의 학파가 바울이 선포한 부활을 받아들이기에는 역부족이었다.

117) σπερμολόγος는 일종의 속어로서 본래 곡식의 씨앗을 쪼는 새를 의미했는데, 일반적으로는 지식의 부스러기를 여기저기서 주워 모아 제대로 알지 못하고 떠들어대는 별 가치 없는 사람을 말한다. 김경진, 「사도행전」, p. 367.

118) 18절의 문맥에 따르면, 아덴의 청중들이 '부활'이라는 여성명사를 여신에 대한 고유명사로 오해한 것으로 보인다. E. Haenchen, 「사도행전(Ⅱ)」, p. 181.

하다.[119]

34절에 나오는 아레오바고 관원 디오누시오는 이 법정의 회원이었을 것이다. "아레오바고 가운데 서서"라는 표현은 아레오바고에서 연설하는 바울의 위상을 부각시켜 준다. 거의 450년 전에 소크라테스가 배심원 앞에서 자기를 변호했던 그 장소에서 바울이 당당하게 복음을 선포하였다는 것 자체가 누가에게는 의미가 있다.

② 설교의 내용(22-31절)

바울의 아레오바고 설교는 — 루스드라에서 행한 짤막한 설교에 이어서 — 회당 밖에서 선포된 순수 이방인을 향한 두 번째 설교이다.[120] 바울은

---

119) J. A. Fitzmyer, *The Acts of the Apostles*, pp. 605-606.

120) 이 설교(연설) 부분을 고대 희랍의 수사학적인 양식에 의해 분석하는 것이 유용하다. 고대 수사학에서는 연설을 법정연설(forensic speech), 논의연설(deliberative speech), 그리고 칭송연설(epideictic speech)의 세 종류로 분류한다. 그런데 아레오바고 설교가 이 가운데 어디 속하는지를 판단하기란 쉽지 않다. 딱히 들어맞는 양식이 없기 때문이다. 그러나 바울의 헬라의 지성인들에게 그들이 가진 종교의 허구성을 지적하고, 그러한 허구성을 극복한 기독교의 케리그마를 설득력 있게 제시한다는 의미에서 비교적 '법정연설'에 가장 가깝다고 볼 수 있다. 이러한 맥락에서 박응천은 다음과 같이 아레오바고 설교의 수사학적인 구조를 일목요연하게 정리하고 있다. 박응천, 「세계를 향한 복음」, pp. 109-110.

1. Exordium : 접촉점 찾기(22b-23)
   A. 아테네인들의 종교심(22b)
   B. 아테네인들의 종교심이 가지는 허구성(23)
2. Propositio : 주제-올바른 신관에 대하여(24-25)
   A. 창조주로서의 하나님(24a)
   B. 이방 종교의 허구성
      (1) 성소개념의 허구성(24b)
      (2) 제의개념의 허구성(25a)
      (3) 사제개념의 허구성(25b)
3. Confirmatio : 주제에 대한 신학적인 논증(26-29)
   A. 하나님의 초월성과 내재성(26-27)
      (1) 초월성(26)
      (2) 내재성(27)
   B. 인간존재의 한계성(28)
      (1) 하나님의 영역을 벗어나지 못하는 인간의 존재(28ab)
      (2) 하나님의 형상으로 창조된 인간(28c)

이미 구약에 관한 지식을 전제로 한 회당 설교와는 달리, 이방인들이 가지고 있는 신지식을 설교의 출발점으로 삼는다. "아덴 사람들아 너희를 보니 범사에 종교성이 많도다"(22b절).[121] 바울이 아덴 사람들의 종교심을 높이 긍정하는 것은 그들의 우상숭배를 인정한다는 의미가 아니라 모든 인간에게는 공통적으로 신에 대한 관심이 있음을 지적함으로써, 청중들과의 접촉점을 찾으려는 의도이다. 바울은 아덴 사람들의 종교심을 보여 주는 가장 결정적인 지점을 "(어떤) 알지 못하는 신"[122]을 위한 제단에서 찾는다. "알지 못하는 신에게"라고 새긴 제단까지 만들어 놓은 것은 혹시 자신들의 무지로 알지 못해 경배하지 못하는 신들의 진노에서 보호받고자 하는 그들의 바램을 보여 준다.

그러나 바울이 이 제단에 대해 언급한 이유는 한편으로는 아덴 사람들의 높은 종교심을 긍정하는 반면에, 다른 한편으로는 헬라 사람들의 무지함을 폭로하는 의도를 지닌다. 즉, 바울은 아는 것을 중요시 하는 헬라인들이 알지 못하는 대상을 예배하는 그들의 무지를 예리하게 지적하고 있다. 기독교가 그것에 대한 바른 대답을 줄 수 있다는 점을 암시함으로써, 이방인들에게 참된 하나님을 증언하기 위한 접촉점이 세워진다 : "너희가 알지 못하고 위하는 그것을 내가 너희에게 알게 하리라"(23절).

24~25절은 연설의 주제로서, 이방종교의 허구성이 그들의 잘못된 신관에서 비롯되었다는 사실을 밝힌다. 두 가지 신학적인 명제가 제시된다. 첫째로 하나님은 우주만물을 창조하신 창조자이시며, 하늘과 땅의 주인되신다. 그렇기 때문에 하나님을 인간의 손으로 지은 성전에 가두어 둘

C. 이방종교의 근본적인 허구성(29)
4. Conclusio : 회개와 바른 신앙의 촉구(30-31)
A. 계시 이전의 과거 : 무지의 때(30a)
B. 계시 이후의 현재 : 회개의 때(30b)
C. 종말론적인 미래 : 심판의 때(31)

121) 여기에서 말하는 '종교심'(δεισιδαιμων)은 그것이 참된 경건에서 나온 것이든, 또는 미신에서 비롯된 것이든 모든 초자연적인 것에 대한 존경이나 두려움을 포함하는 용어이다.

122) 본문에는 정관사가 없다.

수 없다. 둘째는 하나님은 무엇이 부족한 듯이 사람의 손으로 섬김을 받으시는 분이 아니다. 왜냐하면, 사람이 아니라 오히려 하나님이 모든 사람에게 생명과 숨결과 모든 것을 제공하시는 분이기 때문이다. 이 두 가지 결론은 고대 종교의 몇 가지 중요한 요소를 근본적으로 비판하는 것이다.[123]

첫째로 고대 종교의 성소(성전)에 대한 비판이다. 고대 종교에서는 '성소'라는 거룩한 장소가 없는 종교가 없다. 이러한 성소의 전형이 바로 성전이다. 성전은 바로 신이 거주하는 곳이지만, 이러한 성소의 경계는 결국 사람이 정한 것에 불과하다. 그러므로 여기에서 바로 신의 거주지로서의 성소 개념을 부정하면서, 하나님은 인간의 손으로 만든 성전에 제한된 분이 아니라는 사실이 강조된다. 이로써 바울은 고대 종교의 핵심적인 위치를 차지하고 있던 성소 개념의 근본적인 허구성을 지적한다. 그것도 온갖 신전으로 가득 찬 아덴의 도시 한복판에서 말이다.

둘째는 고대 종교의 제의의식에 대한 비판이다. 고대 종교에서는 희생제물을 드리는 제의가 보편적이었다. 이러한 제물들을 통해 신들의 노여움을 풀어서 화를 면케 하려는 것이 제의행위의 목적이다. 이러한 제의행위의 바탕에는 기본적으로 신들이 자기 존재를 위해 끊임없이 무엇인가를 필요로 하고, 인간들에게 그런 것들을 요구하는 존재라는 인식이 들어있다. 그러나 바울은 참된 하나님은 무언가 부족한 분이 아니시고, 모든 것을 주시는 분이시기에 사람들의 손으로 행해지는 제의로 섬김을 받지 않는다는 사실을 강조한다. 제의는 구원의 조건이 아니라 하나님이 이미 주신 은혜에 대한 감사의 표시일 뿐이다.

세 번째로 매우 함축적이긴 하지만, 생명과 호흡과 모든 것을 "친히" 주신다는 표현은 고대 종교의 사제 개념에 대한 비판을 포함하고 있다. 고대 종교에서 사제는 신과 인간 사이의 중개자로서 일반인들과는 존재론적으로 구별되는 사람들이다. 그러나 하나님이 필요한 사람들에게 직접

123) 박응천, 「세계를 향한 복음」, pp. 111-115.

주는 분이심을 강조함으로써, 바울은 하나님이 특정한 계급에 속하는 사람의 중재 없이 직접 모든 사람에게 주신다는 점을 강조한다. 요점은 사람에 의해 만들어지고, 사람에 의해 통제되는 신은 참된 신일 수 없다는 것이다.

그래서 바울은 26~29절에서 올바른 신관을 위한 논증을 제시한다. 무엇보다 참된 하나님의 초월성과 내재성, 그리고 근접성이 강조된다.[124)] 참되신 한 분 하나님은 인류의 모든 족속을 한 혈통으로 만드셔서, 온 땅 위에 살게 하셨으며, 그들에게 확실한 연대와 거주할 지역의 경계를 정해 놓으셨다. 이처럼 하나님이 피조물과는 질적으로 다른 초월자이기는 하지만, 그렇다고 인간에게 멀리 계신 분이 아니다. 오히려 인간이 하나님을 더듬어 찾으면 만날 수 있는 곳에 계시는 인격적인 분이시다. 하나님은 그들을 자기 형상대로 창조하심으로써 그들의 마음 깊숙한 곳에 가까이 계시기 때문이다. 이것을 설명하기 위해 바울은 청중들이 알 만한 헬라 시인들의 글을 인용한다. "우리가 그를 힘입어 살며, 기동하며(움직이며), 있느니라(존재하느니라)."는 표현은 크레타 섬의 시인 에피메니데스(Epimennides ; 주전 600년경)의 시 Cretica에서 인용되었고, "우리가 그의 소생이라"는 표현[125)]은 아라투스(Aratus ; 주전 315-240년)의 시 Phaenomena에서 인용되었다.[126)]

바울이 말하고자 한 것은 하나님은 인간들로부터 결코 멀리 계신 분이

124) 이 부분을 근거로 어떤 체계적인 자연신학을 끄집어내는 것은 무리가 있다. 바울이 자연계시를 말하고 있지만, 그것을 플라톤 철학이 말하는 이원론적인 우주관이나 아리스토텔레스의 진화론적 우주관의 관점이 아니라, 오히려 창조계시의 차원에서 다룬다(24 ; 왕상 8 : 27). 바울은 당시의 이방 종교의 신관과 하나님을 비교하면서 공통점을 찾아 청중들을 설득시키려는 것이 아니라, 하나님만이 유일하신 참신이며, 온 우주 만물과 인간과 그 역사를 다스리시는 절대 주권자이심을 밝히려는 것이었다. 한 걸음 더 나아가, 하나님의 주권과 권능에 대하여 인간들은 마땅히 순종해야 한다는 것을 밝히려는 것이다.

125) 이 구절은 또한 클레안테스(Cleantes, 주전 331-233)의 시 "제우스 신에게 바치는 찬송"에도 나온다.

126) 김경진,「사도행전」, 370-371 ; J. A. Fitzmyer, *The Acts of the Apostles,* 610-611.

아니라 오히려 우리와 가장 가깝게 계시는 아버지가 되신다는 사실이다. 바울은 이러한 참된 하나님의 인식에 근거해서 이방 종교의 우상숭배를 배격한다. 하나님의 자녀인 우리는 하나님을 금이나 은이나 돌에다 사람의 기술과 고안으로 새긴 것들과 같이 여겨서는 안 된다(29절). 그러면 어떻게 섬겨야 하는가? 30~31절에서 바울은 복음의 진리로 돌아온다. 지금까지는 하나님께서 과거의 무지의 때를 눈감아 주시지만, 지금은 세계의 모든 사람에게 회개할 것을 요청하신다. 여기서 "지금은"이라는 표현은 하나님의 구속사역에서 그리스도로 말미암아 새로운 계시의 시대가 열렸음을 암시해 주는 말이기도 하다. 이어서 마지막으로 31절에서는 하나님의 종말론적인 심판을 경고하면서, 그 증거로 예수의 부활을 제시하고 있다. 이것은 데살로니가전서 1 : 9~10의 말씀과 일맥상통한다.

아레오바고 설교는 사도행전 14 : 15~17에 단편적으로 남아 있는 이방인을 향한 설교를 능가한다. 하나님의 대사면조처를 받아들이고 회개하는 것, 즉 거짓된 신들과 그릇된 신경배로부터 돌아서서 참되고 살아 계신 하나님께 돌아와 그분께 합당하게 경배 드리는 것이 마땅하다. 이러한 회개의 촉구는 장차 있을 심판을 지시함으로써 강조된다. 하나님이 예수 그리스도를 내세워서 이 세상을 공의로 심판하실 것이다. 이 예수는 하나님께서 죽은 자들 가운데서 살리셔서 주와 심판자로 삼으신 분이다(10 : 42).

아레오바고 설교는 그릇된 신관에 기초한 이방 종교의 허구성을 고발하는 반면에, 기독교의 자기 정체성을 새롭게 규정해 주고 있다.[127] 즉, 새롭게 정의된 기독교의 자기 정체성 아래에서 모든 그리스도인들은 어떤 특정한 장소가 아니라 매일의 삶의 모든 공간이 하나님께서 계시는 거룩한 곳이라는 인식 속에, 언제 어느 곳에 있든지 하나님 앞에 서 있는 것을 느끼며 살아야 한다. 또한 모든 그리스도인들은 어떤 특정한 제의나 재물을 통해서가 아니라 매일의 삶 자체를 예배적인 행위로 하나님께

127) 박응천, 「세계를 향한 복음」, pp. 116-117.

드려야 한다(롬 12 : 1). 그리고 모든 그리스도인들은 예수 그리스도 한 분만이 하나님과 사람 사이의 중보이시며, 사람들은 그 앞에서 모두 같은 하나님의 백성임을 인식하면서 살아야 한다. 그리스도 안에서는 모든 성스러운 것이 속된 것이고, 모든 속된 것이 성스런 것이 되기 때문이다. 온 그리스도의 복음이 세계로 확산되기 위해서는 세계 문화의 언어와 개념들을 통한 뚜렷한 자기 정체성이 필요하다. 아레오바고 설교가 바로 그런 목적을 달성하고 있는 것이다.

③ 설교의 반응(32-34절)

바울과 철학자들 간의 의견일치는 부활의 선포로 깨어진다. 설교의 결과는 다양하였다. 조롱하는 자들이 있었고, 겉으로는 관심을 표명하는 사람들이 있었다. 그러나 다시 듣겠다는 말로써 대화를 연기하는 것은 점잖은 말로 대화를 단절하는 것을 뜻한다. 아덴 사람들의 반응이 시원찮은 것은 그들의 정신세계와 연관된다. 헬라 철학에 있어서 육신은 영혼의 감옥이다. 그러므로 영원한 행복과 완성은 육체적인 형태로는 상상할 수도 없다. 또한 하나님이 자연의 진행 과정에 개입한다는 사상은 계몽된 철학적 세계상과 서로 조화되지 않는 것이었다. 한 죽은 사람의 부활 또는 죽은 사람들의 부활은 자연 법칙에 위배되는 것이라고 철학자들은 생각했다. 따라서 바울의 부활 설교는 아덴 사람들에게 크게 영향을 끼칠 수 없었다. 다만 몇 명만이 믿음의 길을 찾았을 뿐이다.

그러한 사람들 가운데 한 사람의 이름을 누가는 '디오누시오'라고 소개한다. 그는 아레오바고 법정의 관원이었다. 초기 기독교는 특히 가난하고, 소외된 사람들에게 영향력을 끼쳤지만, 그 가운데는 부유한 사람들도 있었다. 또 회심한 여자 한 사람의 이름은 '다마리'였다. 이전의 다른 도시들과 비교할 때, 바울은 아덴에서 그렇게 성공하지 못했다 : "몇 사람이 그를 친하여 믿으니"(34절). 그렇다고 아레오바고 설교가 실패한 것은 아니다. 물론 헬라인들에게 부활을 이야기하는 것 자체가 어리석은 짓일 수 있었다. 그러나 바울의 아덴에서의 설교는 실패한 것이 아니다. 오히려 복음을 듣고 믿음을 갖지 못한 자들이 실패한 것이다.

(8) 고린도에서의 선교(18 : 1–17)

바울은 아덴의 아레오바고에서 복음을 선포한 후, 고린도에 도착한다. 바울이 방문했던 고린도는 주전 146년에 로마에게 멸망당한 뒤, 주전 44년에 줄리어스 시이저에 의해 복원된 도시였다. 당시에 고린도는 로마 제국의 아가야 주의 수도로서, 총독이 거주하는 대도시였다. 유리한 지정학적 위치로 고린도는 일찍부터 교역과 문화의 중심지로 자리 잡았다. 육로로는 지협을 따라 북쪽의 그리스 본토와 남쪽의 펠로폰네소스를 연결시켜 주는 다리 역할을 할 뿐만 아니라, 해로로는 동쪽의 아시아와 서쪽의 로마를 이어 주는 지중해 무역의 중심지였다. 고린도 자체는 바다와 직접 맞닿아 있지 않았지만, 동쪽에는 겐그레아 항이, 서쪽에는 레가이온 항이 있어서 두 바다, 즉 에게 해와 아드리아 해를 이어 주고 있었다. 따라서 고린도는 아덴을 능가하는 정치적·상업적 중심지였으며, 동서양의 온갖 종교와 사상이 난무하는 인종과 문화와 종교의 전시장과 같은 곳이었다.

부유한 상업도시였던 고린도는 또한 풍요로운 삶과 함께 온갖 부도덕성과 성적인 문란의 도시로 악명이 높았다. "고린도 사람처럼 산다."는 말은 방탕한 삶을 의미하고, '고린도 소녀'는 매춘부와 거의 동의어로 사용될 정도였다. 이 대도시에는 커다란 유대인 회당이 있었다. 지금도 고린도 박물관에는 "히브리인의 회당"이라고 쓰인 돌 조각이 남아 있다. 후에 고린도 교회에 보낸 두 개의 서신은 이 신생 교회가 도시 주변의 다양한 도전 가운데 얼마나 노출되어 있었는지를 잘 보여 준다.

고린도에서의 바울의 선교 사역을 원활하게 하기 위해, 성령은 그곳에서 바울의 동역자, 아굴라와 브리스길라 부부를 예비하신다. 그들은 "글라우디오가 모든 유대인을 명하여 로마에서 떠나라 한 고로"(2절) 최근에 이탈리아 로마로부터 고린도로 온 디아스포라 유대인 그리스도인이었다.[128] 이 부부는 고린도에서 바울을 만난 후, 그와 함께 에베소로 여행하였고(18 : 18), 바울이 로마서를 기록하였을 당시에는 이미 로마로 돌아가 바울의 로마 접촉을 용이하게 한 평생의 친구요, 동역자가 되었다(롬 16 : 3). 로마의 역사가 수에톤(Suetonius)에 따르면, "크레스투스(Chrestus)에 의해 선동되어 유대인들이 큰 동요를 일으켰기" 때문에 글라우디오(Claudius) 황제(주후 41-54년)가 유대인들을 로마에서 추방하였다고 한다(Claudius 25, 4). 대부분의 학자들은 이 Chrestus가 Christus의 오기로서, 당시 로마 제국의 심장부인 로마에서 이미 유대인과 유대인 그리스도인들 간의 충돌이 있었음을 인정한다. 황제의 눈에는 둘 사이가 정확하게 구분되지 않았기 때문에, 로마의 안녕과 평화를 위해 당사자인 유대인들을 추방한 것이다. 5세기의 기독교 역사가 오로시우스(Orosius)는 이러한 글라우디오의 추방명령이 그가 즉위한 지 제9년째, 즉 주후 49년에 일어났다고 증언한다. 이 두 증언이 틀리지 않다면, 적어도 주후 40년대에 이미 로마에 복음이 전파되었다는 것과 바울이 고린도에서 아굴라와 브리스길라를 만났을 때, 그들은 이미 로마 교회의 그리스도인이었을 것이라고 추정할 수 있다. 사도행전이나 서신 어디에서도 바울이 그들을 회심시켰다는 기록은 나오지 않는다.

글라우디오 황제의 추방명령이 주후 49년에 일어났고, 바울이 고린도에 약 1년 6개월간 머물렀다고 한다면(18 : 11), 바울의 고린도 사역은 대략 주후 50~51년경에 진행되었다고 추정할 수 있다. 이러한 연대 측정은 아가야 지역의 총독 갈리오(Galio)가 주후 51~52년에 재임하였다는 비문의 발견으로 더 큰 신빙성을 가진다.[129)]

아마도 바울은 황제의 로마 추방명령으로 고린도까지 오게 된 아굴라와 브리스길라의 소문을 들은 것 같다. 그는 낯선 도시에서 먼저 그들을 찾아간다(2절).[130)] 아굴라는 바울과 마찬가지로 장막(천막)을 만드는 직업

128) 아굴라는 소아시아의 북동쪽에 위치한 본도 출신의 유대인이었다(18 : 2).

129) 갈리오는 원로원의 파송을 받은 총독이었기 때문에, 그 임기는 1년이었다. 글라우디오의 칙령과 갈리오의 고린도 재임기간은 바울의 연대기를 결정하는 데 매우 중요한 역할을 한다. 일반적으로 바울의 연대기는 이 두 연대를 절대적인 기준으로 삼아 사도행전과 바울서신의 증언들을 토대로 상대적으로 추정된다.

130) 바울이 아굴라와 브리스길라에게 로마 교회에 대한 소식을 들을 수 있었고, 그래

의 소유자였다.[131] 무역과 교통의 요지로서 고린도를 통과하는 수많은 여행자들에게 — 특히 2년마다 열린 이스미안(Isthmian) 경기를 관람하기 위해 온 사람들을 포함하여 — 장막은 임시적인 거처로서 수요가 많았을 것이다. 장막을 만드는 일이 고된 일이었음에도 불구하고, 바울은 아굴라와 함께 일하면서 복음을 전했다(살전 2 : 9-10 참조). 바울은 생계를 위해 일을 해야만 했기 때문에, 처음에는 안식일마다 회당에서 복음을 전했다. 고린도 회당에도 유대인과 헬라인(=하나님을 경외하는 사람들)이 함께 있었다(4절).

그러나 실라와 디모데가 마케도니아에서 내려온 후로는 바울은 오직 말씀을 전하는 일에만 힘썼다 : "바울이 하나님의 말씀에 붙잡혀 유대인들에게 예수는 그리스도라 밝히 증거하니"(5절).[132] 다른 도시에서도 그랬던 것처럼, 바울의 열정은 고린도에서도 유대인들의 저항을 불러일으켰다. 유대인들이 복음을 거절하자 비로소 바울은 자신이 이방인들에게 갈 것임을 선언한다. "바울이 옷을 떨어 가로되 너희 피가 너희 머리로 돌아갈 것이요, 나는 깨끗하니라 이후에는 이방인에게로 가리라"(6절). 사도행전에서 이방인에게 향하기 전에 먼저 유대인에게 복음을 전하는 것이 바울의 관행이었다(13 : 45-46). 이것은 "첫째는 유대인에게요 또한 헬라인에게로다"(롬 1 : 16b)라는 바울의 원칙에 근거한다. 그러나 바울이 이후에도 이 원칙을 고수하는 것을 보면, 유대인들에 대한 바울의 결별선언이 지역적인 것이지, 전체 유대인을 향한 거절이 아님을 확인하게 해

서 그가 로마를 방문하고자 하는 마음을 가졌을 가능성은 충분히 있다(19 : 21 ; 23 : 11).

131) 유대의 바리새인들은 하나의 전문적인 일을 배우는 것이 관례였다. 바리새인으로서 바울은 하나의 수공업을 배웠을 것이다. 그의 직업은 장막을 만드는 일이었다.

132) 이 두 사람이 바울에게 데살로니가 교회의 믿음과 사랑에 관한 기쁜 소식을 전해주었다(살전 3 : 6-8). 이 소식에 근거해서 바울이 기록한 서신이 바로 데살로니가전서이다. 데살로니가전서는 바울의 첫 번째 서신으로서(주후 49년 혹은 50년경), 바울이 고린도에서 처음으로 사역할 동안 기록된 것으로 추정된다. 또한 이들은 마케도니아에 있는 교회들로부터 재정적인 지원금을 가지고 온 것으로 보인다(고후 11 : 8-9 ; 빌 4 : 15-16). 그래서 바울은 자기의 생계활동을 중단하고, 평일에도 유대인들을 대상으로 복음 선포에 전념할 수 있었을 것이다.

준다. "옷에서 먼지를 턴다"(6절)는 말은 결별을 의미한다. 또한 "너희 피가 너희 머리로 돌아갈 것이요"(6절)라는 말은 복음의 거절이 종말의 심판에서 자신들의 피(=목숨)를 대가로 지불해야 한다는 사실을 뜻한다. 복음은 하나님의 구원의 선물이다. 그러나 그 구원의 선물을 받아들이지 않는 사람은 하나님의 마지막 심판에서 면제될 수 없다. 그것은 바울의 책임이 아니다. 바울은 복음선포의 사명을 다했다. 그러나 그들이 듣고도 거부한다면, 그 책임은 그들 자신에게 있다. 그러므로 바울의 선포는 실패한 것이 아니다. 실패는 그의 복음을 듣고, 돌아오지 않는 유대인들의 실패이다.

바울은 이제 회당을 나와 디도 유스도의 집으로 거점을 옮긴다. 유스도는 하나님을 경외하는 사람으로서 복음을 받아들인 후, 자신의 집을 가정교회로 제공한 것으로 보인다. 그의 집은 회당 근처에 있었다. 놀라운 것은 회당은 바울을 비방하였으나, 회당의 우두머리였던 회당장 그리스보와 온 가족이 주를 믿게 되었다는 것이다. 고린도전서 1 : 14에 의하면, 바울은 이 그리스보에게 세례를 주었다고 기록한다. 회당장은 사회적으로 유력한 위치에 있는 사람이었기에, 그의 회심은 고린도의 많은 사람들에게 긍정적인 영향을 끼쳤을 것이다. 바울의 복음을 들은 후에 예수를 믿고 세례를 받은 "수다한 고린도 사람"(8절) 중에는 "아가야의 첫 열매"(=최초의 개종자들)인 스데바나 집 사람들(고전 15 : 17 ; 고전 1 : 16 참조)과 로마서에서 바울이 문안을 전하는 가이오도 포함되어 있었다(롬 16 : 23 ; 고전 1 : 14 참조). 이러한 선교의 풍성한 열매에 비례하여, 유대인의 시기와 위협도 커졌을 것은 당연하다. 따라서 9~10절에 나오는 주의 위로는 바울에게 큰 힘이 되었을 것이다.

"내가 너와 함께 있으매, 아무 사람도 너를 대적하여 해롭게 할 자가 없을 것이니"(10절)라는 말은 구약의 여호수아에게 임한 하나님의 위로를 연상하게 해 준다(수 1 : 5-6 ; 사 43 : 5 참조). 주의 약속은 유대인들의 계략이 실패하여, 바울이 갈리오 총독으로부터 무사히 벗어남으로써 성취된다(12-17절). "이는 이 성 중에 내 백성이 많음이라"(10절)는 말은 바울이 고린도에서 1년 6개월이라는 비교적 장기간 동안 체류한 이유를 설명해 준다(11절). 이 기간에 바울은 고린도 교회라는 주요한 교회를 설립하였고, 최초의 서신인 데살로니가전서를 기록한 것으로 추정된다.

총독 갈리오의 집정기간은 바울의 고린도 선교의 연대를 주후 51~52년 경으로 잡는 데 중요한 지침이 된다. 갈리오는 유명한 철학자 세네카의 형제로서 1905년에 델피에서 발견된 한 고대 비문에 따르면, 주후 51~52년에 아가야 주의 총독이었다. "이 사람이 율법을 어기어 하나님을 공경하라고 사람들을 권한다"[133]는 유대인들의 고발은 16 : 20~21과 17 : 7의 연장선상에 놓여 있다. 그러나 갈리오는 유대인의 고소가 유대교 내부의 종교분쟁이라고 판단했다.[134] 로마 관리가 유대인의 종교적 문제에 연루되려고 하지 않는 이유는 아직은 기독교가 적대적이지 않았다는 방증이다. 상황은 반전된다. 소스데네는 그리스보의 뒤를 이어 회당장이 된 사람으로 바울을 고소한 대표자였다. 갈리오는 바울에 대한 소스데네의 고소를 받아들이지 않고, 소스데네가 군중들에게 몰매를 맞는 것을 재판석에서 그대로 허용한다.[135] 이 사건은 누가의 로마에 대한 변증적인 특성을 다시 한번 보여 준다.

(9) 안디옥으로의 귀환(18 : 18-23)

제2차 선교여행이 마무리되고, 제3차 선교여행을 출발하는 과정이 간략하게 묘사된다. 여행의 목적에 대한 언급이 없고, 여정 보고는 매우 느슨하게 연결되어 있다. 이번 여정에는 고린도에서 만난 브리스길라와 아굴라 부부가 동행한다. 흥미로운 것은 이름의 순서이다. 2절과 달리

133) 여기에서 사용된 νόμος는 유대교의 율법을 가리킬 수도 있으나, 불법적인 종교를 금지하는 로마의 법을 의미할 수도 있다.

134) 로마 제국에서 유대교는 로마법의 인정을 받고 있었지만, 기독교는 아직 유대교 내의 그늘에서 성장하고 있었다.

135) 유대인들에 대한 반감을 발산하기 위해 헬라인들이 소스데네를 때렸는지, 아니면 유대인들이 자신들의 주장을 제대로 제시하지 못했다는 이유로 그들의 회당 지도자를 때렸는지 분명하지 않지만, 아마도 전자일 가능성이 높다.

여기에서는 부인의 이름이 먼저 나온다. 아마도 브리스길라의 역할과 영향력이 남편인 아굴라보다 더 탁월했던 것으로 보인다(18 : 26).[136] 누가는 바울이 고린도를 떠나기 전에 그의 서원대로 겐그레아에서 머리를 깎았다고 전한다. 이 예식이 무엇을 의미하는지는 분명하지 않다. 유대법에 따르면, 머리를 깎는 서원은 나실인의 서약을 의미하는데, 보통 서약기간의 끝에 이루어지며, 예루살렘 성전에서 하도록 규정되어 있다(민 6 : 1-21). 아마도 그 예식은 그리스 지역에서의 선교활동의 종결이나 안디옥으로의 귀환여행과 연관되었을 것이다. 바울은 이방인의 사도였지만, 복음을 위해서라면 유대인같이, 또한 율법 아래에 있는 자같이 행동할 수 있었다(고전 9 : 19-23).

이 단락의 중요한 내용은 앞으로 진행될 에베소 사역의 예고에 있다. 에베소는 바울의 제3차 선교여행의 목적지요, 주요 사역지가 될 것이다(19장). 그는 에베소에 잠시 머물면서도 자신의 관행대로 회당에 가서 유대인들에게 먼저 복음을 전한다. 회당에서의 변론은 여러 사람들에게 인상적이었던 것으로 보인다. 그들은 더 머물 것을 요청했으나, 바울은 일정 때문에 일단 거절하고, 하나님의 뜻이면 다시 에베소에 오리라는 기약을 하고 떠난다. 그 '하나님의 뜻'은 이제 곧 사도행전 19장에서 펼쳐질 것이다.

함께 갔던 브리스길라와 아굴라는 에베소에 머물러 있었고, 바울만 안디옥을 향해 떠난 것으로 보인다(24-28절). 바울은 고린도를 떠나 2차 선교여행의 출발점이었던 수리아 안디옥으로 되돌아간다. 분명하게 언급되어 있진 않지만, 안디옥에 도착하기 전에 가이사랴에 상륙하여 예루살렘 교회를 방문한 것으로 보인다. "가이사랴에서 상륙하여 올라가 교회의 안부를 물은 후에 안디옥으로 내려가서"(22절). 여기에서 "교회"가 가이

136) 신약에서 이들 부부의 이름은 모두 4번 등장한다(행 18 : 1-3, 26 ; 롬 16 : 3 ; 고전 16 : 19 ; 딤후 4 : 19). 이 중에서 고전 16 : 19을 제외하고는 아내인 브리스길라의 이름이 앞에 나온다. 서신에서는 브리스길라의 이름이 '브리스가'로 표현된다.

사랴의 기독교 공동체를 의미할 수도 있지만, "올라가"라는 관례적인 표현을 고려할 때, 고지에 있던 예루살렘 교회를 의미한다고 보는 것이 더 타당하다.[137] 바울의 고백에 따르면, 이때는 안디옥 사건의 영향으로 예루살렘 교회와 바울의 관계가 아직은 껄끄러웠을 수도 있었다(갈 2 : 11-14). 또한 바울의 2차 선교여행은 바나바와 안디옥 교회의 영향에서 벗어나 독자적으로 행해졌다(15 : 36-40). 그러므로 바울이 모교회인 예루살렘 교회를 방문하고, 이방인 기독교의 모체인 안디옥으로 귀환한 것은 교회의 통일성이 얼마나 중요한지를 보여 준다. 바울에게는 복음을 선포하여 새로운 교회를 설립하는 것만큼이나 유대인 그리스도인과 이방인 그리스도인 간의 연합도 중요한 일이었다. 그의 서신에서 강조되고 있는 예루살렘을 위한 모금도 결국은 이러한 교회의 통일성을 유지하기 위한 일환이었다(갈 2 : 9-10 ; 고전 16 : 1-4 ; 고후 8-9장 ; 롬 15 : 25-32).[138]

바울의 2차 선교여행과 3차 선교여행의 경계 구분은 1차와 2차 선교여행의 구분만큼 분명치 않다. 바울에게 안디옥은 더 이상 선교여행의 출발지요, 귀환지로서의 기능을 하지 못한다. 안디옥 교회로의 귀환은 오히려 이방인 기독교의 모교회로서 자신이 세운 교회와의 결속을 다지기 위해서였다(18-22절). 여하튼 바울이 안디옥으로 귀환함으로써, 그의 2차 선교여행은 일단락된다. 23절은 바울의 3차 선교여행의 시작을 알린다. 얼마 동안 안디옥에 머문 바울 일행은 갈라디아와 브루기아 땅을 방문하면서, 제자들의 상태를 점검하고 믿음을 강화시킨다(23절). 3차 선교여행의 목적지는 에베소였을 것이다(18 : 19-21 참조). 그러나 바울은 에베소로 가는 길에 갈라디아와 부르기아 지방을 재방문하여(16 : 6), 제자들의 믿음

137) 김경진, 「사도행전」, p. 383. 이 교회가 예루살렘 공동체를 말하는 것인지, 아니면 가이사랴 공동체를 말하는 것인지에 대한 학자들의 논란에 대해서는 E. Haenchen, 「사도행전(Ⅱ)」, pp. 216-217, 특히 주 17) 참조. 바울이 예루살렘을 방문했다면, 그 이유가 겐그레아에서 행한 그의 머리 깎는 예식과 연관되는가?

138) 바울의 모금의 의미와 중요성에 대해서는 전경연, 「원시기독교와 바울」, pp. 296-339 ; 박익수, 「바울의 서신들과 신학(Ⅱ)」, pp. 414-442 참조.

을 굳건히 한다. 제자들이 있었다는 것은 이 지역에 교회가 이미 설립되었다는 것을 의미한다(16 : 6). 이러한 방문은 2차 선교여행 시, 1차 선교여행지를 재방문한 것과 동일한 선상에서 이해될 수 있다. 바울은 미지의 세계에 대한 선교뿐만 아니라 이미 세워진 교회에 대한 목회적인 관심도 소홀히 하지 않았다.

3) 바울의 3차 선교여행(18 : 24-19 : 41)

(1) 에베소에서의 아볼로(18 : 24-28)

바울의 에베소 사역이 중점적으로 기술되기 전에, 아볼로의 에베소 활동이 간략하게 소개된다. 아볼로는 알렉산드리아 출신의 유대인 그리스도인이었다. 알렉산드리아는 로마 제국에서 두 번째로 큰 도시로, 애굽의 대표적인 학문의 도시였다. 그곳에는 일찍부터 상당히 큰 유대인 거주지가 있었고, 많은 유대인들이 살고 있었다. 주전 200여 년경에 구약의 헬라어 번역인 칠십인 역이 나온 곳도 이곳이며, 유명한 유대인 철학자 필로(Philo)가 활동한 곳도 이곳이다. 누가가 이렇게 아볼로의 활동에 대해 특별히 지면을 할애한 것을 보면, 아볼로는 초기 교회에 꽤 알려진 것으로 보인다(고전 1-4장 참조).

누가는 아볼로에 대해서 세 가지로 소개한다. 첫째로, 그는 학문의 도시 알렉산드리아 출신답게 학식이 있는 웅변가로서, 성경에 능한 자였다. 둘째로, 그는 일찍 주 예수의 도를 배워 알고, 그 도를 열정적이고(τῷ πνεύματι), 정확하게 가르쳤다.[139] 즉, 그는 학식과 열정이 결합된 인물이었던 것 같다. 셋째로, 그러나 그는 요한의 세례만을 알고 있었다. 이것은 예수를 몰랐다는 의미는 아니지만, 그리스도인으로서 무언가 결여된 점이 있었다는 것을 말해 준다. 그래서 그가 회당에서 담대하게 말했을 때, 브리스길라와 아볼로가 그를 데려다가 하나님의 도를 더 정확하게

139) τῷ πνεύματι는 '성령으로'라는 의미가 아니라 열정적인 기질을 뜻한다. E. Haenchen, 「사도행전(Ⅱ)」, p. 224.

가르쳐 주었다(26절).

본문에서는 아볼로가 무엇을 몰랐고, 무엇을 더 정확하게 배웠는지 분명하게 드러나지 않는다. 그러나 이에 대해 두 가지 설명이 가능하다. 하나는 28절의 맥락에서 추정할 수 있는데, 그에게는 아직 복음의 핵심인 예수의 십자가와 부활의 의미에 관한 지식이 없었던 것으로 보인다. 그는 요한의 세례만 알고 가르치다가 브리스길라와 아굴라의 가르침 이후에는 성경을 풀어 '예수가 그리스도'라고 증언했다고 전한다. 이 말로 미루어 볼 때, 아볼로는 처음에 회개를 선포한 세례 요한과 연관된 지상적 예수의 메시지와 사역만을 알았고, 그것을 구약의 가르침과 연계해서 가르쳤던 것으로 보인다. 그러나 브리스길라와 아굴라를 통해 예수의 대속적인 죽음과 부활의 복음을 전해 듣고, 예수가 인류의 구원을 가져온 그리스도라는 사실을 깨닫게 되었던 것 같다.

또 하나는 성령세례의 맥락에서 추정될 수 있는데, 그는 요한의 물세례만 알고 있었지, 아직 예수가 약속한 성령세례를 모르고 있었던 것으로 보인다(눅 3 : 16). 즉, 그는 아직 성령강림을 경험하지 못했다(19 : 2 참조). 아마도 초기 시대에는 예수의 구속적인 기독론에 대한 이해가 없고, 성령의 역사를 알지 못했던 제자 그룹들이 존재했었던 것 같다(19 : 1-7). 그러나 십자가와 부활, 그리고 그것을 확증시켜 주는 성령의 역사는 온전한 그리스도인의 필수적 조건이며, 복음의 핵심이다.

학문과 열정을 갖춘 아볼로가 복음의 핵심을 깨닫자, 그의 선포는 날개를 단 듯이 커다란 영향을 끼쳤다(27-28절). 아볼로는 이후에 형제들(=그리스도인)의 추천서를 받아 아가야, 즉 고린도로 건너간다. 그곳에서 아볼로는 자신에게 부여된 특별한 은혜(은사)를 통해 그리스도인들에게 커다란 도움을 주었다. 고린도 교회에 끼친 그의 영향력은 고린도전서에서 잘 드러난다(1-4장). 그는 고린도에서 바울과 거의 대등한 입장에서 그리스도를 전파한 바울의 동역자로 나타난다(고전 3 : 6, 9). 그가 고린도에서 사역할 때, 많은 지지자들이 있었던 것 같다. 그래서 고린도 교회에 '아볼로파'가 생겨났을 정도였다(고전 1 : 12). 바울은 후에 그를 가리켜 "형제

아볼로”(고전 16 : 12)라고 부를 만큼, 긍정적으로 평가한다.

다시 한번 주목할 만한 것은 브리스길라의 역할이다. 신약성서에 4번 나오는 이들 부부의 이름 가운데 고린도전서 16 : 19을 제외하고는 항상 아내인 브리스길라가 먼저 나온다(행 18 : 1-3, 26, 롬 16 : 3, 고전 16 : 19, 딤후 4 : 19).[140] 많은 경우에 성서에 등장하는 이름의 순서는 우연이 아니라 주도권 또는 영향력을 암시한다. 따라서 브리스길라의 이름이 먼저 나오는 것은 그녀가 남편인 아굴라보다 더 영향력이 있는 초기 교회의 지도자였다는 것을 말해 준다. 26절을 보면, 아볼로를 가르치는 일에서도 브리스길라가 우선권을 가지고 가르친 것으로 짐작된다. 이것은 무엇을 말하는가? 철저하게 남존여비적인 사고체계에 젖어 있던 고대세계에서 여성지도자로 우뚝 세워진 브리스길라의 모습을 반영하고 있는 것이다. 로마서 16 : 3에서 바울은 브리스길라를 남자와 동등하게 동역자(συνεργός)라는 말로 지칭하고 있다. 브리스길라를 통해 새 시대의 여성 지도자로서의 면모와 향상된 여성의 역할에 대한 중요한 암시를 얻을 수 있다.[141]

(2) 에베소에서의 선교(19 : 1-41)

아볼로가 고린도에서 활동하고 있는 동안, 바울은 터키의 고지대, 즉 갈라디아와 브루기아(18 : 23) 땅을 거쳐 에베소에 도착했다. 에베소는 로마 제국의 아시아 주의 수도이자 상업의 중심지였다. 육상 및 해상 수송의 중심지로서, 수리아 안디옥과 애굽의 알렉산드리아에 버금가는 도시가 바로 에베소였다.[142] 바울은 이전에 이 도시로 가려고 했으나, 성령

140) 바울서신에서는 ‘브리스길라’가 ‘브리스가’라는 이름으로 나온다.

141) 바울 선교의 성공은 바울의 단독적인 노력의 결과가 아니었다. 그를 도왔던 여러 동역자들이 없었다면, 바울의 선교는 그만큼 성공을 거두지 못했을 것이다. 바울 주위에는 항상 동역자들이 있었다. 실라와 디모데처럼 바울을 따라다녔던 친밀한 동역자들 외에도, 일찌기 바나바나 브리스길라와 아굴라, 아볼로 같은 동역자들이 바울의 선교를 도운 것이다. 최근의 연구는 바울이 독불장군 식의 선교가 아니라 수많은 동역자들과 동역했다는 사실을 입증해 준다. 로마서 16장 등에 이름만 언급된 사람들이 바울의 동역자였다는 견해도 설득력 있게 받아들여진다.

의 계획으로 뜻을 이루지 못했다가(16 : 6), 이제야 비로소 에베소에 온 것이다. 바울의 3차 선교여행의 핵심 도시가 바로 에베소였다. 여기에서 바울은 적어도 2년 반 이상을 머물렀고(19 : 8, 10, 21ff. ; 20 : 31에는 3년으로 표현), 고린도 교회에 있는 여러 문제들을 해결하기 위해 고린도전서를 기록하기도 했다.[143] 바울이 가장 오랫동안 체류했던 도시로서, 예루살렘과 안디옥에 이어 또 하나의 초기 기독교 중심지가 바로 에베소라고 할 수 있다.

① 에베소의 성령강림(1-7절)

바울은 회당에서 복음을 선포하기 전에, (세례) 요한의 세례만 아는 몇몇 제자(=그리스도인)들을 만나,[144] 그들에게 복음의 온전성을 회복시키는 일로 에베소의 사역을 시작한다. 그러므로 이 단락은 요한의 세례를 매개체로 하여 앞에 나오는 아볼로의 이야기와 긴밀하게 연결된다. 아볼로가 바울의 동역자인 브리스길라와 아굴라의 도움을 받은 것처럼, 에베소의 어떤 제자들은 바울의 도움으로 그리스도에 대해 완전히 알게 되고, 성령을 체험하게 되었다. 이런 의미에서 두 기사는 상호 연관성이 있는 것으로 보인다. 세례 요한이 시작한 운동은 예루살렘뿐만 아니라 도처에서 사람들을 광범위하게 끌어 모은 것이 분명하다. 에베소에도 이미 그의 제자들이 있었던 것을 보면(19 : 1-7), 당시에 세례 요한의 영향력이 상당히 컸음을 알 수 있다. 이러한 세례 요한의 추종자들 중에는 예수에 대해서 알고, 자신을 예수의 제자로 이해하고 있는 사람들이 있었다. 아볼로와 에베소의 제자들은 바로 이러한 부류에 속한 것으로 보인다.

따라서 바울은 이들에게 요한의 세례와 예수의 세례 사이의 차이를 명백하게 밝혀 주어야 했다. 요한 자신이 이미 자신과 예수의 세례 사이를

142) 김경진, 사도행전, p. 390.

143) 최근의 많은 학자들은 바울의 주요 서신, 즉 고린도전서뿐만 아니라 갈라디아서, 빌립보서, 빌레몬서가 에베소에서 기록된 것으로 생각한다. R. E. Brown, 「신약개론」, pp. 613-614.

144) 7절에는 그들의 숫자를 약 12명이라고 밝힌다.

분명하게 구분하였다 : "나는 물로 너희에게 세례를 주거니와 나보다 능력이 많으신 이가 오시나니 나는 그 신들메를 풀기도 감당치 못하겠노라 그는 성령과 불로 너희에게 세례를 주실 것이요"(눅 3 : 16). 예수의 세례가 곧 성령의 세례로 이해된다. 예수의 이름으로 세례를 받을 때, 비로소 죄사함을 받고, 성령을 선물로 받을 수 있다(2 : 38). 그러나 세례 요한이 예수의 이름으로 주는 성령 세례를 예고는 하였지만, 정작 성령을 줄 수는 없었다(1 : 5 ; 11 : 16). 따라서 바울이 만난 에베소의 제자들이 요한의 세례는 알았지만, 성령이 있다는 것을 들어 보지 못한 것은 당연한 일이었다. "너희가 믿을 때에 성령을 받았느냐 가로되 아니라 우리는 성령이 있음도 듣지 못하였노라"(19 : 2). 그들은 예수의 대속적인 죽음과 부활의 의미에 대해서 알지 못했고, 따라서 성령의 능력도 경험하지 못했다. 바울이 주 예수의 이름으로 세례를 주고, 안수하였을 때 비로소 이들에게 성령이 임했다. 그리고 예루살렘의 오순절 사건과 가이사랴의 고넬료 사건 때처럼, 성령강림의 가시적인 표징으로서 방언이 터져 나왔다 : "바울이 그들에게 안수하매, 성령이 그들에게 임하시므로 방언도 하고 예언도 하니"(6절).[145] 따라서 이 사건을 에베소의 성령강림 사건이라고 지칭할 수 있으며, 이들도 동일한 하나님의 백성의 한 일원이 되었다는 사실이 분명해진다. 누가에게 있어서 성령의 강림은 하나님의 교회와 새로운 신자들을 연결시켜 주는 방법이었다.

② 두란노 서원에서의 강론(8-10절)

이제 바울의 본격적인 에베소 사역이 시작된다. 그는 자신의 관례대로 먼저 회당에서 석 달 동안 담대하게 하나님 나라를 전하고, 가르쳤다.[146] 사도행전에서 "하나님의 나라"는 초기 선교사들의 선포의 핵심 주제 중의 하나였다(8 : 12).[147] 고린도에서처럼 유대인의 배척이 있자, 바울은 그곳

145) 이러한 현상은 세례 행위 자체보다 세례 행위의 조건으로서 예수를 주와 그리스도로 고백하는 신앙고백에 근거한다.

146) 원문에 따르면, "하나님의 나라에 대해 설득시키려고 하였다"(πείθω)고 표현된다.

을 떠나 제자들을 데리고 두란노 서원에서 강론하였다(18 : 6-7). 서원(σχολή)은 강당 또는 강의실을 뜻하며, 두란노(Τυράννος)는 수사학자로서 정기적으로 강의하는 스승의 이름이거나, 건물 소유주의 이름이었을 것이다.[148] 누가는 바울이 그곳에서 이 년 동안 복음을 전했다고 전한다. 8절에서 언급한 석 달을 포함하면, 에베소에서 바울은 약 2년 3개월을 활동한 것으로 보인다. 그러나 19 : 21 이하의 내용을 고려할 때, 20 : 31에서 언급된 "삼 년"이라는 기간과 크게 차이나지 않는다.[149]

바울의 활동은 매우 성공적이었다. 두란노 서원을 중심으로 활동하는 동안, 아시아에 사는 수많은 유대인이나 헬라인이 다 주의 말씀을 들었다(10절). 여기에서 "다"라는 말은 셈족 표현이다. 셈족 언어상으로는 "모든"과 "많은"이 서로 교차적으로 사용된다. 즉, 아시아 주의 수도인 에베소에서 선포한 바울의 복음이 아시아 주 전역으로부터 많은 사람들을 끌어 모았다는 뜻이다. 물론 바울과 그의 동역자들은 주변 지역에서도 선교활동을 벌였을 것이다.[150] 그러나 이것은 바울의 대도시 중심의 사역이 결실을 맺고 있었다는 것을 반영해 준다. 바울은 전략적으로 주로 대도시에서 중점적으로 복음을 선포하며, 그 복음이 주변 지역으로 확산될 것을 기대하였다. 그 기대는 대체로 이루어진 것으로 보인다(살전 1 : 8).

---

147) 누가는 복음서에서 하나님 나라의 도래와 그 나라가 예수의 말씀과 행위를 통해 이미 시작되었다는 사실을 강조한다(눅 4 : 43 ; 11 : 20 ; 17 : 20-21). 사도행전에서는 이러한 주제에 새로운 내용들이 첨가된다. 즉, 하나님이 십자가의 죽음과 부활을 통해 예수를 주와 그리스도로 높이시고, 마지막 심판의 재판장으로 임명하셨고(2 : 36 ; 17 : 31), 예수는 종말의 선물인 성령을 주시며, 유대인과 이방인의 차별이 없이 예수를 통하여 회개와 죄용서를 제공하며(2 : 38-39 ; 3 : 26 ; 13 : 38-39, 46-47), 마지막 날의 하나님의 백성을 불러 모으신다(1 : 6-8 ; 2 : 38-39 ; 10 : 34-36, 44-48)는 내용이 첨가되었다. 사도행전에 와서야 비로소 하나님의 통치의 도래는 예수를 통한 하나님의 보편적인 구원이라고 하는 포괄적인 주제로 드러나게 된다.

148) 그러므로 "두란노라는 사람의 강당"을 뜻할 것이다. E. Haenchen, 「사도행전(Ⅱ)」, p. 235.

149) 유대의 계산법에 의하면, 일정 기간의 첫해와 마지막 해가 전체 해수에 포함된다.

150) 아마도 주변 지역에 있던 골로새 교회, 라오디게아 교회, 히에라폴리스 교회가 에베소로부터 설립되었을 것이다(골 1 : 7 ; 4 : 12-13 참조).

③ 제사장 스게와의 일곱 아들 소동(11-20절)

베드로와 빌립의 활동의 경우처럼, 바울의 선포에도 표적과 기적이 수반된다. 기적의 주체는 언제나 하나님이시다(11절). "바울의 몸에서 손수건이나 앞치마를 가져다가 병든 사람에게 얹으면 그 병이 떠나고, 악귀도 나가더라"는 말(12절)은 베드로의 그림자를 밟기만 해도 병이 낫고, 귀신이 축출되었다는 진술(5 : 15-16)과 병행을 이룬다. 바울이 얼굴의 땀이나 손을 닦는 데 사용하는 손수건이나 작업할 때 사용하던 앞치마를 가져다가 병든 사람에게 얹으면, 병이 치유되거나 귀신이 떠나갔다는 것이다.

이방인 사이에서도 널리 퍼진 이러한 기적 신앙은 복음의 본질을 왜곡시킬 위험성도 가지고 있다. 사도행전에 나오는 치유 행위는 반드시 선포와 함께 나타난다. 따라서 베드로와 빌립의 경우처럼, 바울의 귀신축출과 치유 사역은 그의 선포를 확증하는 중요한 수단으로서만 의미가 있다. 병자들을 고치고, 더러운 귀신들을 내쫓음으로써 바울은 사단의 세력이 패배하고, 하나님의 통치가 시작되었다고 하는 기독교의 케리그마를 확증한다.

그러나 에베소에 있는 어떤 유대인들 중에는 바울의 기적을 흉내 내는 주술사들도 있었던 것으로 보인다(13절). 바울이 예수의 이름으로 병을 고치자, 그들은 '예수의 이름'을 마치 마술을 일으키는 일종의 주문처럼 생각한 것 같다. 그래서 그들도 '바울이 전파하는 예수'의 이름으로 귀신을 쫓아내려 하였다. 그러나 이들의 행위 속에는 능력의 주체인 예수와의 인격적인 관계가 결여되어 있다. 물론 예수의 이름에는 능력이 있다. 능력은 바울에게서 나오는 것이 아니라 예수 그리스도에게서 비롯된 것이다. 그러나 그 능력은 무늬만으로 모방할 수 있는 것이 아니라 인격적인 신앙을 통해서만 가능하다는 사실을 그들은 깨닫지 못했던 것이다. 이로써 기독교의 기적은 마술적인 기술이 아니라 예수의 권위와 그의 이름을 부르는 사람의 신앙을 통해서만 가능한 것임이 밝혀진다. 유대의 제사장 스게와의 일곱 아들들 역시 예수의 이름으로 귀신을 축출하려고 하였으

나, 오히려 악령들에게 제압당한다.[151)]

사도행전 16 : 16~17에 보면, 빌립보에서의 여종은 바울과 그의 일행이 "지극히 높으신 하나님의 종"임을 단번에 알아차린다. 그러나 여기에서 귀신은 스게와의 아들들을 도무지 알지 못한다고 반박한다. "예수도 내가 알고 바울도 내가 알거니와 너희는 누구냐"(15절). 이 말은 그들의 권위를 인정할 수 없고, 따라서 순종할 수 없다는 의미이다. 그 대신에 귀신은 그들을 장악하여 상하여 벗은 몸으로 집에서 도망치도록 만들었다. 바울을 흉내 내던 주술사들이 오히려 귀신들에게 망신을 당한 것이다.

스게와의 아들들의 실패는 바울의 능력을 그만큼 더 인상적이게 했으며, 에베소 사람들에게 적지 않은 영향을 끼쳤다. 17절에 보면, 에베소에 사는 유대인과 헬라인들이 다 이 일을 알고 두려워하며, 예수의 이름을 찬양했다고 전한다. 그 결과로 많은 사람들이 회개하였으며, 회개의 표현으로 수많은 마술사들이 자신들의 마술 책을 불살랐다. 바울의 치유 사역에서 악령의 패배가 확증되었기에, 그들은 마술 자체가 무용지물이라고 판단한 것 같다. 은돈 오 만은 오늘날의 화폐 가치로 약 10억 달러에 해당되는 천문학적인 숫자로서, 복음의 능력과 그에 따른 삶의 변화를 분명하게 보여 준다. 복음이 에베소 사람들을 마술적 관습으로부터 해방시켰다. 에베소는 고대로부터 주술과 마술의 대명사로 불린 도시였다. 그래서 주술서들을 가리켜 "에베소의 문서"라고 부르기도 했다. 그러나 참된 복음의 능력이 에베소의 주술적인 문화까지도 변혁시킨다. 이 사건은 예수 그리스도의 복음이 개인뿐만 아니라, 그가 속한 도시의 문화까지도 변혁시킨다는 사실을 알려 준다.

20절은 사도행전에 마지막으로 나오는 요약문이다 : "이와 같이 주의 말씀이 힘이 있어 흥왕하여 세력을 얻으니라". 이 요약문 역시 하나의 전환점을 마련한다(6 : 7 ; 9 : 31 ; 12 : 24 ; 15 : 35). 바울의 마케도니아

---

151) 유대인들 중에는 이방 세계에서 출세하기 위해 이런 주술사 노릇을 한 사람들이 있었던 것으로 보인다.

와 아가야와 함께 에베소의 선교활동이 성공적인 종결을 이루었다. 그것은 로마 제국의 동반부에서 바울의 선교활동이 성공적으로 마무리되었다는 것을 의미한다. 이제부터 로마 제국의 심장부인 로마와, 더 나아가 제국의 서반부인 서바나(스페인)라는 새로운 지평과 목표가 전면에 등장한다.[152]

④ 바울의 선교계획(21–22절)

이 일이 끝난 후에 바울은 마케도니아와 아가야를 재방문한 후에, 예루살렘으로 갈 계획을 세운다. 로마서에 의하면, 예루살렘 방문의 목적은 이방인 교회의 모금을 전달하기 위함이다(롬 15 : 25–27). 사도행전에서 로마로 가려는 바울의 계획이 처음으로 나타난다 : "내가…… 로마도 (반드시) 보아야 하리라"(21절). 이방인의 사도로서 로마 제국의 심장부인 로마로 가려는 그의 간절한 열망이 묻어난다. 그러나 여기에서 사용된 데이(δεῖ)는 사도행전에서 흔히 신적 목적을 가리킬 때 사용하는 단어이다.[153] 그렇다면, 이 말은 누가복음 9 : 51에 나오는 예수의 결심을 연상케 한다 : "예수께서 승천하실 기약이 차 가매 예루살렘을 향하여 올라가기로 굳게 결심하시고". 그러므로 본문에는 고난이라는 주제가 분명하게 언급되어 있지 않지만, 예루살렘으로의 예수의 여행과 바울의 예루살렘 및 로마로의 여행 사이에는 고난이라고 하는 평행 요소가 이미 내재되어 있다고 볼 수 있다. 바울의 계획이 인간적인 계획만을 의미하는 것이 아니라는 것은 "성령 안에서"(ἐν τῷ πνεύματι)라는 표현 — 유감스럽게도 우리말 성경에는 그 단어가 번역되어 있지 않다 — 을 통해서도 알 수 있다(21절). 이 표현은 바울의 여행 계획이 자발적인 결심을 넘어서서 성령의 인도하심을 포함하고 있다는 것을 보여 준다. 이러한 그의 여행

152) 로마서의 끝 부분에는 바울이 로마 제국의 동반부에서 복음을 다 선포했고, 이제 서바나로 가기 위해 로마교회의 지원을 얻으려고 한다는 내용이 실려 있다(15 : 19–29).

153) 헬라어 δεῖ는 "반드시 해야 한다"(must)는 당위성을 표현한다.

계획은 후에 20 : 1~6에서는 마케도니아와 아가야 지방의 여행이, 20 : 7~26 : 32에는 예루살렘으로의 여정이, 27 : 1~28 : 32에는 로마에로의 여정이 서술됨으로서 실현된다. 디모데와 에라스도를 먼저 마케도니아로 보낸 것은 예루살렘을 위한 모금 활동과 관련이 있을 것이다. 다음 단락을 보면, 바울이 얼마간 더 머무른 "아시아"는 에베소를 가리킨다(22절).

⑤ 에베소에서 일어난 소동(23-41절)

그러나 바울의 에베소에서의 활동이 긍정적인 결과만 가져온 것은 아니었다. 바울이 에베소를 떠나게 된 계기는 다른 지역에서와 마찬가지로 거세지는 저항과 박해 때문이었다. "이 도로 인하여 적지 않은 소동이 있었으니"(23절).[154] 바울 사역의 성공은 아데미 여신을 근간으로 하는 에베소 지역경제의 막대한 위협이 되었다. 아데미(Artemis)는 에베소의 수호신으로서, 본래는 로마의 여신 다이애나(Diana)의 헬라식 이름이었다. 그러나 로마에서는 다이애나가 수렵의 여신(처녀)으로 숭배되었지만, 에베소에서는 많은 유방을 가진 다산과 풍요의 여신으로 숭상되었다. 아데미 신전은 고대 세계에서도 7대 불가사의에 속하는 매우 유명한 신전이었기 때문에 도처에서 많은 관광객들이 모여들었다. 에베소 사람들 중의 많은 사람들이 아데미 신의 조각상이나 아데미 신전의 모형을 팔아 삶을 영위하였던 것으로 보인다. 아마도 데메드리오라는 은장이는 이러한 직종의 조합 대표자였던 것 같다. 그는 우상숭배를 비난하는 바울 때문에 장사가 심각한 영향을 받자 경제적인 이유로 사람들을 선동하였다. 그는 "사람의 손으로 만든 것들은 신이 아니라"고 하는 바울의 말을 이용하여 바울을 공격하는 일에 직공들의 동의를 얻어 냈다. 그의 선동은 경제적인 동기에 종교적인 이유도 덧붙여졌다 : "그러니 우리의

154) 이 도(ὁδός)는 세례 요한이 제시했던 회개의 길이요(마 21 : 32), 의의 길이며, 예수가 그의 제자들에게 따르라고 부르셨던 길이기도 하다. 동시에 이것은 죄용서와 성령의 선물을 주는 길이며(2 : 38-39), 영생으로 인도하는 길이기도 하다(2 : 40 ; 4 : 12 ; 16 : 17 ; 히 10 : 20 ; 요 14 : 6). 그러므로 그리스도인은 이 도를 좇는 사람들이다(9 : 2 ; 19 : 9, 23 ; 22 : 4 ; 24 : 14, 22).

이 사업이 명성을 잃을 위험이 있을 뿐만 아니라, 위대한 아데미 여신의 신당도 무시당하고, 또 나아가서는 온 아시아와 온 세계가 숭배하는 이 여신의 위신이 땅에 떨어지고 말 위험이 있습니다"(27절, 표준새번역). 이처럼 에베소에서의 소동은 신전의 사업에 기초하여 살아가던 사람들의 불만과 에베소의 수호여신 아데미에 대한 충성심과 애향심이 한데 어울려 발생했다.

마침내 데메드리오는 무리들을 선동해서 바울의 동료인 가이오와 아리스다고를 붙잡아 극장으로 끌고 가는 데 성공했다(29절).[155] 바울이 그 극장 안으로 들어가려 했으나, 제자들의 만류와 친절했던 관리들의 조언으로 그 극장 안으로 들어가지 않았다(30-31절). 이 극장은 지금도 남아 있는데, 약 25,000여 명을 수용할 수 있는 대단히 큰 규모의 야외극장이었다. 한 고대 도시의 규모를 알려면 극장의 크기를 알면 된다고 하는데, 이 극장의 규모로 보아 당시에 에베소가 얼마나 크고, 번창한 도시였는지 짐작할 수 있다. 극장 안에서는 사람들의 의견이 너무나 분분해서 모임조차 큰 혼란에 빠졌다. 심지어 무엇 때문에 모였는지 그 이유조차 알지 못하는 사람들도 많았다(32절). 회의가 전혀 이루어지지 않았다는 의미이다. 이러한 혼란을 틈타서 유대인들이 유대인 알렉산더를 무리 앞에서 변명하라고 밀어내었다(33절). 아마도 유대인들은 알렉산더를 내세워 자신들이 그리스도인들과 다름을 명백히 밝히려는 의도가 있었던 것 같다. 헬라인들이 자신들과 그리스도인들을 구별하지 못한다면, 자신들도 불이익을 당할 것이 불 보듯 뻔한 노릇이었다. 하지만 알렉산더는 발언할 기회조차 얻지 못했다(34절). 왜냐하면 헬라인들은 유대인들이 그리스도인들과 마찬가지로 아데미 신을 숭배하지 않음을 알고 있었기 때문이다. 군중들의 한결 같은 외침 — "크다 에베소 사람의 아데미여"(34절 ; 28절

155) 가이오는 사도행전 20 : 4에도 언급되는데, 그는 더베 출신으로서(14 : 20-21), 로마서 16 : 23과 고린도전서 1 : 14에도 나온다. 데살로니가 출신의 아리스다고는 후에 바울과 함께 고린도에서 예루살렘까지 여행했으며(20 : 3-4), 예루살렘에서 로마로의 여행에 바울을 수행하기도 하였다(20 : 3, 4 ; 27 : 1-2 ; 골 4 : 10).

참조) — 은 에베소에서 유대인들의 평판이 얼마나 좋지 않았는지를 보여 준다.

데메드리오의 선동으로 시작된 소요는 시의 서기장의 중재로 결국 진정된다. 누가는 서기관의 연설을 통해 바울과 그의 동료들이 선포한 복음이 결코 로마법에 어긋나는 것이 아니었음을 밝힌다(35-40절). 에베소의 서기장은 바울과 그의 동료들(가이오와 아리스다고)이 아무런 불법을 행한 것이 없으며, 오히려 군중의 소요를 합법적이지 못한 것으로 판단한다. 그리스도인들은 성전을 모독한 적도, 여신을 모독한 적도 없으며, 따라서 소요를 정당화할 명분이 없다는 논리이다. 데메드리오처럼 송사할 일이 있으면, 오직 재판소에서 해야 한다. 상황은 완전히 뒤바뀌어졌다. 바울의 일행은 아무런 죄가 없고, 이제 소동을 일으킨 바울의 적대자들이 문제가 되었다. 서기관의 연설이 있은 후 폭동은 잠잠해졌고, 질서는 회복되었다. 에베소 사건은 다시 한번 로마의 법이 바울과 그리스도인들에게 보호막을 제공했음을 보여 준다. 이것으로 바울의 3차 선교여행이 일단락되고, 이제 바울은 예루살렘과 로마로의 마지막 여행을 준비하게 되었다.

사도행전에서 바울의 선교활동은 19장을 기점으로 새로운 전환점을 맞이한다. 20장부터는 그의 선교활동뿐만 아니라 개인적인 삶에서도 이별의 그림자가 드리운다. 그는 위험이 도사리고 있는 예루살렘으로 올라가기로 작정하고, 결국 죄수의 몸으로서 로마로 가게 될 것이다. 그러므로 여기에서 바울 선교의 주요한 특징들을 정리하는 것도 유익할 것이다.[156)]

가. 이방인의 사도 : 바울의 선교에서 가장 특징적인 것은 자기 자신을 이방인의 사도로 자각하고(롬 1 : 5 ; 11 : 13), 세계 선교의 웅대한 포부와 계획을 가지고 있었다는 것이다(롬 15 : 19ff). 누가에 따르면, 바울은 복음을 전파하되 먼저 유대인에게 전하다가 유대인이 복음을 배척하면 이방

156) 권오현, 「바울의 생애(상)」, pp. 339-386.

인에게 나아간다는 공식을 거의 따르고 있다(행 13 : 45-46, 18 : 6, 28 : 28). 바울의 선교는 유대인을 배제하지는 않으나, 이방인에게 초점이 맞추어진 선교였다(행 15장).

나. 대도시 중심의 선교 : 바울은 세계 선교라고 하는 원대한 비전 앞에서 구체적인 선교전략을 세운다. 그것은 대도시 중심의 선교를 하는 것이다. 그 역시 도시 출신이고, 도시는 정치와 행정의 중심지일 뿐만 아니라 문화와 사회와 종교의 중심지이다. 또한 경제와 통상의 중심지이므로 여러 인종이 모여 쉽게 복음을 전파하고, 왕래가 자유로워서 또다른 지역에 전파될 수 있다. 특히 헬라적 도시들은 어디를 가든지 헬라어로서 자유롭게 의사소통이 가능했다. 언어의 통일과 함께 도로망의 발달과 여행의 안정과 자유의 보장은 복음의 신속한 전파를 촉진시키는 결과를 가져왔다. 바울이 한 도시에서 복음을 전파하고, 교회를 세우면, 그 교회의 멤버들, 즉 정부관리, 무역업자, 군인 등 심지어는 죄수까지 계속해서 여행하면서 복음을 퍼뜨릴 수 있었다.

이런 의미에서 바울의 선교 형태는 예수님의 선교 형태와 다르다. 바울은 특정 지역의 한복판, 즉 수도에 교회를 세우고, 그 교회를 중심으로 일하였다. 그리고 그 교회가 어느 정도 성숙하면, 다른 지역으로 떠난다. 그러면 그 교회는 독자적으로 인근 지역을 복음으로 채운다(살전 1 : 7-8). 그리고 다른 지역에 가더라도 기존 교회에 문제가 생기면 직접 재방문하거나 동역자를 보내거나 편지를 쓴다. 그러므로 바울의 서신들은 주로 목회적 차원에서 보내진 서신들이다.

다. 팀(동역자) 선교 : 그러나 그의 동역자들의 도움이 없었다면, 이런 대도시 중심의 선교는 가능하지 않았을 것이다. 바울은 철저하게 팀 선교를 하였다.[157] 1차 선교여행에서는 바나바와 마가 요한, 2차 선교여행 때에

157) 바울의 동역자에 대해서는 W. H. Ollrog, *Paulus und seine Mitarbeiter. Untersuchungen zu Theologie und Praxis der paulinischen Mission*,

는 실라와 디모데가 한 팀이 되었다. 함께 선교를 계획하고, 함께 동행하면서, 함께 복음을 전파하였다. 또한 동역자들은 교회를 돌보는 데에 없어서는 안 될 만큼 중요한 기여를 하였다. 교회가 어려운 문제가 있을 때마다 디모데나 디도 등이 파견되어 교회를 안정시키곤 했다.

라. 가정교회의 설립 : 바울은 어느 한 지역에 가면, 회당에서 먼저 복음을 전한다. 회당에는 유대인뿐만 아니라 하나님을 경외하는 이방인들이 함께 있었다. 유대인들이 바울 복음의 위험성을 간파하고, 그를 배척한다. 그러면 바울은 이제 하나님을 경외하는 사람의 집으로 예배처소를 옮기고, 거기에서 모임을 가진다. 그래서 바울이 세운 교회는 거의 가정교회에 속한다고 볼 수 있다.[158]

당시의 가정은 오늘날의 핵가족 형태의 작은 그룹이 아니라 대가족의 형태이다. 직계 가족과 종들과 손님들, 속량된 자유인들, 고용된 노동자들, 사업관계자들 등 여러 사람이 모이게 된다. 즉, 종과 상전의 사업관계나 사업상 협정관계, 직업관계, 혈연관계, 우정관계 등 다른 가정과도 연관을 맺으며 서로 의무와 기대가 엇갈려 있다. 사회학자들의 연구에 의하면, 가정은 바울에게 비교적 구분된 환경을 조성해 주고, 이미 준비된 청중이 있고, 또한 그의 영향을 급속히 전파할 수 있는 조직을 제공하여 주었다.[159] 왜냐하면 종교는 당시에 가족 단위로 선택하여 형성되었기 때문이다. 한 가정이 예수를 믿으면, 혈연이나 우정이나 또 직업상 연관이 있는 다른 가정에도 복음을 전파하여 이 복음이 사회에 뿌리를 내리며 전파되어 간 것을 알 수 있다. 가정교회의 매력은 서로 성도를 영접하고,

---

WMANT 50 (Neukirchen : Neukirchen-Vluyn, 1979) 참조.

158) 예컨대, 야손의 집(행 17 : 5-9), 유스도의 집(행 18 : 7), 아굴라와 브리스길라의 집(행 18 : 2-5 ; 롬 16 : 3-5), 그리스보의 집(행 8 : 8 ; 고전 1 : 14), 가이오의 집(롬 16 : 23 ; 고전 1 : 14), 스데바나의 집(고전 16 : 15-16), 빌레몬의 집(몬 1 : 1-2) 등이 가정교회에 속한다.

159) 박익수, 「바울의 서신들과 신학(Ⅱ)」, pp. 81-114 ; 권오현, 「바울의 생애(상)」, pp. 370-379.

환송하는 사랑의 공동체로서 모든 간격이 무너지고, 그리스도 안에서 하나 됨을 맛볼 수 있었다는 것이다. 상하계급, 남녀차이, 부와 가난의 차별사회에서 교회는 매우 매력적인 공동체임에 틀림이 없었을 것이다.

마. 복음과 삶의 일치 : 바울에게는 복음 전파의 생활 자체가 곧 십자가의 길을 걷는 것이었다. 사도행전에서 그가 걸어간 거리만 해도 엄청나다.[160] 바울이 그의 서신에서 고백하고 있는 것처럼, 가는 곳마다 박해와 어려움이 그를 기다리고 있었다(고후 6 : 4-5 ; 11 : 23-28 ; 고전 4 : 9-13). 이와 함께 그의 선교의 특징 중의 하나는 자비량 선교이다. 바울은 갖은 천대와 멸시를 받아 가며, 천막 짓기 노동을 하여 선교비를 부담한 것이다(행 18 : 3 ; 20 : 34). 물론 빌립보 교회는 여러 차례 바울을 돕기도 하였다. 그러나 바울은 복음 전파에 조금도 누가 되지 않으려고, 직접 일하면서 복음을 전파한 것이었다(살전 2 : 9 ; 고전 4 : 12 ; 고후 11 : 7-11, 12 : 13-15). 그리스도를 본받는 그의 신앙과 생활이 그의 복음 전파에서도 그대로 나타나며, 성도들이 바울을 본받아 신앙을 배우고, 교회를 세우게 된다. 그래서 그는 내가 주님을 본받은 것같이 나를 본받으라고 자신 있게 말할 수 있었다(고전 11 : 1 ; 살전 1 : 6-7 ; 빌 3 : 17).

7. 예루살렘으로 가는 바울(20 : 1-21 : 26)

1) 마케도니아와 헬라 지역의 재방문(20 : 1-6)

에베소에서의 소동이 그친 후, 바울은 사도행전 19 : 21에서 밝힌 계획에 따라 먼저 마케도니아와 헬라 지역을 재방문한다. 2차 선교여행의

---

160) 사도행전에 나타난 바울의 여행거리를 약 10,000마일(=16,000km)로 계산하는 학자도 있다. R. F. Hock, *The Social Context of Paul's Ministry : Tentmaking and Apostleship*(Philadelphia : Fortress Press, 1980), p. 27.

대상지인 유럽 지역을 다시 방문한 것은 목회자의 심정으로 그곳에 있던 제자들(=그리스도인들)의 믿음을 강화하기 위해서였지만(16 : 11-18 : 18), 또 한 가지는 예루살렘을 위한 구제헌금을 모금하기 위함이었다. 마케도니아 주의 중심도시인 데살로니가를 비롯하여 빌립보, 베뢰아의 교회를 방문한 후에, 바울은 헬라에서 석 달을 머물렀다. 이 헬라는 아가야를 가리키며, 대부분을 고린도에서 머문 것으로 보인다. 고린도에서 석 달 간 머무는 이 기간에 바울이 로마서를 기록했다는 견해가 지배적이다(롬 15 : 22-29).

그러나 여전히 남아 있는 유대인의 박해 때문에 바울은 배를 타고 수리아로 가는 지름길을 포기하고, 마케도니아를 거쳐 다시 육로로 돌아가기로 작정한다(3절). 그때 여러 사람들이 바울과 동행하였는데(4절), 그들은 아마도 예루살렘의 가난한 사람들을 위한 헌금을 운반하기 위한 대표단으로 보인다(고후 8 : 23). 그들은 모두 7명이었는데, 일곱이라는 숫자는 완전수를 의미하며, 이방인 선교 자체를 대표하는 것으로 여겨진다.[161] 그들은 먼저 무시아에 있는 항구도시 드로아에 가서 바울과 그 일행("우리")을 기다렸다(5절). 바울과 그 일행은 유대인의 절기인 무교절이 지난 후에 빌립보에서 배를 타고 떠나 닷새 만에 드로아에 도착하여 먼저 온 형제들과 합류한다(6절). 20 : 5에서 다시 "우리-단락"이 시작되어 16절까지 이어진다.

2) 유두고 사건(20 : 7-12)

바울이 드로아에서 일주일 동안 머무는 동안에 일어났던 유두고의 에피소드가 소개된다. "안식 후 첫날"[162]은 예수의 부활일이며, 교회의 회중들의 집회가 있었고, 집회의 중간에 떡을 떼는 성만찬 의식이 있었

161) 소바더(소시바더 : 롬 16 : 21), 아리스다고(19 : 29), 가이오(19 : 29).
162) 이것은 고린도전서 16 : 2과 함께 주일 모임에 대한 최초의 언급이다.

다.[163] 드로아에 교회 공동체가 설립된 것은 16 : 8~11에 기술된 바울의 드로아 체류와 연관이 있을 것이다. 이 날은 바울과 함께하는 마지막 모임이었기 때문에 — 바울은 이튿날 떠날 계획이었다. — 밤늦게까지 설교가 진행된 것 같다. 바울의 강론이 밤늦게까지 계속되자, 졸음을 참지 못한 유두고가 졸다가 삼층에서 떨어져 죽었다(9절). "죽었다"는 말과 "살아난"(12절)이라는 단어의 대조를 고려할 때, 유두고는 잠시 기절한 것이 아니라 실제로 죽은 것이다. 바울이 내려가서 그 위에 엎드려 그 몸을 안았다(10절).

이 사건은 구약의 엘리야(왕상 17 : 21-22)와 엘리사의 기적(왕하 4 : 34-35)을 연상시키며, 예수가 과부의 아들을 살린 사건(눅 7 : 11-17)과 베드로가 죽은 다비다를 살린 사건(행 9 : 36-42)과 병행을 이룬다. 죽은 자의 부활은 예수 그리스도께서 믿는 자들에게 주시는 부활과 영생을 선취한다. 그분의 부활과 생명의 능력이 이미 한 청년의 회생에서 드러났다. 또한 이 사건은 바울이 예루살렘의 수난의 길을 가기 전에, 복음의 부활 능력을 암시해 주는 중요한 의미를 지닌다. 바로 이러한 의미에서 교회는 적지 않은 위로를 받았다(12절). 이 단락에서는 바울의 설교자와 (위로하는) 목회자로서의 면모가 잘 드러난다. 유두고의 기적은 바울의 설교가 진리이며, 교회의 시련이 극복될 것이라는 점을 입증해 주는 가시적인 표징이 되었을 것이다.

3) 바울의 고별설교와 작별(20 : 13-38)

드로아에서 유두고를 살린 후, 바울이 밀레도까지 항해하는 여정이 간략하게 나온다. 바울은 오순절 안에 예루살렘에 도착할 예정으로 여행을 서둘렀기 때문에, 에베소에 들리지 못하고 밀레도에 상륙한다(15-16절). 그래서 바울은 사람들을 보내어 에베소의 장로들을 밀레도로 오게

163) 떡을 떼는 것은 초기 교회 성도들이 가진 애찬의 틀에서 행해진 주의 만찬으로 이해할 수 있다.

한다. “장로”는 오늘날의 장로를 가리키는 것은 아니지만(28절의 “감독자” 참조), 에베소 교회의 지도자들임이 분명하다. 바울은 14 : 23에서 이미 언급한 대로 새로 설립한 각각의 교회에 장로들을 지도자로 임명하였다. 에베소는 바울이 가장 오랜 기간 동안 활동한 교회이다. 따라서 에베소의 장로들은 바울과 그의 사역의 모습을 가장 친밀하게 지켜볼 수 있었을 것이다. 에베소 장로들의 밀레도 도착(17절)과 바울의 떠남(36-38절) 사이에 바울의 고별설교가 샌드위치처럼 자리하고 있다. 이 설교는 회당에서 전한 비시디아 안디옥에서의 설교(13 : 16-41)와 아덴에서 헬라인들을 대상으로 한 아레오바고 설교(17 : 22-31)에 이은 바울의 세 번째 주요 설교이다.

바울의 설교는 청중들에 따라 그 형태와 내용이 부분적으로 변화가 있다. 이 에베소 설교는 당대의 교회의 지도자들뿐만 아니라 다음 세대의 지도자들에게 호소하는 한 목회자의 유언에 가까운 내용으로 되어 있다. 이런 의미에서 이 설교를 고별설교라고 할 수 있다. 누가는 이 설교가 자기 자신의 공동체에도 호소하는 “목회서신”이 되도록 여러 가지 형태로 강조점을 부여하고 있다. 따라서 이 설교는 바울 당시 에베소 교회와 관련된 문제가 무엇이었으며, 또한 바울 이후의 누가의 공동체가 직면한 문제가 무엇이었는지 엿볼 수 있는 중요한 역할을 한다.

바울의 설교는 시점과 내용에 따라 다음과 같이 세 부분으로 나눌 수 있다.

① 3년간의 에베소 선교 회상(18-21절)

바울은 에베소에서의 자신의 사역을 회상함으로 그의 설교를 시작한다(과거). 장로들은 바울이 에베소에서 어떻게 살아왔는지 가장 잘 아는 산 증인들이다(18절). 그들 앞에서 바울은 자신의 활동의 모습을 4가지로 요약한다 : 겸손, 눈물, 유대인들에 받은 시련, 신실한 설교와 가르침. 바울은 에베소 사역의 초기부터 유대인의 음모와 방해를 받았지만, 그럼에도 불구하고 겸손과 눈물로 주님과 교회를 섬겼다. 이것은 주의 종으로서 마땅히 받아야 할 시련이기에 겸손과 인내로 복종하였다는 것이다. 그가 한 일은 하나님의 말씀을 전하고 가르치는 것이었으며, 유대인에게나 헬라인에게 차별 없이 하나님께 대한 회개와 우리 주 예수 그리스도에 대한 믿음을 증언한 것이었다. 물론 유대인과 이방인에게 회개를 촉구하는 방식에는 차이점이 있다. 유대인에게는 그리스도(메시야)로서의 예수에 대한 믿음이 설교의 핵심이었다면(13 : 16-41 ; 17 : 2-3), 이방인에게는 거짓 우상으로부터 참된 하나님에게로의 방향전환(회개)에 강조점이 주어졌다(14 : 15-18 ; 17 : 22-31). 그는 이것들을 공중[164] 앞에서나 각 집에서나 유대인과 이방인들에게 전하고, 가르쳤다는 것이다(20절). 이러한 바울의 목회상은 그대로 하나의 모범으로 제시된다. 따라서 교회의 지도자들인 에베소의 장로들은 바울의 모범을 따라야 한다.

② 수난에 대한 예고(22-27절)

에베소에서의 지난 3년간의 사역을 회상한 후에, 바울은 이제 자신의 현재의 상황에 대해서 보고한다. 그는 이제(νῦν) 투옥과 환란이 기다리는 예루살렘으로 향하는 중이라는 것이다. "성령에 매임을 받아"라는 표현은 예루살렘으로의 여정이 필연적인 것임을 암시한다(23절). 다만 그는 성령이 그의 길을 인도하시며, 그의 앞길에 결박과 환난이 기다리고 있다는 것만 짐작할 뿐이다. 그는 언제나 자신의 뜻이 아니라 성령의 인도함 속에서 사역을 감당했다. 그렇기 때문에 지금 이 일도 지금까지 그랬던 것처럼, 생명을 다 바쳐 감당할 것이라고 천명한다. "나의 달려갈 길과 주 예수께 받은 사명 곧 하나님의 은혜의 복음 증거하는 일을 마치려 함에는 나의 생명을 조금도 귀한 것으로 여기지 아니하노라"(24 ; 21 : 13 ; 딤후 4 : 7). 그의 최우선 관심사는 어떻게 해서든 살아남는 것이 아니라, 다만 그리스도께서 주신 사명을 완수하는 것이었다. 그 사명은 바로 '하나님의 은혜의 복음 증거하는 일'이다. 그는 이러한 투철한 사명

164) 회당과 두란노 서원에서의 강론을 말한다.

감으로 에베소에서 하나님의 나라를 선포했고, 그 결과로 교회가 생겨났다. 바울은 그의 몫을 다 했다. 이제 남은 것은 교회와 교회의 지도자들의 몫이다. 따라서 교인들 중에 누가 실족한다 하더라도 그것은 이제 자신의 책임이 아니다(26절). 그는 하나님의 뜻을 전하는 자기의 임무를 다했기 때문이다(27절). 바로 이것이 생명과 죽음이 걸려 있는 이 중요한 사역을 교회와 교회의 지도자들이 계속해서 감당해 줄 것을 호소하는 바울의 방식이었다. 바울은 그들이 다시는 자신의 얼굴을 보지 못할 것을 예고한다(25절). 그러나 그가 슬픔에 젖지 않을 수 있는 것은 지금까지 자신의 사역이 에베소의 장로들을 통해 계승될 것을 기대하기 때문이다.

③ 교회의 미래에 대한 경고와 당부의 말(28-35절)

바울은 이제 교회의 미래에 대한 경고를 한다. 교회의 미래에 대한 그의 진단은 그리 밝지 않다. 그가 떠난 후에 교회 외부에서 거짓 교사들이 침입해 들어와 교인들을 교란할 것이다. 그러므로 교회의 지도자들로서 장로들의 역할과 책임은 그 만큼 더 크고, 막중하다. 그들은 자신과 온 양떼를 위하여 늘 조심해야 한다.[165] 왜냐하면 (바울이 아니라) 성령이 그들을 "감독자"로 삼고, 하나님이 피로 사신 교회를 돌보게 하셨기 때문이다(28절).[166] '돌본다'는 말은 헬라어 단어 ποιμαίνω의 번역인데, 이 말은 본래 양을 치는 것을 의미한다. 즉, 장로들은 목자가 양을 돌보듯이, 교회를 보살펴야만 한다. 이런 의미에서 그들은 양떼의 목자로서, 예수의 목자직에 동참하는 셈이다(막 6 : 34 ; 요 10 : 11-12 ; 21 : 15-17 ; 벧 5 : 2). 여기에서 언급된 순서가 흥미롭다. 지도자는 양떼들을 돌보기 전에, 먼저 자기 자신에 대해서 늘 조심해야 한다. 자기 자신의 영성과

165) '삼가다'라는 말은 헬라어 προσέχω로 표현되었는데, 이것은 '조심하다', '주의하다'의 뜻이다. 이 단어의 현재 형태는 한 번만 조심할 것이 아니라 계속해서 조심해야 할 것을 표현해 준다.

166) '감독'(ἐπίσκοπος)은 문자적으로는 '위에서 내려다보는 사람'을 의미하는데, 특히 교인들을 이단들의 술수에서 보호하는 것이 그들의 우선적인 책임이라고 할 수 있다.

경건을 소홀히 하면서 양들을 제대로 돌본다는 것은 어불성설이기 때문이다. 그러나 교회의 지도자들이 조심해야 할 가장 큰 이유는 교회 안으로 침투해 들어올 사나운 이리들(=거짓 교사들) 때문이다. 문제는 외부로부터 들어온 거짓 교사들만이 아니다(29절). 심지어는 교회의 지도자들 중에서도 거짓 교사가 일어나고, 그릇된 것을 말할 사람들이 있다(30절). 그렇기 때문에 지도자들은 늘 깨어 있어야 한다(γρηγορέω).[167] 지도자들이 자신과 양떼를 거짓 교사들의 위험에서 건질 수 있는 길은 한 가지뿐이다. 그것은 바울에게서 배운 가르침과 훈계를 기억하여 지키는 것이다 : "내가 삼 년이나 밤낮 쉬지 않고 눈물로 각 사람을 훈계하던 것을 기억하라"(31절).[168]

바울은 자신이 눈물로 전한 훈계를 세 가지로 요약한다. 첫째는 하나님의 말씀 위에 서라는 것이다. 주목할 만한 것은 말씀이 주체가 된다는 것이다. 바울은 장로들에게 말씀을 맡기는 것이 아니라 오히려 장로들을 은혜의 말씀에 위탁한다 : "지금 내가 너희를 주와 및 은혜의 말씀께 부탁하노니"(32a절).[169] 즉, 인간이 말씀을 좌우하거나 지배하는 것이 아니라, 다만 말씀이 역사하도록 자신을 비우고, 내려놓는 태도가 중요하다. 그래야만 하나님의 말씀이 "여러분(교회)을 튼튼히 세울 수 있고, 거룩하게 된 모든 사람들 가운데서, 여러분으로 하여금 유업을 차지하게" 할 수 있다(32b절, 표준새번역). 그러므로 지도자들은 말씀을 섬겨야 한다. 말씀이 그들을 통하여 일하기 때문이다. 이렇게 하나님과 그분의 말씀은 하나의 통일성을 이룬다.

둘째는 물질을 탐하지 말라는 것이다. 바울은 이 점에 있어서도 자신의 모본을 제시한다. 그는 에베소에서 사역하는 동안에 어떤 은이나 금이나 의복도 탐하지 않았다고 당당하게 고백한다(33절). 어떤 사리사욕에도 얽매이지 않았다는 말이다. 무엇보다 바울은 그와 그의 일행의 필요한

167) 현재 명령형은 계속적인 반복을 의미한다.
168) 이런 점에서 바울의 이 설교는 목회서신의 주요 주제들을 연상시킨다.
169) 헬라어 παρατίθεμι는 무엇을 '맡기다', '위탁하다'의 의미를 지닌다.

생계를 자신의 손으로 해결했다는 사실을 상기시킨다(34절, 행 18 : 1-4 참조). 바울은 서신에서도 자신이 자비량으로 선교했다는 사실을 밝힌다(살전 2 : 9 ; 고전 4 : 12 ; 9 : 1-12 ; 고후 11 : 7-11 ; 12 : 12 : 13-15 ; 살후 3 : 6-12). 그러나 이 말은 바울이 전혀 교회의 지원을 받지 않았다는 의미는 아니다. 빌립보서 4 : 15~16에 따르면, 바울은 빌립보 교인들의 재정지원을 받으며, 감사의 뜻을 전하고 있다. 따라서 바울이 자비량으로 선교를 하든지, 교회의 재정적 지원을 받든지 그 배후에는 하나의 중요한 동기와 원칙이 있다.[170] 그것은 복음전도가 방해를 받지 않게 하기 위해서이다 : "다른 사람들이 여러분에게 이런 권리를 가졌거든, 하물며 우리는 더욱 그러하지 않겠습니까? 그러나 우리는 이런 권리를 쓰지 않았습니다. 우리는 그리스도의 복음을 전하는 일에 지장을 주지 않도록, 모든 것을 참습니다"(고전 9 : 12, 표준새번역) ; "이와 같이 주께서도, 복음을 전하는 이들에게는, 복음을 전하는 일로 살아가라고 지시하셨습니다. 그러나 나는 이런 권리를 조금도 쓰지 않았습니다. 또 나에게 그렇게 해 달라고, 이 말을 쓰는 것도 아닙니다. 그렇게 하느니, 차라리 내가 죽는 편이 낫겠습니다. 아무도 나의 이 자랑거리를 헛되게 하지 못할 것입니다"(고전 9 : 14-15, 표준새번역). 바울이 의도하는 바는 교회의 지도자들이 교회의 지원을 전혀 받지 말라는 것이 아니다. 적어도 교회의 장로들은 자신들의 삶의 방식 때문에 '게으름뱅이'라는 소리를 듣는 어떤 구실도 주어서는 안 된다는 것이다(살후 3 : 7-12). 이런 점에서 바울은 교회의 지도자들이 거짓 교사들과는 명백하게 구별되어야 한다는 것을 강조한다. 당시에는 교회를 떠돌아다니는 거짓 교사들 중에 다른 사람들에게 신세를 지는 것을 당연하게 여기며, 자신들의 직분을 빙자하여 물질적인 유익을 구하는 사람들이 있었던 것으로 보인다(살전 2 : 3-4 ; 딤전 6 : 5 ; 딛 1 : 11 ; 벧전 5 : 2 ; 벧후 2 : 3).

셋째는 약한 자를 도와야 한다는 것이다. 바울은 이 점에 있어서도

170) 바울의 자비량 선교에 대해서는 김경진, 「사도행전」, pp. 421-427 참조.

모본을 보였다 : "범사에 너희에게 모본을 보였노니"(35절). 목회자로서의 바울의 위대성은 말로만이 아니라 행동으로 보여 주었다는 데 있다. 그 자신이 힘써 일해서 약한 자를 도왔기 때문에, 약한 자를 도우라는 그의 말은 힘이 있다. 바울이 근거로 제시하는 "주는 것이 받는 것보다 복이 있다."(35절)는 예수의 말씀은 사도행전에서 유일하게 인용된 주님의 말씀이기도 하다. 이 말씀이 복음서에는 직접 나오지는 않지만, 누가복음 6 : 38과 12 : 33~34에서 동일한 사상이 발견된다.

바울은 마지막 당부의 말과 함께 그의 설교를 마친다. 설교에 이어서 기도가 이어진다. "무릎을 꿇고"(36절) 기도하는 것은 하나님 앞에 자기를 낮추고, 은혜를 갈구하는 태도이다. 입맞춤은 고대 교회의 인사 중 하나로서 "거룩한 입맞춤"(고전 16 : 20 ; 고후 13 : 11 ; 살전 5 : 26) 혹은 "사랑의 입맞춤"(벧전 5 : 14)으로 불린다. 그러나 이 작별은 마지막이 될 수도 있었기에, 양자 간에 더욱 애절한 마음이 있었을 것이다 : "그들을 가장 마음 아프게 한 것은, 다시는 자기 얼굴을 볼 수 없으리라고 한 바울의 말이었다"(38절, 표준새번역). 실로 교회를 위해 모든 것을 남김없이 주고 떠나가는 목회자와 그를 진정 사랑하고, 존경하는 교인들 간의 모범적인 작별이 아닐 수 없다.

4) 바울의 예루살렘 여정(21 : 1-26)

이제 바울은 밀레도를 떠나 예루살렘으로 향한다. 예루살렘으로의 여행은 바울에게 매우 위험한 것임이 예견되었고, 바울 자신도 이것을 각오한 여행이었다. 누가는 바울이 예루살렘을 여행하는 목적을 분명하게 밝히지 않는다.[171] 그러나 로마서에서는 이 여행이 이방인 교회들이 모금한 헌금을 전달하려는 목적이었음을 구체적으로 밝힌다(롬 15 : 25-27).[172] 아

171) 그러나 후에 벨릭스 총독 앞에서 행한 바울의 연설에서 단 한 번 구제금에 대한 언급이 나온다(행 24 : 17).

172) 바울에게는 이 구제금이 사랑의 표현 이상의 의미를 지닌 것으로 보인다. 로마서

마도 누가에게는 이 예루살렘 여행이 복음이 바울을 통하여 로마에까지 이르게 하는 여행의 시작이라는 점에 더 관심이 있었던 것 같다.

(1) 예루살렘 여행에 대한 경고(21 : 1-14)

눈물의 고별인사 후에 바울과 그 일행은 밀레도 항을 떠난다. 다시 우리-단락이 시작된다. 누가는 마지막 여행이 될지도 모르는 이 예루살렘 여정을 비교적 자세하게 다룬다. 밀레도 항에서 배를 타고, 고스와 로도, 바다라를 통과한 후, 화물을 내리기 위해 정박한 두로에 상륙한다. 거기에서 바울 일행은 제자들(=그리스도인)을 찾아서 그들과 함께 칠 일을 머물렀다. 바울이 거기서 칠 일 간이나 머문 이유는 승선 기회를 기다려야 했기 때문이었을 것이다. 두로의 제자들은 성령의 감동으로 바울에게 예루살렘으로 들어가지 말라고 경고한다. 왜냐하면 그들은 고난과 핍박이 거기서 바울을 기다리고 있다는 사실을 알았기 때문이다.[173]

4절에는 이중적인 진술이 서로 맞물려 있다. 하나는 예루살렘에서 바울이 반드시 고난을 받을 것이라는 성령의 말씀과 다른 하나는 그 말씀에 근거하여 제자들이 바울로 하여금 그 계획을 포기하게 하려는 노력이다. 그러나 바울은 예루살렘 여행이 성령의 뜻임을 확신하였기 때문에, 고난의 엄중한 경고에도 불구하고 여행을 계속한다. 베니게 땅인 두로와 돌레

---

15 : 31에 따르면, 바울은 예루살렘 여행에 앞서 로마의 교인들에게 두 가지 기도 제목을 부탁한다. 하나는 믿지 않는 유대인들에게 화를 당하지 않도록 기도해 달라는 것이고, 다른 하나는 유대인 그리스도인들이 이 구제금을 기꺼이 받아들이도록 기도해 달라는 것이다. 이러한 위험의 상황 속에서도 바울이 그렇게 갈급해하던 로마행을 미루고, 친히 구제금을 들고 예루살렘으로 가려고 했던 것은 이 여행은 구제금 전달 이상의 의미가 있음을 시사해 준다. 아마도 바울은 그 구제금을 유대인 그리스도인들과 이방인 그리스도인들 간의 일치의 상징임과 동시에 자신의 선교적 권위를 인정받는 표시로 본 것 같다. 유상현, 「사도행전」, pp. 256-258.

173) 실제로 이 당시에 예루살렘의 정치적 상황은 그리 좋지 않았다. 로마의 지배하에서 종교적 애국주의와 사회적 대립이 위기감을 고조시키고 있었다. 이런 상황에서 유대교에게 미온적 태도를 취하는 바울에 대한 유대인들의 위협은 그만큼 컸을 것임을 예상할 수 있다.

마이(7절)의 교회들은 스데반의 순교 이후에 흩어진 헬라파 유대 그리스도들이 세운 교회였다(11 : 19 ; 15 : 3). 그는 두로를 떠나 돌레마이에 잠시 머물러 하루 동안 그리스도인들과 교제한 후에 가이사랴에 올라간다. 거기에서 바울 일행은 빌립의 집에 머물렀다. 가이사랴 교회는 빌립이 세운 것으로 보인다(8 : 40). 빌립은 사마리아인들과 에디오피아의 내시를 전도한 헬라파의 일곱 지도자들 중의 한 사람이었다. 그를 "전도자"로 지칭한 것도 그의 사마리아와 유대 지역의 선교사역과 연관되었을 것이다(8절). 그 이후에 빌립은 가이사랴에서 집중적으로 사역을 했던 것으로 보인다. 그에게는 예언하는 은사를 지닌 처녀 딸 넷이 있었다.

가이사랴에서 바울은 유대의 기근을 예언한 바 있던 아가보라는 선지자를 만나게 되는데, 유대로부터 내려온 아가보를 통하여 성령은 예루살렘에서 바울이 체포될 것을 예언한다. 아가보는 바울의 허리띠로 자신의 손과 발을 묶는 예언적 표징을 시현함으로써, 예루살렘에서 유대인들이 띠 임자(바울)를 이방인들에게 넘겨줄 것이라는 구체적인 경고를 전한다(11절). 이 말을 들은 그리스도인들은 다시 한번 예루살렘에 올라가지 말라고 바울을 만류하였다. 이번에는 가이사랴의 교인들뿐만 아니라 함께 간 사람들도 바울을 만류하였다. 그러나 바울은 그들의 만류에 흔들리지 않았다. 그는 오히려 죽음을 각오하며 예루살렘으로 올라가려는 결연한 의지를 보인다 : "너희가 어찌하여 울어 내 마음을 상하게 하느냐 나는 주 예수의 이름을 위하여 결박받을 뿐 아니라 예루살렘에서 죽을 것도 각오하였노라"(13절). 이 말은 고난의 길임을 알고도 예루살렘으로 올라가는 예수의 모습을 연상하게 한다(눅 18 : 32). 또한 더 이상 바울의 뜻을 꺾을 수 없었던 제자들이 "주의 뜻대로 이루어지이다"라고 기도하는 내용도 겟세마네 동산에서 기도하시던 예수의 모습과 유사하다(눅 22 : 42). 다시 말해서 바울의 예루살렘 여정과 임박한 고난은 예수님의 예루살렘 여정을 반영하고 있다. 여기에서 고난과 핍박에도 불구하고 주의 뜻을 따르는 당당한 주님의 종 바울의 모습이 잘 드러난다.

(2) 바울의 예루살렘 방문(21 : 15-26)

가이사랴에 얼마 동안 머문 뒤에 바울 일행은 가이사랴에 있는 몇몇 제자들과 함께 예루살렘으로 올라간다. 그들은 바울 일행을 구브로 출신의 '나손'이라는 사람의 집으로 데려가는데, 그는 바울과 그의 일행들이 예루살렘에 머무는 동안 거처를 제공한 사람으로 보인다.[174)]

그가 "오랜 제자"였다는 말은 아마도 그가 예루살렘 교회의 초창기부터 신앙생활을 했다는 것을 표현하는 것 같다. 바울은 예루살렘에 도착하자 제일 먼저 주의 동생 야고보를 방문한다. 이때 예루살렘 교회의 지도권은 이미 사도들로부터 야고보와 장로들에게로 넘어간 것으로 보인다. "그 이튿날 바울이 우리와 함께 야고보에게로 들어가니 장로들도 다 있더라"(18절). 베드로와 다른 사도들에 대한 언급이 없는 이유는 정확하게 알 수 없다. 다만 그들이 그 당시 예루살렘에 없었다는 사실만을 추정할 수 있을 뿐이다.

바울은 그들에게 하나님이 이방인들 가운데서 이루신 일들을 설명한다(19 ; 14 : 27 ; 15 : 3-4, 12 참조). 아마도 주로 2차, 3차 선교여행에 대한 보고였을 것이다. 예루살렘의 지도자들은 바울을 통해 이루신 일들에 대해 하나님께 영광을 돌리면서도(20a ; 11 : 18 참조), 율법에 열성적인 유대인 그리스도인들이 바울을 오해하고 있음을 숨기지 않는다. 예루살렘 사도회의 이후에 예루살렘 교회는 이전보다 더 유대교화되었다 : "유대인 중에 믿는 자가 수만 명이 있으니, 다 율법에 열심 있는 자라"(20b절).

이러한 유대적 경향은 당시의 교회의 내외적 상황 변화와 무관하지 않다. 글라우디오(클라우디우스) 황제의 유대인 추방령(주후 49년)과 네로 황제의 등극(주후 54년) 이후에 예루살렘에서는 유대 민족주의의 열기가 고조되었다. 예루살렘 안에서 비유대적인 것에 대한 적대감은 열심당원들의 활동으로 보다 더 폭력적인 모습으로 드러났다. 이러한 민족주의적 열기는 후에 유대 전쟁(주후 66-70년)으로 발전하게 된다.

---

174) E. Haenchen, 「사도행전(Ⅱ)」, pp. 296-297.

유대인으로 구성된 예루살렘 교회는 주변의 과격한 유대인들과 원만한 관계를 유지해야만 했다. 율법에 대한 열성은 이러한 분위기와 연결되어 예루살렘 교회 내에서도 커다란 영향을 끼쳤음이 분명하다. 교회의 수적 증가와 민족주의적인 주변 환경의 압력 때문에 엄격한 유대적 요소가 예루살렘 교회 안에서 더욱 강화되었다. 이런 분위기에서 예루살렘 사도회의의 결정이 원칙적으로 유효함에도 불구하고, 예루살렘 교회 내에서도 바울과 그의 이방 선교에 대한 불신이 적지 않았을 것이다.

이러한 유대인 그리스도인들의 반응이 21절에 그대로 드러난다. "네가 이방에 있는 모든 유대인을 가르치되 모세를 배반하고 아들들에게 할례를 하지 말고 또 규모를 지키지 말라 한다 함을 저희가 들었도다" 물론 바울을 겨냥한 이러한 소문은 사실과는 다른 것이었다. 왜냐하면 바울은 혼혈인인 디모데에게 할례를 베풀었고(16 : 3), 겐그레아에서 직접 머리 깎는 의식을 행하기도 하였다(18 : 18). 또한 그는 유대인 그리스도인들에게 율법이나 할례를 포기하라고 강요한 적이 없었다. 그것은 그들의 자유에 맡겨졌다. 아마도 유대인에 대한 이러한 바울의 미온적인 태도가 그에 대한 부정적인 비난으로 오용될 가능성은 충분히 있었을 것이다.

이러한 상황에서 야고보를 비롯한 예루살렘의 지도자들은 바울 교회와의 결속을 유지하면서도, 동시에 팔레스타인의 유대인들과의 단절도 피하려고 하였다. 이에 야고보와 장로들이 제안한 해결책은 바울이 율법에 충실하다는 것을 하나의 가시적인 행사를 통하여 공개적으로 입증하는 것이었다. 그것은 성전에서 나실인 서원을 하고 있는 네 사람의 정결예식에 참여하는 것이었다. 일반적으로 나실인의 서원 기간이 끝날 즈음에는 성전에서 공식적인 행사가 행해지는데, 서원 기간 동안에 자란 당사자들의 머리털을 깎고, 여러 가지 예물을 바쳐야 했다(민 6 : 9-12 참조). 이 경우에 가난한 나실인을 위해 부유한 사람이 그 비용을 감당해 주는 일은 유대인들에게는 특별한 경건성의 증거로 간주되었다.

야고보가 바울에게 제안한 것은 바로 이 일이었던 것으로 보인다. 그러나 이 의식에 참여하기 위해서는 먼저 자신이 7일 동안 정결예식을 행해야

했을 것이다.[175] 왜냐하면 그가 외국에 오랫동안 체류함으로써 부정해졌기 때문이다. 아마도 27절 상반절의 내용은 이러한 7일간의 예식의 끝을 의미하는 것으로 보인다. 이러한 정결예식을 통해서 비로소 바울은 네 명의 나실인 서원을 마무리하는 의식에 참여할 수 있었다.[176]

바울이 이러한 예식을 받아들인 것은 아버지가 이방인인 디모데에게 할례를 받게 한 일이나(16 : 3), 겐그레아에서 자신의 서원을 지킨 일(18 : 18)에 상응한다. 그는 이러한 예식에 참여하는 것이 반드시 필요하다고 여기지는 않았지만, 예루살렘 교회와의 평화를 유지하기 위해 받아들인다. 그는 복음의 본질이 문제되지 않는 한, 복음을 위해서 언제든 자신의 주장을 양보함으로써 융통성을 발휘할 수 있었다(고전 9 : 19-23).

그러나 예루살렘 교회의 지도자들의 의도와는 달리 바울의 이러한 노력은 예루살렘의 유대인들의 적대감을 완화시키지 못했다. 예루살렘의 유대인들이 바울을 적대시하였을 때, 유대 그리스도인들의 반응이 어떠했는지는 더 이상 설명되지 않는다. 25절에서 다시 한번 예루살렘 사도회의에서 결정된 사도훈령이 반복된다.[177]

8. 바울의 체포와 재판(21 : 27-26 : 32)

1) 예루살렘에서 체포되는 바울(21 : 27-40)

7일간의 정결기간이 다 끝나 가는 즈음에, 바울은 미무리 정결예식을 행하기 위하여 성전으로 갔다. 그런데 성전에서 그를 알아본 사람들이 있었는데, 그들은 아시아에서 온 유대인들이었다. 이 사람들이 바울과 동행했던 에베소 사람 드로비모를 알아본 것을 보면, 아마도 에베소에서

175) J. A. Fitzmyer, *The Acts of the Apostles*, p. 694.
176) E. Haenchen, 「사도행전(Ⅱ)」, pp. 302-304.
177) 이 구절은 야고보와 장로들이 이방인 교회에 보냈던 사도결의문(15 : 22-29)을 바울에게 처음으로 알려 주는 듯한 인상을 준다.

온 사람들이었던 것으로 보인다(29절).

그들은 바울에 대한 두 가지 잘못을 지적함으로써, 예루살렘의 유대인들을 선동하였다. 하나는 바울이 도처에서 유대 민족과 율법과 성전에 거스르게 가르쳤다는 것이고, 둘째는 헬라인을 데리고 성전에 들어옴으로써 성전을 더럽혔다는 것이다. 첫 번째 비난은 바울에게 전혀 새로운 것이 아니었다. 그것은 예루살렘 교회의 야고보와 장로들이 우려했던 바로 그 문제였다. 유대인들의 삶의 기반이 되는 가장 중요한 율법과 성전에 대한 모욕은 보수적인 예루살렘의 유대인들을 격분시키기에 충분하였다.

둘째 비난은 첫 번째 비난 내용에 대한 구체적인 실례로 적용되었다(29절). 이방인을 성전으로 데려간 것은 피할 수 없는 성전 모독의 징표라는 것이다. 이 당시 예루살렘 성전은 계속 짓고 있는 중이었다. 헤롯 대제의 통치하에서 재건되기 시작한 성전은 주후 62~64년에 가서야 완공되었다. 이 성전의 뜰은 — 거룩의 정도에 따라 — 여러 구획으로 나누어져 있었다. 제일 안마당에는 제사장의 뜰이 있었고, 그 뒤에 있는 큰 마당의 서쪽에는 오직 유대인 남자들만 들어가는 이스라엘의 뜰이, 동쪽 부분(아래쪽)에는 유대인 여자들만 들어가는 여인의 뜰이 있었다. 이곳은 이방인들이 들어올 수 없는 지역이었다. 이방인들은 이방인의 뜰이라고 하는 바깥마당까지만 출입이 허용되어 있었다. 큰 벽이 안마당과 바깥마당을 가로막고 있었고, 안마당의 벽에는 유대인이 아닌 자가 들어오면 사형에 처해진다는 경고문이 붙어 있었다고 한다.[178] 따라서 이런 일을 행한 이방인은 물론이고, 이방인을 데리고 들어온 유대인도 엄벌을 면할 수 없었다.

그러나 누가는 유대인들의 고발이 오해에서 비롯되었다는 사실을 덧붙인다(29절). 유대인들이 바울이 이방인 드로비모와 함께 예루살렘 거리를 다니는 것을 보고 바울이 그를 성전 안으로 데리고 들어왔으리라고 착각했다는 것이다.[179] 이러한 누가의 평가는 바울이 무죄하다는 것을 입증해

178) 유상현, 「사도행전 연구」, pp. 266-268.
179) 드로비모는 사도행전 20 : 4에서 바울과 동행한 사람들의 명단에 들어 있다.

준다. 그러나 진실의 유무와는 상관없이 디아스포라 유대인들의 선동은 성공적이었다. 큰 소동이 일어나 성난 유대인들이 바울을 붙잡아 성전 밖으로 끌고 나갔다. 그들이 있던 자리는 거룩한 구역이므로 피로 더럽힐 수 없었기 때문이다. 바울에 대한 그들의 적대감은 재판 절차도 없이 바울을 죽이려 할 정도로 극심한 것이었다(31절).

이렇게 위급한 상황에서 바울을 구한 것은 로마의 천부장이었다. 성전 서북쪽에는 안토니아 요새가 있었는데, 안토니오 요새는 예루살렘을 지키는 로마군 수비대의 병영이었다.[180] 이 수비대의 대장인 천부장(이 사람의 이름은 23 : 26에서 글라우디오 루시아로 밝혀진다.)이 이러한 소동의 보고를 듣고 군대를 이끌고 오자, 유대인들은 바울에게 가했던 폭행을 멈추었다. 출동한 수비대의 규모를 보면, 이 소요가 결코 적지 않은 규모였음을 짐작케 한다(32절). 수비대의 주요 임무 중의 하나는 성전 구역을 감시하고, 소요의 가능성을 차단하는 것이었다. 결과적으로 로마 천부장의 개입으로 바울은 목숨을 건지게 된다. 그러나 바울은 선지자 아가보의 예언처럼(21 : 11), 예루살렘에서 체포되어 결박되는 신세가 된다. 천부장의 이러한 조치는 식민지의 치안을 책임진 사령관으로서 마땅히 취해야 할 행동이었다. 바울의 신병을 확보한 천부장은 사건의 전모를 조사하기 시작한다. 그는 바울이 누구이며, 무슨 일을 했는지 묻는다. 그러나 군중 가운데서 사람들이 저마다 다른 소리를 질렀기 때문에 심문이 제대로 이루어지지 않았다. 그는 진상을 알아보기 위해 바울을 병영 안으로 끌고 가라고 명령한다. 병사들이 바울을 둘러메고 갔다는 사실은 사태가 얼마나 험악했는지를 기늠케 해 준다(35절).

병영으로 들어가기 직전에 바울은 유대인들에게 변명할 기회를 줄 것을 천부장에게 간청한다. 바울이 헬라어로 말하자, 천부장은 그를 얼마

180) 안토니오 요새는 마카비 시대의 시몬의 아들인 요한 히르카스(John Hyrcanus, 주전 134-104년)가 건축한 것으로, 하스모니아 왕조의 왕자들의 궁전으로 사용되었다. 헤롯 대왕이 이를 증축하고 화려하게 장식하여 자신의 보호자이자 친구인 마르쿠스 안토니우스를 기리는 의미로 '안토니오'라 명명하였다.

전에 폭동을 일으켜 사천의 자객을 이끌고 광야로 갔던 애굽인과 동일 인물로 의심한다. 아마도 천부장의 눈에는 그가 유대인에게 피해를 많이 주었기 때문에, 지금 보복을 당하고 있는 것으로 파악한 것 같다. 이 애굽 출신의 유대인이 일으킨 폭동에 관해서는 역사가 요세푸스가 비교적 상세하게 기록하고 있다.[181] 기록에 따르면, 주후 54년에 스스로를 예언자로 사칭하는 메시야적 선동가가 감람산으로 올라가 폭동을 일으켰지만, 벨릭스 총독에 의해 그와 그의 추종자들이 진압되었다. '자객'이란 말은 '시카리'(σικάριοι)로서,[182] 열심당 중에서도 가장 과격한 행동대원들을 가리킨다. 당시에는 정치적 혼란기라서 이 사건 말고도 과격한 민족주의자들의 폭동이 자주 일어난 것으로 보인다(5 : 36-37 참조).[183]

바울은 천부장의 오해를 불식시키기 위해 자신에 대해서 소개한다. "나는 유대인이라 소읍이 아닌 길리기아 다소 성의 시민이니"(39절). 처음으로 바울이 다소 출신이라는 점이 명시적으로 언급된다. 역사적으로 다소는 로마의 속주인 길리기아 주에서 가장 중요한 도시였다. 이러한 자기소개는 바울이 폭동을 일으킬 만한 배경의 사람(유대의 독립투쟁자)이 아님을 분명히 드러내기 위함이다. 바울은 천부장에게 동족인 유대인들에게 자신을 변증할 기회를 요청한다. 천부장의 허락을 받은 바울은 히브리어 방언으로 유대인들에게 변론한다. '히브리 방언'이란 그 당시에 이스라엘 사람들이 사용하던 아람어를 가리킨다.[184] 바울은 두 세계(문화)에 속한 인물답게 아람어와 헬라어를 둘 다 구사할 수 있었던 것으로 보인다.

181) 요세푸스(Josephus), *Jewish War*, 2.13.3.
182) '시카리'라는 명칭은 그들이 사용한 단도에서 유래한다.
183) E. Haenchen, 「사도행전(Ⅱ)」, p. 313. ; 유상현, 「사도행전 연구」, pp. 275-276.
184) 아람어는 히브리어, 앗시리아어, 아랍어와 함께 셈어족에 속하는 언어로서, 몇 개의 방언이 있다. 시리아어(북방 아람어), 바빌론어(동방 아람어), 그리고 팔레스타인의 서방 아람어인데, 예루살렘, 사마리아, 그리고 갈릴리 방언이 바로 서방 아람어에 속한다. 유상현, 「사도행전 연구」, p. 279.

2) 유대인들 앞에서 바울의 변론(22 : 1-21)

바울은 동족인 유대인들 앞에서 전력을 다해 자신을 변론하고자 한다. 따라서 이 연설은 전체적으로 바울의 유대적 성향에 치중되어 있다. 바울은 자기의 연설을 “부형들아”(Ἄνδρες ἀδελφοὶ καὶ πατέρες)라는 친근한 어조로 시작하며, 그의 히브리 방언은 유대인들을 집중시키는 데 탁월한 효과가 있었다. “율법과 성전을 모욕했다.”는 비난에 대해 바울은 자신이 유대교의 적이 아니라, 오히려 충실한 유대민족의 한 사람임을 입증하고자 한다. 그는 유대인의 관점에서 과거로부터 현재에 이르기까지의 자신의 경험을 일종의 간증의 형태로 이야기한다. 이 이야기는 사도행전에서 두 번째로 나오는 바울의 다메섹 회심에 관한 기록이다.

첫 번째 보도(9 : 1-19)가 바울의 회심 사건을 3인칭 저자의 관점에서 중립적으로 보도하고 있다면, 여기에서는 그 사건이 당사자인 바울의 자기 고백의 형태로 언급된다. 따라서 전자가 회심 사건의 구체성에 중점을 두고 있다면, 여기에서는 다분히 그 사건에 대한 의미와 해석이 더 부각된다고 볼 수 있다.

그 내용은 다메섹 체험을 기점으로 다음과 같이 두 부분으로 나눌 수 있다 : 다메섹 회심 이전의 유대적 경건의 삶(1-5절), 그리고 그의 다메섹 회심과 이방인을 향한 하나님의 소명(6-21절). 먼저 바울은 자신의 태생으로부터, 성장과정, 그리고 그리스도의 도를 따르는 사람들을 박해한 경험을 이야기한다. 그럼으로써 자신이 앞에 있는 청중들과 조금도 다를 바 없는 철저한 유대인임을 보여 주려고 한다. 비록 디아스포라 유대인 출신이었지만, 그는 일찍부터 유대교의 본 고장인 예루살렘에 이주해서 이름만 들어도 알 수 있는 유명한 율법학자 가말리엘의 문하에서 교육받았다.

“나는 유대인으로 길리기아 다소에서 났고, 이 성에서 자라 가말리엘의 문하에서 우리 조상들의 율법의 엄한 교훈을 받았고 오늘 너희 모든 사람처럼 하나님께 대하여 열심이 있는 자라”(3절). 여기에서 “났고”(출생했고), "자랐고", "교육 받았다"는 형식은 당시에 자신을 소개하는 전형적인 방법으로서, 바울이 매우 이른 시기에 예루살렘(이 성)에 이주하였고, 그곳에서 큰 영향을 받았다는 것을 말해 준다.[185] 더 나아가 하나님에 대한 그의 열심은 동시대의 유대인들의 열성을 넘어서서, 그리스도의 도를 믿는 사람들을 핍박하는 데까지 나아갔다는 점이 강조된다.

청중들과의 공통점들을 나열함으로써 청중들과의 접촉성을 찾은 후, 바울은 열성적인 유대인이었던 자신이 어떻게 그리스도를 전하는 사람이 되었는지 설명하기 위해 회심에 관해 이야기한다. 내용의 골자는 사도행전 9 : 3~19 부분과 유사하지만, 몇 가지 차이점도 눈에 띈다. 다메섹 경험이 정오쯤에 일어났다는 사실을 밝힘으로써, 바울에게 비친 빛이 정오의 햇빛보다 더 강한 하나님의 빛이었음이 강조된다. 사도행전 9장에서는 바울의 일행들이 소리만 듣고, 아무것도 보지 못한 반면에, 여기에서는 일행들이 이 빛을 보면서도 소리는 듣지 못한 것으로 묘사된다(9절). 이러한 빛에 대한 강조는 바울의 고꾸라짐이 어떤 물리적인 차원이 아니라 하나님의 영광을 위한 섭리였음을 보다 더 부각시켜 준다.

또한 다메섹에서 바울을 인도하는 인물이 아나니아라는 점은 동일하지만, 아나니아에 대한 소개가 각기 다르다. 9장에서는 아나니아가 "(그리스도의) 제자"로 소개되지만, 여기에서는 "율법에 의하면 경건한 사람으로 거기 사는 모든 유대인들에게 칭찬을 듣는"(12절) 모범적인 유대인으로 표현된다. 바울은 자신과 연관된 인물들이 유대교 신앙과 율법에 대한

185) W. C. van Unnik, "Tarsus or Jerusalem. The City of Paul's Youth", *Sparsa Collecta*. Part 1. Novum Testamentum Supplement, 29(Leiden, 1973), pp. 259-320. 그러나 우닉(v. Unnik)은 바울의 유대적 전통을 지나치게 강조하는 경향이 있다. 그는 사도행전 22 : 3의 "나고", "자라고", "교육 받다"라는 세 동사를 문헌학적으로 비교 검토한 후에, 바울이 다소에서 태어나기는 했지만, 매우 어린 시절에 예루살렘으로 이주하였기 때문에, 주로 예루살렘의 영향을 받았다고 주장한다. 그에 따르면, 바울의 주된 언어도 아람어였고, 바울의 헬라 배경도 이미 헬라화된 예루살렘에서 또는 그 이후에 획득한 것이다. 그러나 그의 견해는 이 본문이 바울의 유대적 전통과 유산을 강조하는 맥락에서 서술되고 있음을 간과하고 있을 뿐만 아니라, 유명한 헬라 도시인 다소에서의 바울의 교육과정을 소홀히 다루는 단점을 가지고 있다.

열성의 소유자들임을 부각시킴으로써, 유대인 청중들에게 자신의 변호를 용이하게 한다.

그러나 9장과 22장의 기사 중에 가장 큰 차이점은 이방인을 위한 바울의 소명의 전달 방식이다. 전자에서는 바울의 소명이 아나니아를 통해 전달되지만(행 9 : 15-16), 후자에서는 바울 자신에게, 그것도 회심 후 예루살렘으로 돌아와 성전에서 기도하고 있을 때 주어진다(22 : 17-21). 성전에서 기도하는 경건한 유대인, 예루살렘으로의 귀환, 예루살렘 성전에서의 소명체험 등의 표상들은 유대인 청중들에게 호소할 수 있는 가장 중요한 요소들이었다.[186] 바울이 회심 후에 성전에서 환상을 통해 부활하신 주님을 만났고, 거기에서 이방인들에게 가라는 명령을 받았다고 하는 기록은 이곳이 유일하다.

바울의 세 번째 회심 이야기가 나오는 사도행전 26 : 12~18과 갈라디아서 1 : 15~16에 따르면, 바울의 회심과 이방인의 사도로서의 소명은 동전의 양면과 같이 다메섹 사건과 직접 연관된다. 이러한 의미에서 바울의 두 번째 회심 이야기는 다분히 전략적이고 변증적인 특성을 가진다. 성전에서 바울이 환상 중에 들은 주님의 명령은 이중적인 양상을 띤다. 하나는 "속히 예루살렘에서 나가라"(18절)는 것이고, 다른 하나는 "내가 너를 멀리 이방인에게로 보내리라"(21절)는 것이다. 다시 말해서 그리스도인들을 핍박하고, 스데반의 처형에 협조했던 전형적인 유대인이었던 자신이 예루살렘을 떠나 이방인에게로 향한 결정적인 이유가 바로 "우리 조상들의 하나님의 뜻"(14절)에 따른 것이었으며, 이스라엘의 메시야이신 "저 의인"(14절)의 명령 때문이었다는 것이다. 그러므로 유대인을 향한 바울 변론의 핵심은 이것이다. 모든 것은 이 성전에서 시작되었으며, 이스라엘의 하나님의 명령에 의해 진행된 것이다!

그러나 이러한 크고, 작은 차이들이 9장과 22장의 내용 간에 치명적인 모순을 야기시키는 것은 아니다. 두 본문 사이에는 보다 더 핵심적인

186) 아마도 이 일들은 사도행전 9 : 26~30에 기록된 바울의 예루살렘 체류 기간 동안에 일어난 것으로 보인다.

공통점들이 있다. 즉, 회심 전에 바울이 박해자였다는 점, 그의 회심이 한낮에 다메섹 근처에서 일어났다는 점, 회심이 하나님의 직접적인 간섭의 결과라는 점, 부활하신 예수 그리스도를 만났다는 점, 그의 소명이 이방인과 연관되어 있다는 점 등은 두 본문에서 공통적으로 나타난다. 따라서 바울의 두 번째 회심 이야기가 9장의 내용과 다소 차이가 나는 것은 화자와 청중의 차이에서 비롯되었다고 보는 것이 더 자연스럽다. 22장에서는 무엇보다 한 사람의 유대인으로서 전력을 다하여 자기 백성의 마음을 사로잡으려는 바울의 모습이 강조되고 있는 것이다.

3) 로마 시민권에 호소하는 바울(22 : 22-29)

유대인의 마음을 얻고자 전력을 다한 변호연설은 결국 허사로 돌아간다. 바울의 말을 주의 깊게 듣고 있었던 유대인 청중들은 이방인 선교의 정당성에 관한 대목에서 흥분하기 시작했다. 군중들의 분노가 다시금 폭발한다. "이러한 놈은 세상에서 없이 하자 살려 둘 자가 아니라"(22절). 그들은 옷을 벗어 던지고, 티끌을 공중에 날리는 행동으로 자신들의 분노를 표현하였다(23절). 이러한 행동은 바울을 돌로 쳐 죽이겠다는 그들의 단호한 결의를 나타내는 상징적인 표현이다(행 7 : 58 참조). 이방인들에 대한 선교가 하나님의 명령이라는 바울의 말이 유대인들에게는 하나님에 대한 심각한 모독으로 보였음에 틀림없다.

이러한 소동이 빚어지자 천부장이 다시 개입하게 된다. 그는 소요의 원인을 파악하기 위해 바울을 병영 안으로 끌어들여 심문을 명한다. 심문할 때에 피의자를 나무판자에 눕혀 가죽 끈으로 묶고 채찍질하는 고문은 로마군의 일반적인 관행이었다. 채찍은 보통 그 끝에 뼈나 금속 조각이 달려 있는 가죽 줄로 만들어졌으며, 채찍질은 워낙 고통이 심해서 비로마인에게나 노예에게 사용되었고, 로마 시민에게는 사용되지 않았다. 이러한 심문 관행 자체가 로마 시민에게는 법적으로 금지되었다.[187]

바울은 절체절명의 위기의 순간에 로마 시민으로서의 자신의 권리를 주장한다. 자신이 충실한 유대인임을 입증하고자 했던 그의 노력은 실패했지만, 로마 시민권에 대한 호소는 성공한다. 천부장은 바울이 자기가 생각했던 것보다 사회적 지위가 높은 로마 시민이라는 사실을 알게 되자 당황한다. 그는 하마터면 위법 행위를 저지를 뻔했다.

상황은 또다시 반전된다. 그는 일단 심문을 중단시키고, 바울을 관대하게 다루기 시작한다. 심지어 로마 시민을 쇠사슬로 결박한 것 때문에 근심할 정도였다(29절). 이는 천부장이 로마 시민으로서의 바울의 신분을 얼마나 중요하게 생각했는지를 반영해 준다. 이제부터 바울에 관한 사법 절차는 로마 시민의 법적 권리에 근거를 두고 진행될 것이다. 바울의 결박은 풀려지고, 천부장은 절차를 통해 진상을 밝히기 위해 바울을 공회 앞에서 연설할 기회를 준다(30절).

당시에는 일반적으로 로마 시민권을 얻는 세 가지 방법이 있었다. 첫째는 로마의 황제나 장군들에게 봉사한 대가로 얻는 방법이다. 예컨대 율리어스 시저는 이집트 전쟁에서 자신을 도운 대가로 다수의 유대인들에게 로마 시민권을 부여한 기록이 있으며, 길리기아나 시리아에서 전쟁을 벌인 폼페이우스나 여러 로마 장군들도 시민권을 부여한 기록이 나타난다. 둘째는 상당한 금액의 금전을 두고 매입하거나, 또는 노예 해방을 통하여 적절한 수순을 밟아 시민권을 얻는 방법이다. 특히 클라우디우스 황제 때에는 시민권 매매가 적지 않았고, 해방된 노예 가운데서 시민권을 매입한 사람들도 있었다. 바울을 다룬 천부장 역시 이 당시에 시민권을 매입한 사람 중의 한 사람으로 추정해 볼 수 있다.[188]

세 번째는 출생을 통해서 시민권을 얻는 방법이다. 로마법에 의하면, 로마 시민권을 가진 가정에서 태어난 아이는 아버지의 국적을 따른다. 따라서 바울이 나면서부터 로마 시민이었다면, 그의 아버지가 로마 시민이었음을 알 수 있다. 그러나 그의 부모가 어떻게 시민권을 얻었는지는 확실하지 않다. 다만 바울의 아버지나 조상 중의 한 사람이 국가나 황제,

187) E. Haenchen, 「사도행전(Ⅱ)」, p. 332.
188) 유상현, 「사도행전 연구」, pp. 286-288.

또는 장군들에게 봉사한 대가로, 또는 돈을 지불한 대가로, 아니면 노예 해방의 결과로서 로마 시민권을 획득했을 가능성을 추정할 수 있을 뿐이다.[189) 그렇다면, 바울은 어떻게 로마의 시민임을 입증할 수 있었을까? 천부장은 바울이 로마의 시민임을 주장하였을 때, 그것을 즉각적으로 받아들인다. 바울에게 어떤 증명서가 있었을까? 이 질문 역시 확실하게 대답할 수는 없지만, 아마도 로마의 시민을 입증할 수 있는 증서, 즉 일종의 신분(출생) 증명서가 있었을 것을 예상할 수 있다.[190)]

4) 공회 앞에서 바울의 증언(22 : 30-23 : 11)

바울이 체포된 다음 날, 천부장은 이 사건의 진상을 파악하기 위해 공회(산헤드린)를 소집하고, 바울을 그들 앞에 세운다(30절).[191)] 천부장이

189) 최근까지도 바울의 로마 시민권에 대한 논란은 끊이지 않는다. 특히 스테게만(W. Stegemann, "사도 바울로는 과연 로마 시민이었는가?", 「신학사상」 65 (1989), pp. 291-324)은 바울이 로마 시민권자가 아니었다고 주장하는 반면에, 타지라(H. W. Tajra, *The Trial of St. Paul*(Tuebingen : Mohr, 1989), pp. 86-89)는 스테게만의 주장에 대해 반박한다. 바울의 로마 시민권을 거부하는 근거들로 다음과 같은 점들이 지적된다. 1) 바울서신에는 로마 시민권에 대한 언급이 없다. 2) 고린도후서 11 : 25에서 바울은 세 번 채찍으로 맞았다고 고백하고 있는데, 이것은 로마 시민권자에게는 해당되지 않는 체벌이다(행 16장, 22 : 25 참조). 3) 바울의 '천막지기'라는 직업은 하층계급에 속한다. 그러나 이러한 근거들은 바울이 로마의 시민권자임을 부인하는 결정적인 증거들이 되지 못한다. 오히려 바울의 로마 시민이라는 권리가 사도행전에서 바울의 재판과 로마로의 여행에 결정적인 역할을 하고 있는 것을 감안할 때, 바울의 로마 시민권을 의심할 이유는 없다고 본다. 유상현, 「사도행전 연구」, pp. 286-296 ; 조광호, 「자신과 세상을 바꾼 사람 바울」(서울 : 비블리아 아카데미아, 2006), pp. 22-34.

190) F. Schulz, "Roman Registers of Births and Birth Certificates," *Journal of Roman Studies* 32(1942), pp. 81-82. 브루스(Bruce)는 바울이 신분증명서를 잃어버렸을 가능성을 제기한다. F. F. Burce, 「바울」(서울 : 크리스챤다이제스트, 2007 중판), pp. 52-53.

191) "역사적으로 천부장이 공회를 소집할 수 있었는가?"라는 문제가 제기될 수 있다. 이방인인 천부장이 법률적으로 공회를 소집할 권한이 있는가? 로마 법관이 로마 시민을 유대 사법권에 넘겨준다는 것이 가능한 일인가? 이러한 질문에 정확한 답변을 내리기는 힘들지만, 이 이야기를 전혀 근거 없는 창작으로 치부하는 것은 경솔한 일이다. 총독이 통상 가이사랴에 머무는 상황에서 로마 권력의 대표로서

공회를 끌어들인 것은 바울 사건을 유대의 종교적 문제로 판단하였기 때문이다(23 : 29 참조). 아마도 바울을 피고로, 공회를 원고로 간주한 것 같다.

공회는 당시 유대 공동체 최고의 사법적 의회기구였다. 왕이 존재하지 않던 시기에 공회는 종교적인 문제뿐만 아니라 민사상의 문제에서도 유대 민족과 관련된 모든 일에 책임을 지고 있었다. 물론 공회의 이러한 기능은 로마의 평화와 질서에 위배되지 않는 한, 광범위하게 현지의 법과 관습을 인정한 로마인들의 관행 때문에 가능하였다.

공회의 의장은 현직 대제사장이 맡는데, 헤롯 대제와 로마 사람들은 대제사장직이 종신 세습직이 되지 못하게 했다. 그럼에도 불구하고 대제사장은 여전히 공회의 의장이자 신정체제 성격을 지닌 유대 공동체의 최고 대표자였다. 공회는 가장 유력한 제사장들, 즉 "대제사장들"과 지도적인 서기관들, 그리고 장로들로 구성된 71명의 남자로 이루어졌다. "대제사장들"은 전직 대제사장들, 주요 성직 종파의 우두머리, 그리고 현직 대제사장을 총칭하는 용어로 공회를 이끌어 가는 무리들이다. 서기관(율법학자)들은 직업적인 법관, 즉 율법 전문가들로서 주로 유력한 바리새인들이 여기에 속한다. 장로들은 영향력 있는 평신도뿐만 아니라 제사장들도 포함하고 있었는데, 이들은 주로 사두개파 사람들이었다. 로마 통치 하에서 공회가 어느 정도까지 자율적인 권한을 행사했는지는 불확실하지만, 적어도 종교적인 분야에서는 상당한 정도의 재판권을 가지고 있었던 것으로 추정할 수 있다. 그러나 산헤드린에게 사형집행권이 있었는지는 지금도 여전히 논란이 되고 있다. 아마도 예수의 예에서 보듯이, 일반적으로 사형을 선고할 권한은 가지고 있었지만, 집행할 권한은 없었던 것으로 보인다.

이제 바울은 유대 공동체의 최고 사법기관 앞에 피고의 신분으로 서게 된다. 그러나 바울이 공회를 주목하였다는 말(23 : 1)은 그들을 전혀 두려

천부장이 가지는 예루살렘에서의 위상을 고려한다면, 로마의 대표자가 특정한 문제로 식민지의 한 기관을 소집하는 것이 전혀 불가능한 일은 아니었을 것이다.

워하지 않았다는 것을 표현해 준다. 무엇보다 그는 공회 앞에서 자신이 결백하다는 것을 입증해야만 했다. 그래서 그는 이 날까지 하나님 앞에서 바른 양심을 가지고 살아왔다는 고백으로 자신의 변론을 시작한다. 이것은 바울의 한결같은 주장이었다(24 : 16). 그러나 대제사장 아나니아의 입장에서는 그 말이 뻔뻔한 거짓말로 느껴진 것이 분명하다.[192)]

바울의 변명을 다 듣기도 전에 그는 곁에 있던 시종에게 바울의 입을 치라고 명령한다(23 : 2 ; 요 18 : 22–23 참조).[193)] "입을 치라."는 명령은 바울에 대한 유대교의 적대감을 그대로 표출한 것이었다. 하지만 그것은 재판도 받기 전에 유죄 판결을 내리고, 처벌하는 불법적인 행위였다(신 19 : 15 참조). 따라서 바울이 이러한 모욕에 대해 격렬하게 반응하는 것도 이상한 일이 아니다 : "회칠한 담이여 하나님이 너를 치시리로다"(23 : 3). "회칠한 담"이라는 말은 겉은 희게 칠했으나, 속은 시체로 가득 찬 무덤에 기원을 둔 겉과 속이 다른 위선을 지칭하는 질책이다(마 23 : 27).[194)] "하나님이 너를 치시리로다"라는 말은 심각한 저주가 담긴 욕설이다(신 28 : 22 ; 겔 13 : 10–14). 적어도 이러한 저주는 역사적으로 아나니아의 비극적 최후와 긴밀하게 연관된다. 아나니아는 주후 66년에 반로마 봉기가 시작되었을 때, 로마의 앞잡이라는 죄목으로 열심당의 자객에 의해 살해당했던 것이다.[195)]

바울은 곧바로 공정한 재판을 하지 않는 아나니아의 잘못을 지적한다.

---

192) 대제사장 아나니아는 주후 47~59년 동안 재위했던 대제사장으로, 네베대오(Nebedaeus)의 아들이었다. 요세푸스에 따르면, 그는 세속적이고, 탐욕적이며 성질이 급한 사람이었다고 한다. 그는 잔인하고, 포악하기로 유명했는데, 로마에 대한 폭동이 일어나자 그 동포에 의해 살해되었다.

193) 누가는 아나니아 앞에서의 바울의 재판을 안나스 앞에서의 예수의 재판 모습과 연관시키고 있음이 분명하다.

194) 예루살렘에 있는 무덤들은 유월절 시기에 앞서 정기적으로 희게 회칠을 했다고 한다. 그 이유는 순례자들이 모르고 무덤에 닿음으로써 부정하게 되는 것을 막기 위해서이다. 더러운 내용물을 깨끗한 외관으로 덮으려고 한 것이지만, 결국에는 그것이 더러운 것임을 멀리서도 알 수 있도록 표시한 셈이 되었다.

195) 저자 누가는 바울의 이 저주에 심각한 역사적 결과를 반영하고 있음이 분명하다. 김경진, 「사도행전」, p. 457.

그가 율법에 따라 재판한다고 앉아 있으면서, 도리어 율법을 어기는 명령을 내리고 있다는 것이다. 그러나 주위의 사람들로부터 그가 대제사장임을 알게 된 바울은 곧바로 아나니아에게 사과한다. 그는 지도자로서의 위상을 인정해 주는 구약성경(출 22 : 27)을 인용함으로써, 자신의 사과가 진지한 것이었음을 드러낸다(5절). 그러나 그렇게 함으로써 율법을 지키는 일이 자신에게도 얼마나 중요한 것인지를 재입증하는 계기로 삼는다.

공회 앞에 선 피고인으로서 바울에게는 하나님 앞에서의 자기 양심을 입증하는 것이 우선적으로 중요했고, 그 다음으로는 복음 선포의 핵심을 다시 말하는 것이 중요하였다. 그에게는 심문이나 재판의 상황도 복음 선포의 기회가 되기 때문이다. 그래서 바울은 이스라엘의 소망, 즉 죽은 사람들의 부활에 관해 이야기한다. 그는 공회로 모인 사람들의 구성원이 주로 사두개인과 바리새인들인 것을 보고, 그들 간의 오래된 갈등 상황을 기회로 삼아 하나의 돌파구를 마련하려고 한다. 즉, 자신이 바리새인이요, 바리새인의 아들임을 밝힘으로써 바리새파의 교리 뒤로 자신을 숨기는 전략을 사용한다 : "죽은 자의 소망 곧 부활을 인하여 내가 심문을 받노라"(6절).

사두개인은 부활도 없고, 천사도 없고, 영도 없다고 주장하는 반면에, 바리새인은 이 모든 것들을 인정하였다.[196] 따라서 바리새인들에게 바울이 전하는 "죽은 자의 소망 곧 부활"에 관한 메시지는 전혀 낯설은 내용이 아니었다. 원문에서 "죽은 자"는 단수가 아니라 복수("죽은 자들")로 표현되어 있다. 메시야에 대한 소망과 죽은 자들의 부활은 바리새인들에게도 궁극적인 목적이었다. 그러나 바울의 소망은 예수에게서 성취된 메시야적 소망을 전제하며, 죽은 자들의 부활은 예수의 부활을 통해 시작된 종말론적 사건을 의미한다는 점에서 그들과 근본적으로 다르다(4 : 2 ; 13 : 29-37). 9절의 내용을 보면, 바리새인들 역시 바울의 그리스도 증언

196) 사두개인들이 성문화된 모세오경만을 받아들이는 반면에, 부활이나 영계, 천사들의 존재를 믿는 바리새인들의 견해는 모세오경에는 없는 것으로 포로기 이후 유대교에서 발전된 것이다.

을 진지하게 받아들이지 않고 있다는 것이 드러난다. 그들은 부활하신 주님과의 만남에 대한 바울의 증언(22 : 17-21)을 다만 영이나 천사의 전갈 정도로 이해하고 있기 때문이다.

그러나 바울의 전략은 절반의 성공은 거두었다. 바울의 말을 듣고 바리새인과 사두개인의 해묵은 다툼이 생겨, 견해가 양측으로 갈렸기 때문이다. 심지어 바리새인 중에는 바울에게 유리한 선언을 하는 서기관도 있을 정도였다 : "우리가 이 사람을 보매 악한 것이 없도다"(9절). 큰 소동이 일어나자, 천부장은 바울을 보호하기 위하여 그를 병영 안으로 데려가게 한다. 그렇게 함으로써 유대인들은 바울을 죽이려고 하고, 이방인인 로마 장교는 그를 구하는 식의 상황이 계속적으로 전개되고 있다. 그러나 위기와 고통의 순간에 바울에게 가장 큰 힘이 된 것은 주님의 위로였다 : "담대하라 네가 예루살렘에서 나의 일을 증거한 것같이 로마에서도 증거하여야 하리라"(11절). "증언해야 한다"(δεῖ)는 말은 당위성을 의미한다.

유대인의 중심지인 예루살렘에서 복음을 전한 것처럼, 이방세계의 중심지인 로마에서도 복음을 증언해야 하는 것이 바울의 사명이다. 따라서 어떤 어려움이 있어도 아직 끝은 아니다. 로마에 이르기까지의 복음 확장이 바울을 향한 하나님의 뜻이고, 계획이기에 그 어느 것도 방해할 수 없다. 이러한 주님의 위로는 온갖 어려움의 상황에서도 바울이 자신의 사명을 더 확고하게 할 수 있는 원동력이었다.

5) 바울을 죽이려는 간계와 가이사랴 투옥(23 : 12-35)

공회 앞에서의 바울의 증언은 실질적인 진전이 없었다. 이 단락에서 바울을 죽이려는 예루살렘 유대인들의 계획이 드러나기 때문이다. 마치 영화의 한 장면처럼, 사십 명의 과격한 유대인들이 바울을 죽이려는 음모(12-15절)와 바울의 조카에 의한 사전 발각(16-22절), 그리고 천부장에 의한 바울의 가이사랴 이송 계획(23-30절)과 실행(31-35절) 등이 드라마틱하게 진행된다. 바리새인과 사두개인 사이의 논쟁이 어느 정도 가라앉

자, 유대 지도자들은 다시 바울에게 시선을 돌린다. 그리고 그들은 바울을 죽이기 전까지는 식음을 전폐하겠다는 과격한 유대인들의 계획을 받아들인다.[197] 그러나 이 계획을 바울의 생질(누이의 아들)이 사전에 알게 된다.[198] 그가 어떻게 그 사실을 알게 되었는지는 별로 중요하지 않다. 중요한 것은 유대인들의 음모가 바울의 조카의 개입으로 실현되지 못했다는 것이다.

유대인들은 예수를 죽인 것처럼 바울도 죽이려 했지만, 하나님이 모든 일을 통치하신다. 결국 이들의 계획은 바울로 하여금 가이사랴를 거쳐 로마로 가게 하는 데 기여할 것이다(23 : 11). 바울의 조카는 몰래 매복했다가 바울을 죽이려는 유대인들의 음모를 처음에는 바울에게, 그 다음에는 천부장에게 알린다. 그가 구금되어 있는 바울과 천부장을 그렇게 쉽게 만날 수 있었다는 것은 로마 시민 바울에 대한 로마인의 존중을 보여준다.

천부장은 바울을 심문할 수는 있었지만, 재판할 자격은 없었다. 그에게는 바울을 놓아줄 권한도, 로마 시민을 공회에 넘겨줄 권한도 없었다. 그래서 그는 피고인 바울을 가이사랴에 주재하고 있는 총독에게 넘긴다. 그는 이 일을 비밀리에, 그리고 신속하게 처리한다. 예루살렘에서는 더 이상 바울의 안전을 책임질 수 없다고 판단했기 때문이다. 그는 바울의 가이사랴 호송을 밤중에(밤 9시), 그것도 거의 수비대의 절반에 가까운 병사들의 출동 속에 감행한다(23절).[199] 결과적으로 천부장은 바울의 목숨을 세 번이나 구해 준 셈이다 : 성전 밖에서(21 : 32-33), 공회 앞에서(2

---

197) 아마도 이들은 바울을 살려 두어서는 안 된다는 종교적 확신을 가진 열심당원들이었을 것이다. 그들이 채택한 살해 계획도 주로 시카리들이 사용하던 방법이었다. 그들은 소요를 일으키고, 소요를 틈타 테러의 대상자를 단검으로 죽였다. 그들은 이스라엘의 율법을 어긴 자들, 그것도 공식적인 재판 절차로는 사형에 처하게 할 수 없는 그런 유대인을 주된 테러의 대상으로 삼았다.

198) 이것은 바울의 가족이 예루살렘에 거주했다는 증거이다. M. Hengel/A. M. Schwemer, *Paulus zwischen Damaskus und Antiochien*, WUNT 108 (Tuebingen, 1998), p. 260.

199) E. Haenchen, 「사도행전(Ⅱ)」, p. 353.

3 : 10), 그리고 살해 음모로부터(23 : 21). 로마인의 대표자로서 천부장은 하나님의 계획을 돕는 도구의 역할을 한다. 예루살렘이 유대인의 총본산지라면, 가이사랴는 그 지역을 관할하는 로마 정부의 본부가 있는 곳이었다. 바울을 로마로 보내려는 하나님의 계획은 놀랍고도 기이한 방법으로 진행되고 있다.

천부장이 총독에게 보낸 편지는 그 형태와 내용에 있어서 주목할 만하다. 형태적인 면에서 이 서신은 고대 편지의 세 가지 전형적인 특징을 지니고 있다. 즉 발신인, 수신인, 그리고 인사말이 그것이다. 여기에서 처음으로 천부장의 이름이 '글라우디오 루시아'라는 것이 밝혀진다. 그의 이름에서 그가 로마 시민권을 획득한 시기가 글라우디오 황제 때임을 추정할 수 있다(22 : 28 참조). 수신자인 벨릭스는 안토니우스 벨릭스를 가리킨다. 그는 글라우디오 황제에 의해 유대의 총독으로 임명되어, 주후 52~59년 동안 유대 지방을 다스렸다. 그는 이전에는 노예였다가 후에는 해방노예가 되고, 마침내는 정부의 높은 관직에 오르게 된 입지전적인 인물로서, 노예의 성향과 폭군의 힘을 동시에 가진 통치자로 평가된다.[200)]

벨릭스는 세 명의 공주와 결혼하였는데, 그중의 하나가 아그립바 1세의 딸인 드루실라였다. 편지의 내용은 예루살렘에서의 바울 사건의 전모를 간략하게 요약한 것으로, 바울에게 유리한 쪽으로 서술되어 있었다. 그러나 바울이 유대인들에게 잡혀 죽임을 당하려고 했을 때, 그가 로마 시민인 줄 알고 자신이 군대를 거느리고 가서 구해 냈다는 말은 사실과 조금 다르다(27절). 그는 바울을 심문하려고 하기까지는 로마 시민인 것을 몰랐기 때문이다(22 : 24-29 참조). 아마도 상관에게 호의를 얻기 위한 외교적 발언이었을 것이다.

그는 이 사건을 다루는 데 있어 최선을 다했다는 것을 보고하고자 한다. 그는 진상을 파악하고자 바울을 공회 앞에 세운 결과, 바울에게 사형을

200) 김경진, 「사도행전」, pp. 466-467. 그는 형의 후광을 입은 것으로 보인다. 그의 형은 글라우디오(클라우디우스) 황제의 총애를 받은 로마의 재무장관인 팔레스였다. 벨릭스는 팔레스의 재직시절에 유대의 총독으로 임명되었다.

당하거나 갇힐 만한 아무런 죄가 없다는 것을 알게 되었다고 밝힌다. 그의 판단에는 이 사건이 로마의 사법권이 관여할 문제가 아니라 유대인들 내부의 종교적 문제와 관련된 사건일 뿐이다. 마치 갈리오 총독이 고린도에서 그랬던 것처럼(18 : 15), 천부장 루시아 역시 바울 사건을 유대교 내부의 율법 문제로 간주한 것이다. 중요한 것은 로마 군의 지도자가 바울의 무죄를 선언하고 있다는 점이다. 유대인들이 바울에게 죄를 덮어씌우려고 하는 반면에, 로마인들은 바울의 혐의를 벗겨 줌으로써 여기에서도 로마인에 대한 변증적인 측면이 부각된다.

마지막으로 바울을 이송하게 된 동기가 설명되는데, 하나는 바울을 죽이려는 유대인의 음모 때문이고, 다른 하나는 로마 시민을 재판할 권한이 총독에게 있기 때문이다. 이때 천부장은 앞으로 일어날 중요한 정보를 하나 더 추가하고 있는데, 그것은 자신이 유대의 지도자들에게 총독 앞에서 고소를 제기하라고 권유했다는 것이다.[201] 즉, 루시아의 매개로 인해 피고 바울과 원고 유대 지도자들이 총독의 법정에 서게 될 것이다.

바울은 명령대로 밤에 병사들에 의해 안드바드리로 옮겨지고,[202] 다음 날 기병들에 의해 가이사랴에 안전하게 도착한다.[203] 병사들은 루시아의 편지를 총독에게 전하고, 바울을 넘겨준다. 바울을 넘겨받은 총독은 우선 그에 대한 예비심문을 한다. 총독이 제일 먼저 바울의 출신지를 물은 것은 재판 관할권을 분명히 하기 위해서였다.

원칙적으로 재판은 피고의 출신 주의 총독 앞에서 행해질 수 있었다. 그러나 경우에 따라서는 범죄를 저지른 장소나 체포된 장소에서 재판을

---

201) 물론 이 일은 바울이 예루살렘을 안전하게 빠져나간 후에 전달되었을 것이다.

202) 안디바드리는 여기에서 유일하게 나오는 도시로, 사마리아와 예루살렘 사이에 위치한 로마 군대의 군사기지였다. 이 도시는 헤롯 대제에 의해 세워졌으며, 그의 아버지 안티파터(Antipater)의 이름을 따서, 안디바드리(Antipatris)로 명명되었다. 예루살렘에서 안디바드리 간의 거리는 약 60km이고, 여기에서 가이사랴까지는 약 40km 정도이다.

203) 가이사랴는 시저 아우구스투스를 기려 명명된 해안 도시로, 주전 22~10년경에 헤롯 대제에 의해 설립되었다. 이 도시는 당시 로마의 정치·군사적인 관점에서 총독관저가 있는 유대 지방의 수도라고 할 수 있었다.

받을 수도 있었다. 이 사건에 관한 한, 팔레스타인 현지에서 조사할 수밖에 없었을 것이다. 총독은 바울이 길리기아 출신인 것을 알고 나서 이 사건을 맡기로 결정한다. 정식 재판은 고소인들이 도착해야 시작될 수 있었기 때문에, 그동안 바울은 헤롯 궁에 갇혀 있게 된다. 헤롯 궁은 헤롯 대제가 지은 궁전으로 로마 총독이 관저로 사용하던 건물을 가리킨다. 궁전 안에는 경비병의 숙소와 죄수를 가두는 감옥이 있었던 것으로 보인다.[204)]

6) 벨릭스 총독 앞에서의 바울(24 : 1-27)

가이사랴에서 바울은 이 년 동안 있으면서, 로마 시민으로서의 신분에 걸맞는 정식 재판을 받게 된다. 여기에서부터 26장까지는 법정에서의 변증 연설들이 주축을 이룬다. 바울은 당대의 정치지도자들, 즉 총독 벨릭스와 베스도, 그리고 유대 왕 아그립바 등을 차례로 만나게 된다. 그러나 내용을 자세히 살펴보면, 외형상으로는 재판을 받고 있지만, 실제적으로는 지도자들 앞에서 복음을 전하는 형국으로 전개된다. 이렇게 하여 사도행전 9 : 15의 내용, 즉 "이 사람은 내 이름을 이방인과 임금들과 이스라엘 자손들 앞에 전하기 위하여 택한 나의 그릇이라"는 주님의 예언이 실현되고 있다.

바울이 가이사랴에 도착한 지 닷새 후에, 대제사장 아나니아가 이끄는 고소인들이 도착한다. 공회를 대표하는 대제사장 자신이 이 사건을 감독하기 위해 직접 먼 길을 내려왔다는 사실은 역설적으로 이 사건의 중대성을 방증한다. 이제 유대의 대표단이 총독에게 고소함으로써 바울에 대한 법적인 절차가 정식으로 시작된다. 다시 말해서 유대인들이 바울의 범죄 사실을 합법적으로 법정에 제소한 것이다.

이 소송에서 승소하기 위해 그들은 더둘로를 고용한다. 더둘로는 전문

---

204) E. Haenchen, 「사도행전(Ⅱ)」, p. 352.

변호사로서, 로마의 법률과 재판, 그리고 법적 절차에 관한 수사학에 정통한 법정 연설가였을 것이다. 전문 변호사답게 더둘로의 고발은 온갖 미사여구를 곁들인 칭송의 서언으로 시작된다(3절).[205)]

더둘로가 고발한 바울의 죄목은 다음과 같이 세 가지로 요약될 수 있다(5-6절). 첫째로, 바울은 전 세계를 돌아다니며, 유대인들을 선동하는 일종의 전염병같이 해로운 자이다. 둘째로, 바울은 나사렛 이단 종파의 우두머리이다. 셋째로, 그는 성전을 모독하는 자이다. 이러한 고발들은 사실로 입증될 경우 로마의 형법으로도 처벌받아야 할 중대한 범죄행위에 속했다. 전 세계적으로 유대인들을 선동하여 봉기하게 하는 것은 결국 로마 제국의 질서를 파괴하는 행위였다.[206)] 또한 나사렛 종파는 불법적인 종교로서, 로마의 입장에서는 그 창시자인 나사렛 예수의 예에서 보듯이 국가에 위험한 존재일 수 있다(눅 23 : 2).[207)] 즉, 더둘로는 이들 집단이 로마 제국이 인정하는 합법적인 종교인 유대교와 아무런 상관이 없는 불법적인 집단임을 부각시키고 있다. 마지막으로 성전에 대한 모독 역시 성전의 보호세력으로 자처했던 로마인들에게 범법행위로 간주될 수 있었다. 이때에 유대인이 인정하는 유대인의 특권인 성전을 더럽히고, 소동을 일삼은 현장에서 잡힌 현행범이라는 점이 강조된다(6-8절).

이처럼 더둘로의 고발의 핵심은 바울을 로마 제국에 대항하는 정치범으로 몰아서 그에게 유죄선고를 받게 하는 데 있었다. 이러한 전략은 이전에 선지자로 자칭하는 사람들과 그 추종자들이 로마에 대한 반역으로 규정되어 처형된 적이 있었기 때문에 효력이 있다고 보았던 것이다. 법정에 참여한 유대인들이 더둘로의 고발에 이구동성으로 찬동하여 고발의

205) 그러나 그의 칭송은 총독의 호의를 끌기 위한 매우 과장된 수사학적 기교로 보인다. 실제로 벨릭스에 대한 유대인의 평판은 그리 좋지 않았다. 후에 유대인들이 네로 황제에게 벨릭스에 관한 탄원서를 올렸다는 요세푸스와 타키투스의 기록이 이를 뒷받침한다. 유상현, 「사도행전 연구」, pp. 321-322.

206) 사도행전의 독자들은 실제로는 바울이 소동을 일으킨 것이 아니라, 그의 복음전파에 불만을 품은 유대인들이 일으킨 것임을 이미 잘 알고 있다.

207) 신약성서에서 기독교를 "나사렛 이단"이라고 지칭하는 곳은 사도행전 24 : 5이 유일하다.

증인 역할을 자처하였다. 하지만 방대한 고소 내용에 비해, 그것에 대한 구체적인 증거는 매우 빈약하였다.

로마 시민이 관련된 재판이었기 때문에, 재판 절차는 비교적 공정하게 진행되었다. 총독은 고소자들의 화려한 수사학과 은근한 압력에도 불구하고, 바울에게 자신을 변호할 기회를 준다. 발언권을 얻은 바울은 혐의 내용에 대해 조목조목 반론을 제기한다. 우선 첫 번째 고발에 대해서 바울은 자신을 변호한다(11-13절). 요점은 자신이 예루살렘에 올라간 것은 예배를 위한 것이지, 선동을 위한 것이 결코 아니었다는 것이다. 더둘로가 고소하는 것과 같은 소동을 계획하거나 일으킬 만한 그런 시간적인 여유도 없었을 뿐더러("예루살렘에 …… 올라간 지 열 이틀밖에 못 되었고"), 자신을 고발한 사람들 중에 어느 누구도 자신이 성전이나 회당이나 성내에서 유대인들을 선동하는 것을 본 사람이 없다는 것이다. 따라서 그러한 고발은 아무런 증거도 제시할 수 없는 허황된 것이다.

이어서 두 번째 고발에 대해서도 바울은 자신을 변호한다(14-16절). 자기가 따르는 그리스도의 도는 이단이 아니라 유대교가 믿는 하나님을 믿으며, 유대교의 경전을 받아들이고, 동일한 부활의 소망을 가지고 있다는 것이다. 따라서 만일 그리스도교가 국가에 적대적인 불법종교이면 유대교도 불법종교이다. 15절과 16절의 문맥을 연결시켜 보면, 다음과 같은 의미가 된다 : "나는 유대인들이면 누구나 고대하는 하나님의 소망인 부활을 믿는다. 즉, 부활의 결과인 악인과 의인에 대한 최후의 심판이 있음을 믿기 때문에 나는 지금도 하나님과 사람에 대해 양심적으로 행동하려고 한다. 그러므로 지금도 나는 국가의 질서와 법을 위반하지 않으려고 힘쓰고 있다". 부활을 믿고, 전하는 것 때문에 유대인들, 특히 사두개인들이 그를 이단이라고 한다면, 부활을 믿는 바리새인들 역시 이단일 수밖에 없지 않은가? 따라서 그것은 유대교 내부의 종교적인 문제일 뿐이지, 로마법이 개입할 그런 일이 아님을 명백하게 한다.

성전을 모독했다는 세 번째 고발에 대해서도 바울은 당당하게 자신을 변호한다(17-19절). 그의 예루살렘 성전 방문은 민족을 위해 모금한 구제금을 전달하기 위함이지, 성전 모독은 전혀 근거 없는 사실임을 밝힌다. 오히려 사람들은 제물을 바치는 절차로 성전에서 정결예식을 행하는 것을 보았을 뿐이고, 작당하거나 소동을 일으킨 증거가 없다는 것이다. 더구나 성전을 모독했다는 고발도 당시에 현장에 있던 목격자들인 아시아에서 온 유대인들이 총독 앞에서 직접 하는 것이 마땅한 일일 것이다. 왜냐하면 피고인을 고소인과 직접 대질시키는 것이 로마의 사법적 관례였기 때문이다.[208] 이처럼 바울은 고소인들이 이 사건에 대하여 명백한 증거나 증인들을 제시할 수 없다는 사실에 강하게 호소함으로써 반론을 제기한다.

사도행전에서 유일하게 바울이 예루살렘에 온 이유가 구제금을 전달하기 위함이라는 사실이 밝혀진다. "나는, 내 민족에게 구제금을 전달하고, 하나님께 제물을 바치려고, 여러 해 만에 고국으로 돌아왔습니다"(17절, 표준새번역). 바울은 서신 곳곳에서 자신이 세운 이방 교회들이 모은 구제금을 예루살렘에 전달하는 일을 강조한다(갈 2 : 10 ; 고후 8장과 9장 ; 고전 16 : 1-4 ; 롬 15 : 25-27). 바울에게 모금 전달은 단순한 구제금의 성격을 넘어서서 유대인 그리스도인과 이방인 그리스도인의 통일성을 입증하는 중요한 의미를 지닌다. 바울에게 이렇게 중요했던 모금에 대한 언급이 사도행전에서는 거의 보도되고 있지 않는 것은 일면 이상한 일이다. 아마도 가장 큰 이유는 바울의 활동 시기와 사도행전의 집필 시기 사이에 변화된 상황 때문인 것으로 보인다. 누가의 입장에서는 이방인 그리스도인들의 활동이 예루살렘 교회 쪽에서 볼 때, 도움이 되기보다 오히려 부담이 되거나, 심지어 위험한 것으로 느껴졌기 때문에 공공연히 드러내지 않은 것 같다(롬 15 : 30-31 참조). 그러나 누가에게도 바울의

---

208) 유상현, 「사도행전 연구」, p. 339. 유상현은 뒤퐁(J. Dupont)의 글을 다음과 같이 인용한다 : "대질은 피고인의 권리이다. 재판관은 피고인이 고소인들을 면전에서 대할 수 있도록 해 주어야 한다. 이것은 피고인을 위한 법적 보호장치이다. 피고인에게 고소인의 면전에서 자신을 변호할 권리를 보장해 주는 것이다. …… 피고인의 보호를 우선적으로 생각해야 한다. 피고인이 고소인의 입으로부터 직접 고소내용을 듣지 않았을 경우, 판결은 그 유효성을 상실한다". J. Dupont, "Aepuitas romana," in : *Etudes sur les Actes des Apotres*(Paris : Cerf, 1967), pp. 534-535.

구제금 전달은 역사적으로 신뢰할 수 있는 중요한 사건이었기에 여기서 언급하고 있는 것이다.

이제 합법적인 고소인이 없으므로 바울은 거기에 있는 고소인들을 향한다(20절). 그들이 직접 목격한 공회 앞에서 자신의 불의를 찾을 수 있었는지 반문한다. 그때에 바울은 자신이 재판 받는 이유는 오직 한 가지, 죽은 자들의 부활과 관련된 문제 때문이라고만 언급했을 뿐이었다(23 : 6-9). 그는 다시 한번 유대 민족의 고유 문제인 부활 문제로 되돌아옴으로써, 자신에 대한 고소가 로마의 사법권과는 아무 상관이 없는 유대교 내의 순수 종교적인 문제임을 강조한다. 즉, 유대인들의 고소는 법적 근거가 빈약하다는 근거로 자신의 변론을 마무리한다.

양쪽의 발언을 다 들은 벨릭스는 바울에 대한 고소가 전혀 근거가 없고, 그의 활동이 정치적으로 위험하지 않다는 것을 알게 되었을 것이다. 수년간(약 5년간) 유대 땅을 통치하면서, 그는 로마인들 사이에서도 화제가 되었던 그리스도의 도에 대해서도 들었을 것이기 때문이다. 따라서 그는 여기에서 사건을 종결지어야 했다. 그러나 그는 천부장 루시아가 내려와서 증언할 때까지 판결을 연기한다. 그가 바울에게 비교적 자유를 주고, 친지들이 돌봐 주는 것을 허용한 것을 보면(23절), 그의 무죄를 어느 정도 확신한 것으로 보인다. 그럼에도 불구하고 판결을 연기한 것을 보면, 그에게는 공정한 판결 외에 다른 이유가 있었던 것으로 보인다. 아마도 가장 큰 이유는 유대인들에게 환심을 사고자 했기 때문이리라(27절).

역사적으로 주후 54년에 클라우디우스의 뒤를 이어 네로가 로마의 황제가 되면서, 팔레스와 벨릭스 형제는 정치적 위기에 빠졌는데, 그의 폭정에 대한 유대인들의 원성이 입지를 더욱 좁게 만들었다. 59년에 계모를 살해한 네로 황제는 그의 총애를 입고 있었던 팔레스와 벨릭스 형제를 파면하였다. 아마도 바울이 벨릭스 앞에 선 때는 그의 통치 말기인 주후 57년, 즉 그의 정치적 입지가 약해져 유대 지도부의 주장을 무시하기 어려웠던 시기였다. 이러한 상황이 총독으로 하여금 바울의 무죄를 확신했지만, 선불리 풀어 주지 못한 큰 요인 중의 하나였을 것이다. 그러나 나름대로의 이해타산이 개입되었을 가능성도 배제할 수 없다. 26절에 따르면, 그는 바울에게서 돈을 받으려는 속셈이 있었다. 바울의 입장에서는 총독이 거의 2년 동안 유대 지도자들의 요청에 따라 바울을 넘겨주지 않고 보호하며, 비교적 자유롭게 살도록 허용한 것만으로도 다행스런 일이었다.

벨릭스와 그의 아내 두르실라는 개인적으로도 바울에게 적지 않은 관심을 보인 것으로 나타난다. 이것은 아마도 두르실라의 영향이 더 컸을 것이다. 그녀는 벨릭스의 세 번째 아내로서 헤롯 아그립바 1세의 딸이며, 헤롯 아그립바 2세(행 25 : 13)의 누이였다. 그녀의 생애는 그다지 평탄하지 못했다. 할아버지인 아리스토불로스가 주전 7년에, 증조모 마리암느 1세가 주전 29년에 모두 증조부인 헤롯 대제에 의해 살해된 비운의 역사를 지니고 있었다. 두르실라는 이방인과 결혼해서는 안 된다는 율법에도 불구하고 남편을 버리고 벨릭스와 결혼했다.

이러한 행위는 결국 유대인들의 뇌리 속에 오랫동안 부정적인 흔적을 남겼을 것이 분명하다. 그렇지만 두르실라는 그 유대 혈통으로 인해 유대 지역에서 일어난 일들에 적지 않은 관심을 가지고 있었을 것이고, 그녀로 인해 벨릭스도 그리스도의 도에 관해 비교적 자세히 알고 있었던 것으로 보인다(24 : 22 참조). 그래서 그들은 재판의 휴정 이후에도 바울을 불러 예수 그리스도의 믿음에 관하여 들었다. 그러나 믿음은 회개를 동반해야만 한다. 바울이 그들의 불의와 무절제한 삶을 지적하고, 하나님의 심판을 경고함으로써 회개에 이르게 하려 하자, 벨릭스는 두려운 마음이 생겨 오히려 바울을 피한다. 기회가 있을 때마나 통치자 앞에서 담대하게 복음을 전하는 바울의 모습이 다시 한번 부각된다.

많이 가진 자들의 회심은 쉽지 않다. 뒤이어 나오는 바울에게서 뇌물을 기대하는 그의 모습은 회심과는 거리가 멀었다는 것을 보여 준다.[209] 그러

209) 아마도 벨릭스는 바울이 부요한 것으로 여긴 것 같다. 재판과정에서 바울이 유대 민족을 위한 구제금을 가지고 왔었다는 말이 있었고, 또 바울 주변에 많은 사람들이 들락거렸을 것이다. 로마법에는 뇌물 수수를 금했지만, 당시 로마 관원들이

나 개인적으로 뇌물에 관심이 있고, 유대인들의 환심을 사려는 정치적인 관심 때문에 바울에게 보다 더 적극적으로 반응하지는 못했지만, 사도행전에서 그려지는 그의 모습은 긍정적인 면이 더 많다. 그를 통해 바울은 2년 동안 유대인들의 음모와 공격을 피할 수 있었고, 로마로 나아갈 준비를 할 수 있었기 때문이다.

7) 베스도 총독 앞에서의 바울(25 : 1-12)

벨릭스의 후임인 베스도가 총독으로 부임하자 바울의 재판은 새로운 양상을 띠게 된다.[210] 보르기오 베스도(Porcius Festus)에 대해서는 그렇게 많이 알려져 있지 않다.[211] 그는 주후 59년 혹은 60년에 총독으로 부임해서 주후 62년에 급사하였다고 전해진다.[212] 벨릭스의 후임으로 임명받은 베스도는 총독의 관저가 있는 가이사랴에 도착한 지 사흘째가 되는 날 예루살렘으로 올라갔다. 예루살렘은 총독이 다스리는 지역의 중심부였지만, 총독은 해변에 건설된 아름다운 가이사랴에 거주하며, 팔레스타인을 통치하였다. 베스도의 예루살렘 방문은 유대인들에게 자신을 나타내기 위한 일종의 공식적인 부임 행차였다.

2절에 따르면, 유대인의 지도층이 기회를 이용하여 다시금 바울을 고소한다. "대제사장들과 유대인 중 높은 사람들"은 산헤드린(공회)의 회원들을 지칭하는 것으로 보인다.[213] 2년이 다 지난 지금도 바울을 죽이는 일에

죄수를 풀어 주는 대가로 돈을 강요하는 것은 드문 일이 아니었다.

210) 벨릭스는 그의 통치 중에 발생한 소요와 부정행위에 대한 책임을 지고, 주후 59년 또는 60년에 로마로 소환당한 것으로 알려져 있다.

211) 사도행전 외에 요세푸스가 그에 관해 유일하게 언급하고 있을 뿐이다. 요세푸스에 따르면, 베스도는 그의 선임자인 벨릭스보다는 더 현명하고, 온전한 사람으로 평가한다. 「유대 고대사」 20.8.9.

212) 베스도의 부임 연도에 대한 논의는 유상현, 「사도행전 연구」, pp. 349-351 참조.

213) 당시의 현직 대제사장이며, 산헤드린의 의장은 파비(Phabi)의 아들 이스마엘(Ismael)이었다. 하지만 전직 대제사장이었던 아나니아도 여전히 영향력을 행사하고 있었다.

몰두하고 있는 것을 보면, 그들이 바울을 얼마나 위험하고, 불필요한 사람으로 취급하고 있는지 드러난다. 대제사장들과 유대인 중 높은 사람들은 이전에 이미 계획된 방식으로 바울을 제거하기를 원한다(행 23 : 15). 그들은 새 총독에게 바울을 예루살렘으로 이송시켜 줄 것을 요청한다. 로마 시민권을 가진 바울을 자기들이 원하는 방법으로 처벌하는 것이 불가능하다는 것을 알았기 때문에, 그들이 선택할 수 있는 길은 폭력적인 방법뿐이었다. 그러므로 고소는 하나의 핑계이고, 예루살렘으로 올라오는 바울을 매복하였다가 죽이려는 것이 그들의 음모였다.

그러나 총독 베스도는 그들의 악한 계획에 호락호락 넘어가지 않았다. 그는 로마 시민을 유대인들의 손에 쉽게 넘겨줄 만큼 경솔한 사람이 아니었다. 그 대신에 그는 유대 지도층에게 자신과 함께 가이사랴로 내려가서 바울을 재판하자고 제안한다. 새로운 총독으로서 그는 방치해 두었던 소송사건을 새롭게 풀어야 할 의무가 있었으며, 아마도 그는 이 사건을 가능한 한 빠르게 처리하려고 한 것 같다. 그가 유대인들과 함께 가이사랴로 돌아온 후, 바로 그 다음날에 정식 재판을 연 것도 그런 의도와 무관하지 않다.

바울이 불려 오고, 예루살렘의 지도자들이 고소인의 입장으로 베스도 앞에 선다. 이전의 벨릭스 앞에서의 재판 때와 같이 고발은 무성하나, 구체적인 증거를 제시하지 못하는 상황이 또다시 연출된다(7절). 마찬가지로 바울은 자신에게 주어진 모든 혐의 내용을 부인한다. 여기에서는 고소인들의 고발 내용이 구체적으로 언급되어 있지 않지만, 그러나 바울의 반론 내용을 보면 대략 짐작할 수는 있다. 바울은 "율법이나 성전이나 가이사에게나" 아무런 죄도 지은 일이 없다고 반박한다. 따라서 그들의 고발은 벨릭스 앞에서의 고발 내용과 별반 다르지 않았다는 것을 추정할 수 있다(24 : 5-6).

양쪽의 발언을 들은 총독은 이제 최종판결을 내려야 한다. 그러나 바울의 변론을 들은 베스도는 그의 선임자처럼, 곧바로 판결을 내리기를 주저한다. 그리고는 바울에게 예루살렘에 올라가서 자신 앞에서 재판을 받을 것을 제안한다. 누가는 이러한 갑작스런 제안의 이유를 베스도가 "유대인의 마음을 얻고자" 하였기 때문이라고 적고 있다(9절). 아마도 총독은 유대인들의 음모를 알지 못했고, 새로 부임한 마당에 유대인들의 지도층과 사이가 멀어지는 것을 원하지는 않았던 것 같다. 또한 그가 이 사건이 정치적인 사건이 아니라 유대교 내의 종교적인 사건으로 판단했다면, 유대교의 중심지인 예루살렘에 가서 재판을 받는 것이 더 나을 것이라고 여겼을 수도 있다.

그러나 바울은 총독의 제안에 분명하게 반대 의사를 전한다. "나는 지금 황제의 법정에 서 있습니다. 나는 여기에서 재판을 받아야 합니다. 각하께서도 잘 아시는 대로, 나는 유대 사람에게 조금도 잘못한 것이 없습니다. 만일 내가 나쁜 짓을 저질러서, 사형을 받을 만한 무슨 일을 하였으면, 죽는 것을 마다하지 않겠습니다. 그러나 나를 고발하는 이 사람들의 고발 내용에 아무런 근거가 없으면, 어느 누구도 나를 그들에게 넘겨줄 수 없습니다. 나는 황제에게 상소합니다"(10-11절, 표준새번역). 이 발언의 내용으로 보면, 바울은 총독이 자신을 유대인들에게 넘겨주는 것으로 판단한 것 같다. 그는 예루살렘에서의 재판이 곧 자신에게 죽음을 의미한다는 것을 잘 알고 있다. 그러므로 바울은 단호하게 로마 시민으로서 로마 법정에서 재판 받을 권리를 주장한다. 유대인들에게는 조금도 잘못한 일이 없으므로 유대 법정과는 아무런 연관이 없다는 논리이다. 총독은 통치권을 위임받은 자로서 황제를 대표하므로, 그의 법정은 가이사의 법정을 의미한다.[214] 그러나 이 법정이 최종 판결을 내릴 수 없다면, 그는 로마 시민으로서 최후의 법률상의 수단인 가이사에게 상소할 수밖에 없다.[215] 당시 모든 로마 시민은 가이사에게 호소할 수 있는 권리를 가지고 있었다. 그러나 이것은 가이사 자신이 모든 소송을 다룬다는 것이 아니라 로마 제국의 최고 법정에서 심리를 진행하는 것을 의미한다.

바울의 상소는 받아들여진다. 베스도는 재판에 참석한 다른 고관들과

214) 가이사는 라틴어의 헬라어 음역으로 황제의 칭호이다.
215) 로마 황제 상소에 대해서는 유상현, 「사도행전 연구」, pp. 361-366 참조.

의논한 끝에 바울을 황제에게 보내기로 결정한다. 이렇게 결정함으로써 그는 한편으로 골치 아픈 이 사건 때문에 유대 지도층과 직접 충돌하지 않아도 되었고, 다른 한편으로는 죄 없는 로마인을 넘겨주지 않음으로써 개인의 명예도 살릴 수 있는 일거양득의 기회를 얻을 수 있었다. 그러나 바울 편에서도 베스도의 이 결정은 바울로 하여금 로마로 입성하는 직접적인 계기를 마련해 준다는 의미에서 중요한 것이었다. 결과적으로 2년 이상을 끌어 온 바울의 재판은 로마행을 결정한 것 외에는 아무런 결론도 내리지 못하고 이렇게 끝나고 만다. 결정된 것이라고는 하나님의 계획대로 바울이 복음을 들고 로마로 가는 길 외에는 없었다(23 : 11).

8) 아그립바 왕과 버니게 앞에 선 바울(25 : 13-27)

며칠이 지난 후에 아그립바 왕과 그의 누이 버니게가 새로 부임한 베스도에게 문안하려고 가이사랴를 방문한다. 새로운 통치자가 새로 부임할 때, 인근의 다른 통치자가 문안 인사하는 것은 일반적인 관례였다. 그것은 양 측의 관계를 윤활하게 하는 데 유리한 작용을 했기 때문이다. 아그립바 왕은 누가가 사도행전 12 : 20~23에서 그 죽음에 관해 서술하고 있는 아그립바 1세의 아들이며, 헤롯 대제의 증손자인 마르쿠스 율리우스 아그립바 2세(Marcus Julius Agrippa Ⅱ)이다.[216] 그는 누이인 버니게와 함께 살았는데, 이 은밀한 관계는 근친상간이라는 비난을 불러일으키기도 했다고 한다.[217] 버니게는 처음에는 철학자 필로(Philo)의 조카인 마르쿠스

---

216) 그는 클라우디우스 황제의 총애를 입고, 주후 50년에 칼키스(Chalcis)의 왕으로 임명되었다. 황제는 그에게 예루살렘의 성전과 성직자에 대한 권리도 부여했을 뿐만 아니라, 52년경에는 칼키스 대신에 빌립보와 베다니 지방의 옛 사 분령을 주었고, 트라코니티드와 아빌라, 즉 리사니아스 지방의 사 분령을 덧붙여 주었다. 또한 후임 황제 네로는 갈릴리의 일부분, 즉 티베리아와 타리케를 그 근방지역과 함께 주고, 베레아의 율리아스와 부근에 위치한 열네 개의 마을도 덧붙여 주었다. 이렇게 해서 그는 아버지의 처음 왕국을 약간 확장된 상태로 되찾는다. 그는 주후 100년경에 죽었다고 전해지는데, 그의 죽음으로 헤롯 왕조의 마지막 인물이 사라지게 된다.

(Marcus)와 결혼했다가, 여러 차례의 결혼과 애정관계를 거친 후에 지금은 다시 오빠인 아그립바와 함께 살고 있었다.[218)]

베스도는 이 기회를 이용하여 아그립바 왕에게 바울 사건에 대해서 털어놓는다. 그것은 예루살렘과 가이사랴에서 일어난 지금까지의 사건 개요라고 할 수 있다. 그의 진술은 대체로 사도행전 25 : 1~12에 기록된 순서를 따르고 있으나, 그대로 반복되지는 않는다. 재판관으로서 총독 자신의 행위를 정당화하려는 의도가 보이긴 하지만, 바울을 대하는 그의 입장이 보다 더 분명하게 드러난다. 베스도는 전임 총독 벨릭스가 바울을 구금하여 두었다는 것, 예루살렘의 지도층이 그를 고발하여 유죄판결을 요청하였다는 것, 그들의 청을 거절하고 가이사랴에서 재판하였으나, 사건의 요지가 다만 유대인들의 종교와 예수라는 사람의 부활에 대한 것뿐이었다는 것, 예루살렘에 올라가 재판을 받으라는 자신의 제안에 바울이 황제의 판결을 호소했다는 것, 그래서 지금 황제에게 보내기 위해 감금해 두었다는 것 등을 자세하게 설명한다. 이때에 베스도는 로마법의 한 가지 원칙, 즉 피고가 원고를 직접 대면하여 그 고발한 내용에 대해 변호할 기회를 가지기 전에는 그 사람을 넘겨주지 않는다는 관례를 밝혀 준다(16절). 또한 그가 바울에게 예루살렘으로 올라가도록 제안한 동기가 이 사건을 종교적 문제로 판단했기 때문이라는 점도 설명된다. 이러한 진술을 통해 바울의 재판이 오직 종교적인 차원에 속하는 일이며, 따라서 기독교와 로마 권력 사이에는 어떠한 마찰도 없었다는 인상이 보다 더 부각된다.

베스도의 말을 들은 아그립바 왕이 바울에게 관심을 보이자, 베스도는 다음 날 바울의 증언을 듣는 것을 허락한다. 바울을 끌어내어 심문하는 일은 지체 높은 사람들에게는 하나의 오락거리가 될 수 있었지만, 다른 한편으로 베스도에게는 황제에게 보낼 바울의 죄목을 확실하게 찾을 수 있는 기회가 될 수도 있었다(26절). 따라서 고관들 앞에서 행해진 이번

---

217) E. Haenchen, 「사도행전(Ⅱ)」, p. 382.

218) 버니게는 유대전쟁이 끝난 후, 70년 이후에는 황제 베스파시안의 아들 티투스와 특별한 애정관계에 있었다고 한다.

심문은 재판이라기보다는 하나의 공청회 또는 청문회의 성격을 띤다고 볼 수 있다. 왜냐하면 가이사에 대한 바울의 상소가 받아들여진 이상, 이 모임이 어떤 법적인 효력을 갖지는 못할 것이기 때문이다. 베스도는 이미 바울의 무죄를 알고 있다(25절).[219] 다만 그가 황제에게 상소했기 때문에 보내기로 결정했다. 총독이 말하는 심문의 동기는 황제에게 보낼 보다 확실한 자료를 찾기 위해서이다(26a절).[220] 죄목을 설명하는 보고서도 없이 죄수를 보내는 것은 합당하지 않기 때문이다. 그는 이 심문에서 유대의 실정에 밝은 아그립바 왕에게 큰 기대를 하고 있음이 틀림없다(26b절). 아그립바는 예루살렘 성전에 관계된 일과 대제사장직 임명 문제와 관련하여 로마인들의 신임을 받고 있었다. 결과적으로 바울은 가장 지체 높은 청중들 앞에서 복음을 전할 기회를 확보하게 된 셈이다.

9) 아그립바 왕 앞에서 바울의 해명과 설교(26 : 1-32)

이번 청문회의 주도권은 아그립바 왕이 쥐고 있다. 그가 바울의 변론을 듣는 주 대상이다. 유대인들의 고소 내용이 근거가 없음이 드러나고, 황제에 대한 상소가 받아들여진 마당에 바울은 이번 변론에서 자기 자신에 대한 발언, 즉 이번 소송의 종교적인 측면에 집중할 수 있게 되었다. 아그립바 왕의 허락이 떨어지자, 바울은 자신의 변론을 시작한다.

바울의 변론은 전체적으로 ① 왕의 호의를 기대하는 인사말(2-3절), ② 유대인으로서의 자신의 과거생활(4-8절), ③ 그리스도인을 핍박한 자신의 전력(9-11절), ④ 다메섹 회심(12-18절), ⑤ 간략한 선교사역

---

219) 이것은 로마 관리에 의한 세 번째 무죄선언이다(행 23 : 29 ; 25 : 18).

220) 헬라어 원문에는 황제를 의미하는 말로 퀴리오스(κύριος)가 사용되었다. 이 구절은 퀴리오스가 독립적으로 사용된 가장 초기의 증거로 보인다. 주전 1세기에 퀴리오스는 헬라 세계의 왕들과 신들을 가리키는 칭호가 되었지만, 이 칭호가 일상적으로 최고 권력자를 가리키는 용어로 사용된 것은 네로 이후이다. 누가는 사도행전 23 : 11에서 예수에게 이 칭호를 부여하고 있다. 초기 그리스도인들은 다양한 '주'들이 존재하는 세계 속에서 예수만을 참된 주로 고백한 사람들이었다.

(19-23절)으로 구분될 수 있다. 바울은 유대인의 모든 풍속과 문제에 정통한 아그립바 왕이 로마인들보다 자신을 더 잘 이해해 줄 것을 기대하면서, 변론을 시작한다(3절). 그는 먼저 자신이 젊었을 때부터 유대교에 충실한 사람이었음을 강조한다. 자신이 유대교의 "가장 엄한 파를 좇아" 바리새인으로 살았다는 것은 자신을 아는 사람은 누구든지 증언할 수 있는 사실이다(5절, 23 : 6 참조). 바울은 자신이 심문을 받는 이유가 부활의 소망 때문이라고 설명한다. 그것은 "하나님이 우리 조상에게 약속하신 것을 바라는 까닭이니"(6절), "우리 열두 지파가 밤낮으로 간절히…… 얻기를 바라는"(7절) 것이었다. 즉, 유대인들이라면 누구나 바라는 약속에 대한 소망 때문에 자신이 재판을 받는 처지가 되었다는 것이다.

부활이란 주제에 도달하자 바울의 어조는 적극적인 전도의 형태로 바뀐다. "당신들은 하나님이 죽은 사람 다시 살리심을 어찌하여 못 믿을 것으로 여기나이까"(8절).[221] 적어도 바리새파의 종말 희망과 기독교의 부활 희망은 일맥상통한다. 바리새인들도 종말에 있을 죽은 자들의 일반적인 부활을 기대한다. 그러나 그러한 부활의 소망이 예수와 관련된다는 점은 받아들이지 않는다. 바울을 비롯한 그리스도인들의 고백은 죽은 자들의 부활이 예수 그리스도의 부활에서 이미 시작되었다는 것과 이 한 분 예수의 부활이 모든 사람들의 부활의 근거와 보증이 된다는 것이다. 그래서 바울은 철저한 유대인이었던 자신이 어떻게 예수의 부활을 믿는 자로 돌아서게 되었는지를 설명한다.

다메섹에서 예수를 만나기 전에는 자신도 나사렛 예수의 이름을 반대하는 데 앞장섰던 사람이었다. 철저한 유대인으로서 자신도 처음에는 부활의 의미를 깨닫지 못했기 때문이다. 그래서 예루살렘에서 대제사장의 권한을 위임받아 예수의 이름을 믿는 사람들을 박해한 일, 그리고 회당을 찾아다니면서 그들을 벌주고 신앙을 부인하게 하려던 일, 그것도 모자라 외국의 여러 도시까지 가서 박해의 손을 뻗친 일 등을 차례대로

221) 바울은 비시디아 안디옥에서 이미 언급한 조상들에게 주신 하나님의 약속에 대한 논의를 여기에서 다시 펼친다(행 13 : 32-39).

고백한다(22 : 4-5 참조). 이러한 박해의 그늘이 어두우면 어두울수록, 회심의 빛은 더 강렬한 인상을 준다. 바울의 박해 활동과 연관된 네 개의 본문들을 비교해 보면, 박해 행위의 규모와 강도가 점점 더 강하게 표현되고 있음을 확인할 수 있다(8 : 3 ; 9 : 1-2 ; 22 : 4-5 ; 26 : 10-11).

이러한 어둠에 상응하여 본문에서는 정오의 해보다 더 밝은 빛이 바울에게 비친다(26 : 13). 바울의 엄격한 유대교 정통신앙과 기독교인들에 대한 적대감은 바울이 결코 하나님의 특별하신 간섭이 없이는 사도의 길로 들어서지 못했을 것임을 여실히 보여 준다. 예수에 대한 적대감으로 다메섹을 향해 가던 바울에게 부활하신 주님의 나타나심은 그의 인생을 양등분하는 전환점이 되었다. 사도행전에서 세 번째로 바울의 회심 이야기가 나온다(12-18절). 앞의 두 회심 이야기(9 : 1-19 ; 22 : 6-26)와 비교할 때 몇 가지 차이점들이 나타난다. 우선적으로 여기에서는 아나니아의 이야기가 전혀 나오지 않는다. 둘째로, 앞의 두 회심 이야기에는 나오지 않는 유리피데스의 시구가 등장한다 : "가시채를 뒷발질하기가 네게 고생이니라"(14절). 이 말은 신들의 뜻에 저항하는 것이 헛된 일이라는 잘 알려진 헬라의 속담이다. 셋째로 9 : 1~19에서는 아나니아의 중재로, 22 : 6~26에서는 예루살렘 성전의 환상을 통해 받았던 소명이 여기에서는 직접 다메섹 현장에서 바울 자신에게 전달된다(16-18절). 이러한 의미에서 이 세 번째 회심 이야기는 바울서신, 특히 갈라디아서 1 : 15~16과 가장 유사한 형태를 띠고 있다. 두 본문 모두 바울의 회심과 사도로서의 소명이 동시에 일어난 것으로 표현된다. 또한 두 본문 모두 바울의 소명을 예언자의 소명과 긴밀하게 연결시키고 있다.

갈라디아서 1 : 15~16에 예레미야(렘 1 : 5)와 이사야(사 49 : 1)의 소명 사건이 배후에 있는 것처럼, "일어나 네 발로 서라"(16절)는 말은 에스겔의 소명 장면(겔 2 : 1)을 연상시키고, "이스라엘과 이방인들에게서 내가 너를 구원하여 저희에게 보내어"(17절)라는 표현은 예레미야의 소명사건(렘 1 : 5-8)을 암시해 준다. 따라서 사도행전에 나오는 회심 이야기 중에 26장의 이야기가 가장 바울적이라고 할 수 있다.

이러한 차이점들은 이방인들을 주 대상으로 하는 변증이었기 때문에 생겨난 것으로 보인다. 아마도 누가는 초기 교회의 공통된 전승을 그의 독특한 신학과 문학적 기교로 적절하게 활용하였을 것이다. 그래서 오히려 차이점보다는 공통점을 더 많이 찾아볼 수 있다. 즉, 회심 직전까지 바울이 그리스도인들을 박해한 것, 회심이 다메섹 근처에서 한낮에 일어났다는 것, 갑작스런 회심이었다는 것, 부활하신 그리스도를 만났다는 것, 이방인을 위한 소명이었다는 것 등이 주요한 공통점이다.

그렇다면, 철저한 유대인이었던 바울이 그리스도의 복음의 선포자가 된 이유는 무엇인가? 한 가지 이유밖에 없다. 그가 부활하신 주님을 만났고, 그분의 명령에 순종하였기 때문이다. "내가 네게 나타난 것은 곧 네가 나를 본 일과 장차 내가 네게 나타날 일에 너로 사환과 증인을 삼으려 함이니"(16절). 이러한 주님의 명령대로 바울은 지금 이 자리에서도 그리스도의 부활을 증언하고 있는 것이다. 지금까지 증인이라는 말은 주로 12사도에게 국한된 용어였다. 누가에 의하면 바울은 본래 "부활의 증인"에 속하지는 않았다(1 : 21-22 ; 2 : 32 ; 3 : 15 ; 4 : 33 ; 5 : 32 ; 10 : 39-41 ; 13 : 31). 그러나 바울은 다메섹 체험을 통해 "부활의 증인"이 된다. 부활하신 예수를 만났기 때문이다. 누가는 바울에게 사도의 칭호를 붙여 주지는 않았지만, 12사도와 동일한 "증인"의 칭호를 부여한다. 사도행전에서 바울은 "열세 번째 증인"인 셈이다.[222] 그러나 누가가 보기에 바울은 모든 증인들 가운데 가장 위대한 증인이었다(22 : 15, 18 ; 23 : 11 ; 26 : 16).

부활하신 주님이 바울을 부르신 것은 이스라엘뿐만 아니라 이방인들도 구원하시려는 하나님의 계획 때문이었다. "그들의 눈을 열어 주고, 그들이 어둠에서 빛으로, 사탄의 세력에서 하나님께로 돌아오게 하고, 또 그들이 죄사함을 받아서, 나를 믿는 믿음으로 거룩하게 된 사람들 가운데

---

222) C. Burchard, *Der dreizente Zeuge : Traditions-und Kompositionsgeschichtliche Untersuchungen zu Lukas's Darstellung der Fruehzeit des Paulus*(Goettingen, 1970).

들게 하려는 것이다"(18절, 표준새번역). 복음이 이방인들에게도 전해진 것은 인간의 어떤 의지나 계획에 의한 것이 아니라 하나님 자신의 명령이었다. 이 준엄한 하나님의 명령을 누가 거역할 수 있겠는가? 그래서 바울은 그 신적 지시를 따라 "먼저 다메섹에와 또 예루살렘에 있는 사람과 유대 온 땅과 이방인에게까지 회개하고 하나님께로 돌아가서 회개에 합당한 일을 행하라"고 전하였다(20절). 그러므로 바울이 한 일은 하나님과 부활하신 주님의 명령을 따른 것 외에 다른 어떤 것도 아니었다(19절). 그런데 그 일 때문에 유대인들은 성전에서 바울을 잡아 죽이고자 했다. 그것은 유대인들이 아직도 하나님의 크신 경륜을 이해하지 못하고 있다는 증거이다. 그러나 바울은 지금까지의 복음 사역의 결과야말로 하나님이 그를 도우셨다는 가장 큰 증거로 제시한다 : "하나님의 도우심을 받아 내가 오늘까지 서서 높고 낮은 사람 앞에서 증거하는 것은 선지자들과 모세가 반드시 되리라고 말한 것밖에 없으니"(22절).

바울은 자신의 복음 선포가 예언자들과 모세의 가르침과 일치한다고 선언한다. 자신이 선포한 모든 것은 성서에 기록되어 있는데, 그것은 그리스도가 고난을 당해야 한다는 것, 그가 죽은 자 가운데서 살아나셔서 이스라엘과 이방인들에게 빛(구원의 메시지)을 전해야 하는 것이다(23절). 그렇다면 바울의 선교활동을 통해서 실제로 선포하시는 분은 부활하신 그리스도 외에 다른 분이 아니다. 그분은 지금도 살아 계신 주님이시다. 이로써 바울은 자신의 변증을 그의 복음 선포의 요약으로 끝마치고 있다. 즉, 메시야이신 예수의 죽음과 부활을 통하여 선지자들과 모세의 글(구약성경) 전체가 성취되며, 그분을 통하여 이스라엘의 모든 소망이 이루어졌다는 것이다(6-8절).

바울의 자기 변증이 끝나자 가장 먼저 반응을 보인 것은 총독 베스도였다. "바울아 네가 미쳤도다 네 많은 학문이 너를 미치게 한다"(24절). 베스도는 바울이 많은 지식을 가지고 있다는 것을 인정하였다. 그러나 지극히 현실적이고, 실용적인 이방인에게 바울의 복음은 단지 "미친 짓"에 불과하였다. 십자가와 부활의 복음이 유대인들에게는 거리끼는 것이요, 헬라인에게는 어리석은 것일 뿐이었다(고전 1 : 23). 그러나 바울은 복음에 대한 확고한 자신의 소신을 굽히지 않았다. 베스도의 말에 바울은 자신이 진리를 말할 뿐, 결코 미치지 않았다고 분명하게 선언한다. 그리고 그는 아그립바 왕에게로 시선을 돌린다. 유대인의 풍속과 실상을 잘 알고 있는 아그립바 왕(26 : 3)은 적어도 베스도와는 달리 예수 그리스도에 관한 일들을 잘 알고 있었을 것이다. 복음의 역사, 즉 예수 그리스도 사건은 구석에서 일어난 일이 아니었기 때문이다(26절).

아그립바 왕은 바울의 복음에 적절하게 응답할 수 있는 처지에 있었다. "아그립바 왕이여 선지자를 믿으시나이까 믿으시는 줄 아나이다"(27절). 선지자의 말을 믿을 수 있다면, 그 선지자들의 예언의 성취이신 예수 그리스도도 믿을 수 있을 것이라는 의미이다. 그러나 아그립바 왕은 진지한 답변을 피하고 빈정대듯이 말한다. "네가 적은 말로 나를 권하여 그리스도인이 되게 하려 하는도다." 복음을 받아들이기에 그는 너무 많은 것을 소유하고 있었다. 그는 복음을 받아들이지 않았지만, 그의 말을 통해 바울 변증의 핵심이 결국 전도 행위임이 분명하게 드러난다. 이러한 전도행위는 이어지는 바울의 대답에서 그 절정을 이룬다. "말이 적으나 많으나 당신뿐 아니라 오늘 내 말을 듣는 모든 사람도 다 이렇게 결박한 것 외에는 나와 같이 되기를 하나님께 원하노이다"(29절). 모든 사람들로 하여금 그리스도인이 되게 하는 것! 그것이 바울의 선교활동의 요체이다. 유대인이든, 이방인이든 지위고하를 막론하고 누구든지 자신과 같이 그리스도인이 되는 것, 그것이 그의 열망이었다.

실로 누가 진정 결박된 사람인가? 비록 바울은 결박된 몸이지만, 그 자리에 모인 사람들 가운데 진정으로 자유로운 유일한 사람이었다. 그러나 다른 사람들은 자유의 몸일지 몰라도, 더 무서운 죄와 사망의 결박에 묶여 있는 사람들이었다. 아그립바 왕과 버니게, 그리고 총독과 거기에 있던 모든 사람들이 바울의 무죄를 확신하였다 : "이 사람은 사형이나 결박을 당할 만한 행사가 없다"(31절). 유대교에 정통했던 아그립바 왕도 이 사실을 확인할 수 있을 뿐이다. "이 사람이 만일 가이사에게 호소하지 아니하였더면 놓을 수 있을 뻔하였다"(32절). 마침내 바울은 결박된 몸이지만 로마로 향하게 된다. 그러나 독자들은 이미 바울의 로마행이 더 이상 죄수로서의 의미가 아니라 하나님의 계획과 목적에 부합되는 것임을 알고 있다. 바울의 로마행은 바울 개인의 꿈이자(행 19 : 21) 하나님의 뜻(행 23 : 11)이었다.

이것으로 오랫동안 지속되어 온 바울의 재판(21 : 27-26 : 32)은 끝이 난다. 이 재판 과정은 사도행전 전체의 약 1/5이나 되는 분량을 차지한다. 바울의 재판과정과 로마로의 여행에 관해서는 이 부분이 신약성서에서 유일한 역사자료이다. 로마서는 바울이 곧 로마에 갈 계획을 가지고, 먼저 예루살렘으로 올라갈 계획으로 종결된다. 그러므로 그 이후의 바울의 모습은 사도행전을 통해서만 짐작할 수 있다.

사도행전을 기록한 누가의 관심은 복음이 어떤 지역으로 전파되어 가느냐에 있었다. 따라서 그는 한 지역에 복음이 들어가게 되는 경로와 관련된 사건을 비교적 자세하게 취급하였다. 복음이 예루살렘에서 시작하여 유대와 사마리아, 그리고 소아시아와 그리스에 전해진 후, 이제 바울을 통해 로마에 전해지는 과정을 기록하며 바울의 투옥, 재판과정에 초점을 맞추었다. 그것이 복음이 로마로 향하게 되는 길이었기 때문이다. 누가에 의하면, 로마 제국의 심장부인 로마야말로 복음이 들어가야 할 마지막 목적지였다. 따라서 누가가 바울의 체포와 재판과정을 비교적 자세하게 기록해 놓은 것은 분명한 의도가 있다. 바울의 체포와 재판은 복음의 끝이 아니라, 오히려 복음이 로마로 향하는 하나님의 기가 막힌 섭리의 과정이었다는 것이다. 그러므로 재판과정의 사실적 묘사가 누가의 일차적인 목적이 아니다. 오히려 바울의 로마행의 당위성이 강조된다(9 : 15 ; 19 : 21 ; 23 : 11). 그렇기 때문에 심문하는 통치자와 죄수 바울의 만남은 심문이라기보다는 오히려 그들에게 복음을 전할 수 있는 기회를 제공한다.

예루살렘에서 체포된 바울이 공회와 총독 벨릭스, 베스도, 그리고 아그립바 왕을 위시한 많은 고관들 앞에서 그가 믿는 복음을 증언한 것은 부활하신 주님의 약속에 대한 성취이다 : "주께서 가라사대 가라 이 사람은 내 이름을 이방인과 임금들과 이스라엘 자손들 앞에 전하기 위하여 택한 나의 그릇이라"(9 : 15). 바울의 체포와 재판 과정은 이 세상의 권력자와 왕족 앞에서 자신의 신앙을 증언하도록 허락했을 뿐만 아니라, 바울이 복음을 들고 제국의 수도인 로마로 갈 수 있는 길을 마련해 주었다. 이것이 누가가 바울의 재판과정을 길게 서술하고 있는 가장 중요한 이유이다.[223)]

9. 바울의 로마행과 결말(27 : 1-28 : 31)

마침내 바울은 로마로 향하게 된다. 사도행전 27장과 28장은 바울이 로마에 이르기까지의 험난한 여정과 로마로 입성한 후의 간략한 그의 활동을 기록하고 있다. 복음이 어떻게 예루살렘에서 출발하여, 유대와 사마리아를 거쳐 세계를 지배하는 제국의 수도 로마로까지 이르게 되었는지 밝히고자 하는 누가의 전체적 구도가 이제 마지막 고비를 넘고 있는 것이다. 복음의 로마행은 하나님의 뜻이었기에, 어떤 인간의 간계나 권력, 자연의 힘도 그것을 방해할 수 없다는 사도행전 전체의 주제가 면면히 이어진다.

1) 가이사랴에서 멜리데 섬까지의 여정(27 : 1-44)

사도행전에서 세 번째로 우리-단락이 다시금 등장한다(27 : 1-28 : 16). 저자의 체험이든, 혹은 동행자의 일지이든 로마로의 항해 여정이 1인칭 목격자의 관점에서 서술된다. 베스도 총독은 바울의 무죄를 확신했지만, 황제에 대한 상소로 인하여 그를 로마로 보내기로 결정했다. 바울의 재판 관할이 팔레스타인에서 로마로 이관된 것이다. 바울의 호송은 아구스도 대의 백부장 율리오가 책임지게 되었다.[224)]

223) 바울 재판의 의미에 대해서는 유상현, 「사도행전 연구」, pp. 198-231 참조.
224) 아구스도 대는 아우구스투스 황제에 속한 부대로서, 약 600여 명의 병력으로 구성되었다. 시리아 주에 주둔해 있는 지원부대라고 할 수 있는데, 이 부대는 다른

첫 출발은 비교적 순조롭게 진행되었다. 율리오가 가이사랴에서 선택한 배는 아시아 연안의 여러 곳으로 항해하는 아드라뭇데노 호였다. 이 배는 로마 제국의 아시아 주의 서쪽 해안에 있는 항구도시 아드라뭇데노에 근거지를 두고 있었다.[225] 아마도 그는 이 배를 타고 에게 해 부근까지 가서, 로마로 가는 배로 갈아탈 계획을 세웠던 것으로 보인다. 자발적인 바울의 동행자 "우리" 외에, 데살로니가 출신의 아리스다고가 동행한다(19 : 29 ; 20 : 4 ; 골 4 : 10 ; 몬 24절). 아리스다고는 에베소에서 폭동이 시작될 때, 바울 대신 야외극장으로 끌려 들어갔던 사람이었다(19 : 29). 배는 가이사랴를 출발하여, 가장 먼저 북쪽으로 약 110km 떨어진 시돈에 도착하였다. 시돈에 잠시 정박하는 동안 바울은 백부장의 호의로 그곳의 "친구들"(그리스도인들의 일반적 칭호)의 보살핌을 받을 수 있었다. 이것은 시돈에 이미 그리스도인들이 존재했다고 하는 증거이다. 이 지역에 어떻게 교회가 세워졌는지에 대해 정확한 것은 알 수 없지만, 스데반의 순교로 흩어진 헬라파 유대인 그리스도인들에 의해 설립된 것으로 보인다.

시돈을 떠난 배는 계속해서 해안을 따라 구브로 섬을 옆에 끼고 돌아, 루기아의 무라 항에 정박하게 된다. 시돈에서 무라까지는 구브로 섬 아래쪽을 통과하는 직항 항로가 있었지만, 사람들은 '바람의 거슬림', 즉 '맞바람'을 피하여 안전하게 해안선 가까이로 행선하기를 선택한 것이다. 당시 이집트와 헬라를 잇는 항로의 정규 기항지였던 무라에서 바울 일행은 마침 이탈리아로 출항하는 알렉산드리아 배를 만날 수 있었다. 이 배는 이집트의 곡물을 알렉산드리아로부터 로마까지 수송하는 주요 화물선이었던 것으로 보인다.

율리아는 바울 일행을 이 배로 옮겨 타게 한 후에 계속해서 로마를 향해 항해를 계속한다. 그러나 무라를 떠나면서부터 항해는 어려움에 부딪치게 된다. 역풍이 불기 시작한 것이다. 가까이 있던 니도를 여러

많은 부대들처럼, '황제의 부대'라는 명예로운 명칭을 가질 수 있었던 것으로 보인다.

225) 아드라뭇데노는 드로아의 남동쪽, 앗소의 동편에 위치한 항구였다.

날 만에 겨우 통과하고 계속 역풍을 타고, 서쪽으로 항해하기가 어렵게 되자 방향을 남으로 돌려 그레데 섬의 남쪽 해안을 따라 섬의 중남부에 있는 미항에 닿게 된다. 그곳에서 얼마 안 되는 거리에 라새아 성이 있었다. 여기까지 오는 동안 예상 밖의 여러 날이 소요되었다. "금식하는 절기가 이미 지났으므로"(9절)라는 말은 유대인의 대속죄일을 가리킨다. 이 날은 유대력으로 티슈리(Tishri) 월 10일로, 이 절기는 태양력으로 9월 말에서 10월 초에 해당된다.[226]

당시에 지중해에서의 항해는 대체로 9월 중순부터 11월 중순까지는 매우 위험한 시기로 여겨졌고, 11월 중순 이후부터 이듬해 2월까지는 일기가 매우 불순하여 아예 항해 금지 시기로 분류되어 있었다.[227] 따라서 10절에 나오는 바울의 경고는 타당한 것이었다. "내가 보니, 이번 행선이 하물과 배만 아니라, 우리 생명에도 타격과 많은 손해가 있으리라." 이 시기는 항해하기에 매우 위험한 때였기 때문이다. 그러나 그의 경고는 결정권자들에 의해 묵살되고 만다. 백부장 율리오가 죄인으로 호송되는 바울의 말보다 경험 많은 선주와 선장의 말을 더 따르는 것은 쉽게 이해될 수 있다. 그들은 겨울을 나기 위하여 미항보다는 좀더 유리한 뵈닉스까지 가기로 결정을 내렸다. 뵈닉스는 미항에서 서쪽으로 약 80km 정도 떨어진 같은 그레데 섬의 도시로서, 폭풍을 피할 수 있는 항구를 가지고 있어서 월동하기에 적절한 곳이었다. 게다가 순한 남풍이 불어오자, 그들의 계획은 순조롭게 이루어질 것처럼 보였다. 그러나 그들의 판단은 곧 잘못된 것으로 드러났다. 그들이 신중하게 배를 최대한 그레데 섬 연안에 가까이 붙여 서쪽으로 안전한 항해를 하려고 애썼으나, 곧 그레데 섬으로부터 불어 닥친 강한 북동풍 '유라굴로'가 배의 방향을 지중해 한가운데 쪽으로 몰아갔다. 폭풍이 너무 강해서, 더 이상 배의 방향을 통제할 수

---

226) 부르스(Burce)는 10월에 대속죄일이 오는 해가 주후 59년인 점을 들어, 이 시기를 59년 10월로 추정하고 있다. F. F. Burce, *The Acts of the Apostles* (London : Tyndale Press, 1951), pp. 455-456.

227) 그렇다면 바울 일행이 타게 된 배는 그 해에 있어서 거의 마지막으로 곡물을 운송하는 배였을 것이다.

없었기 때문에, 선원들은 배가 가는 대로 내버려 두는 수밖에 없었다.

그들이 할 수 있는 일은 다했다. 그레데 섬에서 약 23마일 정도 떨어진 가우다 섬을 바람막이 삼아 거룻배를 휘어잡아 갑판 위로 끌어올리고,[228] 파손되는 것을 막기 위해 밧줄로 선체를 동여매었으며, 스르디스의 모래톱에 걸릴까 봐 닻을 내린 채 진행하였다.[229] 심지어 최대한 배를 가볍게 하기 위해 처음에는 꼭 필요한 양만 제외하고 곡식을, 나중에는 배의 장비까지 바다에 다 던져 버렸다. 그럼에도 불구하고 상황은 호전되지 않았다. 나침반이 없던 시기에 해와 별은 선원들이 방향을 잡는 유일한 수단이었는데, 여러 날 동안 해와 별이 보이지 않을 정도의 악천후가 계속되었다. 결국 그들은 살 수 있다는 희망을 잃어버릴 지경에 이르렀다(20절).

이러한 절망 상황에서 희망이 된 사람은 하나님의 사람 바울이었다. 이미 화물과 배 자체는 복구할 수 없을 정도의 손실을 입게 되었지만, 그는 생명의 구원이 하나님으로부터 온다는 사실을 알려 준다 : "나의 속한 바 곧 나의 섬기는 하나님의 사자가 어제밤에 내 곁에 서서 말하되, 바울아 두려워 말라 네가 가이사 앞에 서야 하겠고 또 하나님께서 너와 함께 행선하는 자를 다 네게 주셨다 하였으니"(23-24절). 그는 배의 결정권자들이 절망하여 포기하고 있을 때, 하나님의 말씀과 자신의 사명에 근거하여 그 배의 새로운 중심인물로 부상한다. 하나님의 사자가 바울에게 전해 준 것은 두 가지이다. 하나는 그가 반드시 가이사(황제) 앞에 서야만 한다는 것이다(δεῖ).[230] 이 말은 사도행전 23 : 11에서 이미 전해진 하나님의 계획을 확인해 준다(19 : 21 참조).

---

228) 거룻배는 일종의 구조선인데, 이 작은 배는 배 뒤에 견인되고 있었기 때문에 폭풍 가운데 배의 진행을 방해하고 있었을 뿐 아니라, 풍랑으로 인해 배에 부딪쳐서 파손될 위험에 처해 있었다. 따라서 이것은 배 위로 올려야만 했다.

229) 스르디스(Syrtis)는 모래톱으로 유명한 매우 위험한 곳이었다. 스르디스의 모래톱에 걸리면, 배가 꼼짝할 수가 없었기 때문에 사람들은 특별히 이것을 두려워하였다.

230) 데이(δεῖ)의 신학적 의미에 대해서는 C. H. Cogsgrove, "The Divine DEI in Luke-Acts," Nov T 26(1984), p. 178 참조.

또다른 하나는 바울의 이러한 사명 때문에, 하나님이 그와 함께 배에 타고 있는 사람들의 생명을 하나도 손상됨 없이 보호해 주시리라는 것이다. 바울은 자신의 목숨이 하나님의 손에 달려 있다는 것도, 로마에서 복음을 전하는 것이 하나님의 뜻인 것도 잘 알고 있었다. 따라서 그에게는 어떤 사람도(26 : 17, 21-22), 어떤 세력(여기에서는 바다의 폭풍도)도 이러한 하나님의 계획을 결코 방해할 수 없다는 확고한 믿음이 있었다. 이 확고한 믿음이 절망에 빠진 사람들을 희망으로 이끌 수 있는 원동력이 된다. 그는 반드시 살아남을 것이고, 그와 함께 있는 다른 사람들도 그 때문에 살아남을 것이다 : 하나님의 계획에 따라 "우리가 한 섬에 걸리리라(δεῖ)"(26절).[231] 이로써 바울은 더 이상 수동적인 죄수의 모습이 아니라 배에 탄 사람들에게 자신이 섬기는 하나님의 구원 능력을 보여 주는 영적 지도자로서 나타나고 있다.

보름 가까이 아드리아 해를 표류하던 배가 육지 가까이 다가가고 있다는 것을 가장 먼저 눈치 챈 사람들은 경험 많은 선원들이었다. 고대에는 그레데(크레타)와 시실리 사이의 바다 역시 아드리아 해에 속하였다.[232] 아마도 그들은 파도 소리를 듣고 육지에 다가왔다는 것을 짐작했을 것이다. 그들은 다른 사람들의 눈을 속이고 자신들만 살겠다고 작은 거룻배들을 바다에 내려놓으려 하였다. 이것을 눈치 챈 바울은 백부장에게 이를 알려 그들의 계획을 차단한다. 선원들이 도망간다면, 배에 있는 사람들의 안전을 책임질 수 없었다. 뿐만 아니라 선원들이 거룻배를 이용하여, 그것도 한밤중에 육지에 도달하려는 시도는 암초와 암벽 때문에 위험에 처할 수 있었다. 그러므로 바울이 취한 조처는 배의 승객들뿐만 아니라 선원들의 목숨도 구하는 신중한 행위였다고 볼 수 있다. 바울은 이제 영향력 있는 중심인물로 우뚝 서 있다. 그는 배에 있는 모든 사람들에게 용기를 주는 위로자의 역할을 담당한다. 그는 하나님의 구원이 가까이 온 것을

231) δεῖ는 이 말이 단순한 추측이 아니라 반드시 일어날 예언임을 시사해 준다.
232) 김경진, 「사도행전」, p. 513.

알자, 사람들을 안심시키고 남은 곡식으로 떡을 만들어 배불리 먹도록 권유한다.

바울이 식사하기 전에 하나님께 축사하고, 모든 사람들 앞에서 떼어 나누는 모습은 성만찬의 장면을 연상시킨다(35절). 배에 타고 있던 사람들이 대부분 그리스도인이 아니었으므로, 바울이 여기에서 성찬식을 거행했다고 보기는 어렵다. 그러나 이 구절이 성만찬을 상징적으로 표현하고 있는 것은 분명하다. 적어도 이 식사가 성만찬이 함축하고 있는 구원의 약속을 암시하고 있기 때문이다. "너희 중 머리터럭 하나라도 잃을 자가 없느니라"(34절)는 바울의 선포의 맥락에서 그 나누는 떡이 죽음을 이기신 예수의 승리가 기억되는 성만찬을 연상시킨다고 볼 수 있다(20 : 7-12). 또한 이 단락에서 구원이란 단어가 자주 반복되고 있다는 것도 이 점을 뒷받침해 주고 있다(20, 31, 34, 43, 44 ; 28 : 1, 4). 그렇다면, 그 배에 타고 있는 사람들은 더 이상 예수와 무관한 이방인들이 아니라 하나님의 말씀의 신실함을 함께 목격하는 증인들이 되고 있는 셈이다. 사도행전의 독자들은 이 구절을 통하여 폭풍이 몰아치는 바다로부터 구원하시는 하나님이 바로 그리스도 안에서 궁극적인 구원과 참 영생을 주시는 하나님임을 깨닫게 된다.[233)]

이러한 구원에 참여하는 사람들의 숫자가 모두 276명으로 밝혀진다(37절). 요세푸스에 따르면, 당시에 큰 배는 승객을 약 600명까지 수용할 수 있었다.[234)] 사람들은 떡을 배부르게 먹은 후에, 남은 곡식을 바다에 버려 배가 바닥에 닿을 때 최대한 난파당하지 않도록 조처했다. 배는 바로 해안에 가까이 이르렀다. 바울의 영적 지도력이 그 배의 실질적인 지휘관인 백부장 율리오의 마음까지 감화시킨 것이 분명하다. 배의 뱃머리가 진흙에 박히고 배 후미부터 깨어져 좌초되고 있는 사이, 죄수들의

233) 고대 유대와 헬라 문학에서 바다는 종종 무질서와 혼동의 악하고 적대적인 장소로서 때로는 신들이 인간의 죄악을 벌주는 통로로 간주되었다.

234) 김경진, 「사도행전」, p. 515 재인용.

도망을 우려한 군사들이 그들을 죽이고자 하였을 때, 율리오는 바울을 구하고자 이를 제지한다. 결과적으로 바울에 대한 백부장의 호의 때문에 다른 죄수들도 목숨을 구원 받게 된 것이다. 이는 사도행전 전체에서 드러나고 있는 누가의 변증적 진술 가운데서도 가장 백미를 이루는 부분이라고 할 수 있다. 이로써 22절과 34절에서 말한 바울의 예언은 그대로 성취되었다(44b절). 그의 말대로 배는 파선되었지만, 배에 탔던 사람들은 모두 구조된다.

2) 멜리데 섬에서의 바울(28 : 1-10)

바울과 그의 일행은 안전하게 구조된 후에야 비로소 그들이 상륙한 땅이 이탈리아에서 그리 멀지 않은 멜리데 섬이라는 사실을 알게 되었다(27 : 26 참조). 이 섬의 현재 명칭은 몰타(Malta)로, 당시 섬 주민의 대부분은 페니키아 방언을 사용하는 카르타고인으로 구성되어 있었다. "원주민"(2절)으로 번역된 헬라어 βάρβαροι는 문자적으로는 야만인으로서 헬라어와 라틴어를 할 줄 모르는 사람들을 지칭한다(롬 1 : 14 참조).

거친 풍랑 속에서 사람들을 구조하는 데 중요한 역할을 한 바울이 이 섬에서도 주도적인 역할을 한다. 그가 나뭇가지를 한 아름 모아다가 불 속에 집어넣는 순간, 열기 때문에 독사가 한 마리 튀어나와 그의 손을 물었다. 이것을 보고 원주민들은 즉각적으로 바울이 살인자라고 생각했던 것으로 보인다. 그들의 관점에서 독사에게 물리는 것은 살인과 같은 어떤 극악한 죄악에 대한 형벌이었고, 따라서 공의라는 헬라의 여신이 그 살인자를 그냥 내버려 두지 않을 것이기 때문이었다(4절).[235] 즉, 바울이 바다의 풍랑에서는 가까스로 살아남았지만[236] 독사에게 물려 죽게

---

235) 여기에서 "공의"로 표현된 δίκη는 헬라의 공의의 여신을 의미하는 멜리데 사람들의 명칭이었던 것으로 보인다.

236) 당시 사람들은 '바다에서 풍랑으로 목숨을 잃는 것'은 '죄에 대한 신의 진노의 결과'라 이해하고 있었다.

되면, 그것은 그의 죄 값을 치른 것이었다. 그러나 그들의 예상과는 달리 바울이 아무런 해도 입지 않자(눅 10 : 19 참조), 섬사람들은 바울을 신으로 추앙한다(14 : 11-12). 이처럼 하나님과 동떨어진 이교도의 세계 속에 살던 그들에게 바울은 하나님만이 참된 신임을 보여 주어야만 했다. 그 일은 그 섬의 추장인 보블리오의 아버지의 질병을 치료하는 것으로 시작되었다. 바울이 3개월간 그 섬에 머무는 동안(11절), 그 밖의 많은 사람들이 질병에서 벗어남으로써 하나님의 능력을 체험하였다. 바울은 기적과 표적을 통해 그리스도의 증인으로서의 역할을 감당하고 있는 것이다(2 : 43 ; 5 : 12 ; 14 : 3 ; 15 : 12, 눅 10 : 19 ; 막 16 : 17-18 참조). 그 대가로 바울과 그의 일행은 그 섬사람들로부터 존경과 함께 여행에 필요한 많은 것을 대접받게 되었다.

3) 멜리데 섬에서 로마로의 여행(28 : 11-16)

삼 개월이 지난 후, 바울과 그 일행은 멜리데 섬에서 겨울을 난 알렉산드리아 배를 타고 다시 로마를 향한 항해를 시작했다. 이 배의 뱃머리 장식은 디오스구로였다. '디오스구로'라는 이름은 제우스와 스파르타의 여왕 레다(Leda) 사이에서 태어난 쌍둥이 아들 카스토르(Castor)와 폴록스(Pollux)를 가리키는데, 이들은 당시 뱃사람들의 수호신으로 알려져 있었다. 바울 일행은 시실리 섬의 수라구사에서 사흘, 이탈리아 반도 최남단의 항구 레기온에서 하루를 지낸 후, 알렉산드리아 곡물 수송선단의 최종 종착지인 보디올에 노착한다. 보디올은 당시 이탈리아에서 해외무역의 주 항구였는데, 바울과 그 일행은 여기에서 형제들(=그리스도인들)과 만나 일주일을 함께 보내게 되었다. 이처럼 바울이 상당히 자유롭게 자신의 시간을 사용할 수 있었다는 것은 그가 일반적인 죄수로 취급받지 않았음을 보여 준다. "우리는 이와 같이 로마에 가니라"(14절). 이로써 사도행전 27 : 24의 예언이 실현된다.

로마의 "형제들"이 압비오 광장(로마에서 약 65km 떨어진 광장)과 트레 이스 타베르네(로마에서 약 50km 떨어진 마을)까지 나와서 바울 일행을 맞이해 주었다. 그들은 로마까지 바울을 수행할 것이다. 이 모든 것은 로마에 기독교 공동체(=형제)가 이미 존재했음을 전제한다. 로마 교회의 기원에 대해서는 별로 아는 바가 없지만, 적어도 클라우디우스 황제(주후 41-54년)의 통치 기간에는 그리스도인들이 로마에 존재했음을 알 수 있다. 주후 49년에 내려진 클라우디우스의 유대인 추방명령은 그리스도인들과 연관된 것이 분명하며, 네로가 주후 64년에 일어난 로마의 대화재 사건을 그리스도인들의 소행으로 치부하는 것을 보면, 바울이 로마에 도착하기 전에 로마의 그리스도인들이 이미 로마에 뿌리를 내리고 있었음을 알 수 있다.[237)]

바울은 이 그리스도인들을 보고 하나님께 대한 감사의 마음으로 충만해졌으며 확신을 얻게 되었다. 이제야 비로소 그가 오랫동안 고대해 온 목표에 도달한 것이다. 이제 로마와 로마교회로부터 복음은 "땅 끝까지" (1 : 8) 퍼져 나갈 수 있으며, 퍼져 나갈 것이다. 이 같은 기대는 바울이 로마에 도착했을 때 더욱 강화된다. "바울은 자기를 지키는 한 군사와 함께 따로 있게 허락하더라"(16절). 이 말은 바울이 비록 죄수 신분이었지만, 로마 병사의 감시 하에 비교적 자유로운 독립거처를 가질 수 있었다는 것을 의미한다.[238)] 비록 죄수로 로마에 왔지만, 바울은 세계의 중심지에서 복음을 전할 기회를 얻게 된 것이다.

---

237) 로마서 역시 이미 그리스도인의 존재를 전제하고 있다. 아마도 로마 교회는 사도행전 2장에 기록된 오순절 성령강림을 체험한 순례자들에 의해 세워진 것으로 추정할 수 있다.

238) 유상현은 바울의 이러한 상황을 역사적으로 다음과 같이 설명한다 : "이러한 체류상황은 이른바 '쿠스토디아 밀리타리스'(custodia militaris)라고 일컫는 호의적 조치일 것으로 짐작한다. 이 조치는 피의자가 두 명 이상의 정규 군인의 감시 아래 일정한 민간 주거지역에서 감호되는 것을 의미하는데, 군인에 의해 억류되는 것이 오히려 가벼운 처벌이었다. 이와 비교되는 또다른 억류 조치는 '쿠스토디아 리베라'(custodia libera)라고 일컬어지는데, 이것은 피고인이 사법관 또는 원로원 의원의 사저 감옥에 억류되는 것을 말한다. 이러한 종류의 호의적인 조치들은 피고인들이 살인 등의 중대한 죄과를 범하지 않았을 경우에 적용되었다"(유상현, 「사도행전 연구」, pp. 428-429).

4) 로마에서의 바울(28 : 17-31)

사도행전 28 : 17~31은 사도행전의 종결 부분으로서, 바울의 로마 활동에 관해 보고한다. 그러나 예상되는 바울 재판의 결과보고나, 그의 순교에 대한 내용이 아니라 바울과 로마의 유대인들 간의 대화로 매듭지어지고 있다. 사도행전의 마지막 장면은 크게 세 부분으로 나눌 수 있다 : 유대인들과의 첫 번째 만남(17-22절), 유대인들과의 두 번째 만남(23-28절), 로마에서의 바울의 활동에 대한 요약(30-31절).[239)]

바울과 로마에 거주하는 유대인들과의 첫 번째 만남은 바울의 주도하에 이루어졌다. 그는 먼저 로마에 있는 권위 있는 유대인 지도자들에게 자신에 대해 설명할 기회를 갖고자 한다. 상황은 좀 다르지만, 이것은 바울이 그의 선교 방문지에서 으레 지켜오던 관례였다. 즉, 바울은 어느 도시를 방문할 경우 가장 먼저 유대인들을 찾았고, 그들의 회당에서 우선적으로 복음을 선포했다. 그러나 유대인들이 복음을 거부할 때 비로소 이방인들에게 나아가곤 하였다. 이러한 원칙이 바로 로마 제국의 수도인 로마에서도 그대로 적용되고 있는 것이다. 바울은 로마의 유대인 지도자들을 초청하여, 자신이 왜 죄수의 몸으로 이곳에 서 있는지를 해명한다. 그는 22장부터 26장까지 기록된 재판 내용과 그 결과를 간략하게 요약한다(17-20절). 가장 중요한 것은 "내가 이스라엘 백성이나 우리 조상의 규모를 배척한 일이 없는데"라는 주장이다(17절). 그럼에도 불구하고 그가 예루살렘에서 죄수로 로마인들에게 넘겨진 것은 유대인들의 반대 때문이었다.[240)]

---

239) 로마서의 마지막 장을 보면, 바울이 로마에 있는 그리스도인들과 상당한 친분이 있었음을 알 수 있다(롬 16 : 3-15). 그러나 누가가 이 만남에 대해서 특별하게 보도하지 않는 것은 일면 놀라운 일이다. 아마도 누가에게는 유대교와의 괴로운 논쟁이 이제 바울을 통해서 어떻게 종결되었는지를 보여 주는 것이 더 중요했던 것 같다. 누가가 사도행전을 기록할 당시에는 유대교와의 대결이 매우 심각하고, 중요한 주제였다.

240) 바울이 예루살렘에서 로마인의 손에 넘겨졌다는 말은 실제의 내용과는 좀 다르

바울을 심문한 결과 로마인들은 그가 무죄임을 알고 풀어 주려고 했다. 그런데 유대인들이 반대하는 바람에 하는 수 없이 바울은 황제에게 상소한 것이었다. 그러므로 바울이 황제에게 상소한 이유는 불의를 저지하기 위한 것이지, 결코 유대 민족을 고발하려는 의도가 아니었다. 오히려 바울은 자신이 쇠사슬에 매인 것이 이스라엘의 소망과 연관된 것임을 분명히 한다(20절). 여기에서 예수의 부활에 대한 언급은 없지만, 독자들은 이스라엘의 소망이 메시야 및 그의 부활과 관련된 것임을 산헤드린 앞에서(행 23 : 6), 벨릭스 앞에서(24 : 15), 그리고 베스도와 아그립바 앞에서(26 : 6-8절)의 변론들을 통해 쉽게 간파할 수 있다. 예수의 부활과 연관된 이 민족의 소망이야말로 바울이 재판의 전 과정을 통해 일관적으로 관철시키고자 한 핵심 메시지였다. 바울은 여기에서도 자신이 유대 민족이나 유대교를 거슬린 것이 아니라, 오히려 민족의 소망과 전통에 충실하려다 체포되었다는 점을 강조한다. 바울의 진술에 대한 유대인들의 반응은 그렇게 부정적이지 않았다. 그들은 놀랍게도 예루살렘 당국으로부터 바울에 대한 아무런 편지도 받은 적이 없고, 또한 그에 대한 어떤 불리한 소문도 들은 적이 없었다고 전한다. 심지어 그리스도교에 대한 반대가 있다는 것은 알지만, 그들이 지금까지 그리스도교에 관해 거의 들은 바가 없다는 것이다.[241] 그러므로 그들은 바울에게 직접 그의 사상, 특히 기독교에 대해서 듣기를 원하였다. 이렇게 해서 바울은 세계의 수도에서 유대인들에게 복음을 선포하는 기회를 얻게 된 것이다.

바울과 유대인의 첫 번째 만남이 바울의 주도로 이루어졌다면, 두 번째 만남은 유대인들의 요청에 의해 성사되었다. 바울은 하나님의 나라를

다. 21 : 32~33에 따르면, 바울에게 폭력을 가하려는 유대인들의 손에서 그를 구한 것은 바로 로마인이었다. 그러나 이런 표현은 “예루살렘에서 유대인들이 이같이 이 띠 임자를 결박하여 이방인의 손에 넘겨 주리라”(행 21 : 11)는 아가보의 예언에 상응하며, 특히 21 : 30~36 ; 22 : 22~24 ; 23 : 10, 12, 23~24 ; 24 : 5~7에 기록된 과정의 결과를 반영하고 있다.

241) 역사적인 관점에서 로마의 유대인 공동체가 기독교에 대해 잘 알지 못했다는 진술은 문제가 제기될 수 있다. 특히 오랫동안 로마에 기독교 공동체가 있었다는 사실을 고려할 때 더욱 그러하다(18 : 2 참조).

증언하고(19 : 8), 구약성경을 통해 예수가 약속된 메시야임을 설득하고자 하였다(17 : 2-3 ; 눅 24 : 26-27, 44-47 참조). 하나님의 나라와 예수 그리스도는 그리스도교 선포의 핵심 주제였다. 하나님의 나라가 예수님의 선포 내용이라면, 예수 그리스도는 초대교회의 선포 내용이라고 할 수 있다. 유대인들은 바울의 선포를 듣고 나서 의견이 엇갈렸다. 바울의 선포에 긍정적인 반응을 나타내는 사람들도 있었고, 그의 말을 믿지 않는 사람들도 있었다.[242] 그러나 강조점은 "서로 맞지 아니하여 흩어질 때에"(25a절)라는 말에 주어진다.

여기에서 바울 선교의 익숙한 패턴이 다시 등장한다. 즉, 처음에는 유대인들에게 호응을 받는 듯하더니, 다음에는 저항을 받게 되고, 마침내 이방인에게로 향하게 되는 공식이 재현된다(13 : 42-48 ; 18 : 5-7 ; 19 : 8-10). 복음을 배척하고 흩어지는 유대인들을 향해 바울은 이사야 6 : 9~10을 인용하여 유대 민족의 귀, 눈, 마음의 어두움을 비판한다. 이사야의 소명 환상에서 끌어 온 이 인용문은 이미 복음서(막 4 : 10-12 ; 마 13 : 10-17 ; 눅 8 : 9-10 ; 요 12 : 39-40)에서도 믿지 않음의 수수께끼에 대한 해답을 얻기 위해 인용되고 있다(또한 롬 11 : 8 참조). 따라서 이 인용문의 핵심은 유대인들의 배척으로 말미암아 구원의 복음이 이방인에게 넘어간다는 사실을 설명하는 데 있다 : "그런즉 하나님의 이 구원을 이방인에게로 보내신 줄 알라 저희는 또한 들으리라"(28절). 이방인 선교는 결코 우연이 아니라 이미 구약에서부터 약속된 하나님의 섭리에 속하는 것이다.

바울은 이미 비시디아 안디옥에서(13 : 46), 그리고 고린도에서(18 : 6) 유대인들이 복음을 받아들이지 않기 때문에 이후로는 선교의 대상을 바꾸어 이방인들에게로 향하겠다는 선언을 한 바 있다. 그렇다면 여기에서 유대인 선교의 포기가 선언된 것인가? 그렇지 않다고 본다. 26~27절의 이사야의 인용문은 본래 이스라엘 백성들의 교만과 목 곧음에 대한 서술

---

242) 여기에서 '믿는다'로 번역된 말은 "바울의 말이 이론적으로 옳다."는 것을 인정하는 것이지 "신앙을 가진다."는 의미는 아니다.

적인 묘사이지, 유대인에 대한 심판의 메시지가 아니었다. 따라서 그들이 회개할 수 있는 가능성은 항상 열려 있다. 앞서 나타난 두 번의 이방인 선교 의지 표명(13 : 46 ; 18 : 6) 이후에도 여전히 유대인 선교가 이행되었다는 것이 고려된다면, 하나님의 구원이 이방인을 향하게 되었다는 사실이 반드시 유대인의 구원 가능성을 배제하는 것은 아니다. 바울이 이 문제를 신학적으로 어떻게 해결하고 있는지는 로마서 9~11장 속에 잘 나타나고 있다.

사도행전은 바울이 가택연금의 상태에서 스스로 경비를 부담하며, 그 다음 이 년 동안 아무런 방해도 받지 않고, 아주 담대하게 하나님 나라를 전하고, 주 예수 그리스도에 관한 일들을 가르치며 보냈다는 기록으로 끝맺고 있다(30-31절). 누가는 사도행전의 중요한 전환점마다 간략한 요약문을 첨가시킨 것처럼(1 : 13-14 ; 5 : 42 ; 15 : 35 ; 19 : 20), 사도행전 전체를 하나의 짧은 요약문으로 끝을 맺는다. 비록 바울이 죄수의 몸으로 가택 연금 상태에 놓여 있지만, 로마에서 복음을 전하는 데 아무런 지장을 받지 않는다. 이제부터 복음은 로마로부터 땅 끝까지 전해질 것이다. 바울이 거침없이 복음을 전했다는 것은 사도행전 전체의 의도와 상응한다. 즉 복음은 인간이 만든 모든 편견, 모든 지역적, 사회적, 인종적, 성적, 신학적 장벽들을 극복했던 것이다.

마지막으로 바울의 선포에서 무엇이 핵심 내용인지가 강조된다(31절). 그것은 하나님 나라에 관한 선포이다. 하나님 나라는 사도행전의 시작(1 : 3)과 끝에(28 : 23, 31) 나오는 중요한 개념이다. 하나님 나라의 선포는 사도행전을 복음서의 예수의 이야기와 결합시킨다(19 : 8 참조). 그런고로 주 예수 그리스도에 관한 것을 가르치는 것이 당연하다(2 : 21, 36과 해설, 17 : 2-3 참조). 누가는 아마 이 마지막 표제어로써 그의 첫 번째 글(눅 1 : 1)에 예수에 관하여 수집하고 기록했던 것을 그의 독자들에게 다시 한번 상기시키고 싶었을 것이다.

이 단락에서 가장 중요한 것은 바울의 수감지이며, 마지막 선교지가 바로 '로마'라고 하는 사실이다. 당시 세계의 중심은 단연 로마였다. 로마는 땅 끝은 아니지만, 땅 끝으로 가는 중심지였다. 기독교가 세계로 확산되기 위해서는 먼저 세계의 중심지인 로마에서 복음의 씨가 성공적으로 심어져야 한다. 복음의 세계화 혹은 세계의 복음화는 아직 이루어지지는 않았다. 그러나 "담대하게" 그리고 "거침없이"라는 부사는 한 이야기의 끝맺음이라기보다는 하나님의 구속사의 완성이라고 하는 궁극적인 목표를 비전속에 확신하면서, 그 구체적인 실현 과정을 계속 써 내려가야 한다는 "열린 마침"이라고 할 수 있다. 사도행전 28장은 아직 끝나지 않았다![243]

바울이 죄수의 몸으로 로마로 간 것은 황제에게 상소하였기 때문이었다. 그러나 바울의 재판 결과에 대해서는 아무런 언급이 없다. 누가에게는 복음이 예루살렘으로부터 로마로까지 전해지는 과정이 중요하지, 하나님이 선택하신 인간의 운명은 그리 중요하지 않다. 바울이라는 인물의 위대함이 아니라, 하나님이 역사 속에서 활동하던 방식을 알리는 것이 저자에게는 더 중요하였다. 사도행전에서 바울은 누가의 구원사적 구도(1 : 8)에서 매우 중요한 역할을 담당한다. 그러나 복음 선포의 주체는 바울이 아니라 하나님이시다. 누가는 교회의 선교와 복음의 확장이 인간이 아니라 오직 하나님의 섭리 속에서 이루어진 것임을 보여 주고자 한다. 이런 의미에서 누가는 교회의 역사를 케리그마적으로 기술하고 있는 것이다.

243) 사도행전의 결말 해석에 대해서는 유상현, 「사도행전 연구」, pp. 232-251 참조.

제 4 부

신학으로서의 사도행전

사도행전의 역사적 가치에 대한 격렬한 논쟁 속에서도 모든 학자들이 동의하는 한 가지는 누가가 신학자라는 사실이다. 그는 사도행전을 단순히 흥미로운 이야기로 쓰고 있거나, 후대의 사람들에게 역사적 자료를 남기기 위해 기록하지 않았다. 누가의 관심은 하나님이 어떻게 초기의 교회 역사 안에서 예수 그리스도와 성령을 통하여 활동하셨는가를 보여주는 데 있었다. 물론 사도행전에 나타난 신학적 주제들을 규명하는 것은 그리 쉬운 일이 아니다. 가벤타(Gaventa)는 사도행전의 신학을 밝히기 위해 최근의 연구에 적용된 4가지 방법론을 소개하고 있다. 1) 자료에 대한 누가의 편집에 주목하는 방법, 2) 연설에 나타난 누가의 의도를 살펴보는 방법, 3) 승천기사나 오순절 이야기와 같은 핵심 본문의 의미에 중점을 두는 방법, 4) 구원사나 약속-성취 구조 등과 같이 특별한 주제를 강조하는 방법이다.[1] 그러나 이러한 방법론들은 서로 배타적이지 않고, 상호 보완적인 연관성을 지닌다.

---

1) B. Gaventa, "Toward a Theology of Acts : Reading and Rereading," Int 42(1988), pp. 146-157.

1. 역사의 주체로서의 하나님

누가-행전의 전체를 관통하는 가장 기본적인 사상은 예수 안에서 하나님의 약속이 성취되었다는 사실이다. 그 이유는 예수의 이야기(누가복음)와 초기 교회의 이야기(사도행전) 안에서 하나님이 역사의 유일한 주인으로 나타나셨기 때문이다. 누가에 의하면 역사의 주체는 하나님이시고, 역사란 하나님이 자신의 목적을 이루어 가시는 무대이다. 즉, 초기 기독교의 사건들은 하나님의 인도에 따라 발생한 것이며, 본래의 하나님의 구원 목적을 구현한다는 것이 누가의 관점이다.

이미 복음서의 처음과 마지막에 이러한 성취 사상이 나타난다 : "우리 가운데 '이루어진' 사실들에 대하여"(눅 1 : 1, 사역) ; "내가 전에 너희와 함께 있을 때에 너희에게 말하기를 모세의 율법과 예언서와 시편에 나를 두고 기록한 모든 일이 반드시 '이루어져야' 한다"(눅 24 : 44, 사역). 여기에서 성취되어야 할 일은 예수의 죽음과 부활, 그리고 보편적인 복음전파이다(눅 24 : 46-48). 이러한 예언과 성취의 사상이 사도행전에도 그대로 연결된다. 사도행전 1 : 8에서 예루살렘으로부터 로마로의 복음 확장이 약속된 이후에, 사도행전의 마지막 부분에서 바울은 다음과 같이 말한다. "그런즉 하나님의 이 구원(τοῦτο τὸ σωτηρία)이 이방인에게로 보내어진 줄 알라"(28 : 28). 전체적으로 예수의 죽음과 부활을 통해 세워진 복음이 유대인에서 이방인으로 넘어가는 과정에서 하나님의 목적이 성취되는 구조를 보이고 있다. 누가-행전의 전체적인 틀 안에서 파악되는 이러한 성취 사상은 도처에 산재해 있다. 먼저 하나님의 계획과 목적을 강조하는 동사들이 많이 나타난다. 하나님은 성경(구약)에서 예언된 사건들을 이루신다(πληρόω : 행 1 : 16 ; 3 : 18 ; 13 : 27 ; 14 : 26 ; 눅 1 : 20 ; 4 : 21 ; 21 : 24 ; 22 : 16 ; 24 : 44 참조). 하나님이 "역사의 시기와 지역의 경계"(행 17 : 26)는 물론이고 개인의 운명을 결정하신다(ὁρίζω : 행 2 : 23 ; 10 : 42 ; 17 : 31 ; 눅 22 : 22 참조). 하나님이 개인 삶의 목적을 지정하시며(τίθημι : 행 13 : 47), 사람들의 지상에서의 삶(행 22 : 10)과 영원한 생명(행 13 : 48)을 정하신다(τάσσω). 또한 하나님의 계획(βουλή : 행 2 : 23 ; 4 : 28 ; 5 : 38-39 ; 13 : 36 ; 20 : 27 등)이나, 뜻(θέλημα : 행 21 : 14 ; 22 : 14 등)을 의미하는 명사들도 많이 나타난다. 더 나아가 누가는 하나님께서 자신의 선택과 목적에 의해 일어나는 사건들을 예정하신다는 것을 보여 주는 어휘들을 자주 사용한다(행 1 : 16 ; 3 : 20 ; 4 : 28 ; 7 : 52 ; 10 : 41 ; 13 : 24 ; 22 : 14 ; 26 : 16 등). 그러나 하나님의 섭리를 표현하기 위해 누가가 사용하는 가장 중요한 동사는 "반드시 …해야 한다"(must) 또는 "…하는 것이 필요하다"(necessary)라는 의미를 지닌 '데이'(δεῖ)라는 조동사이다. 이 동사는 신적인 필연성을 강조해 준다. 누가복음에서 주로 예수의 죽음과 부활의 필연성을 표현하기 위해 사용된(눅 9 : 22 ; 13 : 33 ; 17 : 25 ; 24 : 7, 26 ; 행 17 : 3 참조) 이 동사는 초기 교회의 활동과도 연관된다. 예수를 배반한 유다는 다른 사람으로 대체되어야 한다(행 1 : 22). 바울은 로마를 방문해야만 한다(행 19 : 21 ; 23 : 11 ; 25 : 10 ; 27 : 24). 그리스도인들은 고난을 당해야 하고(행 14 : 22), 바울은 그리스도의 이름으로 고난당해야 한다(행 9 : 16). 결국에는 이방인들에게 가게 될 하나님의 말씀이 먼저 유대인들에게 전해져야 한다(행 13 : 46). 누가의 이러한 어휘 사용은 초기 교회의 역사의 배후에 하나님의 분명한 목적이 있고, 그 목적은 반드시 이루어져야 한다는 사실을 지적해 준다. 역사 속에 나타난 하나님의 모든 행위는 그분의 구원 의지가 분명하게 드러나는 목적지향적인 사건이다.

구약에 이미 예언된 하나님의 궁극적인 목적은 예수 안에서 유대인과 이방인으로 구성된 하나의 공동체를 세우는 것이다. 그러나 먼저는 "유대인에게요, 그리고 이방인에게"(롬 1 : 16)라는 구원사적인 원칙이 유지된다. 예루살렘에 있는 유대인들에게 먼저 복음이 전해진 후(행 1-8장)에야 비로소 사마리아와 이방인들에게 복음이 전해질 수 있었고, 이방인의 선교사 바울이 유대인에게 먼저 복음을 전한 후 유대인들에 의해 거부되고 나서야 비로소 이방인들에게 가는 것도 이러한 이유이다. 그러나 분명한 것은 전 세계에 복음이 전해지는 것이 하나님의 뜻이었다(눅 24 :

46-47 ; 행 1 : 8 ; 3 : 25). 그렇다면, 이방인들이 복음을 받아들인 것은 결코 우연한 일이 아니라 하나님의 본래 계획에 속한 것이었다.

이러한 하나님의 계획은 갑작스럽게 나타난 것이 아니라 구약성경에 미리 약속된 것이다. 예수의 수난과 부활을 포함하는 수많은 사건들(행 3 : 18), 오순절 날 성령의 부으심(행 2 : 16-21), 이방인을 위한 사역(행 15 : 15-17 ; 28 : 25-28 ; 눅 24 : 45-47 참조) 등 모두가 구약성경에서 이미 약속된 것들이다. 이러한 약속과 성취의 구조는 바울이 비시디아 안디옥에서 행한 설교에서 잘 드러난다(13 : 16-41). 거기에 보면 예수가 정죄 받은 것이 구약의 예언자들의 말을 이루는 것이고(29절), 예루살렘에 사는 사람들과 그들의 지도자들은 예수에 관해 성경에 기록된 모든 것을 행한 것이며(29절), 예수의 부활 역시 구약 예언의 성취임이 분명하게 드러난다. 이처럼 예수 안에서 일어난 현재의 경험과 구약성경과의 연결은 하나님이 언약의 백성 이스라엘을 위해 하신 일과 하나님이 예수 안에서 행한 일 사이에 있는 구속사의 연속성을 강조해 준다. 따라서 이러한 약속-성취의 구조는 하나님의 주권뿐만 아니라 하나님의 약속에 대한 신실성도 증언해 준다. 하나님은 과거에 하신 모든 약속을 지키셨고, 따라서 앞으로 남아 있는 모든 약속들도 계속해서 지킬 수 있는 신뢰할 수 있는 분이시다.

하나님의 인도하심에 대한 술어들도 마찬가지로 역사의 주인으로서 하나님의 신실하심을 증언해 준다. 하나님은 성령을 통하여(8 : 29, 39 ; 10 : 19 ; 11 : 12 ; 13 : 2-4 ; 16 : 6-7 ; 19 : 21 ; 20 : 22-23, 28), 예언자들을 통하여(11 : 28 ; 21 : 11), 천사들을 통하여(5 : 19 ; 8 : 26 ; 10 : 3, 7, 22 ; 11 : 13 ; 12 : 7-15, 23 ; 27 : 23-24), 그리고 환상을 통하여(10 : 3 ; 10 : 11-19 ; 11 : 5-10 ; 16 : 9-10) 사람들을 인도하신다. 특히 하나님은 바울의 소명(행 9 : 3-19) ; 22 : 6-16 ; 26 : 12-18)을 통하여, 그리고 그의 기적을 통하여(13 : 6-12 ; 14 : 8-10 ; 16 : 16-40 ; 20 : 7-12 ; 28 : 3-6, 7-9) 일하신다 : "하나님이 바울의 손으로 놀라운 능력을 행하게 하시니"(19 : 11). 이러한 하나님의 계속적인 인도하심은 지금

까지 일어난 일들을 섭리하신(2 : 23 ; 4 : 28) 하나님이 여전히 현재의 일도 주관하고 계시다는 강력한 증거가 된다.

2. 세상의 구원자로서의 예수

사도행전에 의하면 나사렛 예수는 구약에 이미 예언된 메시야(=그리스도)이며, 하나님의 구원목적을 그의 십자가와 부활을 통해 이룬 유일한 구세주이다.[2] 사도행전의 많은 선교설교에서 예수의 수난과 죽음, 그리고 부활에 대한 언급들이 빈번하게 등장한다(행 3 : 13-26 ; 5 : 30 ; 10 : 39 ; 13 : 27-28 ; 또한 행 4 : 8, 10-11 ; 4 : 25-28 ; 8 : 32-35 ; 17 : 3 ; 20 : 28c ; 26 : 23 참조). 또한 부활하시고, 하나님의 우편에 앉아 계신 주님은 살아 있는 자와 죽은 자의 재판장으로서(행 10 : 42) 세상을 공의로 심판하시고(행 17 : 30-31), 만물을 회복하시기 위해(행 3 : 21) 다시 오실 것이다.

사도행전에 나타난 누가의 기독론을 이해하기 위해서는 베드로의 오순절 설교를 살펴보는 것이 유익하다(2 : 14-36). 거기에서 나사렛 예수는 하나님이 정하신 메시야로 표현된다(행 2 : 22). 하나님의 계획에 따라 예수는 십자가에 못 박혔지만(행 2 : 23), 하나님께서 그를 죽은 자들로부터 살리시고(행 2 : 24), 자신의 오른쪽에 앉히셨다(행 2 : 33). 결론은 36절에 나온다. “너희가 십자가에 못 박은 이 예수를 하나님이 주와 그리스도가 되게 하셨느니라” 즉, 그를 구원자로 삼으신 것은 하나님의 결정이며, 구약성서에 나타난 하나님의 계획에 따른 것이었다(10 : 34-43 참조). 하나님이 나사렛 예수를 온 우주의 주님으로 높이셨기 때문

---

2) 마태복음이나 마가복음에서 전혀 사용된 적이 없는 ‘구세주’(σωτῆρ)와 ‘구원’(σωτηρία)이라는 단어가 누가복음에서 8번, 사도행전에서 9번이나 나오는 것은 이미 예수와 구원의 밀접한 관계를 보여 준다(눅-1 : 47, 69, 71, 77 ; 2 : 11, 30 ; 3 : 6 ; 19 : 9 / 행-4 : 12 ; 5 : 31 ; 7 : 25 ; 13 : 23, 26, 47 ; 16 : 17 ; 27 : 34 ; 28 : 28).

에, 그의 이름을 부르는 자는 누구든지 구원을 얻고(2 : 21 ; 4 : 12), 성령을 선물로 받을 수 있다(2 : 38).

그러나 여기에서 주목할 점은 구원을 위해 예수의 죽음이 중요하게 다루어지지 않고 있다는 것이다. 바울의 경우처럼, 예수의 죽음이 죄를 위한 희생으로서 강조되는 것이 아니라, 다만 회개하지 않는 유대인들의 불순종의 결과로서 이해된다(행 2 : 22-23 ; 3 : 13b-15a ; 4 : 10 ; 5 : 30b ; 10 : 38-39 ; 13 : 27-29). 물론 사도행전에 십자가의 구원론적 의미가 전혀 없는 것은 아니다(행 20 : 28 ; 눅 22 : 19-20도 참조). 그러나 분명한 것은 예수의 부활이 사도행전의 기독론의 중심에 있다는 것이다(행 3 : 15, 26 ; 4 : 2, 33 ; 17 : 18, 32 ; 23 : 6-9 ; 24 : 15, 21 ; 26 : 8, 23 참조). 예수의 구원은 주로 그분의 고난과 죽음 때문이 아니라, 그분의 부활과 높아지심(행 2 : 21, cf. 7 : 56, 60), 그리고 계속적인 주 되심(행 3 : 20-21 ; 17 : 31)을 통해서 온다. 하나님이 예수를 주로 높이셔서, 죄를 사하고, 구원을 줄 수 있는 권한을 주셨기 때문이다.[3)]

사도행전의 기독론과 연관된 논점 중의 하나는 예수의 부재 문제이다. 이 문제에 대한 대답은 주로 누가가 기술한 예수의 승천 이야기를 어떻게 이해하느냐에 따라 달라진다. 승천은 예수의 떠나심인가? 아니면 주님으로서의 높아지심인가? 사도행전에서 지상적 예수와의 결별은 성령이 이 땅에 오시기 위한 조건이다. 그러나 예수의 떠나심은 재림 때까지 이 땅에서의 그의 부재를 의미하는 것은 아니다. 누가에 의하면 하나님이 하늘에 계시지만, 우리 안에서 살고 움직이고 존재하는 분이신 것처럼(행 17 : 28), 예수도 하나님의 오른 편에 앉아 계시지만(행 7 : 56), 이 땅에서 여전히 활동하실 수 있는 분이시다. 그의 육체상의 부재는 그의 구원 능력을 결코 과거의 일로 돌리지 않는다. 오히려 사도행전에서 예수의 부활에 대한 강조는 그의 살아 있는 현존과 교회 선교의 능동적인 참여를 반영한다.[4)] 맥라이(MacRae)는 사도행전에서 승천하신 주님이 그리스도

3) 바울의 소명 이야기에서 나타나는 것처럼, 예수의 부활은 또한 선교의 전제요, 근거가 된다(행 9 : 3-19a ; 22 : 6-16 ; 26 : 12-18).

인들과 계속해서 접촉하는 4가지 방식을 제시한다.[5] 첫째로 예수는 성령의 사역을 통하여 제자들(특히 바울)을 계속해서 인도하신다(행 7 : 55 ; 9 : 3-6, 10-16 ; 23 : 11). 그래서 성령이 "예수의 영"이라고 불리기도 한다(행 16 : 7). 둘째로 예수의 이름이 예수의 실재와 능력을 전달하는 의미에서 계속적으로 불리어진다. 구원(행 2 : 21 ; 4 : 12), 치유(행 3 : 6 ; 4 : 8-12, 30), 그리고 죄용서(행 2 : 38 ; 10 : 43)가 예수의 이름으로 행해진다.[6] 셋째로 예수는 복음의 선포, 즉 복음의 메시지를 통하여 현존하신다(행 13 : 26). 곧 예수 자신이 사도들의 선포 속에서 말씀하신다(행 3 : 26). 넷째로 예수는 선포하고, 기적을 행하고, 심지어 자신과 유사한 방식으로 고난당하는 제자들의 삶 속에서 함께하신다.

사도행전에서 예수가 주시는 구원은 매우 현재적이고 포괄적이다. 누가는 구원의 미래적인 측면보다는 현재적인 측면을 강조한다. 구원이 영원한 생명(행 13 : 48)과 최후의 심판으로부터의 구원(행 2 : 19-21)을 포함하고 있는 것은 사실이지만, 일반적으로 현재 누리는 죄사함(행 2 : 38 ; 3 : 19 ; 5 : 31 ; 13 : 38-39)과 성령의 선물(행 2 : 11)이 부각된다. 그러나 구원은 또한 질병의 치유(행 3 : 7-8 ; 4 : 8-12 ; 28 : 7-9), 무지한 자의 계몽(행 3 : 17 ; 13 : 27 ; 17 : 30), 감옥으로 부터의 구조(행 12 : 4-11 ; 16 : 30-31), 물질적인 빈곤으로부터의 해방(행 4 : 33-34), 사단의 세력으로부터의 자유(행 5 : 16 ; 16 : 16-18 ; 19 : 11-20 ; 26 : 17-18), 그리고 자연 재난으로부터의 보호(행 27 : 21-26, 31-44)와도 연관된다. 따라서 구원의 은혜에 대한 각각의 표현들은 우주적인 회복(행 3 : 21)에 대한 성경의 약속을 지키시는 하나님의 신실성을 반영해 준다.

---

4) R. O' Tooλє, *The Unity of Luke's Theology*, GNS 9 (Wilmington : Glazier, 1984), pp. 38-61.

5) G. W. MacRae, "'Whom Heaven Must Receive Until the Time' : Reflections on the Christology of Acts," Int 27(1973), pp. 151-165.

6) 이 밖에도 말씀전파(4 : 17-18 ; 8 : 12 ; 9 : 27), 세례(10 : 48 ; 19 : 5), 고난(15 : 26 ; 21 : 13), 축귀(16 : 18) 등이 예수의 이름과 연관된다. 셈적 전통에 따르면, 예수의 이름은 그분 자신을 의미한다.

그렇다면, 예수가 주시는 구원은 어떻게 받을 수 있는가? 물론 구원을 얻기 위한 어떤 구체적인 단계들이 존재하는 것은 아니다. 그러나 구원을 위한 몇 가지 요구들이 제시된다. 먼저 복음의 말씀을 들어야 한다(행 2 : 22 ; 7 : 2 ; 8 : 6 ; 13 : 7, 16 ; 15 : 13 ; 19 : 10 ; 28 : 28). 그리고 회개해야 한다(행 2 : 38 ; 3 : 19 ; 5 : 31 ; 8 : 22 ; 17 : 30 ; 20 : 21 ; 26 : 20). '회개'(μετάνοια)란 문자적으로 마음이나 뜻을 바꾸는 것을 의미하지만, 더 나아가 행위를 동반하는 삶의 변화를 포함한다. 즉, 회개란 죄의 통치로부터 하나님의 통치로의 전인격적인 돌이킴을 의미한다(행 3 : 19 ; 9 : 35 ; 11 : 21 ; 20 : 21 ; 26 : 20). 또한 세례를 받아야 한다(행 2 : 41 ; 8 : 38 ; 9 : 18 ; 16 : 15, 33 ; 19 : 1-5). 세례는 "예수의 이름으로" 주어지고, 예수를 우리의 구세주요, 주님으로 받아들인다는 고백의 가시적인 증거이다. 따라서 이미 믿음을 전제로 한다. 이런 의미에서 하나님의 은혜에 대한 반응으로서, 믿음의 중요성이 강조되는 것은 당연하다(행 3 : 16 ; 8 : 12-13, 37 ; 11 : 17, 21 ; 13 : 12 ; 14 : 23 ; 15 : 11 ; 18 : 8).

3. 선교의 주체요, 동력으로서의 성령

누가-행전에서 성령이 얼마나 중요한 역할을 하는지는 앞에서 이미 언급했다.[7] 성령이 헬라 사상에서는 사람들 안에서 역사하는 어떤 힘으로 간주되는 반면에, 구약에서는 사람들 밖에서 활동하는 독립적인 실체로서 이해된다. 그러나 누가의 성령 이해는 이러한 헬라적 사고와 히브리적 사고를 동합하면서도, 동시에 넘어서고 있다고 할 수 있다. 누가에 따르면 성령은 인격적인 존재이다. 성령은 말씀하시고(행 8 : 29 ; 10 : 19 ; 13 : 2), 사람들을 인도하신다(행 13 : 4 ; 15 : 28 ; 16 : 6-7). 사람들은 하나님의 영을 속일 수 있고(행 5 : 3), 시험할 수도 있고(행 5 : 9), 성령에게 저항할 수도 있다(행 7 : 51). 성령은 사도들과 제자들의 모든 활동 안에서

7) 본서의 "누가복음과 사도행전의 관계" 참조.

주체적이고 능동적으로 일하신다. 그러나 또한 성령은 교회의 선교 사역을 위한 능력으로 충만하게 부어지기도 한다(행 2 : 4 ; 4 : 8, 31 ; 6 : 3, 5 ; 7 : 55 ; 9 : 17 ; 11 : 24 ; 13 : 9). 오순절 이후에 성령은 어떤 특정한 사람이 아니라 모든 사람들에게 주어진다. 성령은 믿는 자들에게 예수의 증인으로 살 수 있는 결정적인 동력이 되신다(행 1 : 8).

사도행전에서 강조하는 성령의 역할은 예수의 제자들로 하여금 증인이 되게 하는 일, 즉 선교와 긴밀하게 연관된다. 교회는 주체적으로 일하는 존재가 아니라 성령을 통하여 일하는 존재이다. 성령은 그리스도인들이 선교적 소명에 순종할 수 있도록 모든 필수적인 자원을 제공해 주신다. 그렇게 함으로써 성령은 제자들과 교회로 하여금 예수가 지상생활에서 시작한 행위와 가르침을 계속할 수 있게 하신다(행 1 : 1-8). 성령은 말씀을 설득력 있게(행 4 : 8), 그리고 담대하게(행 4 : 29-31 ; 9 : 27, 29 ; 19 : 8 ; 28 : 31) 전할 수 있는 능력을 주신다. 전에는 연약하고, 비겁했던 제자들(특히 베드로)이 담대하게 복음을 전할 수 있었던 배경에는 성령의 능력 이외에는 다른 대답이 없다. 또한 성령은 말씀을 선포하는 제자들에게 많은 표적과 기적을 행할 수 있는 능력을 주신다(행 5 : 12-16 ; 8 : 13 ; 14 : 3). 이러한 표적과 기적들은 제자들이 전하는 말씀이 진리이고, 그 배후에는 하나님이 계심을 입증해 준다. 말씀과 표적의 근원으로서 성령은 예수 그리스도에 의해 제공된 구원을 얻게 하는 실질적인 역할을 수행한다. 또한 성령은 공동체를 근본적으로 변화시키는 변화의 주역이시기도 하다. 자신의 소유물을 나눌 수 있는 용기(행 2 : 44-45 ; 4 : 32-5 : 11 ; 6 : 1-6 ; 11 : 27-30), 그리고 도시의 문화를 변혁시키는 능력의 배후에 성령이 계심을 부인할 수 없다(행 19 : 17-20).

이 성령을 어떻게 받을 수 있는가? 오순절 설교에서 베드로는 회개하고, 예수의 이름으로 세례를 받고, 죄 용서를 받으면, 성령을 선물로 받을 것이라고 선언한다(행 2 : 38). 여기에서 성령의 선물이 회개 및 세례와 긴밀하게 연관되어 있음을 알 수 있다. 물론 사도행전에는 순서가 뒤바뀌는 경우도 나온다. 세례를 받고 어느 정도 시간이 지난 후 안수와 함께 성령을 받은 경우가 있고(행 8 : 14-17), 세례와 안수 직후에 바로 성령을 받은 경우도 있으며(행 19 : 1-7), 세례 받기 전에 내적인 믿음에 대한 하나님의 반응으로서 성령을 받은 경우도 있다(행 10 : 44-48). 그러나 순서나 시간상의 차이가 있더라도 회개, 세례, 그리고 성령의 선물이 늘 함께 가는 것임을 누가는 강조하고 있다. 또한 사도행전에는 성령과 기도가 매우 밀접한 연관성을 가지고 있음을 보여 준다(행 1 : 14, 2 : 1-4 ; 4 : 31 ; 8 : 15-17 ; 10 : 30-48). 예수가 기도하는 중에 성령을 받은 것처럼(눅 3 : 21-22), 제자들도 기도하면서 성령을 기다렸으며(행 1 : 14), 기도의 응답으로 성령 충만해졌다(행 4 : 31). 베드로와 요한도 사마리아인들의 성령 받기를 위해 먼저 기도하였다(행 8 : 15). 누가에 의하면 성령의 선물은 구원의 한 측면이다. 인간이 성령을 마음대로 할 수 있는 것이 아니라, 예수가 원하는 자들에게 주시는 선물이다. 즉, 성령은 주님께서 회개하고, 믿음을 가지고, 세례를 받고, 기도하는 사람들에게 주체적으로 내려 주시는 은혜로만 받을 수 있는 것이다.

사도행전에서 성령은 예수의 사역과 처음 교회들의 활동을 연결시켜 주는 중요한 다리 역할을 한다. 예수와 함께하신 성령은 지금 여기에서 여전히 교회와 함께하신다. 따라서 예수를 진정 주님으로 섬기고, 새로운 선교 상황에서 성령의 이끄심을 받는 공동체는 여전히 예수와 연결된다. 성령이야말로 하나님의 구원 역사의 연속성을 보증해 주고, 누가복음과 사도행전의 내용을 연결해 주는 중요한 고리가 된다.

4. 하나님의 백성으로서의 교회

사도행전에서 교회는 하나님의 백성이다. 이런 의미에서 과거의 하나님 백성으로서의 이스라엘과 연속성을 지닌다. 그러나 성령을 통하여 하나님이 직접 세우신 교회는 더 이상 유대인만의 공동체가 아니라 유대인과 이방인으로 구성된 공동체이다. 교회 안에서 유대인 그리스도인들과 이방인 그리스도인들이 두 개의 하나님 백성으로 존재하는 것이 아니라, 그들이 하나의 하나님 백성(=참 이스라엘)이 된다. 누가에 의하면 이러한 교회의 탄생은 갑작스러운 또는 우연한 사건이 아니라, 이미 구약에 예언된 창조주 하나님의 계획과 목적에 따른 것이다. 그러므로 교회의 설립은 하나님의 구원사의 한 과정이며, 동시에 약속의 신실하심의 한 표현이다.

사도행전의 첫 부분에서 이미 하나님 백성의 보편성이 부각된다. 이스라엘의 회복을 묻는 제자들에게(행 1 : 6) 부활하신 예수는 새로운 공동체의 구성원들이 예루살렘으로부터 땅 끝까지에서 모아진 모든 민족이 될 것이라고 대답한다(행 1 : 8). 세계 각처에서 모여든 오순절 사건의 목격자들의 목록은 성령의 강림과 세계 선교와의 긴밀한 연관성을 암시해 준다(행 2 : 9-11). 그러나 성령의 강림과 함께 시작된 하나님의 백성은 "먼저는 유대인에게, 그리고 또한 이방인에게"(롬 1 : 16)라는 구원사적 순서에 따라 모아진다. 사도행전의 첫 부분이 유대인으로 구성된 예루살렘 교회의 이야기로 시작되는 것도 이런 연유이다(행 1-8장). 지상적 예수의 증인들일 뿐만 아니라, 예수의 부활과 승천의 증인들이기도 한 열두 사도들이 이스라엘과 예수와의 연속성을 보증해 준다.[8] 누가는 이 예수살렘 교회를 주로 일치의 공동체로 묘사한다. 물론 문제가 전혀 없었던 것은 아니지만, 대체로 기도의 일치, 성만찬의 일치, 가르침과 행위의 일치, 더 나아가 사회적이고 경제적인 일치가 강조된다(행 2 : 42-46 ; 4 : 32-35). 이러

8) 누가에게 열두 사도는 교회의 원형이라고 할 수 있다. 그들은 지상적 예수의 목격자들(눅 6 : 12-16)이며, 이스라엘의 대표자들(눅 22 : 30)일 뿐만 아니라, 부활하신 예수의 파송명령을 받은 장본인들이다(24 : 47). 더 나아가 그들은 승천의 목격자이며(24 : 48 ; 1 : 21-22), 성령강림의 약속을 받은 자들이다(눅 24 : 49 ; 행 1 : 8). 따라서 그들은 예수 사건의 가장 중요한 증인들이며, 예수 전승의 가장 탁월한 전달자들이다. 이런 의미에서 그들은 예수의 시대와 교회의 시대 간의 연속성을 보증해 준다. 누가가 사도그룹을 '열둘'로 제한하는 것도 이러한 연속성과 연관된다. 그에 의하면 지상적 예수와 함께 있었던 사람으로서 예수의 부활을 증언할 사명을 가진 자들만이 사도의 반열에 들 수 있다(1 : 21-22). 이런 의미에서 바울은 사도 그룹에서 제외된다. 왜냐하면 바울은 지상적 예수의 증인이 아니라 부활하신 주님에 의해 부름 받은 자이기 때문이다. 열두 사도는 예수 전승의 보증인들이고, 처음 교회에 전달해 준 그룹이기 때문에 역사적으로나 신학적으로 일회적인 현상으로 남아 있다.

한 일치를 통해 누가는 성령에 의해 주도된 사도들이 먼저 이스라엘을 하나님의 백성으로 모았다는 사실을 보여 주려고 한다. 사도행전 5 : 11에서 처음으로 '교회'라는 단어가 나오는 것도 이런 의도와 무관하지 않다.

그러나 하나님의 백성으로서의 교회는 유대인들로만 구성될 수 없다. 일곱 지도자들의 선출(행 6 : 1-7)과 에디오피아 내시의 세례 이야기(행 8 : 26-40), 그리고 바울의 회심 이야기(행 9 : 1-9)가 이방인들도 하나님의 백성으로 유입되는 것이 하나님의 목적임을 알려 준다. 특히 고넬료의 개종 이야기(행 10 : 1-11 : 18)는 이방인들이 하나님의 보편적 구원계획에 포함되어 있음을 분명하게 보여 준다. 이방인들에게도 성령이 임했다는 보도는(행 10 : 44) 사도행전 1 : 5에 나타난 예수의 약속의 성취일 뿐만 아니라(행 11 : 16), 예루살렘의 오순절 성령강림처럼 하나님의 구원계획의 새로운 단계를 제시한다. 예루살렘의 유대인 그리스도인들도 이러한 새로운 통찰을 기쁨으로 받아들이고, 하나님의 뜻에 따라 이방인도 구원에 참여한다는 사실을 받아들인다(행 11 : 1-18). 안디옥 교회(행 11 : 19-30)는 유대인과 이방인으로 구성된 최초의 교회로 제시된다. 안디옥 교회에서 처음으로 '그리스도인'이라고 불렸다는 보도는 유대인과 이방인으로 구성된 교회의 정체성을 분명하게 확인해 준다(행 11 : 26). 예루살렘 사도회의는 이방인 선교가 궁극적으로 허용되었음을 의미한다. 예루살렘 교회의 수장인 야고보가 인용한 구약의 말씀은 하나님이 본래 계획하신 백성이 이방인을 포함하고 있음을 분명하게 확인해 준다 : "이후에 내가 돌아와서 다윗의 무너진 장막을 다시 지으며, 또 그 허물어진 것을 다시 지어 일으키리니, 이는 그 남은 사람들과 내 이름으로 일컬음을 받는 모든 이방인들로 주를 찾게 하려 함이라 하셨으니, 즉 예로부터 이것을 알게 하시는 주의 말씀이라"(행 15 : 16-18). 이제부터 사도행전의 시각은 베드로를 중심으로 한 사도들로부터 선교사 바울에게로 옮겨진다.[9] 바울의 선교에서도 "유대인에게 먼저"라는 공식은 유효하다. 바울은

9) 바울은 누가 공동체의 신앙에 영향을 준 두 번째 기독교 세대의 대표자로서 나타난다. 그는 열두 사도들처럼 지상적 예수의 목격자는 아니지만, 결코 열둘에 비해 열

먼저 유대인들에게 복음을 선포한다(행 13 : 45-48 ; 18 : 5-7 ; 28 : 17-28). 그러나 유대인들의 대부분은 구원을 받아들이지 않는다. 그들의 거부는 복음이 이방인들에게 전해지는 계기가 된다. 바울의 선교 여행을 통해서 많은 이방인들이 주께 돌아와 하나님의 백성의 일부가 된다.

흥미로운 것은 바울이 예루살렘으로부터 로마로 가는 여정(행 19 : 21-28 : 31)에서 예루살렘과 로마가 점진적으로 서로 대립된다는 점이다. 처음에 예루살렘은 이스라엘을 위한 구원의 장소로 나타난다. 예루살렘 교회는 이스라엘과 교회의 연속성을 대표하는 이상적인 공동체로 표현되기도 한다. 그러나 예루살렘은 점점 더 유대의 지도자와 백성들이 그리스도의 복음을 거부하는 장소가 된다. 사도들과 처음 교회들이 지속적인 박해를 받은 것처럼(행 4 : 1-22 ; 6 : 8-15 ; 7 : 54-60 ; 8 : 1), 바울도 유대인들에게 고난을 받는다(행 21 : 27-22 : 21 ; 23 : 1-11, 12-22). 예루살렘은 열두 사도와 바울의 증언을 거부함으로써, 구원의 장소에서 불신앙의 장소로 변한다. 그 대신에 세계의 수도 로마가 참된 이스라엘로서의 교회를 위한 새로운 공간으로 제시된다. 즉, 유대인으로부터 이방인으로의 구원사적 전환점이 두 도시, 즉 예루살렘으로부터 로마로의 전환점을 통해 상징화되고 있는 것이다. 이러한 상황은 바울의 재판과정에서 구체적으로 제시된다. 로마 당국의 재판과정에서 바울은 이스라엘의 본래 희망을 선포하는 토라와 성전에 충실한 유대인으로 묘사된다. 그러나 이런 바울을 박해하는 장본인은 로마인들이 아니라, 바로 유대인들이다(행 13 : 50 ; 17 : 5-7, 13 ; 21 : 27ff). 로마인들은 바울의 무죄를 알고 있지만, 유대인들의 반대가 바울로 하여금 황제에게 항소하게 한다. 이처럼 유대인들의 대부분이 복음을 거부하게 된 것(=유대인 선교의 실패)은 이미 구약에 예언된 것인데, 한 마디로 그들의 완고함 때문으로 해석된다(행 28 : 25-27). 그러나 그들의 완고함이 이방인들에게 복음과 구원이 오는 계기가 되었다는 것이 누가의 관점이다(28 : 28). 이렇게 함으로써

등한 존재가 아니다. 오히려 그는 높여진 주님 자신에 의해 부름 받은 13번째 증인이다(행 22 : 15 ; 26 : 16).

누가는 누가의 공동체가 안고 있던 중요한 문제에 대해서도 대답하고 있다. 그들은 "이방인 그리스도인들이 과연 하나님의 백성의 일부인가?"를 의심한다. 그러나 누가는 그들에게 분명히 대답한다. 이방인 그리스도인들은 결코 사생아나 비정상적인 존재가 아니라 이미 하나님의 구원계획안에 확고하게 자리 잡고 있는 정당한 하나님의 백성이다. 왜냐하면 하나님께서 이방인들도 '참 이스라엘'로 참여시키는 방식으로 이스라엘에게 하신 자신의 약속을 신실하게 이행하셨기 때문이다. 이런 의미에서 누가의 교회론 역시 이스라엘-예수-교회의 연속성을 제시함으로써, 누가 공동체의 신학적 정체성을 밝혀 주는 중요한 역할을 한다.

5. 선교 사명의 관점에서 본 종말

재림의 시한에 대해서 묻는 제자들의 질문에 대해(행 1 : 6), 부활하신 주님은 때와 시기의 문제는 하나님의 고유 권한에 속한 것임이 분명하게 밝힌다(행 1 : 7). 오히려 재림 문제에 대한 답변으로 성령의 강림과 함께 시작될 복음 선포(=증인됨)의 사명이 제시된다(행 1 : 8). 그러나 예수의 재림 자체가 포기되는 것은 아니다. 승천 이야기(행 1 : 9-11)는 예수의 재림이 반드시 있을 것임을 강조한다. 재림의 기대 자체가 아니라 재림의 시한에 대한 산정이 거부된다.

누가는 성령으로 인도되는 예수의 증언의 길을 제시함으로써, 지금까지 오지 않는 재림에 대한 대답도 함께 제시한다. 약속에 대한 하나님의 신실성은 사도들의 증인 사역에서 나타난다. 그러므로 누가는 초기 그리스도인들의 임박한 기대 대신에, 종말의 시각으로부터 현재에 대한 사명에 집중한다. 재림에 대한 기대로 하늘만 쳐다보는 것은 제자들이 해야 할 일이 아니다(행 1 : 11). 따라서 누가는 원칙적으로 재림 기대를 포기한 것이 아니라 재림을 책임 있게 준비하는 행동방식에 관심을 가진다. 사도행전 1 : 6~8에 따르면, 재림은 예수의 증인들이 땅 끝까지 도달하기 전에는 일어나지 않는다. 이 기간을 연대기적으로 결정할 수는 없지만, 누가는 하나님에 의해 정해진 이방인들이 하나님의 백성으로 들어올 때까지를 선교기간으로 확신하였다. 구약에 이미 예언된 하나님의 공동체는 이방인의 유입 없이는 완성될 수 없기 때문이다. 이러한 의미에서 현재는 역사 속에서 하나님의 구원 계획이 이루어지는 기회가 된다.

물론 사도행전에서도 예수의 재림의 기대는 누가의 종말론의 중요한 요소로 남아 있다(행 1 : 11 ; 3 : 21 ; 10 : 42 ; 17 : 31). 처음부터 성령의 오심과 선교가 종말론적인 지평 위에서 조명된다(행 2 : 17 ; 3 : 19-26). 종말은 이미 시작되었지만, 아직 완성은 아니다. 예수의 재림이야말로 만물의 회복의 때요(행 3 : 21), 세상의 심판의 때이다(행 10 : 42). 그럼에도 불구하고 누가의 종말론의 초점은 구약성경에 따라 주어진 약속에 대한 하나님의 신실성에 놓여 있다. 사도행전에 나타난 종말이해는 미래에 대한 상세한 연대기나 묵시적인 설명이 아니다. 오히려 누가의 강조점은 그리스도의 제자들이 오순절에서 재림 때까지 성령의 인도하심에 따라 선교의 사명을 감당하는 데 있다. 하나님의 미래를 향해 가는 교회의 사명은 두 개의 중요한 동기에 의해서 움직여진다. 하나는 성령의 도움으로 예루살렘으로부터 로마로까지의 선교이고, 다른 하나는 이러한 선교의 이야기가 구약의 약속을 성취한다는 관점이다. 실제로 교회의 선교는 이스라엘 전체 안에서(행 2 : 37-41), 즉 히브리파와 헬라파(행 2-7장), 사마리아인과 개종자(8장) 안에서 실현된다. 그리고 바울을 중심으로 로마에까지 복음이 전해진다. 이처럼 하나님의 약속에 대한 신실성을 확증하는 역사적 현실은 미래에 대한 확신과 희망을 제공한다. 다가오는 하나님의 승리에 대한 교회의 희망은 하나님의 신실하심을 선포하는 행위를 통해서 표현된다. 바울의 로마 선교를 요약하는 사도행전의 마지막 구절(행 28 : 30-31)은 사도행전의 이야기를 독자들의 실제 세계로 이동하기에 용이하게 한다. 따라서 사도행전은 독자들로 하여금 성령의 능력 안에서 가능한 이 땅에서의 예수 증언에 참여하면서(=제자도), 하나님의 다가올 승리를 향해 나아가도록 강력하게 요청하고 있는 것이다. 예수의 재림을 준비하는 가장 좋은 길은 현재의 사명에 최선을 다하는 것이다.

참고문헌

1. 국내서적

김경진. 「사도행전」. 서울 : 대한기독교서회, 1999.
김득중. 「사도행전 연구」. 서울 : 나단, 1989.
______. 「성서주석 누가복음」. 서울 : 대한기독교서회, 1993.
김철손. 「사도행전」. 서울 : 대한기독교서회, 1983.
나요섭. 「누가복음의 속편 사도행전」. 서울 : 나눔사, 1994.
문상희. 「사도행전 주석」. 서울 : 연세대학교 출판부, 1999.
박응천. 「세계를 향한 복음 : 설교를 위한 사도행전 연구」. 서울 : 한국성서학연구소, 1997.
오덕호. 「사도행전을 읽읍시다」. 서울 : 한장사, 2002.
유상현. 「사도행전 연구」. 서울 : 대한기독교서회, 1996.
윤철원. 「신약성서의 그레코-로마적 읽기」. 서울 : 한들출판사, 2002.
전경연. 「원시기독교와 바울」. 서울 : 대한기독교출판사, 1982.
정태현. 「모든 이에게 평화의 복음을 : 루가복음과 사도행전의 신학적 연구」. 서울 : 성서와 함께, 1993.

2. 국외서적

1) 번역서

Bruce F. F. 「사도행전(상)」. 서울 : 아가페출판사, 1986.

Bruce F. F. 「사도행전(하)」. 서울 : 아가페출판사, 1986.
Gasque W. W. 권성수·정광욱 공역. 「사도행전 비평사」. 서울 : 엠마오, 1989.
Haenchen E. 「사도행전(Ⅰ)」. 서울 : 한국신학연구소, 1987.
Haenchen E. 「사도행전(Ⅱ)」. 서울 : 한국신학연구소, 1987.
Hengel M. 전경연 역. 「고대의 역사기술과 사도행전」. 서울 : 대한기독교서회, 1990.
Jervell J. 윤철원 역. 「사도행전 신학」. 서울 : 한들출판사, 2000.
Ladd G. 「사도행전」. 서울 : 총신대출판부, 1993.
Marshall I. H. 이한수 역. 「누가행전」. 서울 : 엠마오, 1993.
______. 류근상 역. 「복음의 증거 사도행전 신학」. 경기도 : 크리스챤출판사, 2004.
O'Toole R. F. 유철 역. 「누가신학의 통일성 : 루가복음과 사도행전 분석」. 서울 : 가톨릭출판사, 1991).
Powell M. A. 이운연 역. 「사도행전 신학」. 서울 : 기독교문서선교회, 2000.
Stott J. 정옥배 역. 「사도행전 강해 : 땅 끝까지 이르러」(BST시리즈). 서울 : 한국기독학생회, 1995).

2) 영·독어권[1)]

Achtemeier, P. J. *The Quest for Unity in the New Testament Church*. Philadelphia : Fortress Press, 1987.
Alexander, L. "Luke's Preface in the Context of Greek Preface-Writing." *Novum Testamentum* 28(1986) : 48-74.
Aune, D. E. *The New Testament in Its Literary Environment*. Philadelphia : The Westminster Press, 1987.
Avemarie, F. *Die Tauferzaehlungen der Apostelgeschochte*. WUNT 139. Tuebingen 2002.
Balch, D. L. "Comments on the Genre and a Political Theme of Luke-Acts : A Preliminary Comparison of Two Hellenistic Historians." *SBL* 1989 seminar Papers : 343-361.

1) 특히 피츠마이어(Fitzmyer)의 주석은 각 단락마다 주요한 참고문헌(주요 기독교 잡지)을 포괄적으로 제시해 주고 있다. J. A. Fitzmyer, "The Acts of the Apostles," *The Anchor Bible* 31 (New York : Doubleday, 1998).

Baslez, Marie-Francoise. *Saint Paul*. Paris : Fayard, 1991.

Barrett, C. K. *Luke the Historian in Recent Study*. London : Epworth Press, 1961.

______. *The Signs of an Apostle*. London : Epworth, 1971.

Bauernfeind, O. *Kommentar und Studien zur Apostelgeschichte*. WUNT 22. Tuebingen 1980.

Battill, A. J. and Mattill, Mary Bedford. *A Classified Bibliography of Literature on the Acts of the Apostles*. Leiden : Brill, 1966.

Beardslee, W. A. "The Casting of Lots at Qumran and in the Book of Acts." *Novum Testamentum* 3(1960) : 245-252.

Betz, Otto. "The Kerygma of Luke." *Interpertation* 22(1968) : 131-146.

Black, M. *An Aramaic Approach to the Gospels and Acts*. Oxford : Clarendon, 1946.

______. "Paul and Roman Law in Acts 21-28." *Restoration Quaterly* 24(1981) : 209-218.

Bock, D. *Proclamation from Prophecy and Pattern : Lucan Old Testament Christlogy*. JSNTSS 12. Great Britain : Sheffield Academic Press, 1987.

Bovon, F. *Luke the Theologian : Thirty-three Years of Research (1950-1983)*. Allison Park, PA : Pickwick Publication, 1987.

Brawley, R. L. *Luke-Acts and the Jews : Conflict, Apology, and Conciliation*. SBLMS 33. Atlanta : Scholars Press, 1987.

______. *Centering on God : Method and Message in Luke-Acts*. Louisville : John Knox Press, 1990.

Brandon, S. G. F. *The Fall of Jerusalem and the Christian Church*. London : SPCK, 1951.

Brewer, E. "Roman Citizenship and its Bearing on the Book of Acts." *Restoration Quarterly* 3(1961) : 205-219.

Brown, S. *Apostasy and Perseverance in the Theology of Luke*. AnBib 36, Rome : Biblical Institute, 1969.

Bruce, F. F. "The Acts of the Apostles." *The Greek Text with Introduction and Commentary*. 3rd ed. Grand Rapids : Eerdmans, 1990.

______. *The Book of the Acts.* NICNT. Rev. ed. Grand Rapids : Eerdmans, 1988.

______. "Paul's Apologetic and the Purpose of Acts." *Bulletin of the John Rylands University Library* 44(1962) : 309–326.

______. "St. Paul at Rome." *Bulletin of the John Rylands Universit Library* 46(1964) : 326–345.

Burchard, Ch. *Der dreizehnte Zeuge.* FRLANT 103. Goettingen, 1970.

Buss, M. *Die Missionspredigt des Apostels Paulus in Pisidischen Antiochen.* Stuttagrt, 1980.

Cadbury, H. J. *The Book of Acts in History.* New York : Harper & Brothers, 1955.

______. *The Style and Literary method of Luke.* Cambridge : Harvard University, 1920.

______. "Commentary on the Preface." *In : The Beginnings of Christianity : Part I The Acts of the Apostles. vol. II.* ed. by F. J. Foakes Jackson & Kirsopp Lake, London : Macmilan and Co., 1922 : 480–510.

______. "Roman Law and the Trial of Paul." *In : The Beginnings of Christianity : Part I The Acts of the Apostles.* ed. by F. J. Foakes Jackson & Kirsopp Lake. vol. V, London : Macmillan and Co., 1933 : 297–338.

______. "The Tradition." *In : The Beginnings of Christianity : Part I The Acts of the Apostles. vol. II.* ed. by F. J. Foakes Jackson & Kirsopp Lake. London : Macmillan and Co., 1922 : 209–264.

Callan, T. "The Preface of Luke-Acts and Historiography." *New Testament Studies* 31(1985) : 576–581.

Carroll, J. T. *Response to the End of History : Eschatology and Situation in Luke-Acts.* SBLDS 92, Atlanta, GA : Scholars Press, 1988.

Cassidy, R. J. *Society and Politics in the Acts of the Apostles.* New York : Orbis Books, 1987.

Cassidy, R. J. and Philip J. S. (ed.). *Political Issues in Luke-Acts.* New York : Orbis, 1983.

Catchpole, D. R. "Paul, James and the Apostolic Degree." *New Testament Studies* 23(1976–1977) : 428–444.

Chance, J. B. *Jerusalem, the Temple, and the New Age in Luke–Acts.* GA : Mercer University Press, 1988.

Conzelmann, H. *The Theology of St. Luke*, 2nd. tr. by G. Buswell. London : Faber and Faber, 1960.

______. *Acts of the Apostles.* Herm. Philadelphia : Fortress Press, 1987(German original, 1972).

______. "Luke's Place in the Development of Early Christianity." *In : Studies in Luke–Acts. Festschrift for Paul Schubert.* ed. by Leander E. Keck & J. Louis Martyn, London : SPCK, 1968 : 298–316.

Darr, J. A. *On Character Building : the Reader and the Rhetoric of Characterization in Luke–Acts.* Louisville : John Knox Press, 1992.

Dibelius, M. *Studies in the Acts of the Apostles.* New York : Charles Scribner's Sons, 1956.

Dodd, C. H. *The Apostolic Preaching and Its Development.* New York : Harper & Row, 1937.

Dupont, J. *The Salvation of the Gentiles : Essays on the Acts of the Apostles.* New York : Paulist Press. 1979.

______. *The Sources of Acts : The Present Position.* London : Darton, Longman, & Todd, 1964.

Easton, B. S. *Early Christianity : the Purpose of Acts and Other Papers.* CT : Seabury Press, 1954.

Edwards, D. R. "Acts of the Apostles and the Graeco–Roman World : Narrative Communication in Social Contexts." *SBL* 1989 Seminar Papers : 362–377.

Elliott, J. K. "Jerusalem in Acts and the Gospels." *New Testament Studies* 23(1977) : 462–469.

Ellis, E. E. *Eschatology in Luke.* Philadelphia : Fortress Press, 1972.

Epp, E. J. *The Theological Tendency of Codex Bezae Cantabrigiensis in Acts.* Cambridge : Cambridge University Press, 1966.

Esler, P. *Community and Gospel in Luke–Acts.* Cambridge :

Combridge University Press, 1987.
Filson, F. V. *Three Crucial Decades : Studies in the Book of Acts.* Richmond : John Knox Press, 1963.
Fitzmyer, J. A. *Luke the Theologian : Aspects of His teaching.* New York : Paulist Press, 1989.
______. "Jewish Christianity in Acts and in Light of the Qumran Scrolls." In : *Studies in Luke-Acts.* Festschrift for Paul Schubert. ed. by Leander E. Keck & J. Louis Martyn, London : SPCK, 1968 : 233-257.
______. *The Acts of the Apostles(The Anchor Bible 31).* New York : Doubleday & Company, 1998.
Flender, H. *St. Luke : Theologian of Redemptive History.* Philadelphia : Fortress Press, 1967.
Franklin, E. *Christ the Lord : A Study in the purpose and Theology of Luke-Acts.* Philadelphia : Westminster Press, 1975.
Garnsey, Peter. "The Lex Iulia and Appeal under the Empire." *Journal of Roman Studies* 56(1966) : 167-189.
Garrett, S. R. *The Demise of the Devil : Magic and the Demonic in Luke's Writing.* Minneapolis : Fortress Press, 1989.
Gärtner, B. *The Areopagus Speech and Natural Revelation.* Uppsala : CWK. Gleerup, 1955.
Gasque, W. W. *A History of the Criticism of the Acts of the Apostles.* BGBE 17. Tübingen : Mohr, 1975.
Goulder, M. D. *Type and History in Acts.* London : SPCK, 1964.
Haenchen, E. *The Acts of the Apostles.* A Commentary. 14th ed. trans. Nobel and Shinn. Philadelphia : Westminster Press, 1971(German original, 1965).
______. *Die Apostelgeschichte.* KEK 3. Goettingen 7, 1977.
Hamack, A. *Luke the Physician.* New Testament Studies I. New York : Putman, 1907.
Hedrick, C. W. "Paul's Conversion : Comparative Analysis of the Three Reports in Acts." *Journal of Biblical Literature* 100(1981) : 415-432.
Hemer, C. J. *The Book of Acts in the Setting of Hellenistic History.* Tübingen : J. C. B. Mohr, 1989.

Hengel, M. *Acts and the History of Earliest Christianity*. Philadelphia : Fortress Press, 1980.

Hock, Ronald F. "Paul's Tentmaking and the Problem of His Social Calss." *Journal of Biblical Literature* 97(1978) : 555–564.

______. *The Social Context of Paul's Ministry*. Philadelphia : Fortress Press, 1980.

Holtz, T. *Untersuchugen über die alttestamentliche Zitate bei Lukas*. Berlin : Akademie-Verlag, 1968.

Horn, F. W. *Das Ende des Paulus*. BZNW 106. Berlin, 2001.

Jervell, J. *Luke and the People of God*. Minneapolis : Augsburg, 1972.

______. *The Unknown Paul : Essays on Luke-Acts and Early Christian History*. Minneapolis : Augsburg, 1984.

______. "Retrospect and Prospect in Luke-Acts Interpretation." *SBL* 1991 Seminar Paper. (ed.). by E. H. Lovering, Georgia : Scholars Press, 1991 : 383–404.

Johnson, L. T. *The Literary Function of Possession in Luke-Acts*. SBLDS 39, Missoula, MT : Scholar Press, 1977.

John, L. T. *The Acts of the Apostles*. Collegeville : The Liturgical Press, 1992.

Jones, A. H. M. "I appeal unto Caesar." *In : Studies in Roman Government and Law*. New York : Praeger, 1960.

Jones, D. L. "Luke's Unique Interest in Historical Chronology." *SBL* 1989 Seminar Papers : 378–387.

Judge, E. A. & Thomas, G. S. R. "The Origine of the Church at Rome." *Reformed Theological Review* 25(1966) : 81–94.

Juel, D. *Luke-Acts : The Promise of History*. Atlanta : John Knox Press, 1983.

Karris, R. J. *What Are They Saying About Luke and Acts?*. New York : Paulist, 1979.

Keck, Leander and J. Louis Martyn, (ed.). *Studies in Luke-Acts*. Philadelphia : Fortress Press, 1980(original, 1966).

Kee, H. C. *Good News to the Ends of the Earth : The Theology of Acts*. Philadelphia : Trinity Press International, 1990.

Kilgallen, J. *The Stephen Speech : A Literary and Redactional Study of Acts 7 : 2–53*. AnBib 67. Rome : Biblical Institute, 1975.

______. *A Brief Commentary on the Acts of the Apostles*. New York : Paulist Press, 1988.
Klauck, H. J. *Magie und Heidentum in der Apostelgeschichte des Lukas*. SBS 167. Stuttgart, 1996.
Koet, B. J. "Paul in Rome(Acts 28 : 16–31) : A Farewell to Judaism?" *In : Five Studies on Interpretation of Scripture in Luke–Acts*, Leuven : Leuven Univ. Press, 1989 : 119–139.
Kraabel, A. T. "The Disappearance of the 'God–Fearers'." *Numen* 28(1981) : 113–126.
Krodel, G. A. *Acts*. Minneapolis : Augsburg Publishing House, 1986.
Lohfink, G. *Die Dammlung Israels : Eine Untersuchung zur lukanischen Ekklesiologie*. Münich : Kösel, 1975.
Löning, K. *Die Saulustradition in der Apostelgeschichte*. Münich : Aschendorf, 1973.
Leon, H. J. *The Jews of Ancient Rome*. Philadelphia : The Jewish Publication Society of America, 1960.
Lüdemann, G. *Early Christianity According to the Traditions in Acts*. Minneapolis : Fortress Press, 1989.
______. *Paul Apostle to the Gentiles*. tr. by S. Jones. London : SCM Press, 1984.
Maddox, R. L. *The Purpose of Luke–Acts*. SNTW. Edinburgh : T & T Clark, 1985.
Malherbe, A. J. "'Not in a Corner' : Early Christian Apologetic in Acts 26 : 26." *In : Paul and the Popular Philosophers*. Minneapolis : Fortress Press, 1989 : 147–163.
Marguerat, D. "The End of Acts(28 : 16–31) and the Rhetoric of Silence." *In : Rhetoric and the New Testament : Essays from the 1992 Heidelberg Conference*. ed. by S. E. Porter & Th. H. Olbricht. JSNT Supplement Series 90, Sheffield : JSOT Press, 1993 : 74–89.
______. *The First Christian Historian : Writing the 'Acts of the Apostles'*. SNTS. MS. Cambridge, 2002.
Marshall, I. H. *The Acts of the Apostles*. TNTC. Leicester : Inter–Varsity Press, 1980.
______. *Luke, Historian and Theologian*. London : Paternoster

Press, 1970.
Matill, A. J. *Luke and the Last Things : A Perspective for the Understanding of Lukan Thought.* Dillsboro, NC : Western North Carolina Press, 1979.
______. "The Jesus-Paul Parallels and the Purpose of Luke-Acts : H. H. Evans Reconsidered." *Novum Testamentum* 17(1975) : 15-46.
Marx, G. "Luke the Physician, Re-examined." *Expository Times* 91(1979-1980) : 168-172.
Meeks, W. *The First Urban Christians : The Social World of the Apostle Paul.* New Haven : Yale University Press, 1983.
Miles, G. B. & Trompf, G. "Luke and Antiphon : The Theology of Acts 27-28 in the Light of Pagan Beliefs about Divine Retribution, Pollution and Shipwreck." *Harvard Theological Review* 69(1976) : 259-267.
Mills, Watson E. *A Bibliography on the Periodical Literature on the Acts of the Apostles. 1962-1984.* NovTSup 58. Leiden : Brill, 1986.
Minear, P. *To Heal and to Reveal : The Prophetic Vocation According to Luke.* New York : Seabury Press, 1976.
Moxnes, H. "The Social Context of Luke's Community." *Interpretation* 48(1994) : 379-389.
Munck, J. *The Acts of the Apostles.* Garden City : Doubleday & Co. Inc., 1967.
Navone, J. *Themes of St. Luke.* Rome : Gregorian University Press, 1970.
Neil, W. *The Acts of the Apostles.* NCB. Grand Rapids : Eerdmans, 1973.
Neyrey, T. H.(ed.) *The Social World of Luke-Acts.* Peabody : Hendrickson Publishers, 1991.
Nicklas, T/ Tilly, M.(ed.) *Apostelgeschichte als Kirchengeschichte.* BZNW 120. Berlin, 2003.
Nuttall. G. F. *The Moment of Recognition : Luke as Story-Teller.* London : Athlone Press, 1978.
O'Neill, J. C. *The Theology of Acts In Its Historical Setting.*

London : SPCK, 1961.

O'Reilly, L. *Word and Sign in the Acts of the Apostles : A Study in Lukan Theology.* Rome : Editrice Pontificia Universita Gregoriana, 1987.

O'Toole, R. F. *Acts 26 : The Christological Climax of Paul's Defense(Ac 22 : 1-26 : 32).* AnBib 78. Rome : Biblical Institute, 1978.

______. *The Unity of Like's Theology : An Analysis of Luke-Acts.* GNS 9. Wilmington, DE : Michael Glazier, 1984.

Pacer, J. W. *Acts of the Apostles.* Cambridge : Cambridge Univ. Press, 1966.

Parsons, M. *The Departure of Jesus in Luke-Acts : The Ascension Narrative in Context.* JSNTSS 21. Great Britain : Sheffield Academic Press, 1987.

Pereira, F. *Ephesus : Climax of Universalism in Luke-Acts : A Redaction-Critical Study of Paul's Ephesian Ministry*(Acts 18 : 23-20 : 1). Anand, India : Gujarat Sahitya Prakash, 1983.

Pervo, R. I. *Luke's Story of Paul.* Minneapolis : Forterss Press, 1990.

______. *Profit With Delight, The Literary Genre of the Acts of the Apostles.* Philadelphia : Fortress Press, 1987.

______. "Must Luke and Acts Belong to the Same Genre?" *SBL* 1989 Seminar Papers : 309-316.

Pesch, R. *Die Apostelgeschichte.* EKK V/Ⅰ, V/Ⅱ. Vluyn : Newkirchener, 1986.

Pilgrim, W. E. *Good News to the Poor : Wealth and Poverty in Luke-Acts.* Minneapolis : Augsburg, 1981.

Plümacher, E. *Lukas als hellenistischer Schriftsteller : Studien zur Apostelgeschichte.* SUNT 9. Göttingen : Vandengoeck & Rrprecht, 1972.

______. "Apostelgeschichte." *Art. TRE* 3, 483-528.

Poter, S. *The Paul of Acts.* WUNT 115. Tuebingen, 1999.

Radl, W. *Paulus und Jesus in Lukanischen Doppelwork : Untersuchung zur Parallelmotive im Lukasevangelium und in der Apostelgeschichte.* Berlin : H. Lang, 1975.

Ramsey, William M. *St. Paul, the Traveller and the Roman*

Citizen. Grand Rapids : Baker book House, 1979(reprt).
Reese, B. "The Apostle Paul's Exercise of his Rights as a Roman Citizen as Recorded in the Book of Acts." *Evangelical Quarterly* 47(1975) : 138-145.
Rese, *Alttestamentliche Motive in der Christologie des Lukas*. Gutersloh : Mohn, 1969.
Richard, E. *Acts 6 : 1-8 : 4 : The Author's Method of Composition*. SBLDS 41. Missoula, MT : Scholars Press, 1978.
______. "Luke-Writer, Theologian, Historian : Research and Orientation of the 1970's." *Biblical Theology Bulletin* 13(1983) : 3-15.
Richard, N. *The Panorama of Luke*. London : Epworth Press, 1982.
Robbins, V. "The Social Location of the Implied Author of Luke-Acts," *In : The Social World of Luke-Acts*. by J. H. Neyrey(ed.), Peabody : Hendrickson Pub., 1991 : 305-332.
Roloff, J. *Die Apostelgeschichte*. NTD 5. Goettingen, 1988.
______. "Die Paulusdarstellung des Lukas." *EvTh* 39(1979) : 510-531.
Sanders, J. T. *The Jews in Luke-Acts*. Philadelphia : Fortress Press, 1987.
Schierling, S. P. & M. J. "The Influence of the Ancient Romances on Acts of the Apostles." *Classical Bulletin* 54(978) : 81-88.
Schmidt, D. D. "Syntactical Style in the 'We'-Sections of Acts : How Lukan Is It?" *SBL* 1989 Seminar Papers : 300-307.
______. "The Historiography of Acts : Deuteronomistic or Hellenistic." *SBL* 1985 Seminar Papers : 417-427.
Schmithals, W. *The Office of Apostle in the Early Church*. Nashville : Abingdon Press, 1969.
Schneider, G. *Die Apostelgeschichte*. Ⅰ, Ⅱ, TKNT 5. Freiburg : Herder, 1980/1982.
Seccombe, D. *Possessions and the Poor in Luke-Acts*. SNTSU. Linz, 1982.
Seim, T. K. *The Double Message : Patterns of Gender in Luke-Acts*. Edinburgh : T & T Clark, 1994.
Sheeley, S. M. *Narrative Asides in Luke-Acts*. Sheffield : JSOT Press, 1992.
Smallwood, E. M. *The Jews under Roman Rule*. Leiden : E. J. Brill,

1976.
Smith, Morton. "Zealots and Sicarii, Their Origins and Relation." *Harvard Theological Review* 64(1971) : 1–19.
Soards, M. L. *The Speeches in Acts.* Louisville : The Westminster, J. Know Press, 1994.
Stagg, F. *The Book of Acts : The Early Struggle for an Unhindered Gospel.* Nashville : Broadman Press, 1965.
Stählin, G. *Die Apostelgeschichte.* NTD 5. Göttingen : Vandenhoeck & Ruprecht, 1962.
Sterling, G. E. "Luke-Acts and Apologetic Historiography." *SBL* 1989 Seminar Papers : 326–342.
Stolle, V. *Der Zeuge als Angeklagter : Untersuchungen zum Paulus-bild des Lukas.* Stuttgart : Kohlhammer, 1973.
Stonehouse, N. B. *Paul Before Areopagus and Other New Testament Studies.* Grand Rapids : B. Eerdmans, 1957.
Stowers, S. "The Synagogue in the Theology of Acts." *Restoration Quarterly* 17(1974) : 129–143.
Stronstad, R. *The Charismatic Theology of St. Luke.* Peabody, MA : Hendrickson, 1984.
Tajra, H. W. *The Trial of St. Paul.* WUNT. Tübingen : J. C. B. Mohr, 1989.
Talbert, Ch. H. *Literary Patterns, Theological Themes, and the Genre of Luke-Acts.* SBLMS 20. Missoula, MT : Scholars Press, 1974.
______. *Luke and the Gnostics : An Examination of the Lucan Purpose.* Nashville : Abingdon Press, 1966.
______. *Perspectives on Luke-Acts.* Danville, VA : Association of Baptist Professors of Religion, 1978.
______. (ed.). *Luke-Acts : New Perspectives from the Society of Biblical Literature Seminar.* New York : Crossroad, 1984.
______. *Acts.* Atlanta : John Knox Press, 1984.
Tannehill, R. C. *The Narrative Unity of Luke-Acts.* 2 vols. Philadelphia and Minneapolis : Fortrss Press, 1986.
______. "Israel in Luke-Acts : A Tragic Story." *Journal of Biblical Literature* 104(1985) : 69–85.

Taylor, N. *Paul, Antioch and Jerusalem*. Sheffield : JSOT Press, 1992.

Tiede, D. L. *Prophecy and History in Luke-Acts*. Philadelphia : Fortress Press, 1980.

Trebilco, P. R. *Jewish Communities in Asia Minor*. Cambridge : Cambridge Univ. Press, 1991.

Trites, A. A. "The Importance of Legal Scenes and Language in the Book of Acts." *Novum Testamentum* 16(1974) : 278-284.

______. "The Prayer Motif in Luke-Acts." *In : Perspectives on Luke-Acts*. by C. H. Talbert(ed.), Edinburgh : T & T Clark, 1978 : 168-186.

Trompf, G. W. "On Why Luke Declined to Recount the Death of Paul : Acts 27-28 and Beyond." *In : Luke-Acts : New Perspectives from the Society of Biblical Literature Seminar*. by C. H. Talbert(ed.), New York : Crossroad Publishing Co., 1984 : 225-239.

Trornton, C.-J. *Der Zeuge des Zeugen*. WUNT 56. Tuebingen, 1991.

Tyson, J. *The Death of Jesus in Luke-Acts*. Columbia : University of South Carolina Press, 1986.

______. (ed.). *Luke-Acts and the Jewish People Eight Critical Perspectives*. Minneapolis : Augsburg, 1988.

van Minnen, P. "Paul the Roman Citizen." *Journal for the Study of the New Testament* 56(1994) : 43-52.

Verheyden, J. *The Unity of Luke-Acts*(ed.). BETL 142. Leuven, 1999.

Vielhauer, Ph. "On the 'Paulinisme' of Acts." *In : Studies in Luke-Acts*. Festschrift for Paul Schubert. by Leander E. Keck & J. Louis Martyn(ed.), 33-50. London : SPCK, 1968.

Wagner, Gunter. *An Exegetical Bibliography of the New Testament : Luke and Acts. Vol. 2*. Macon, GA : Mercer University Press, 1985.

Walaskay, P. *And So We Came to Rome : The Political Perspective of St. Luke*. SNTSMS 49. Cambridge : Cambridge University Press, 1983.

Wehnert, J. *Die Wir-Passagen der Apostelgeschichte.* GTA 40. Goettingen, 1989.

Weiser, A. "Das 'Apostelkonzil'(Apg 15, 1-35) : Ereignis, Ueberlieferung, lukanische Deutung." *BZ* 28(1984) : 145-167.

Wiefel, W. "The Jewish Community in Ancient Rome and the Origins of Roman Christianity." *In : The Romans Debate : Revised and Expanded Edition.* by K. P. Donfried(ed.), Peabody : Hendrickson Publishers, 1991 : 92-93.

Wilcox, M. *The Semitisms of Acts.* Oxford : Clarendon Press, 1965.

Wilkens, U. *Die Missionsreden der Apostelgeschichte.* WMANT 5. Neukirchen : Neukirchener Verlag, 1963.

Williams, D. J. *Acts.* GNC. San Francisco : Harper & Row, 1985.

Willimon, W. H. *Acts.* IC. Atlanta : John Knox Press, 1988.

Wilson, S. G. *The Gentiles and the Gentile Mission in Luke-Acts.* SNTSMS 23. Cambridge : Cambridge University Press, 1973.

______. *Luke and the Law.* SNTSMS 50. Cambridge : Cambridge University Press, 1983.

Winter. B. W.(ed.) *The Book of Acts in its First Century Setting 1-6.* Grand Rapids, 1993-1997.

Zehnle, R. F. *Peter's Pentecost Discourse : Tradition and Lukan Reinterpretation in Peter's Speeches of Acts 2 and 3.* SBLMS 15. Nashville : Abingdon Press, 1971.

저자 이 승 호 교수

· **학력 및 경력**

중앙대학교 독어독문학과(B. A.)
장로회신학대학교 신학대학원(M. Div.)
장로회신학대학교 대학원(Th. M.)
독일 괴팅엔 대학교 수학
독일 에어랑엔-뉘른베르크 대학교(Dr. Theol.)
현재 영남신학대학교 신약학 교수로 재직 중

· **저 서**

Die Mission des Paulus(2000)
「이방인의 갈릴리」(2007, 공저)
「다시 생각하는 종말과 악의 문제」(2007, 공저)
「터키의 기독교 발자취」(2008, 공저)

· **역 서**

I. H. Marshall, 「신약해석학」(1994, 공역)

신학전문도서시리즈 9

사도행전

초판발행 2008년 11월 30일
2쇄발행 2012년 9월 10일

지 은 이 이승호
펴 낸 이 채형욱
펴 낸 곳 한국장로교출판사
주 소 110-470 / 서울 종로구 연지동 135 한국교회100주년기념관 별관
전 화 (02) 741-4381 / 팩스 741-7886
영 업 국 (031) 944-4340 / 팩스 944-2623
등 록 No. 1-84(1951. 8. 3.)

ISBN 978-89-398-0295-7
978-89-398-0200-1(세트)
값 15,000원

편 집 장 정현선
교정·교열 이현주 **표지디자인** 김지수
업무과장 박호애 **영업과장** 박창원